l'ancien français

*points de vue
programmes*

langue et langage

l'ancien français
points de vue
programmes

par

R.-L. Wagner

professeur à l'Université de Paris III
directeur d'études à l'École pratique des hautes études

LIBRAIRIE LAROUSSE

17, rue du Montparnasse, et 114, boulevard Raspail, Paris VIe

A la mémoire de L. FOULET

TABLE DES MATIÈRES

AVANT-PROPOS

Des naufrages successifs qu'il a traversés, le français s'est retrouvé chaque fois momentanément appauvri ; mais comme ces accidents retrempaient sa force, au total les gains compensaient toujours largement les pertes. Rien n'est meilleur pour armer une langue que ces bains de jouvence un peu rudes au sortir desquels tout est à remodeler, voire à recréer : systèmes de formes, constructions, vocabulaires.

Quand Marot entreprit de sauver les monuments de l'âge gothique qui lui semblaient dignes de survivre, le *Lais* et le *Testament* de Villon, le *Roman de la Rose*, l'ancien français était une langue morte depuis plus d'un siècle ; il paraissait déjà tel à Villon entre 1436 et 1463. Les historiens se sont demandé à quel moment on avait cessé de parler latin. En un sens la question est absurde puisque la transmission de l'idiome dont les Romains avaient implanté l'usage en Gaule s'est opérée sans intermittence jusqu'à nos jours. Elle est néanmoins pertinente si on la pose en termes de compréhension réciproque. Et là l'histoire fournit une date : celle de 836. Cette année-là des évêques enjoignirent aux clercs de prêcher en langue vulgaire vu que les fidèles ne comprenaient plus un mot des homélies qui leur étaient dispensées en latin. Ce fut le premier aggiornamento de l'Eglise. Cette révolution fut féconde puisqu'en moins de deux siècles, après s'être exercés à écrire de jolies compositions religieuses en idiome vernaculaire, les clercs devinrent capables d'exprimer en *roman* — manière de dire alors « français » — tout ce qui pouvait se penser ; cela pour l'agrément, l'instruction, l'édification de gens dont très peu savaient lire mais qui tous, des paysans aux seigneurs, étaient avides d'écouter. *Oïr* est un verbe qui, à cette époque, traduit la commune manière d'accéder à la connaissance.

Après ce début excellent, une entente parfaite régna entre les clercs et le public jusqu'au jour où pointèrent les germes d'un divorce analogue à celui dont les évêques avaient dû tenir compte en 836.

Le système d'expression que les clercs avaient mis au point reposait sur un certain nombre de conventions admises entre le IXe et la fin du XIe siècle par une large communauté d'individus. Ces conventions opposaient une forte résistance aux innovations de toutes sortes qui se faisaient jour dans la langue des énoncés informatifs. Très peu d'entre elles, et de mineures, trouvèrent place dans la langue des énoncés narratifs. Les clercs les accueillaient avec beaucoup de prudence. Les manuscrits, dans leur franchise, révèlent toutefois quelques aspects d'un « ancien français » familier très différent de celui des œuvres correctement rédigées et soigneusement transcrites. La langue littéraire comportait donc des traits de structure fondamentaux qui prirent figure d'archaïsmes, dès le XIIᵉ siècle, au regard de ceux qui caractérisaient déjà la langue commune et ainsi se prépara peu à peu la révolution profonde, spectaculaire, qui se produisit au début du XIVᵉ siècle. Des écrivains audacieux décidèrent en effet à ce moment-là d'écrire désormais dans une langue dont les traits ne s'écarteraient plus autant de ceux qui structuraient la langue des énoncés informatifs. Mais du jour où on ne put plus dire que « le roi vit le duc » si c'était bien le roi qui voyait le duc, l'ancien français était mort. On avait sûrement inculqué à Joinville, enfant, le respect des modèles anciens. Nul doute qu'il ait été dressé à comprendre *li reis vit le duc* comme *le duc vit li reis*. Mais, comme ses contemporains, il n'avait pas le caractère à tenir pour un danger qu'on balançât par-dessus bord une convention périmée. Rien n'était plus étranger d'ailleurs à l'esprit des clercs francisants qu'une certaine forme béate de piété à l'égard du passé. Ces gens — Marie de France, la première — situaient la vérité, la perfection, dans l'avenir. Aussi bien ne lit-on plus une fois *li reis*, à notre connaissance, dans le manuscrit des souvenirs sur Louis IX rassemblés par Joinville vieillissant.

Son statut de langue morte restreint beaucoup les ambitions de qui souhaite décrire en grammairien l'ancien français littéraire. Faute d'intuition et manque de pouvoir ressaisir au plus juste le sens de la grammaticalité qu'avaient les écrivains du Haut Moyen Age, on exclut d'emblée l'application à cet idiome de la grammaire générative. Veut-on recourir à la grammaire normative ? Il faut alors faire abstraction du sentiment actuel qu'un Français cultivé se fait de la norme. L'ancien français n'était pas enseigné pour lui-même à l'école. Les maîtres corrigeaient sans doute les fautes de traduction qu'élèves et étudiants commettaient en translatant un texte du latin au français, mais il n'est pas prouvé que sur le continent on tirât déjà de ces exercices un ensemble de règles comparables à celles qui sont posées dans nos grammaires. L'accord des participes passés est variable ; variables non moins les mécanismes de la subordination. Les écrivains jouissaient donc du pouvoir de rédiger de primesaut selon les pentes de leur spontanéité. L'ancien français, entre le IXᵉ et le XIIIᵉ siècle, s'était fortement diversifié. Il avait acquis, suivant les régions, des aspects si distincts que, d'un bord à l'autre d'une frontière dialectale, l'intercompréhension pouvait être bloquée. Or, bien que, semble-t-il, aucune œuvre d'importance ait jamais été écrite à cette époque selon toutes les formes de parler qui étaient propres à un clerc picard, bourguignon, lorrain, normand ou poitevin, il est exceptionnel que les meilleurs manuscrits d'un ouvrage ne présentent pas des traits dialectaux qui remontent à l'auteur et d'autres qui sont le fait des copistes étrangers au pays de l'auteur. Cela doit demeurer présent à l'esprit du descripteur et l'inciter à restreindre ou plutôt à élargir la notion de norme.

Rien ne borne, en revanche, les ambitions de la linguistique historique. L'ancien français offre encore un riche terrain aux investigations des généticiens. Seulement, cette discipline requiert, en plus de la connaissance du latin classique, celle du latin vulgaire et encore celle de quelques langues romanes dans leur état ancien. Aussi est-ce une erreur monumentale que de placer cette discipline — étriquée d'ailleurs pour la circonstance — au niveau le plus bas du cursus des études universitaires. Elle n'est féconde que pour ceux qui ont acquis *d'abord* une pratique suffisante de l'ancien français. De plus, comme l'analyse génétique a pour conséquence inévitable de rompre l'unité de ce qui était senti par les sujets parlants, au Moyen Age, comme un ensemble homogène, une initiation trop précoce à la phonétique et à la morphologie historiques risque de détourner les étudiants (et tout autant les amateurs) ayant dessein d'apprendre l'ancien français en vue de lire dans leur teneur originale des œuvres instructives à tous égards.

Il y a longtemps qu'on serait revenu de cette erreur si on avait suivi l'exemple de L. Foulet. Enseignant à des auditeurs qui, pour la plupart, ne savaient pas le latin, ce savant avait compris qu'on ne prend pas les mouches avec du vinaigre. Il instruisait progressivement ses élèves à la lecture de l'ancien français comme on peut le faire à propos d'une langue étrangère vivante. Une fois débrouillés les problèmes de la phrase, ceux des faux amis (*ne* conjonction mais aussi adverbe), il les familiarisait avec les tournures et le vocabulaire. De cet enseignement est sortie la *Petite syntaxe de l'ancien français*. L'ouvrage ne plut qu'à moitié aux historiens. Il fallut, pour l'imposer, l'autorité de M. Roques. Dans les limites que L. Foulet s'était assignées, ce livre est d'une qualité telle qu'il demeure aussi actuel aujourd'hui qu'au moment où il fut publié. A notre avis, toute description plus détaillée de l'ancien français doit encore partir de lui.

« Syntaxe » porte le titre, et non pas « grammaire ». Encore le mot de « syntaxe » est-il un peu trompeur. A tout instant, en effet, même dans les œuvres de facture soignée qu'analyse L. Foulet, on se demande si tel emploi, si telle tournure illustrent une règle de grammaire ou sont dictés par une intention stylistique. Quant aux contraintes qui semblent fournir la matière d'une règle, elles ont très rarement une portée générale. Aussi bien, dans un « appendice » qui aurait dû être placé en tête du volume (car d'un point de vue épistémologique il en constitue l'introduction), l'auteur énumère-t-il tous les obstacles qui s'opposent à l'entreprise de composer une grammaire (au sens moderne du terme) de l'ancien français. Sans prétendre refaire cet appendice nous avons, au cours d'un premier chapitre, tiré parti de quelques exemples qui confirment les vues exposées là par Lucien Foulet.

Nous ignorons comment celui-ci s'y prenait pour enseigner à ses auditeurs la morphologie des espèces variables : noms, pronoms, verbes. Sans doute, les renvoyait-il aux manuels qui circulaient de son temps. Il y en avait alors d'excellents, et même ceux qui n'atteignaient pas au niveau des grammaires de Meyer-Lübke ou de Schwan et Behrens, possédaient parfois de sérieuses qualités dans l'ordre de l'initiation pédagogique. Tous, cependant, présentaient un inconvénient, celui-là même qui rend l'accès du manuel de M. K. Pope et des ouvrages majeurs de P. Fouché fort malaisé à des débutants. Les paradigmes ne ressortaient pas assez des considérations historiques auxquelles se prête chacune des formes qui les composent. Or, ces paradigmes, un petit clerc, au Moyen Age, les acquérait fort bien, sans que le latin lui fût du moindre secours. Dira-t-on que le souvenir de *látro-latrónem, népos-nepótem* l'aidait à comprendre les relations de *lerre* à *larron*, de *niés* à *nevot* ? Peut-être, mais quel lien pouvait-il établir entre *cantabamus* et *chantiiens*, entre *fécerunt* et *fisdrent* ou *fissent* ? C'est sur d'autres critères, purement internes, qu'il mémorisait déclinaisons et conjugaisons. A titre d'expérience, dans l'esprit même qui gouverne la *Petite syntaxe*, nous avons essayé de reconstituer ces mécanismes d'acquisition dans les deux chapitres qui suivent. Nos observations sur le verbe auraient pu être poussées plus loin. Dans cet essai, nous nous sommes borné à l'essentiel, c'est-à-dire à ce qu'un débutant doit savoir pour identifier les formes verbales qu'il rencontre dans un texte de facture classique. Aussi bien, l'excellent ouvrage de M. Ch.-Th. Gossen est-il d'un précieux secours à qui se lance dans la lecture de textes picards ou wallons. De même les indications fournies par M. K. Pope à la fin de son manuel aident-elles efficacement à débrouiller la lecture d'un texte marqué d'autres traits dialectaux.

Par le biais de la situation de dialogue et à la faveur d'un rappel des dénominations des référents — animés et inanimés — nous avons regroupé des notions relatives aux emplois des prédéterminants du nom ainsi qu'à ceux des pronoms. A propos de ces derniers, l'expérience nous ayant prouvé que les débutants se perdent un peu dans le chapitre de la *Petite syntaxe*, il a paru utile de dégager en tableaux les diverses figures que composent les pronoms au cas régime et le prédicat verbal.

Par là ce livre participe, à sa manière, à l'entreprise d'une re-description de l'ancien français. On pense aux vues si intéressantes que J. Batany a développées récemment à ce sujet sous le titre d'*Ancien français : Méthodes nouvelles* [1]. Cette entreprise sera précédée d'une évaluation critique de plusieurs méthodes possibles. Elle sera, de toute façon, l'œuvre d'une équipe, non d'un homme. Mettons que le présent ouvrage en soit une pierre d'attente.

Le fait que deux, si ce n'est trois, modèles de grammaire en arrivent à se concilier dans une langue conventionnelle n'est pas le moindre intérêt que présente l'ancien français. On comprend qu'il attire les linguistes. Mais pour maints débutants l'acquisition de cette langue est surtout un préalable nécessaire à la découverte d'une littérature aussi attachante que tout autre. Problèmes esthétiques de composition et d'écriture, ouvertures sur les modes de civilisation, sur l'histoire, rien ne manque en elle de ce qui peut rendre la lecture d'une vie de saint ou d'une chantefable aussi instructive, éclairante, que celle de la geste de Lancelot ou des souvenirs de Joinville. Tous les textes doivent être interprétés à la lumière de ce qu'on appelait à cette époque le *sen* — l'intention — et la *conjointure*, soit les formes particulières de composition, d'écriture que requiert le *sen*. Dans cet ordre de faits le choix et l'emploi des mots sont des pièces essentielles. Nous n'avons pas jugé inutile de clore ces études par quelques observations sur le lexique, les dictionnaires, les glossaires et sur quelques aspects des vocabulaires.

De parti pris, tout au long de ce livre, nous avons tiré parti, en fait d'exemples, de textes archaïques, antérieurs à ceux qu'avait dépouillés L. Foulet. Nous avons repris aussi, à l'occasion, ceux de la *Petite syntaxe*, en particulier dans le chapitre des pronoms personnels pour que le rapport fût aisé à établir entre cet ouvrage, deux articles importants de M. G. Moignet, et nos

---

1. Cf. Bibliographie, n° 34.

propres tableaux. Pour le reste, nous avons puisé assez largement dans la chrestomathie de M. A. Henry. Elle devrait aujourd'hui figurer dans la bibliothèque de tous ceux qui désirent s'initier à la lecture de l'ancien français. Ce livre met en face plusieurs états de langue. Il n'y en a pas, à mon avis, qui incite davantage ni mieux à découvrir l'antécédent et la suite des extraits qui y sont présentés : chose facile, quand on dispose de la riche collection des *Classiques français du Moyen Age*. Nos emprunts à cet ouvrage témoignent de l'estime que nous lui portons [2].

---

2. Les emprunts sont signalés par *ap. Crest.* suivi du numéro du texte et de la page où figure l'exemple. G., renvoie toujours aux exemples qui sont empruntés à Godefroy, *Dictionnaire de l'ancienne langue française et de tous ses dialectes, du IXe au XVe siècle*, 10 vol. T.-L. représentent les initiales de Tobler et Lommatzsch auteurs de l'*Altfranzösisches Wörterbuch* (1er vol. 1925, 9 vol. parus à ce jour). Nous abrégeons le titre en *Altfr. Wörterbuch*.

RAPPEL HISTORIQUE

Le terme devenu usuel d'*ancien français* désigne un état de langue attesté par des textes (œuvres littéraires, correspondances, documents officiels), rédigés en roman. Tel était le nom qu'on donnait au Moyen Age aux idiomes vernaculaires en usage dans des régions qui débordaient sensiblement les frontières politiques de la France actuelle. Il s'appliquait, en effet, à l'ancien wallon (ancêtre du dialecte qui se parle encore dans une partie de la Belgique), ainsi qu'à l'anglo-normand, forme prise en Angleterre par les parlers qu'y avaient transplantés les troupes de Guillaume le Conquérant, lors de la conquête de ce pays en 1066. Ce mot de « roman » témoigne du souvenir que les clercs pouvaient conserver des origines lointaines du français [1]. D'un côté, il s'opposait à « latin » (cf. les expressions *latine loqui, romane loqui* = s'exprimer en latin, en roman). De l'autre, il caractérisait ces idiomes par rapport à d'autres, d'origine germanique, parlés et écrits dans des territoires marginaux issus du démembrement de l'empire de Charlemagne. On dénotait ceux-là au moyen de l'expression *lingua tedesca* (= langue tudesque), adjectif qui se retrouve en ancien français sous la forme *thiois*. Cela ressort du double préambule des *Serments de Strasbourg* échangés en 842 et dont la teneur a été enregistrée dans la chronique de Nithard :

I. *Cumque Karolus haec eadem uerba romana lingua perorasset, Lodhuuicus, quoniam maior natu erat, prior haec deinde se seruaturum testatus est.*
[Serment en roman.]

Charles ayant fini de parler, en termes romans, Louis, en raison du fait qu'il était l'aîné, s'engagea le premier par serment dans l'alliance.

II. *Quod cum Lodhuuicus explesset, Karolus teudisca lingua haec eadem uerba testatus est.*
[Serment en langue thioise.]

Louis ayant terminé, Charles s'engagea dans les mêmes termes en langue tudesque.

III. *Sacramentum autem quod utrorumque populus quique propria lingua testatus est romana lingua sic se habet.*
[Serment en roman prêté par l'armée de Charles.]

Voici, en langue romane, le serment auquel souscrivit chacun des deux partis dans l'idiome qui lui était propre [c'est-à-dire en roman pour l'armée de Charles, en tudesque pour celle de Louis].

1. *Roman d'Alexandre, Roman d'Eneas, Roman de Renart* signifient au propre « Version de l'histoire de X composée en roman ». L'évolution du mot vers son sens moderne est tardive ; elle s'explique par l'association qui s'est opérée entre ces titres et certain type d'histoire longue, à épisodes, centrée sur un personnage historique ou légendaire. Cf. R. Marichal, *Naissance du roman* in *Entretiens sur la Renaissance du XIIe siècle*, Paris, Mouton, La Haye 1968, p. 449-492.

Le texte du serment prêté par Louis le Germanique, celui de l'engagement auquel souscrivirent les troupes de Charles représentent les premiers monuments de l'ancien français. La question de savoir à quelle forme dialectale du roman ils se rattachent demeure encore pendante [2]. Que cet idiome ait déjà été utilisé au cours de communications publiques officielles, cela ressort d'une décision prise lors d'un concile régional à Tours (836) et enjoignant aux prédicateurs de dispenser leurs homélies *in lingua romana rustica*, c'est-à-dire dans une langue romane vulgaire. Cette décision, de la plus haute importance, ouvrait aux fidèles, qui, en majorité, ne comprenaient plus le latin, un accès aux mystères de la foi, au sens des rites et à l'histoire religieuse. Elle favorisa l'éclosion d'une riche littérature religieuse dont la *Séquence de sainte Eulalie*, le *Sermon sur le prophète Jonas* (fragment de Valenciennes), la *Passion du Christ*, la *Vie de saint Léger*, la *Vie de saint Alexis* sont les premiers témoignages entre le ixe et le début du xie siècle.

Chronologiquement, le début de l'ancien français coïncide donc avec un moment critique du gallo-roman : prise de conscience aiguë par l'Eglise des inconvénients qui résultaient d'une audience restreinte du latin, promotion des idiomes qui servaient aux actes de communication privés. Le terme de gallo-roman s'applique à la forme prise en Gaule par le latin dans les énoncés informatifs oraux. Cet état de langue s'est étendu sur un laps d'environ quatre siècles (ve siècle p. c. → fin du viiie siècle) [3]. Il a débuté au moment où la domination des Francs succéda à celle des Romains. L'établissement des Francs détermina en Gaule, socialement et linguistiquement, une double structure. Par raison de nécessité les Francs apprirent l'idiome vernaculaire des populations qu'ils avaient soumises et les vaincus apprirent de leur côté à jargonner l'idiome de leurs vainqueurs. Chacune de ces populations conserva jalousement l'usage de sa propre langue. Mais, du contact prolongé entre le roman et le francique, il résulta des conséquences importantes.

La phonétique et le vocabulaire du gallo-roman (mais non sa morphologie sinon dans des détails) portent les marques de la pression externe exercée par le francique sur le latin déjà très adultéré que parlaient les Gallo-romans. Quelques-uns de ces traits différencient profondément le profil de l'ancien français de ceux de l'ancien provençal et des autres langues romanes. Le gallo-roman n'est attesté dans son entier par aucun texte. Seules des gloses [4] et quelques rares allusions dans les textes ménagent des jours sur lui. Cet état de langue n'est reconstituable que par une comparaison de l'ancien français avec les formes anciennes des autres idiomes romans.

On reconstitue par le même procédé le roman commun, c'est-à-dire l'état de la langue commune parlée sur l'étendue de l'Empire romain au ve siècle,

---

2. Cf. Bibliographie, n° 58, p. 387-428, A. Castellani, *L'ancien poitevin et le problème linguistique des serments de Strasbourg* et la discussion de cette communication.
3. Cf. Bibliographie, n°s 40, 114, 173, 174.
4. Equivalences de terme à terme qui facilitaient l'intelligence de textes dont la langue n'était plus entièrement intelligible. Tel fut le cas de la Bible (ancien et nouveau testament) dans une de ses versions latines. Ce livre fut glosé, livre par livre au viiie siècle. Une de ces gloses (dite gloses de Reichenau) est précieuse par les jours qu'elle ménage sur le gallo-roman, cf. Bibliographie, n°s 17, 106.

à la veille du moment où celui-ci fut disloqué par les invasions [5]. L'emploi du latin assurait alors l'unité linguistique (*romania*) de vastes territoires que divisaient par ailleurs les climats, la géographie et l'origine ethnique des habitants qui les peuplaient.

Si les textes ne révèlent pas l'entier du roman commun, du moins est-on mieux renseigné sur le latin courant des énoncés informatifs qui en est la base. Cet idiome est appelé communément latin vulgaire ; une dénomination plus juste serait celle de « latin de la conversation » (allemand *Umgangssprache*). Ici, nombre de témoignages, méthodiquement critiqués, permettent de dégager les traits qui différenciaient déjà cet idiome du latin dit classique qu'on enseignait dans les écoles et dans les universités [6].

Le souvenir de cette dernière langue s'est d'ailleurs perpétué en Gaule, puis en France tout au long de la période qui va du IIe siècle à la fin du Moyen Age. C'est en latin qu'étaient normalement rédigés les actes diplomatiques et administratifs : la première charte en français date de 1204.

C'est en latin qu'on traitait d'abord de tous les sujets variés qui sont l'objet de la littérature. N'écrivaient d'ailleurs en roman que des clercs, c'est-à-dire des lettrés capables de lire le latin et d'écrire dans cette langue. Cela explique que pour une part importante la littérature française ancienne en reflète une autre, uniquement accessible aux lettrés. Le fléchissement de la culture latine en Gaule, au VIIe siècle, fut vivement redressé par les efforts de Charlemagne.

Cette survivance du latin tout au long du Moyen Age est un fait majeur. Il domine l'histoire de la littérature mais non moins, dans une large mesure, celle de la langue. Certaines variations morphologiques et syntaxiques reflètent le souvenir plus ou moins vif de modèles latins chez les clercs qui écrivaient en français. C'est le latin qui a enrichi les vocabulaires romans ; c'est lui qui fournit la clé de maintes oppositions de valeurs sémantiques au sein des ensembles lexicaux.

*   *
*

Dans une perspective historique, l'ancien français se définit donc comme une des formes prises par le latin parlé sur l'étendue des territoires où les conquêtes de Rome avaient propagé et implanté l'usage de cette langue. C'est ce qu'établit avec certitude la comparaison des structures phonétiques morphologiques et syntaxiques des langues dites pour ce motif romanes. L'unité du groupe qu'elles constituent est garantie aux yeux des historiens par le fait qu'entre l'époque où les populations non latines de l'Empire ont adopté l'emploi du latin et l'époque moderne ces peuples n'ont jamais désappris la langue qui leur avait été transmise par leurs ancêtres pour en utiliser une autre. Cette unité justifie donc les droits d'une grammaire des langues romanes. Grammaire comparative mais en même temps historique. Elle ne se borne pas, en effet, à dégager par une analyse phonétique et morphologique des traits de

5. Cf. Bibliographie, nos 36, 122.
6. Cf. Bibliographie, nos 98, 167 et no 4⁻

structure communs. De proche en proche, elle reconstitue dans leurs grandes lignes les états successifs que ces langues ont traversés au cours de leur développement jusqu'à atteindre celui du roman commun antérieur aux processus de différenciations qui ont conféré à chacun de ces idiomes sa couleur particulière [7].

La segmentation des langues romanes résulte des conditions dans lesquelles l'emploi du latin s'est implanté parmi les populations étrangères de l'Empire. Elle s'est progressivement accentuée sous l'action de facteurs historiques ultérieurs. De ce point de vue la préhistoire de l'ancien français se divise en deux temps. Le premier s'étend depuis la conquête de la Gaule jusqu'à l'époque des invasions germaniques (Ve siècle p. c.). Il est vraisemblable que les populations gauloises altérèrent un tant soit peu l'articulation du latin par transfert sur cette langue de certaines habitudes qui caractérisaient la prononciation de leurs idiomes respectifs. Cette action de substrat est théoriquement admissible, mais il est impossible de l'établir en raison de l'ignorance où l'on est de la phonologie et la grammaire des parlers gaulois. Elle a dû être en tous cas sensiblement plus forte au nord de la Gaule que dans les provinces du sud de la Loire plus tôt romanisées et où des écoles, des universités dispensaient à une partie de la population de solides connaissances en latin classique. Quoi qu'il en soit, cette action différenciatrice était largement compensée par les facteurs politiques économiques (puis plus tard par les facteurs religieux) qui assuraient alors la cohérence et l'unité de l'Empire. Toutes proportions gardées, la situation du latin à cette époque était comparable à celle de l'anglais à partir de la fin du XVIIIe siècle. Grande langue de civilisation, grande langue de commerce. Quiconque la parlait pouvait entreprendre de lointains voyages. Elle assurait l'intercompréhension d'individus appartenant à des ethnies différentes. Les variétés d'accent, réelles, ne devaient pas être plus gênantes que celles qui colorent l'anglais selon qu'il est parlé aux Indes, en Afrique ou en Amérique.

Les invasions germaniques brisèrent cette unité. A partir du Ve siècle, le roman commença à se segmenter en autant de formes particulières qu'il se constitua de royaumes indépendants à l'intérieur des limites de l'ancien empire. Rome et Milan ayant perdu leur pouvoir fédérateur et leur puissance d'irradation, c'est au sein d'unités politiques closes que se développèrent l'ibéro-roman, le gallo-roman, l'italo-roman, le sarde, etc. La propagation du christianisme conférait bien une unité nouvelle à cette mosaïque, mais comme le dogme, les rites, la prédication s'exprimèrent dans un latin qui se voulait correct, cette unité se fonda, linguistiquement, au-dessus, ou si l'on préfère, à l'écart des idiomes vernaculaires. La connaissance du latin engendra peu à peu comme un privilège de classe. Les clercs, qui le détenaient, exercèrent en tant qu'éducateurs, dispensateurs de la culture, une action profonde et remarquable, mais jusqu'à 836, il n'entra pas dans leurs vues le projet d'écrire en gallo-roman, c'est-à-dire de préparer cet idiome à devenir à son tour une langue de civilisation.

En quatre siècles, le gallo-roman acquit des traits qui le différencièrent

7. Cf. Bibliographie, nos 36, 40, 122.

18

assez profondément des autres idiomes romans (ancien provençal, ancien italien, ancien espagnol, etc.) pour qu'une intercompréhension des individus qui parlaient ces langues ne fût plus possible. Sans doute appréhendaient-ils des ressemblances de l'une à l'autre, comme un Français reconnaît aujourd'hui quelques mots italiens ou espagnols ; mais quels qu'ils fussent, clercs ou non-clercs, ils n'étaient pas en mesure de définir leurs communautés de structure ni d'apprécier dans le détail les relations que chacune entretenait avec le latin. Ce n'est pas avant le xive siècle que des érudits s'intéresseront à ces problèmes [8].

Les traits qui caractérisent le gallo-roman et l'ancien français sont dus pour une part à l'action des clercs, pour une part aux altérations que les Francs imprimèrent à la langue des populations qu'ils avaient conquises.

Quant aux clercs, l'instruction dans les écoles est sans nul doute à l'origine du fait majeur que constitue le vestige d'une déclinaison des noms (substantifs, adjectifs). Les autres langues romanes perpétuent, comme le français, une déclinaison des pronoms ; presque seul, l'ancien français maintient un double état du nom dont le jeu est réglé par la fonction que les représentants de cette classe assument dans la phrase. On verra qu'il y a des raisons de penser que la déclinaison n'était pas régulièrement observée dans la langue courante, mais le respect de ses règles, ou à tout le moins, un effort vers la correction sont notables au niveau des énoncés narratifs. De ce point de vue le gallo-roman et l'ancien français se décèlent comme conservateurs par rapport aux autres langues romanes.

Ils se montrent au contraire très innovateurs dans le domaine des faits qui relèvent de l'articulation. L'action de l'accent a été ici prédominante. Si cet accent est marqué avec une intensité particulière, l'articulation des phonèmes de la syllabe post-tonique s'affaiblit par un phénomène de compensation. C'est ce qui dut se produire en Gaule après la conquête. Exceptions mises à part, la syllabe finale atone des mots latins s'estompa ; toutes les voyelles qui en constituaient le noyau, s'effacèrent, sauf -a qui subsista sous le timbre de l'e [ə] qu'on entend en allemand à la fin du mot *Farbe* (= couleur) :

lat. *tálpam* > a. fr. *taupe*, *álbam* > *aube*.

Le résultat de cette réduction est sensible lorsqu'on compare les aboutissements romans de quelques mots latins disyllabiques ou trisyllabiques du type ´_ _ ou _´_ _

lat. *áltum*, a. fr. *haut*, it. *alto*, esp. portug. *alto*.
lat. *ánnum*, a. fr. *an*, it. *anno*, esp. *año*, portug. *anno*.
lat. *capíllum*, a. fr. *chevél*, it. *capello*, esp. portug. *cabello*.

A a. fr. *dois* (= disque, rond) correspond l'it. *desco* ; à a. fr. *jorn* (pron. dӡorn), du lat. *diúrnum* répond l'it. *giorno*. Un mot latin du type ´_ _ _, ex. **baneum* (lat. cl. *balneum* : bain) se retrouve sous les formes *bagno* (ti.), *baño* (esp.), *banho* (portug.), en face du français *bain*.

8. Cf. Bibliographie, n° 171.

Une altération non moins grave est à porter au compte du superstrat francique. Au stade du roman commun, les voyelles ouvertes ɛ ɔ (correspondant aux voyelles ĕ ŏ du latin classique) s'étaient diphtonguées, autrement dit segmentées, sous l'accent en position libre, c'est-à-dire lorsque la syllabe dont elles constituaient le noyau n'était pas fermée par le contact de deux consonnes successives. Cette première diphtongaison est dite romane parce que, à quelques exceptions près, les conséquences en sont manifestes dans l'ensemble des idiomes romans :

> lat. *pedem*, a. fr. *pie(d)*, it. *piede*, esp. *pié*.
> lat. *mel*, a. fr. *miel*, it. *miere*, esp. *miel*, roum. *miere*.
> lat. *cor*, a. fr. *cuer* (= cœur), it. *cuore*, a. esp. *cuer*.
> lat. *bonum*, a. fr. *buen*, it. *buono*, esp. *bueno*.

Le gallo-roman connut une seconde diphtongaison dite francique. Elle s'explique en effet par l'intensité particulière avec laquelle les Francs marquaient le noyau de la syllabe tonique. La force de l'accent provoqua un allongement excessif de la voyelle tonique qui finit par se segmenter. Ce furent cette fois les voyelles romanes *á e* fermé [e] *o* fermé [o] répondant aux voyelles longues du latin classique, *ā ē, ō*, demeurées intactes jusque-là, qui se diphtonguèrent en position libre. Cet accident, propre au gallo-roman du nord de la Loire, altéra davantage la couleur des mots qu'il frappait. Cela ressort d'une simple comparaison entre :

> lat. *patrem*, a. fr. *pedre*, it. *padre*, esp. portug. *padre*.
> lat. *sal*, a. fr. *sel*, it. *sale*, esp. portug. *sal*.
> lat. *mé*, a. fr. *mei* (> moi), it. *me*.
> lat. *fidem* (roman **fēde*), a. fr. *fei* (> foi), it. *fede*, portug. *fe*.
> lat. *florem*, a. fr. *flour* (> fleur), it. *fiore*, esp. portug. *flor*.
> lat. *horam*, a. fr. *heure*, it. *ora*, esp. portug. *hora*.

De la même période date la palatalisation de *c-* [k] et de *g-* [g] devant la voyelle *a* sur le territoire dont les limites sont clairement définies par P. Fouché [9]. Le français central y est inclus alors que l'Artois, la Picardie et le nord de la Normandie demeurèrent à l'extérieur de cette frontière.

Autant que la seconde diphtongaison, le passage de *ca-* à *cha-* ou à *che-* [tʃa ou tʃə] et celui de *ga-* à [dʒa] ou à [dʒə] contribuèrent à singulariser l'ancien français central comme le montrent les exemples suivants :

> lat. *caballum*, fr. *cheval*, it. *cavallo*, esp. *caballo*, portug. *cavallo*.
> lat. *cápram*, a. fr. *chievre* (> chèvre), it. *capra*, esp. portug.
> lat. *furcam*, fr. *fourche*, it. *forca*, esp. *horca*, portug. *forca*.
> lat. *gallum* (= coq), a. fr. *jal*, it. *gallo*, esp. portug. *gallo*.
> lat. *uirgam*, fr. *verge*, it. *verga*, esp. portug. *verga*.

Le mécanisme de la palatalisation est reconstituable. La condition du phénomène (articulation antérieure de *a*) est connue. L'explication de l'origine de ce processus tardif (*c-* et *g-* s'étaient palatalisés devant *e* et *i* dès le roman commun) est encore à trouver. Quoi qu'il en soit, il est sûr qu'une action du superstrat francique est à exclure : les territoires où *c-* et *g-* demeurèrent

---

9. Cf. Bibliographie, n° 70, p. 555.

intacts sont justement ceux qui furent les lieux d'une implantation dense de Saxons puis de Francs.

Ces exemples illustrent quelques aspects de l'évolution du gallo-roman entre le ve siècle et le ixe siècle. Cette évolution se poursuivit sans discontinuer tout au long de la période qui s'étendit entre 842 (date des *Serments de Strasbourg*) et la fin du xiiie siècle. Mais sous l'influence de facteurs historiques (les structures féodales en premier lieu) et d'autres facteurs (phonétiques, phonologiques), elle aboutit, selon les lieux, à des résultats assez divergents pour que l'ancien français prît figure assez tôt d'une langue fortement dialectalisée. Cette différenciation ne touche pas la syntaxe, mais elle engendre des différences profondes dans le domaine de l'articulation comme dans celui de la morphologie. Au français ancien central : *cheval* [tʃəval], *jambe* [dʒɑ̃mbə], *cire* [tsirə], *cité* [tsite], l'ancien picard répond par [kəval], [gambə], [tʃirə], [tʃite]. L'affaiblissement de *la* proclitique en *le* annule la différence de genre dans le prédéterminant des substantifs en picard, p. ex. (*le pierre* comme *le duel* = douleur — peine).

La perte de la valeur primitive de certaines désinences fait qu'à l'imparfait de l'indicatif, après l'extension de la désinence *-eie* aux verbes de la classe de *chanter*, les anciennes désinences en *-eve*, en *-oe*, en *-ive* prirent figure de marques catégorielles dialectales. Comme l'ancien français n'était pas normalisé, les actions analogiques s'exerçaient librement, selon les régions, et ces reformations différencièrent beaucoup la morphologie du verbe.

Les premiers textes rédigés en roman portent déjà des traits distinctifs de la région où ils ont été soit rédigés soit copiés. La couleur de la langue des *Serments de Strasbourg* est mal discernable, mais celle de la *Séquence d'Eulalie* et de l'homélie sur le prophète Jonas renvoient sans hésitation possible au N. E. Alors qu'on admet en général l'unité du roman commun, ce fait laisse à penser que le gallo-roman s'était déjà différencié *avant* 842. Doit-on en tirer parti en faveur de la thèse que l'ancien français ne serait pas une langue une ? La réponse varie suivant que l'on se place au niveau de l'analyse ou que l'on considère les conséquences pratiques de la segmentation dialectale.

Tous les dialectes, sans exception, fonctionnent d'après la même syntaxe. Minimes et d'importance secondaire sont les particularités que l'on observe dans l'un ou l'autre.

Du point de vue de la morphologie, les traits qui les différencient n'altèrent au fond ni la structure commune de la déclinaison ni celle de la conjugaison.

A ces deux niveaux les dialectes de la langue d'oïl présentent donc, toutes proportions gardées, la même unité, aux yeux des comparatistes, que les langues romanes issues de la segmentation du roman commun.

Si on se place, au contraire, au niveau de la pratique, il est incontestable que la segmentation dialectale de la langue d'oïl a progressivement abouti à dessiner sur le domaine des seuils de mauvaise compréhension ou même d'incompréhension réciproque. Il est admis que la féodalité a joué dans ce processus un rôle important sinon décisif. Le cloisonnement auquel ce régime soumit l'ensemble du territoire français au nord de la Loire y provoqua, en petit, des conséquences linguistiques analogues à celles qui suivirent le démembrement de l'Empire romain. Plus tard, le renforcement du pouvoir royal favorisa la promotion du dialecte francien. Mais entre temps, aucune contrainte ne s'était opposée au développement des dialectes marginaux et ceux-ci étaient peu à peu devenus des idiomes vernaculaires normaux. Au niveau des énoncés informatifs, donc, l'ancien français ne présentait plus d'unité. Un individu originaire de Paris pouvait sans doute se faire entendre en Normandie, en Bourgogne, dans l'Anjou et s'entretenir au prix de légères difficultés avec les habitants de ces provinces. En revanche, le picard, le wallon devaient lui donner déjà l'impression de langues étrangères.

Comment, à ce niveau, s'établit-il néanmoins un ensemble de conventions qui constituèrent la base d'un ancien français commun ? C'est ce qui demeure obscur, encore que la motivation de ce fait (raisons politiques, économiques surtout) apparaisse clairement. De cette langue parlée dans les foires, dans les centres de pèlerinage, à l'armée dans les corps de troupe qui comprenaient des hommes issus de provinces différentes, on ne sait rien, en fait, aucun document ne fournissant sur elle de témoignage suivi.

Des motivations analogues, d'un ordre supérieur, favorisèrent la constitution précoce d'une langue littéraire commune. Quelle qu'en ait été la base, une raison de prestige, associée à des intérêts commerciaux, commanda très tôt aux clercs et aux écrivains de se plier à ses conventions. Théoriquement aucune raison ne les empêchait de rédiger documents ou œuvres de toute sorte dans l'idiome qu'on parlait à l'intérieur de l'aire dialectale d'où ils étaient originaires. Mais agir ainsi aboutissait à limiter étroitement la diffusion et l'audience d'un texte. Or, en fait, il n'existe aucune pièce de quelque nature possible rédigée entre le IXe et la fin du XIIIe siècle, qui reflète fidèlement dans sa totalité l'ensemble des traits phonétiques, morphologiques, lexicaux, caractérisant un dialecte ou un autre. Les textes subsistant de cette période ont seulement une *couleur* dialectale, plus ou moins accusée, assignable soit aux auteurs, soit aux copistes. Ce fait, d'une très grande importance, traduit, à n'en pas douter, une prise de conscience fort vive de la part des clercs, seuls habilités à écrire. Ils comprenaient très bien l'avantage que représentait l'emploi d'une langue conventionnelle telle que le latin. L'intelligence du latin permettait, en effet, de transcender tous les obstacles que les différences d'idiolectes opposent à l'intercompréhension. Un texte rédigé en latin pouvait être compris de tout clerc, quelle que fût son origine. En s'appliquant à normaliser d'une façon méthodique la langue des pièces rédigées en roman, les clercs firent de l'ancien français littéraire un système de référence qui transcendait la diversité des dialectes.

Comment cette situation se traduit-elle pour les historiens du français ? Par un déficit sensible [10]. Hors d'état d'atteindre les dialectes médiévaux dans leur entier, les philologues n'en connaissent au fond, que ce que révèlent sur eux des traits différentiels repérables dans les chartes ou dans les œuvres littéraires. Il est vrai qu'à cet égard les conventions qui réglaient les énoncés narratifs entre le IXe et la fin du XIIIe siècle étaient plus libérales qu'aujourd'hui. Ces textes fournissent aux philologues plus d'un moyen de reconstituer les

10. Cf. Bibliographie, n° 58. On consultera en premier lieu la communication de M. J. Monfrin, *Le mode de tradition des actes écrits et les études de dialectologie* (p. 25-58).

traits majeurs qui différenciaient les parlers d'oïl. De ce point de vue, les documents publics ou privés (chartes, actes de vente, inventaires, livres de coutumes, correspondances) présentent un intérêt particulier du fait qu'ils sont localisés et datés. L'interprétation des œuvres littéraires est plus délicate en général du fait des incertitudes qui planent sur l'identité de leurs auteurs ainsi que sur les conditions dans lesquelles elles ont été transmises. Du moins les œuvres rédigées en vers apportent-elles des témoignages sûrs à la rime. Tout compte fait, les philologues ont pu esquisser et même pousser assez loin dans les cas favorables l'analyse du développement des dialectes, c'est-à-dire les traits différentiels qui les ont de plus en plus singularisés [11].

* * *

Dans une perspective large, celle du romanisme, les traits distinctifs acquis par le latin parlé dans chacune des régions où il s'implanta, passent *après* ceux, héréditaires, qu'on retrouve dans toutes les langues romanes modernes. Les noms que portent celles-ci (italien, sarde, espagnol, catalan, rhéto-roman, français, roumain...) reflètent ou la géographie ou des épisodes de l'histoire des peuples qui les parlent. La dénomination de « français » rappelle celui de la domination des Francs, bien que le francique n'ait pas supplanté le gallo-roman. A ne considérer que ces traits héréditaires, il est donc juste de poser que depuis l'Empire romain jusqu'à l'époque actuelle, c'est une seule et même langue qui se parle en Europe sur les vestiges de l'ancienne Romania. Quant aux traits distinctifs acquis par ces idiomes, leur étude est solidaire de celle des conditions particulières qui ont présidé au développement de chacun d'eux. La linguistique, ici, ne se disjoint pas de l'histoire. Sans le secours de cette dernière, il est impossible de comprendre pourquoi et comment une langue commune s'est établie relativement tôt en Espagne et en France, alors que l'Italie est demeurée tard un domaine fortement dialectalisé ; si on ne tient pas compte de certaines conditions économiques ou géographiques, il est difficile d'expliquer pourquoi le français de Paris, à date ancienne, accueille plus de traits dialectaux originaires de l'Est que de marques dialectales caractérisant les dialectes de l'Ouest.

Le travail consiste dès lors à repérer ces traits dans les textes, à leur assigner, autant que faire se peut, un lieu d'origine, à suivre et à délimiter, si c'est le cas, leur extension ; ces recherches s'inscrivant dans un cadre très large où l'on porte en repères, sur le même axe chronologique, toutes les données pertinentes (politiques, économiques, sociales) du contexte historique de ces accidents.

La valeur et la densité de ces facteurs dépendent évidemment de la qualité et du nombre des documents qui les révèlent. De ce point de vue les antiquistes sont moins favorisés que les modernistes. Aucun texte ne permet de

11. Les débutants trouvent dans le manuel de M. K. Pope (cf. Bibliographie, n° 135) un rappel commode des traits. La grammaire de Schwan-Behrens (cf. Bibliographie, n° 157) contient des textes suivis de couleurs dialectales différentes. En ce qui concerne le picard, on se reportera au travail de M. Ch-Th. Gossen (cf. Bibliographie, n° 86). Pour l'ancien wallon, consulter celui de M. L. Remacle (cf. Bibliographie, n° 144).

suivre dans le détail le développement du gallo-roman antérieur à la rédaction des *Serments de Strasbourg*. Aucun ne reflète dans son entier l'état du roman commun, et si l'on possède plus de renseignements sur le latin vulgaire, il reste que pour cette période si importante au cours de laquelle le système vocalique du latin a été bouleversé, pas un document suivi ne reflète la structure, la couleur des énoncés informatifs. Ces états ne sont reconstituables (en partie) que par comparaison et conjecture. A partir des *Serments de Strasbourg*, au contraire, et plus on avance dans le temps jusqu'à la fin du XIIIᵉ siècle, un nombre croissant de textes et de documents historiques permet des repérages beaucoup plus précis.

LATIN CLASSIQUE	LATIN PARLÉ		
La connaissance en est continuellement entretenue par l'étude des textes dans les écoles et les universités	Le latin dit « vulgaire » sert aux actes de communication privés (énoncés informatifs). C'est lui dont l'usage s'implante dans l'ensemble des territoires qui constituent l'Empire. A la veille du démembrement de celui-ci, à la suite d'une série d'altérations qui ont modifié ses structures phonétiques et morphologiques, il se présente sous l'état du *roman commun*.	IIᵉ IIIᵉ IVᵉ Vᵉ	Extension et structuration de l'Empire romain
		Vᵉ	
Sous des formes plus ou moins correctes le latin est parlé et écrit par les clercs. Tout au long du Moyen Age c'est le mode d'expression d'une riche langue littéraire. Dans l'Eglise, le latin est la langue de la messe et des rites sacramentaires.	Il s'établit dans le nord de la Gaule un état de bilinguisme. Ce contact entre le roman commun et le francique engendre, dans la première de ces langues des altérations profondes. Celles-ci et d'autres accidents qui ne sont pas imputables au superstrat francique engendrent un nouvel état, le *gallo-roman* qui se développe, sans être écrit, jusqu'en 836 — Gloses.	VIᵉ VIIᵉ VIIIᵉ IXᵉ	Invasions germaniques. Constitution de royaumes francs sur le territoire de la Gaule.
	Injonction aux clercs de prononcer les homélies *in lingua romana rustica* c'est-à-dire en gallo-roman.	836	Concile de Tours
	Les *Serments de Strasbourg* sont le premier monument qui atteste sous une forme suivie le « roman » (lingua romana) que l'on convient d'appeler *ancien français*.	842	

I

LES LIMITES D'UNE GRAMMAIRE
DE L'ANCIEN FRANÇAIS

Préambule.

On souhaiterait pouvoir construire une grammaire de l'ancien français analogue à celle (de quelque modèle qu'on veuille, stylistique, structural, génératif) d'une langue moderne vivante. L'ancien français a été en effet une langue vivante ; or plusieurs facteurs rendent ce projet irréalisable dans son ensemble. Tout au plus est-il possible d'esquisser certaines parties de cette grammaire. On exposera sous une forme schématique au cours de ce chapitre les obstacles qui s'opposent à une telle entreprise. Ils tiennent soit à la durée de cet état de langue, soit au caractère partiel des énoncés analysables, soit à la qualité ambiguë sinon douteuse des textes qui nous renseignent sur lui, soit au défaut d'une intuition sans laquelle il est difficile d'interpréter, au niveau des structures ou au niveau du style, certaines contradictions apparentes. Ces obstacles ne sont pas tous infranchissables. On lèvera ceux qui tiennent aux textes par une exploitation méthodique (à peine entamée à l'heure actuelle) des données contenues par les manuscrits.

1. La durée assignée à l'ancien français implique que plusieurs états de langue se sont succédés entre le IXe et la fin du XIIIe siècle.

« Ancien français » constitue le premier terme d'une série de locutions où le mot de « français » est assorti d'épithètes. A *l'ancien français* succède le *moyen français* lui-même suivi du *français classique* qui précède le *français moderne*. L'existence d'une entité, « le français », repose comme on l'a vu sur la transmission ininterrompue de l'idiome que les Romains avaient implanté en Gaule. Les épithètes symbolisent grossièrement les coupes que l'on opère sur la durée de cet idiome. Elles traduisent des prises de conscience successives dues au fait qu'une littérature s'étant créée très tôt en France, les lecteurs et les auditeurs ont toujours pu mesurer l'intelligence plus ou moins claire qu'ils avaient d'un texte rédigé au cours d'une période sensiblement antérieure à la leur. Au niveau des sujets parlants le problème s'exprime en termes de compréhension ou d'incompréhension. Villon (xve siècle) s'amuse à pasticher l'ancien français (on disait alors *vieil françois*) dans une ballade. Son exercice prouve que cette langue n'était plus la sienne et les erreurs qu'il commet montrent qu'il n'en saisissait plus bien les mécanismes. Cet écart augmentant, un lecteur moderne considère que la *Chanson de Roland* est rédigée dans une langue étrangère.

Au niveau des historiens et des linguistes ces coupes délimitent ce qu'on appelle des états de langue. Ceux-ci ne coïncident évidemment pas toujours avec des coupures séculaires ou semi-séculaires. C'est d'après des critères linguistiques pertinents que les philologues les définissent et le nombre restreint de ces critères démarcatifs fait que pas mal de traits secondaires d'un état de langue A se retrouvent dans l'état de langue B subséquent.

En ce qui concerne l'ancien français la limite initiale est fournie, en 842, par les *Serments de Strasbourg*. Arbitraire, elle s'impose néanmoins du fait qu'avant ce texte il n'y en a probablement aucun autre, suivi, qui ait été rédigé en gallo-roman.

A l'autre bout, l'œuvre de Joinville connue sous le nom de *Vie de saint Louis* fut offerte par lui en 1309 au futur roi Louis X [1]. Joinville la dicta dans le dernier tiers du XIIIe siècle. Ce texte porte un témoignage très intéressant sur la limite terminale de la période ouverte par les *Serments de Strasbourg*. Par bien des traits sa syntaxe et sa morphologie s'apparentent à celles de l'ancien français. Mais d'autres sont représentatifs d'un nouvel état de langue. Ainsi dans les phrases :

> *Le saint roy ama tant verité que neïs aus Sarrazins ne voult il pas mentir de ce que il leur avoit en convenant.*
> [= Le saint roi aima tant la vérité que même avec les Sarrasins il ne voulut pas manquer à sa parole au sujet du traité qu'il avait conclu avec eux.]
> *De la bouche fu il si sobre que...*
> [Quant à la nourriture il était si sobre que...]

relèvent de l'ancien français :

(1) Morphologie : *ama*, troisième personne du singulier du prétérit de *amer* (= aimer) ; forme régulière du radical inaccentué.

Voult (= voulut), troisième personne du singulier ancienne du prétérit de *voleir ~ voloir* (vouloir).

L'emploi du nom *verité* sans article.

L'adverbe *neïs* (= même) dont l'emploi déclinera en m. français.

(2) Syntaxe : la postposition du pronom sujet *il* par rapport au verbe dans les propositions qui s'ouvrent par un complément circonstanciel (*aus Sarrazins, de la bouche*) ou un adverbe.

En revanche, le fait d'écrire *le saint roy* (en fonction de sujet), au lieu de *li sainz roys* et *sobre* (en fonction d'attribut), au lieu de *sobres* prouve que Joinville a perdu le sens de la déclinaison des noms.

Entre médiévistes on s'accorde à retenir comme pertinents deux ordres de traits démarcatifs qui dessinent la limite entre l'ancien français et le moyen français.

---

1. Le titre est *Livre des saintes paroles et des bons faits de notre saint roi Louis.*

● Le premier, de nature morphologique, est la déclinaison des noms (substantifs et adjectifs). Soient les exemples suivants :

> *Ainz que li dux ne li marchis partissent del port de Jadres... vint Alexis, li fils l'empereor Sursacs.* (Villehardouin, *Chronique* § 111.)
> [= Avant que le duc et le marquis ne quitassent le port de Jadres... arriva Alexis, le fils de l'empereur Isaac.]
> *Quant li rois ot mengié assez*
> *Et de plaidier estoit lassez*
> *Ez vos les gelines a tant*
> *Et Chantecler paumes batant.* (*Roman de Renart*, I, v. 311.)
> [= Quand le roi eut mangé à suffisance (et il était lassé de rendre la justice), voilà qu'arrivent les poules et le coq Chantecler battant des ailes.]

Tant qu'une opposition est maintenue entre la forme du syntagme nominal sujet : *li dux, li fils, li emperere, li porz, li rois*, l'attribut *lassez*, et la forme du cas régime : *le duc, le fil, l'empereor, le port, le rei*, on demeure dans l'ancien français. On en sort lorsque le nom se présente au cas régime, ou beaucoup plus rarement au cas sujet, quelle que soit sa fonction dans la phrase.

● Le second critère est d'ordre phonétique et phonologique.

La métrique atteste que dans un nombre élevé de mots la séquence de deux voyelles graphiques impose ce qu'on appelle une diérèse. Chaque voyelle constitue le noyau d'une syllabe et doit donc être articulée distinctement.

La première voyelle est *i*. C'est le cas dans les conditionnels à la quatrième et à la cinquième personne. Dans ce vers :

> *Vos porrïez assez miauz dire.* (*Roman de Renart*, I, v. 54.)
> [= Vous pourriez dire, à plus juste titre (que).]

le *i* de *porrïez* compte pour une syllabe : *por-ri-ez*. Il y a au contraire synérèse dans *miauz* (1 syllabe) prononcé alors [mjaɔts]. On constate déjà en ancien français une tendance à éliminer la diérèse dans les conditionnels : *porriez*.

La première voyelle est *e* [ə]. Dans le vers :

> *Si irons plus seürement.* (*Ibid.*, I, v. 1040.)

l'*e* initial de *seürement*, articulé, compte pour une syllabe.

De même, celui de *aseüree* dans :

> *D'autre part la pais est juree*
> *Et la terre aseüree.* (*Ibid.*, I, v. 280.)
> [= D'autre part la paix est jurée et le territoire présente donc toute sécurité.]

De même celui de *deüssiez* dans :

> *... Ces ribauz pleins de losange*
> *don vos deüssiez estre estrange.* (*Roman de la Rose*, v. 8521.)
> [= Ces mauvaises gens pleins de tromperie dont vous devriez fuir la compagnie.]

Entre dans ce cas toute la série des formes adjectives verbales en *-eü* : *deü*, *jeü* (= couché, allongé), *veü, seü* dépendant de *devoir, gésir, voir, savoir*, etc. [2].

---

2. La première voyelle peut être *o* comme dans a. fr. *joïr* (= jo-ir) prononcé aujourd'hui d'une seule émission de voix [ʒwiʀ].

Ces diérèses conféraient à la phrase un rythme qui fut brisé, comme l'attestent les textes du XIVe siècle rédigés en vers. Dans le cas de *i* et de *o* ces voyelles furent réalisées comme des semi-consonnes [j] [w]. Dans l'autre, l'amuissement de *e* atone raccourcit le mot d'une syllabe.

seürement (4 syllabes) > *sûrement* (3 syllabes)
veü (2 syllabes) > *vu* (1 syllabe), etc.

D'autres traits différencient le moyen français par rapport à l'ancien français, mais ils ne sont pas retenus pour pertinents parce que l'altération n'a eu de conséquence ni en syntaxe ni dans la métrique. Soit par exemple l'absorption de [j] par les consonnes chuintantes [ʃ] et [ʒ] qui s'opéra dans toutes les formes nominales et verbales en -*chier* et -*gier*. *Bouchier, couchier, changier, vergier*, devenant *boucher, coucher, changer, verger*.

Ces critères assignent donc à l'ancien français une durée d'un peu plus de quatre siècles (IXe-fin XIIIe siècle). C'est celle qui sépare 1972 de 1572. Une objection naît aussitôt. Pas un historien, à juste titre, ne considérerait qu'un seul état de langue couvre le laps de temps qui s'écoula entre la publication des *Essais* de Montaigne et celle du dernier roman de M. H. Bazin. L'objection vaut pour l'ancien français. Indépendamment des critères dont il vient d'être question et compte tenu du caractère conventionnel de la langue des énoncés narratifs avant le XIVe siècle, l' « ancien français » est une étiquette qui coiffe en réalité *plus d'un état de langue*.

De fait, une lecture attentive des textes décèle, à tous les niveaux, les traces d'une évolution progressive de l'ancien français.

Au niveau du lexique, la comparaison des manuscrits révèle que les copistes récents n'hésitent pas à gloser le texte qu'ils ont sous les yeux. A un mot vieilli ou dialectal, ou obscur, ils substituent un terme de la langue commune ou plus jeune ou plus clair. Par exemple, dans le groupe II des manuscrits de la chronique de Villehardouin, § 185, la forme adjective verbale *atornée* (= parée, cf. les atours) est substituée à la leçon originale *acesmée* (= même sens).

Dans le *Roman de Renart* (I, v. 162), les versions modernisées des collections α et γ (éd. Martin et Méon) remplacent par *lovieres* (= tanières de loups) la leçon originale *doieres* (= galeries, conduits, tanières) plus ancienne ou dialectale.

En ce qui concerne la grammaire l'apport le plus solide de la philologie consiste dans l'analyse des faits qui révèlent cette évolution. Par exemple, ceux de la syntaxe des pronoms dont G. Moignet a proposé récemment une bonne synthèse [3]. Soit encore ceux qui sont relatifs aux prédéterminants du substantif. L'étude historique de certains types de phrase est aussi éclairante à ce sujet. Ainsi, entre le IXe et la fin du XIIIe siècle l'empiètement de la forme verbale en -*rais* (dite conditionnel) sur celle du subjonctif imparfait est sensible. De même la restriction progressive des phrases hypothétiques centrées autour de deux imparfaits du subjonctif :

Se je le veïsse, je le li deïsse.
[= Si je l'avais vu, je le lui aurais dit, *ou* si je le voyais, je le lui dirais.]

3. Cf. Bibliographie, n° 127.

28

ainsi la promotion progressive, dans ces mêmes phrases, des formes composées soit du subjonctif, soit de l'indicatif [4].

De ce point de vue, l'entreprise de construire plusieurs sous-grammaires de l'ancien français est théoriquement séduisante. Elle se réalisera sans doute un jour. A l'heure actuelle elle demeure à l'état de projet car, tant du point de vue de la grammaire que de celui du lexique, on n'a pas encore procédé d'une façon méthodique à la collation des variantes proposées par les manuscrits. Quoi qu'il en soit, ces faits incitent à réfléchir et à ne pas perdre de vue la portée ambiguë du terme « ancien français » tant qu'on n'a pas établi (autant que faire se peut) la chronologie relative des traits qui ont successivement diversifié ce long état de langue.

2. Des énoncés narratifs et des énoncés informatifs. L'ordre des termes sujet-verbe-complément prouve qu'il y avait un décalage des uns aux autres dès la fin du XIe siècle. Autres exemples.

On doit entreprendre l'étude de l'ancien français comme celle d'une langue morte : donc dans des conditions peu favorables.

Les grammairiens modernes utilisent la notion *d'intuition*. Ils entendent par-là, un ensemble de présupposés sur lesquels s'accordent tous les individus qui participent à un état de langue donné. En vertu de leur intuition, ces individus jugent en premier lieu de l'intelligibilité ou de l'inintelligibilité d'un énoncé. *Le fils de Jacques a tué sa tante. Sa tante a tué le fils de Jacques* sont deux énoncés intelligibles. Ils sont constitués des mêmes éléments. Leurs sens résultent de l'ordre dans lequel on dispose ces morphèmes. Une séquence de *a tante fils le Jacques tué de sa* ne suscite aucune signification.

En second lieu, les sujets décident de la *grammaticalité* des énoncés. Ils posent un rapport de convenance entre une situation donnée et un type d'énoncé donné ; ils règlent les conditions dans lesquelles, pour répondre à une situation donnée, il est possible de contrevenir à une règle qui gouverne le type normal d'énoncé qui y correspond. Dans le premier cas, une situation telle que « transmission télégraphique » autorise des raccourcis inadmissibles au cours d'une communication ordinaire. Un énoncé tel que *Père arrivera demain Vienne 10 heures* sera réputé grammatical.

Dans le second cas, par exemple, une norme exige que l'énonciation positive neutre d'un fait se fasse dans l'ordre *sujet + verbe + expansions* : *Jacques viendra déjeuner vendredi* ; l'antéposition de *vendredi* n'exerce aucune influence sur l'ordre des termes restants : *vendredi, Jacques viendra déjeuner*. Néanmoins une restriction doit être apportée à cette règle. Elle découle du type de l'énoncé. Dans les énoncés informatifs l'antéposition de *là-dessus* n'est pas plus troublante que celle de *vendredi* : *Là-dessus, Pierre a dit à Jacques que...* alors que dans un énoncé narratif, pour des verbes tels que *entrer, sortir, arriver*, on observe que leur sujet peut s'énoncer après eux : *Là-dessus entra la princesse accompagnée d'un jeune page* ; *Là-dessus arriva l'ogre*. Cet ordre, lorsqu'il répond à une certaine situation, n'est pas moins grammatical que le

---

4. Cf. Bibliographie, n° 170.

premier. On exprime cette différence en termes de *niveaux*. Le terme n'est pas bon parce qu'on le fait servir à dénoter trop de différences qui ne sont pas de même nature. La différence tient seulement ici aux conditions particulières dans lesquelles le parleur émet chacun de ces énoncés. Par la force des choses, le recours à l'intuition est impossible pour qui étudie une langue morte. Nous ignorons du tout au tout une bonne partie des présupposés sur lesquels s'entendaient les sujets parlants du Xe siècle. Et ceux-ci différaient des présupposés régnant au XIIe siècle ou à la fin du XIIIe siècle.

En ce qui concerne l'intelligibilité, les textes rédigés en ancien français présentent toute la gamme des cas qui jalonnent le déchiffrement d'une langue morte. On part de l'hypothèse que chaque énoncé visait à signifier quelque chose et dans la majeure partie des cas l'analyse permet en effet de découvrir une signification d'ensemble. L'inintelligibilité d'un fragment de texte résulte presque toujours des altérations matérielles d'un manuscrit ou des bévues de copistes. Les critiques parviennent parfois à la résoudre, mais il reste aussi des endroits désespérés.

La convenance des énoncés soulève au contraire à chaque instant des doutes, étant donné que les critiques modernes n'ont que de très faibles lumières sur les niveaux d'élocution en ancien français et sur le sentiment que s'en faisaient les auditeurs plus ou moins éclairés, plus ou moins délicats des œuvres littéraires. Deux exemples peuvent le faire sentir.

1. L'analyse des textes autorise les grammairiens à poser que l'énonciation d'un fait est commandée en ancien français par des règles qui fixent le rang des termes essentiels de la phrase S N et S V. Soit V le prédicat verbal, S son sujet et C n'importe quel complément. La diversité des rangs résulte du fait que S N se réalise à cette époque obligatoirement sous deux formes : l'une dévolue au substantif en fonction de sujet (= cas sujet, ex. *li reis*, le roi, *li dus*, le duc), l'autre dévolue au substantif non-sujet (= cas régime, ex. *le rei*, le roi, *le duc*, le duc) [5].

L'ouverture de la phrase se fait par S. Dans ce cas deux ordres sont théoriquement possibles :

> S V C *li reis vit le duc.*
> S C V *li reis le duc vit.*

le premier prévalant de beaucoup sur le second.

Si la phrase s'ouvre par V, l'ordre V S C (ex. *vit li reis le duc*) passe de loin en fréquence l'ordre V C S.

Enfin C peut ouvrir la phrase et dans ce cas l'ordre C V S est seul admis. C symbolise, en plus des compléments d'objet direct et des compléments d'attribution ou des compléments circonstanciels, d'autres unités fortes telles que les adverbes. Il est donc normal de rencontrer :

> *A czo no's uoldret concreidre li rex pagiens.* (*Eulalie*, v. 21.)
> [= Le roi païen ne voulut pas ajouter foi à cela.]
> *Didun, l'ebisque de Peitieus,*

---

5. S symbolise un substantif ou un pronom. On n'envisage ici que le premier cas.

Lui 'l comandat cil reis Lothiers. (*Vie de saint Léger*, v. 19.)
[= Ce roi Clotaire le confia à Didun, l'évêque de Poitiers.]
Puis vait li emfes l'emperethur servir. (*Vie de saint Alexis*, v. 35.)
[= Ensuite le jeune homme va servir l'empereur. N. B. *puis*, adverbe.]

Cela étant, à la fin du XIe siècle ou au début du XIIe, l'auteur de *la Vie de saint Alexis*, d'après le manuscrit L (le plus ancien et réputé le meilleur) écrit au v. 33 :

Puis ad escole li bons pedre le mist.
[= Ensuite le bon père l'envoya à l'école.]

Le vers est deux fois fautif puisque chacun des deux éléments qui l'ouvrent (l'adverbe *puis* et le complément circonstanciel) exige la postposition du sujet (*li bons pedre*) à *mist*. L'interprétation de cette « faute » n'est pas malaisée comme on le verra. Que le vers ait été senti comme fautif est néanmoins prouvé par le fait que des manuscrits autres que L, plus tardifs, en présentent des variantes plus correctes : ainsi

Et li bons peres a escole le mist.

où la conjonction *et* permet d'ouvrir la phrase par le sujet.

Ce vers authentique de L provenant d'un auteur (ou d'un copiste) qui savait l'ancien français mieux que nous doit donc inciter les grammairiens modernes à limiter prudemment la portée des règles qu'ils formulent sur l'ordre des termes dans les phrases énonciatives indépendantes telles que celles-ci.

2. En français moderne, les constructions *J'ai déposé de l'argent à la banque* et *J'ai de l'argent déposé à la banque* ne sont pas équivalentes. Elles ne s'analysent pas de la même manière et elles répondent à deux situations différentes. A l'exception de quelques adverbes ((ex. *je n'ai toujours pas déposé* ~ *je n'ai pas toujours déposé de l'argent à la banque*), on ne peut rien inclure dans le noyau verbal constitué par *avoir* et le participe passé du verbe conjugué. Les grammairiens supposent qu'en ancien français primitif le noyau verbal n'était pas encore soudé au point qu'on ne pût insérer un complément entre ses deux éléments. Des exemples tels que :

Li reis Marsilie out sun cunseill finet. (*Roland*, v. 62.)
[= Le roi Marsile avait fini de tenir son conseil.]
Li empereres out sa raisun fenie. (*Roland*, v. 193.)
[= L'empereur avait terminé son discours.]

attestent en effet que l'inclusion de C était possible. Mais, comme pour répondre à la même situation qu'au vers 62, l'auteur écrit, au v. 78 :

Li reis Marsilie out finet sun cunseill.

il en résulte qu'en ancien français la distinction que le français moderne opère entre *j'ai déposé de l'argent* et *j'ai de l'argent déposé* n'était pas fonctionnelle. Ce fait n'est pas une « licence poétique » ; on le rencontre dans des textes en prose. Il est corroboré par les hésitations des scribes dans l'orthographe des formes adjectives du verbe. Celles-ci sont tantôt traitées comme des adjectifs : on les accorde quelle que soit leur place avec le substantif qu'elles déterminent.

31

Gormund li a treiz darz lanciez. (Gormond et Isembart, ap. *Chrest.*, n° 28, p. 53.)
[= Gormont lui a lancé trois flèches.]
Et il avoit a sa fame bailliee l'espee por metre les renges.
(*Quête du Saint Graal*, ap. *Chrest.*, n° 58, p. 120.)
[= Et il avait tendu l'épée à sa femme pour qu'elle y mît les attaches.]

Tantôt, au contraire, l'accord n'a pas lieu, quelle que soit la place du substantif.

Nos avons paié noz passages. (Villehardouin, Chronique § 60.)
[= Nous avons acquitté le prix de nos passages.]

Ces pratiques attestent à tout le moins que la séquence du syntagme verbal *avoir* et d'une forme adjective verbale avait en ancien français une valeur différente de celle qu'elle a prise en français moderne. Quant à la « nuance » que les écrivains de cette époque pouvaient reconnaître entre *avoir + complément + forme adjective du verbe* et *avoir + forme adjective du verbe + complément*, elle est évidemment indiscernable. On enregistre les deux séquences. Il n'est même pas utile de supposer qu'on ait senti une « nuance » ; ce serait introduire abusivement une intuition qui est la nôtre dont rien ne garantit qu'elle concorde avec celle d'un écrivain du XIᵉ ou du XIIᵉ siècle. Les grammairiens éviteront avant tout de prétendre formuler dans un cas tel que celui-ci une règle s'inspirant des présupposés qu'eux-mêmes ont sur leur propre langue. Pour autant qu'on puisse esquisser une grammaire de l'ancien français, celle-ci ne doit pas être entachée d'anachronisme.

L'exemple précédent jetait, comme quelques autres, un jour sur la coexistence de deux règles gouvernant l'ordre des termes V S C dans deux modes d'énoncés différents. Le prouvent les corrections apportées au v. 33 de *la Vie de saint Alexis*. La situation n'est pas la même ici exactement. Sans doute les énoncés informatifs en moyen français et en français moderne ne connaissent-ils plus en règle générale que les ordres *Puis le père envoya son fils à l'école* et *J'ai posté la lettre.* Mais on ne peut pas en déduire que le type ancien *J'ai la lettre posté(e)* ait appartenu spécifiquement aux énoncés narratifs. Il coexiste avec l'autre dans toute espèce de textes. Ce qui confère au contraire au v. 33 de *la Vie de saint Alexis* une valeur exceptionnelle, c'est qu'il s'inscrit contre un nombre considérable d'exemples du type C V S. Dans ce cas, on est sûr que la postposition du sujet était de règle par convention dans les énoncés narratifs.

On a posé d'entrée de jeu ces deux cas pour montrer combien est délicate la situation des médiévistes lorsqu'ils entreprennent de construire une grammaire de l'ancien français. On aura l'occasion d'y revenir. Mais dès maintenant il apparaît que pour une part ce sont *deux* grammaires qu'il conviendrait d'esquisser. Or, par le fait, celle des énoncés informatifs n'est saisissable que sporadiquement.

3. Difficultés d'interprétation soulevées par le mode de transmission des textes.

Aujourd'hui, un lecteur admet, à juste titre, l'authenticité du texte imprimé qu'il a sous les yeux. La teneur en est celle du manuscrit que l'auteur a remis à l'éditeur. L'impression du texte n'est pas toujours correcte, mais le lecteur attentif est en mesure de déceler et même de corriger avec vraisemblance les fautes qui le déparent. En règle générale un laps de temps assez court sépare la rédaction du texte et sa livraison au public. Il arrive qu'on édite avec un certain retard telle œuvre inédite demeurée dans les cartons d'un écrivain ; mais cela ne nuit pas à la compréhension. Les garanties morales qu'ont obtenues à la longue les auteurs les préservent contre les contrefaçons et les interventions abusives des imprimeurs. Tout cela est de nature à rassurer les grammairiens qui prennent pour bases de leurs grammaires des citations tirées de textes modernes.

Plus on remonte dans le temps, plus les philologues ont de motifs pour adopter une attitude critique à l'égard des textes (même imprimés) qu'ils étudient. Encore, pour la période qui va du XVIᵉ siècle à nos jours, a-t-on, en général (il y a bien des exceptions), des certitudes sur l'attribution d'un texte à un auteur et des documents d'archives ou autres renseignements permettent de cerner la condition, l'origine et la physionomie du rédacteur.

La situation est du tout au tout différente lorsqu'on aborde la lecture d'un texte rédigé entre le IXᵉ et le XIVᵉ siècle.

On ne possède, en fait de textes dont la teneur soit authentique, que des actes officiels rédigés en français, datés, localisés et quelques fragments de correspondance. Par malchance ces actes (chartes, inventaires, etc.), fort utiles à cause du vocabulaire qu'ils véhiculent, sont rédigés dans une langue formulaire très pauvre en tournures et très traditionnelle.

Pour le reste, c'est-à-dire les textes littéraires, à l'exception de ce qui reste de l'homélie sur le prophète Jonas (*Fragment de Valenciennes*, Xᵉ siècle), aucun ne se présente sous la forme originale (O) que lui avait donnée son auteur. Les manuscrits qui les conservent représentent dans le cas le plus favorable — très rare — l'une des premières copies X ou Y faites de O (mais quand ? où ? autant de questions !) et le plus souvent ils sont les copies de copies dérivées de X ou de Y. Un exemple. Si la branche du *Roman de Renart* que M. Roques a éditée dans le t. I (*Jugement de Renart*) a été composée à la fin du XIIᵉ siècle, les manuscrits qui conservent l'ensemble ou une grande partie de la collection β datent ou bien du milieu du XIIIᵉ siècle (K) ou bien de la fin du XIIIᵉ siècle (B, H) ou bien du XIVᵉ siècle (L). C'est comme si nous lisions aujourd'hui *Jacques le Fataliste* dans des manuscrits recopiés en 1950 à partir de trois copies dérivant elles-mêmes de *x* copies du manuscrit original de Diderot. Toute copie, même la plus soignée, implique bévues, fautes d'inattention. Aucun des manuscrits du Moyen Age n'est exempt de telles erreurs. Pas mal de celles-ci sont amendables, mais certaines sont si graves qu'elles défigurent complètement le texte. Non moins inquiétantes sont les divergences entre les copies. Elles portent sur des mots mais aussi sur la grammaire. D'un manuscrit à un autre la syntaxe d'une phrase change ; ou bien le temps ou la forme d'un verbe ; le plus souvent — et c'est un trait que dénombrent les éditeurs de textes — la différence se marque dans la rigueur ou dans la négligence avec lesquelles les règles de la déclinaison sont traitées [6]. Dans tel manuscrit les noms

---

6. On doit à M. B. Woledge une bonne esquisse du traitement des noms indéclinables. Cf. Bibliographie, nᵒ 176.

sujets se présentent presque tous à la forme du cas sujet ; dans tel autre le copiste emploie la forme du cas objet. A nombre de syllabes égal (ex. cas sujet *li reis* — cas régime *le rei*), cela n'entraîne pas de conséquences ; mais quand on rencontre *le provoire*, *la seror* là où, vraisemblablement, l'auteur avait écrit *li prestre* ou *la suer*, ou bien le vers est faux ou bien, s'il est juste, c'est que la syntaxe du texte original a été modifiée. L'interprétation de ces divergences est une partie essentielle du travail des éditeurs modernes de textes anciens ; d'elle découle en effet le choix du manuscrit qui servira de base. Un tel travail implique forcément des conjectures, mais les critiques ont mis au point, en moins d'un siècle, une méthode de criblage qui, tenant compte de critères non linguistiques (conduite du récit, vraisemblance, interpolations, etc.), et de critères linguistiques, permet de hiérarchiser raisonnablement la valeur des manuscrits-témoins [7].

Les divergences n'en demeurent pas moins inquiétantes. Elles proviennent en grande partie du fait que les auditeurs ou les lecteurs d'une copie n'étant pas les contemporains de l'auteur n'ont plus l'entière intelligence de la langue de celui-ci. La propriété littéraire n'existait pas à cette époque. Les copistes rajeunissent donc le vocabulaire, la grammaire du texte qu'ils ont sous les yeux soit spontanément, pour eux-mêmes pourrait-on dire, soit délibérément en vue d'expurger du texte des archaïsmes qui gêneraient les clients qui les payent. C'est dans le même esprit que, sur le plan de l'esthétique cette fois, les scribes gomment ce qui leur paraît être des fautes contre le goût ou au contraire ornent, embellissent le texte [8]. Mais quand l'éditeur critique a décidé que tel manuscrit est le meilleur représentant de telle « famille », cela ne veut pas dire que cette copie soit en tous points conforme à O. Au mieux, elle reproduit sans trop d'erreurs involontaires ou volontaires la version de X ou de Y qui, elle-même, devait présenter déjà des divergences par rapport à O. Il n'y a plus un éditeur moderne qui se flatte de jamais pouvoir atteindre O dans son intégralité.

L'effort des critiques, on le comprend, s'est surtout exercé en vue de déterminer les manuscrits qui, en vertu de leurs mérites, servent de base pour une édition critique des œuvres littéraires du Moyen Age. De ce fait, les manuscrits jugés inférieurs ne sont sollicités et n'apparaissent dans la *varia lectio* que dans la mesure où leur témoignage aide à corriger une bévue de la copie retenue comme base. Dans son édition du *Roman de Renart* (Collection β) M. Roques utilise très peu les manuscrits K et L. Les grammairiens n'y trouvent pas leur compte. C'est en effet au moyen des rajeunissements qu'ils pourraient fixer un peu plus précisément qu'on ne le fait les limites des états de langue qui se sont succédés entre le IXe et la fin du XIIIe siècle. De ce point de vue l'édition

7. Toutes les éditions *critiques* de textes contiennent des données sur le classement des manuscrits et la valeur relative de ceux-ci. Elles sont à consulter de préférence aux autres dans la mesure où elles permettent de comparer les leçons divergentes des manuscrits. Dans le cas où une œuvre a été transmise par un seul manuscrit le problème des corrections est parfois délicat à résoudre. Cf. Bibliographie, n° 67.
8. Dans le lai de *Lanval* de Marie de France, édité par M. J. Rychner (cf. Bibliographie, n° 6) le copiste du manuscrit S (ou le remanieur de la version qu'il copiait) enjolive à plaisir le récit de l'entrée de la fée à la cour d'Arthur. Distraction d'humaniste, innocent moyen d'étaler la connaissance qu'il a de l'*Eneide* ou du roman d'*Eneas*.

des versions de *La prise d'Orange* par M. Cl. Régnier est fort utile [9]. On devrait disposer, pour chaque ouvrage littéraire de quelque valeur, d'une reproduction de *tous* les manuscrits qui le conservent [10]. Ceux-ci sont loin de mentionner toujours le lieu, l'atelier dans lesquels les scribes les ont confectionnés. En revanche les paléographes disposent actuellement de moyens qui aident à préciser la date de leur confection.

On observe encore deux faits relatifs à la qualité des témoignages fournis par les manuscrits.

Le premier est rassurant. La chance veut ici que dans l'ensemble de la production littéraire médiévale les œuvres versifiées l'emportent, quant au nombre, sur les œuvres en prose. Or qu'il s'agisse de l'assonance ou de la rime, les fins de vers obéissent à des règles dont certaines sont générales (par ex. on ne peut pas faire assonancer ou rimer des formes en *-er* ∼ *-é* et des formes en *-ier* ∼ *-ié*) et dont d'autres sont particulières à des régions (ici il est possible de faire rimer des mots en *-ant*, et en *-ent*, là non). Il est notable que les copistes, dans la majeure partie des cas, respectent les fins de vers. Les usages que celles-ci révèlent renseignent en gros sur la date et sur la patrie de l'auteur. Les contrevenances à la loi de Bartsch qui porte sur la disconvenance des finales en *-er* ∼ *-é* et des finales en *-ier* ∼ *ié* (soigneusement relevées par les éditeurs) sont à imputer à l'écrivain, non aux copistes.

Le second, paradoxal en apparence, est néanmoins très instructif, car il aide à comprendre le caractère conventionnel de la langue qu'on appelle l'ancien français. On observe que les manuscrits les plus anciens, donc ceux qui se rapprochent de O contiennent en général *plus* de fautes contre la déclinaison, par exemple, que certains manuscrits soignés beaucoup plus jeunes. Le paradoxe réside dans le fait qu'un copiste qui ne pratiquait plus la déclinaison pour son compte, au XIVe siècle, la rétablit scrupuleusement dans le manuscrit auquel il travaille. Dans ce cas il agit en vertu d'un réflexe compréhensible. Pour une part il rajeunit le texte, mais pour une autre il archaïse. Cela signifie qu'à son sentiment, comme à celui des gens qui le rétribuent, une œuvre d'un certain genre doit être marquée de traits anciens. Sa langue témoigne d'un

9. Cf. Bibliographie, n° 142. Non moins instructive l'édition critique que M. J. Rychner a procurée du lai de *Lanval*, cf. Bibliographie n° 6. Pour l'établissement de ce texte on utilisera les utiles observations de M. A. Burger. Cf. Bibliographie, n° 43.

10. Les exigences des grammairiens sont distinctes de celles des éditeurs de textes. Nous faisons état ici des premières. De l'ensemble des manuscrits qui contiennent la littérature du Moyen Age seule une partie a été méthodiquement décrite et exploitée. Ils révèlent tous des disparités, les interventions des copistes portant témoignage sur des formes d'expression différentes de celles de l'auteur. Ils fournissent ainsi des indices utiles et sur quelques traits de la langue des énoncés informatifs et sur des variations dans celle des énoncés narratifs. On pose en conséquence qu'une information plus complète tirée des manuscrits non encore exploités accroîtrait la chance de suivre d'une façon plus précise la chronologie des états qu'a successivement traversés le français « oral » et la pression que celui-ci n'a pas cessé d'exercer sur l'ancien français littéraire, d'où l'intérêt, par exemple de la recension du manuscrit O de la chronique de Villehardouin établie par les soins du C. R. A. L. (cf. Bibliographie, n° 50). Le problème qui se pose aux éditeurs est différent. L'école allemande vise une reconstruction philologique de O. Cette tentative, intéressante en soi, est soumise à une quantité d'aléas qui la rendent périlleuse. Ce qu'on peut dire de la pratique instaurée par J. Bédier, M. Roques et leurs élèves, c'est que, moins ambitieuse, elle est plus réaliste. Elle sert en tous cas plus efficacement que l'autre les intérêts des historiens de la langue. Elle produit en effet un texte dont la teneur — celle du meilleur manuscrit amendé discrètement — si éloignée qu'elle soit de celle de O, a le mérite d'être authentique.

état dépassé, mais une certaine esthétique exige qu'elle présente quelques traits archaïques fondamentaux. Par là certains éléments du public et bon nombre de copistes lettrés se comportent en amateurs d'antiquités et le fait est important lorsqu'on songe à ce que pourrait être une histoire des variations du goût en matière littéraire. Ainsi, par exemple, l'auteur d'une version tardive de *La prise d'Orange* rétablit assez systématiquement des imparfaits du subjonctif là où les autres versions utilisent le conditionnel. Conclusion pratique : les débutants, en possession d'une édition critique s'exerceront, d'après la *varia lectio*, à reconstituer sur un passage donné les témoignages divergents de plusieurs manuscrits. Les éditions dans lesquelles la *varia lectio* est donnée en bas de page (comme par ex. celle de la chronique de Villehardouin par E. Faral) rend aisé ce travail de comparaison indispensable (cf. l'appendice en fin de ce chapitre).

4. Exposé de quelques problèmes d'interprétation (déclinaison, expression du pronom sujet, subordination).

Les grammairiens qui opèrent sur une langue vivante comme le français moderne disposent de deux sources de documentation. La lecture des textes les met en face d'énoncés narratifs ; une enquête sur le terrain leur fournit des modèles d'énoncés informatifs tirés de la conversation. La comparaison des deux révèle qu'on n'y utilise ni les même formes ni les mêmes constructions. A Paris du moins les énoncés informatifs excluent l'emploi du prétérit (ou passé simple ~ défini) et de l'imparfait du subjonctif. Certains tours, exceptionnels dans ~ les énoncés narratifs, sont fondamentaux dans les autres et *vice versa*.

Cette comparaison est impossible lorsqu'on travaille sur l'ancien français. Les textes médiévaux mettent *exclusivement* en face d'énoncés narratifs. Aucun ne révèle dans son entier, d'une façon suivie, la morphologie et la syntaxe des énoncés informatifs. Des genres comme le théâtre, les fabliaux, des pièces comme les lettres de rémission ne doivent pas faire illusion. Le style en est aussi conventionnel que celui des chansons de geste ou des grands romans arturiens. L'interprétation de quelques traits même qui semblent différencier des niveaux de langue est délicate. Sur la foi de témoignages fournis par les *Mistères* (xive siècle), on a enseigné que l'emploi des formes surcomposées dans la subordonnée d'une phrase complexe (type *quand je l'ai eu vu je l'ai arrêté*) était « populaire ». Le malheur veut que le premier exemple attesté soit antérieur au xive siècle et soit mis, dans une branche du *Roman de Renart*, au compte d'un personnage haut placé dans la hiérarchie des conditions [11]. Dans quelques *Miracles de Notre Dame* on observe que, d'une manière assez constante, les types des phrases hypothétiques se partagent selon la qualité des personnages. Ceux du commun utilisent celui qui est centré sur des formes de l'indicatif (ex. *se je le savoie, je le diroie*) alors que Dieu, la Vierge, les rois, les

---

11. Cf. Bibliographie, n° 49. L'exemple est éclairant. L'auteur de la thèse a fait un travail très consciencieux mais, quant à l'ancien français, il s'est fié aux éditions *imprimées*. Je m'y étais moi-même trompé jusqu'au jour où M. Roques m'a mis sous les yeux le texte qui dort dans la *varia lectio* d'une branche du *Roman de Renart*.

princes s'expriment plutôt à l'aide de l'autre : *se je le seüsse, je le deïsse*. Mais la portée de cette observation est restreinte par le fait que les verbes ainsi employés au subjonctif constituent un lot fort mince (*auxiliaires, dire, oïr, faire, voir, plaire*...) et surtout parce que, au début du XVIIe siècle, les grammairiens condamnent l'emploi du tour *si j'osasse* (à la place de *si j'osais*) comme un vulgarisme. Quant aux aveux recueillis de la bouche d'un prévenu ou d'un témoin dans les enquêtes de police, ils sont aussi suspects. Devant un commissaire ou un juge, même un homme ou une femme du commun se croira tenu de s'exprimer au-dessus de sa condition. Devenu pour quelques instants une « personne », il prendra le ton et le style d'un narrateur.

Cela étant, on devine l'intérêt que présentent certaines « fautes » dans les manuscrits. Il se peut, en effet, qu'elles jettent des jours sur les usages et les règles qui prévalaient dans les énoncés informatifs. Mais l'interprétation en est toujours difficile.

On exposera ici trois exemples. Les deux premiers — déclinaison, ordre des termes de la phrase — se trouvent liés ; le troisième — traitement du pronom sujet — touchant le syntagme verbal.

DÉCLINAISON ET ORDRE DES TERMES DE LA PHRASE.

L'existence de la déclinaison des noms est attestée par les plus anciens textes. Dans les *Serments de Strasbourg, Carlus meos sendra* [= Charles mon suzerain] en fonction de sujet s'oppose à *meon uol* [= selon ma volonté ~ mon vouloir], complément circonstanciel et à *meon fradre* [= mon frère], complément de destination. Dans la *séquence d'Eulalie*, à *li Deo inimi* [= les ennemis de Dieu] sujet, s'oppose *les mals conseilliers* [= les mauvais conseillers] complément d'objet. A l'article masculin singulier *li* qui prédétermine *rex pagiens* [le roi païen] sujet, s'oppose l'article *lo* masculin singulier devant des substantifs *nom* [= titre, v. 14] *element* [= nature ? v. 15] en fonction d'objet. Au cours de la seconde moitié du XIIIe siècle, ce système est encore en vigueur. Le copiste du manuscrit A des *Récits d'un menestrel de Reims* respecte la déclinaison. Une phrase telle que *Et quant li roys Phelipes vit qu'il oi perdu son cop, si en fu a merveilles dolens* [= et quand le roi Philippe vit qu'il avait manqué son coup, il en fut extrêmement affligé, ap. *Chrest.*, no 167, p. 309] prouve qu'il avait en mémoire les formes de cas régime correspondant à celles des cas sujet *li roys Phelipes, dolens* à savoir *le roy Phelipes, dolent* ; à l'inverse, le cas régime *son cop* implique la mémoire du cas sujet *ses cos*. En revanche ni le copiste de l'*Estoire* de Philippe de Novare (cf. *Chrest.*, no 162, p. 301), ni celui de l'ouvrage de Joinville (cf. *ibid.*, nos 168-170, p. 310), ni celui (italien) du *Livre des merveilles du monde* composé en 1298 par Marco Polo (cf. *ibid.*, no 175, p. 322) ne respectent la déclinaison. Entre temps maints copistes commettent des fautes dont la plupart consistent à écrire un cas régime là où il faudrait un cas sujet.

Quant Renart oï la novele
Le cuer li faut soz la mamele. (V. 1023.)
[= Quand Renart entendit cette nouvelle, le cœur lui manque sous la mamele,

c'est-à-dire il en perd la respiration. N. B. on attend le cas sujet *li cuers* ; d'ailleurs au vers suivant le copiste écrit correctement *et li vïaires li nerci* = et son visage noircit [12].]

Ces fautes laissent à penser que, victimes d'inattention, les copistes et parfois l'auteur peut-être se conformaient à un modèle d'où la déclinaison des substantifs était exclue. On conjecture que c'était celui qui gouvernait déjà les énoncés informatifs.

Il n'y aurait pas lieu d'épiloguer là-dessus si une doctrine n'avait recueilli presque l'unanimité des suffrages. Elle consiste à relier deux faits incontestables : la dépense de mémoire qu'occasionnait la déclinaison, puisque tout substantif se réalisait en deux formes parfois très différentes l'une de l'autre ; la prédominance du nombre des cas régime sur celui des cas sujet dans le discours. De leur conjonction aurait découlé une usure progressive du système et le déclin du cas sujet, le moins employé. Du même coup, les noms se présentant dès lors sous une forme unique, leur place dans la phrase serait devenue pertinente. Dans les énoncés assertifs les ordres C V S et V S C durent céder devant l'ordre S V C identique à celui des syntagmes verbaux *jo vei* [= *je vois*] quand un facteur spécial ne le trouble pas. Nous estimons pour notre part que les deux faits allégués n'étaient pas suffisants pour miner la déclinaison s'il y avait eu une raison assez forte pour maintenir l'existence d'un cas sujet. Cette raison ne pouvait se trouver que dans les règles qui gouvernaient l'ordre des termes de la phrase. Tant que les types C V S et V S C étaient aussi normaux que le type S V C (leur emploi relevant d'un choix arbitraire ou motivé stylistiquement) il demeurait indispensable qu'un cas sujet fût différencié d'un cas régime. *Le rei vit li dus* [= le duc vit le roi] ne se légitimait qu'à ce prix-là. Si au contraire, par hypothèse, on pose que l'ordre normal, usuel, d'une phrase assertive était S V C (ou à la rigueur S C V), la fonction « sujet » était marquée *deux fois* : par la place (rang 1) et par une forme spéciale. Si l'hypothèse est juste, il est évident que la place était sentie comme pertinente.

On a au moins une raison de le penser : c'est qu'en ancien français le syntagme *vint tes pere ?* se dénotait comme interrogatif par le simple renversement de l'ordre S V. L'ordre V S est de règle dans les phrases où l'interrogation porte sur une circonstance (ex. *Dont venoit li reis ?* = D'où venait le roi ? ~ *Dont venes vos, beau niés ?* = D'où venez-vous, beau neveu ?) comme dans celles où l'interrogation porte sur le prédicat verbal (ex. *Vient tes pere ?*).

Les énoncés narratifs contiennent-ils de quoi étayer cette hypothèse ? On en douterait, puisque tous les textes, anciens et tardifs, rédigés en ancien français véhiculent des phrases du type C V S.

> *Adonc sali li rois Henris et prist un frain.*
> (*Récits d'un menestrel de Reims*, ap. *Chrest.*, n° 167, p. 309.)
> [= Alors le roi Henri bondit et prit un frein.]

12. Il ne serait pas absurde de supposer que dans ce vers *li faut* est une tournure impersonnelle « il lui manque » ; cela entraînerait automatiquement l'emploi du cas objet (cf. la règle *ot un roi* = il y avait un roi). Toutefois, comme ce vers est formulaire, il convient d'examiner la tradition. Or, d'après l'*Altfranzösischer Wörterbuch* de Tobler-Lommatzsch qui en relève maints exemples c'est toujours un tour personnel qui est employé. Cf. *Falt li li cuers* (Rol. 2230. *Li cuers li faut* (Erec. 3029). *A po qu'alaines ne lor faillent* (Chev. Lyon 6134). *Li faillent de paour li membre* (B. Cond. 312, 127).

Qui plus est, cet ordre y représentait un modèle si puissant que Joinville qui ne connaissait plus la déclinaison, y conforme encore les phrases s'ouvrant par l'adverbe *lors* :

> *Lors si encommençoit la tenson de moy et de maistre Robert.*
> [= Alors commençait la discussion entre moi et maître Robert. Ap. *Chrest.*, n° 168, p. 312.]
> *Lors me dit un de mes mariniers. (Id.)*
> [= Alors un de mes marins me dit.]

Tandis que, si la phrase s'ouvre par un complément circonstanciel l'ordre devient C S V.

> *Toute celle semaine je fus plus aise de celle parole.*
> [= Toute cette semaine-là je fus plus aise du mot qu'il m'avait dit. Ap. *ibid.*, n° 170, p. 315.]

On a néanmoins motif à penser que l'ordre S V C a prévalu très tôt dans les énoncés informatifs. Il est peu vraisemblable en effet que des écrivains aient commis des « fautes » à propos de l'ordre C V S s'ils n'étaient pas mûs par la pression du modèle S V C dont ils usaient normalement dans les énoncés informatifs. La première, on l'a vu (cf. p. 31), se rencontre dans *la Vie de saint Alexis* au v. 33 :

> *Puis ad escole li bons pedre le mist.*
> [Ensuite le bon père l'envoya à l'école.]

Deux compléments — un adverbe, un complément circonstanciel — n'empêchent pas l'auteur de préposer le sujet au verbe. On excusera l'incorrection en arguant de la structure du vers, des nécessités de la rime : mais ces deux motifs n'auraient jamais pu conduire un écrivain à commettre cette « faute » si le modèle *Puis* + S V n'avait pas été vivant pour lui. Personne ne reprochera à Garnier de Pont-Sainte-Maxence de ne pas savoir écrire en français. Dans le dernier tiers du XIIe siècle, contraint lui aussi par les besoins de la rime, il se laisse aller à écrire :

> *Le nun de traïtur Sainz Thomas n'entendi.*
> [= Saint Thomas n'entendit pas le mot de « traître ». Ap. *Chrest.*, n° 16, p. 24.]

Nous estimons que toutes les « fautes » de cette sorte ne s'expliquent qu'en raison de la prévalence de l'ordre S V C dans les énoncés informatifs. Ces « fautes » en sont, en effet, au regard des règles qui gouvernaient les énoncés narratifs dans la langue littéraire. Mais cela admis il reste que cette langue, conventionnelle, prit très tôt un retard considérable sur la langue commune. Faut-il ajouter, ce que savent tous les médiévistes, que d'une manière constante dans les propositions subordonnées l'ordre S V C est de règle durant toute la durée de l'ancien français.

> *Apres ditrai vos dels äanz*
> *Que li suos corps susting si granz. (Vie de saint Léger, v. 9.)*
> [= Ensuite je vous ferai le récit des souffrances, si grandes, que sa personne subit.]
> *Quant ciel' irae tels esdevent. (Ibid., v. 79.)*
> [= Quand cette colère devint telle...]

Pour qu'intervienne l'ordre V S après une conjonction, il faut qu'une raison de rime incite à y recourir :

Quandius visquet ciel reis Lothiers
Bien honorez fud sancz Lethgiers. (*Ibid.,* v. 49.)
[= Aussi longtemps que vécut ce roi Clotaire, saint Léger fut couvert d'honneurs.]

ou bien qu'un complément s'insère après la conjonction. Tous les médiévistes savent aussi qu'un stock important de substantifs échappait aux règles de la déclinaison : la majorité des noms propres et tous les noms communs dont la base se terminait par une sifflante.

L'explication qu'on donne traditionnellement du déclin de la déclinaison implique que l'*ensemble* de ce qu'on appelle l'ancien français aurait progressivement évolué d'un état où S N se réalisait sous deux formes (cas sujet — cas régime) vers un état où S N ne se réalisait plus, sauf quelques exceptions (*prêtre, sœur, fils*, etc.) que sous la forme de l'ancien cas régime. Cet état terminal aurait été atteint vers la seconde moitié du XIIIᵉ siècle.

L'explication proposée ci-dessus implique, elle, qu'on dissocie à tout moment, sous l'étiquette *ancien français* deux comportements linguistiques. L'un, libre, dans les énoncés informatifs, l'autre, conditionné, lorsqu'un écrivain ou le rédacteur d'un acte prend la plume. Ici, la tradition jouait en faveur du maintien de S N représenté par deux cas, alors que là les fautes précoces contre la déclinaison incitent à penser que S N ne se réalisait plus que sous la forme du cas régime dès le XIIᵉ siècle.

Il est vrai, convient-il d'ajouter, que le *nombre* de ces fautes importe moins en l'espèce que leurs *qualités* (à savoir les types de déclinaison les plus atteints, la place où ces fautes sont commises : noms sujets, noms attributs ?). De ce point de vue, l'étude conduite par B. Woledge, H. M. Erk, P. B. Grout et I. A. Macdongall, *La déclinaison des substantifs dans la Chanson de Roland* (*Romania*, 88, 1967, p. 145-174 et t. 90, 1969, p. 174-201) est fondamentale. C'est après en avoir pris connaissance qu'on abordera les études relatives à la valeur sémantique de la déclinaison à savoir celle de G. Moignet, *Sur le système de la flexion à deux cas de l'ancien français* (in *Mélanges*, P. Gardette, 1966, p. 339-356) et celles de P. Guiraud, *L'expression du virtuel dans le Roland d'Oxford* (*Romania*, t. 83, 1962, p. 289-302). *Existait-il en ancien français une opposition actuel-virtuel ?* (*Revue de Linguistique Romane*, t. 30, 1966, p. 183-197) [13].

EXPRESSION DU PRONOM SUJET.

Dans le même ordre d'idées le problème posé par l'expression du pronom personnel sujet est beaucoup plus délicat.

La thèse qui prévaut à ce sujet peut être résumée ainsi. L'ancien français

---

13. La thèse de M. P. Guiraud a été critiquée par C. W. Spence, *Existait-il en ancien français une opposition « actuel »/« virtuel »* ? in *Revista de Filología Española*, t. 86 (3), 1968, p. 1383-1393. [Actes du XIᵉ congrès international de linguistique et de philologie romanes, Madrid.] La nomenclature utilisée par P. Guiraud est floue. Le texte exploité relève d'un choix discutable. L'intuition de M. P. Guiraud est néanmoins confirmée dans une certaine mesure par l'opposition, dans le système verbal, de la forme en -*rais* (tiroir *savreie*) et du tiroir *seüsse*.

constitue un état intermédiaire entre un système dans lequel l'expression du pronom personnel sujet s'expliquait par des raisons particulières, puisque les désinences du verbe suffisaient à distinguer les personnes, et un état où, en dehors de l'impératif, l'expression du pronom est devenue obligatoire. En latin, l'emploi de *ego, tu*, etc. était dû soit au désir d'insister sur l'identité de l'agent, de la mettre en avant, soit au besoin de marquer fortement une opposition entre les comportements de deux agents. Motifs qui jouent encore en français moderne et qui contraignent à poser *moi, toi, lui ~ elle*, etc. comme thèmes, le prédicat verbal comportant *je, tu, il*, etc. d'une façon obligatoire sauf à la troisième personne ; en effet, *lui ~ elle, eux ~ elles* accentués peuvent inclure les pronoms inaccentués *il ~ elle* qui, dans ce cas, ne sont pas explicités. *A moi, je vais le faire, toi, tu prendras par ici* on oppose *Lui prendra par là* aussi fréquent que *lui, il prendra par là*. Le système ancien aurait persisté aussi longtemps que les désinences verbales, différenciées selon les personnes, demeuraient sensibles à l'audition. Au fur et à mesure que les formes des trois personnes du singulier et celle de la troisième personne du pluriel devinrent homophones (dans les verbes du 1er groupe du moins), la nécessité se fit sentir de préposer toujours *je, tu, il(s), elle(s)* au verbe afin de préserver la distinction essentielle entre les personnes grammaticales. Cet état fut atteint en français quand *aim* (1), *aimes* (2), *aime* (3), *aiment* (6), *fenis* (2) et *fenist* (3), *vois* (2) et *voit* (3), *cours* (2) et *court* (3) se réalisèrent uniformément en [ɛm], [fini] [vwa], [kuʀ].

Cette thèse est ingénieuse et séduisante. Elle est corroborée en partie par des faits observables, à date moderne, dans des parlers italiens du nord. Quand les désinences verbales cessent d'y être distinctives, les pronoms personnels tendent du même coup à être préposés au verbe d'une manière contraignante. D'autre part, en ancien français, les pronoms sujets *jo ~ gie* (= je) et *tu*, comme *nos, vos* (= nous, vous) étaient aptes à porter un accent d'insistance. On en a un souvenir dans la relique *Je, soussigné, certifie que Nous, Préfet de la Seine...* Néanmoins, à haute époque, les scribes n'hésitaient pas à transcrire d'un seul tenant les syntagmes *pronom sujet – verbe* et *article + substantif.* Cela laisse à penser qu'ils les sentaient comme un tout. L'habitude a été prise de les dissocier. Cela s'explique par le fait que quelques éléments atones peuvent être inclus entre le pronom et le verbe (ex. *Jo le vei* = je le vois) comme entre l'article et le nom (ex. *Li vieus reis* = le vieux roi). Mais ces inclusions en nombre limité ne constituent qu'une variante de la formule selon laquelle tout verbe égale P *x* T(P symbolisant la marque de personne, T le tiroir ou le « temps » accessoirement associé à une marque secondaire de P, et *x* la base sous laquelle se réalise tel ou tel lexème).

Cela posé, quel est le comportement des écrivains à l'égard du pronom personnel entre le ixe et la fin du xiiie siècle ? En quoi aide-t-il à suivre le processus impliqué par la thèse ? Permet-il, comme dans le cas de la déclinaison et de l'ordre des termes de la phrase, d'entrevoir une distance entre les règles qui gouvernaient les énoncés narratifs et celles auxquelles obéissaient les énoncés informatifs ? La réponse doit tenir compte de deux facteurs au moins. Le premier est qu'on ne possède aucun témoignage direct sur le système de la *lingua romana rustica* « commune » entre le Ve siècle et les *Serments de Strasbourg.*

Le second est que l'interprétation de textes rédigés en vers est toujours délicate. Ces vers étant nombrés, l'insertion ou l'élimination d'un élément monosyllabique offre des commodités dans l'ordre de la métrique. L'ancien français littéraire est une langue conventionnelle et conservatrice. On peut très bien supposer que la non-expression du pronom personnel sujet y compte au nombre des conventions retenues d'un état de langue très ancien. Autre point non moins difficile : faute d'intuition, un grammairien moderne est-il en mesure de décider que la présence d'un pronom sujet traduit toujours un désir d'insistance ? Dernier point, consolant celui-là : si un texte rédigé en prose à la fin du XIIIᵉ siècle autorise à tirer quelques conclusions fermes à ce sujet, il est très vraisemblable que les règles appliquées alors par l'écrivain gouvernaient depuis assez longtemps les énoncés informatifs.

Les recherches ont été conduites, on le devine, de manière diligente dans plusieurs directions.

Les première et seconde personnes du pluriel dont les désinences sont distinctes et pertinentes manifestent-elles plus de résistance que les autres à l'expression du pronom personnel *nos* ou *vos* ? Dès les premiers vers de la *Vie de saint Léger*.

> *Domine Deu devemps lauder*
> *Et a sos sancz honor porter*
> [= Nous devons louer le Seigneur Dieu et honorer ses saints.]

devemps se présente seul, alors que le pronom intervient (et cela d'une façon assez régulière en ancien français) aux v. 5, 6 de la même strophe dans une proposition subordonnée.

> *Et or es temps et si est biens*
> *Quae nos cantemps de sant Lethgier.*

Toutefois les relevés faits sur des textes postérieurs au Xᵉ siècle n'autorisent pas à considérer que les deux premières personnes du pluriel se comportent autrement que les autres.

Il faut examiner aussi de près les tournures impersonnelles du type *a* (= il y a), *i a* (= *id.*), *faut* (= il faut ∼ il manque). D'après L. Foulet, la *Chanson de Roland* présente déjà 14 exemples irrécusables de tels verbes accompagnés du pronom *il*. Nos propres relevés confirment à tout le moins qu'à partir du XIIᵉ siècle, les poètes n'hésitent pas à utiliser le pronom *il* chaque fois que ce monosyllabe les aide à boucler un vers.

> *Et mon fil l'autre, Percehaie,*
> *lais je l'essart Robert Fresaie*
> *ou il a tant souriz et raz*
> *il n'en a tant jusqu'à Araz.*
> *A mon petit fil Renartdel*
> *lais je l'essart Martin Fauvel*
> *e le cortil derriers la granche*
> *ou a mainte geline blanche.* (*Roman de Renart*, I, v. 2036.)
> [= et à mon autre fils, Percehaie, je laisse l'essart de Robert Fresaie où il y a foison de souris et de rats : il n'y en a nulle part autant jusqu'à Arras. A mon petit fils Renardel je laisse l'essart de Martin Fauvel et le courtil derrière la grange où il y a mainte poule blanche. N. B. v. 2038 et 2039 *il a* ; v. 2042 *a.*]

Cela laisse à penser qu'ils n'auraient pas commis cette « incorrection » s'ils n'y avaient pas été incités par le fait que *il ot* [= il y eut], *il faut* étaient courants dans les énoncés informatifs. Toujours est-il que l'interprétation des deux tours concurrents C V Sp et C V Sp⁰ (où Sp symbolise : présence d'un pronom sujet et Sp⁰ absence d'un pronom sujet) avait donné lieu à deux options avant que M. Glanville Price n'ait repris la question en 1966 [14]. L. Foulet n'hésitait pas à suggérer que le tour C V Sp⁰ représentait en ancien français la survivance conventionnelle d'un état de syntaxe très ancien ; à ses yeux, le nombre des exemples du tour C V Sp attestait que le comportement de l'ancien français « parlé » ne différait pas sensiblement de celui du français moderne et cela dès le XIᵉ siècle. W. v. Wartburg l'a vivement critiqué arguant que L. Foulet projetait à tort sur l'ancien français un schéma linguistique moderne. Selon lui, il faut s'en tenir à la thèse de Thurneysen selon laquelle la structure rythmique de la phrase en ancien français exige que le verbe, placé en seconde position, soit précédé d'un élément fort, tonique. La fréquence des tours Sp V C ne doit pas faire illusion. Le *jo* de *jo le vei* n'est pas comparable au *je* de *je le vois*. Il porte un accent et a donc valeur d'insistance. La présence d'un élément fort sous la forme d'un C (complément nominal, adverbe) en tête de la phrase C V entraîne donc normalement l'absence d'un Sp. Il est à craindre, selon W. v. Wartburg, que lorsqu'on rencontre C V Sp, Sp ne soit un ajout postérieur dû aux copistes. Nous estimons que le principe posé par Thurneysen est juste et qu'il correspond en effet à une structure qui était celle du gallo-roman ancien. Mais à supposer que C V Sp résulte de l'intervention de copistes, comme cette intervention a été très précoce [15], elle témoigne en faveur de la thèse de L. Foulet. Ces copistes n'auraient pas commis de fautes énormes immotivées. D'autre part le comportement de Joinville est révélateur. Non seulement l'ordre C V Sp lui est familier, mais il connaît aussi l'ordre C Sp V.

> *Car onques jor de ma vie je ne li oy mal dire de nullui.* [= Car jamais de ma vie je ne l'entendis dire du mal de quiconque. Ap. *Chrest.*, nº 168, p. 311.]

On relève bien entendu sous sa plume des survivances de l'ordre C V Sp⁰ notamment après *ainçois* ; C V Sp apparaît même après *si* : *Si fist il* = et il

14. Cf. Bibliographie, nº 136. Postérieurement à cette étude ont paru d'utiles observations de M. P. Falk sur *Le particularisme des propositions impersonnelles en ancien français*. Cf. Bibliographie, nº 66.

15. On utilisera notamment le v. 34 de la *Vie de saint Léger* : *Fid aut il grand et veritiet.*
[= Il posséda une grande foi et le sens de la vérité.]
Il est difficile d'admettre que l'ordre C V Sp soit ici dû à l'intervention d'un copiste et que *il* ait une valeur d'insistance. On tiendra compte aussi dans ce texte, v. 115, de l'ordre sujet nominal (= thème) sujet pronominal + verbe (= prédicat) :
Rex chielperings il se fud mort.
On peut estimer en revanche que le pronom personnel de la première personne du singulier *eo* est dû au désir d'opposer « moi » à « mon frère Charles que voici » dans les *Serments de Strasbourg* (I) : *si salvaraieo cist meon fradre karlo* [= je garantirai donc, moi, ce mien frère Charles que voici]. De même l'alternance de *il* et de *elle* dans la *Séquence de sainte Eulalie*. Mais avec la *Vie de saint Alexis* (cf. v. 119, 124, 131, 148, 172, 173, etc.) on hésite fort à donner aux pronoms une valeur d'insistance. Au reste, l'auteur sait fort bien se passer de pronom sujet en proposition subordonnée lorsque ce morphème ne peut pas métriquement entrer dans un vers (cf. v. 151).

agit ainsi. Il semble que l'écrivain utilise ces survivances comme variantes de style. On note la même chose à propos des formes verbales impersonnelles

> *Ne tarda gueres que nous veïsmes venir quatre galies du Soudanc, la ou il avoit bien mil homes.*
> [Il ne tarda guère que nous vîmes venir quatre grands vaisseaux de guerre du Sultan, où il y avait bien mille hommes. Ap. *Chsest.*, n° 169, p. 313.]

Vu l'âge de Joinville, ce pourrait être des réminiscences automatiques. Toutefois l'art avec lequel l'écrivain utilise certains archaïsmes prouve qu'il jouait très consciemment de deux registres : l'un conventionnel, l'autre moderne.

Les choses en étaient là, quand M. Glanville Price a repris la question, ne se contentant pas de sondages mais procédant à l'inventaire complet des tours C V Sp⁰ et C V Sp dans des textes qui s'échelonnent entre le Xe et la seconde moitié du XIIIe siècle. Cette étude est un modèle de conscience et de justice. Elle révèle sur des points particuliers (comportement conservateur de Villehardoin, usage de Robert de Clari) maints traits qui montrent la part que l'âge, le sens des contraintes, celui des innovations se taille dans le style des écrivains. Sur le fond, ce travail ne laisse plus à notre sens aucun doute. L'existence assurée du tour C V Sp dans les textes poétiques dès le début de la période littéraire :

> *Fid aut il grand et veritiet*
> [Il eut une foi grande et le sens de la vérité.]

va nettement dans le sens de L. Foulet.

Quant à la prose, mis à part le cas des propositions introduites par *si* (cf. la survivance *ainsi fit-il* en français moderne), les proportions en faveur de l'ordre C V Sp qui vont de 26 % à 91 % (dans les *Evangiles des Domées*, XIIIe siècle) attestent d'une manière incontestable la pression que la structure des énoncés informatifs exerçait sur les énoncés narratifs. Ici encore un facteur favorable permet d'entrevoir l'écart entre les deux registres.

LA PARATAXE.

La coexistence de deux structures syntaxiques au sein de ce qu'on appelle « ancien français » n'est mise en doute par aucun médiéviste. L'émergence, au niveau des énoncés narratifs, de traits qui caractérisaient les énoncés informatifs est reconnue par tous, que ces « incorrections » soient le fait des auteurs ou qu'elles reflètent l'usage des copistes.

Les exemples qui suivent ont une autre portée. Ils relèvent d'un facteur dont l'intervention limite singulièrement les pouvoirs d'une grammaire de l'ancien français.

A l'heure actuelle le comportement langagier d'un individu (écrivain ou non) qui a passé par l'école est conditionné. On lui a inculqué un certain nombre de réflexes en vertu desquels il utilisera telles formes, telles constructions et non d'autres pour répondre à une situation donnée. Ces emplois sont prévisibles et, en ce qui concerne tant la morphologie que la structure des syntagmes fondamentaux, les grammaires usuelles peuvent formuler des règles contraignantes quasi absolues. De la sorte, l'inobservation de ces règles chez un écrivain trouve toujours une excuse « stylistique » : recours à un dialectalisme ou à un archaïsme. Mais ces latitudes sont limitées. Jamais un auteur moderne ne se risquerait à écrire *Il savait Jean viendrait* à la place de *Il savait que Jean viendrait*. A l'époque où se parlait et s'écrivait l'ancien français le « roman » n'était pas encore enseigné pour lui-même. Sans doute les clercs, qu'on accoutumait à translater du latin en français et inversement, recevaient-ils une teinture d'analyse. On en connaît la doctrine. Mais si elle les conduisait à prendre conscience de certains universaux de langage à travers ce qu'on appelait alors les modes de signification (*modi significandi*), elle n'éclairait en rien pour eux la structure du français et les traits par où cette langue différait déjà considérablement du latin. Dans ces conditions, les clercs, c'est-à-dire ceux qui étaient aptes à écrire en « roman », n'avaient en aucun point un sentiment grammatical de la régularité des paradigmes et des tours comparable à celui d'un moderne. L'ancien français n'était pas un idiome normalisé et c'est ce qui explique qu'en gros il ait varié davantage entre le IXe et le XIVe siècle qu'il n'a fait entre le début du XVIIe siècle et l'époque contemporaine. Les latitudes d'emploi, en matière de formes, sont devenues très étroites depuis que le français est une langue enseignée. Un choix entre *je puis* et *je peux*, *je vais* et *je va(s)* n'est que théorique. Nous n'avons plus qu'une forme de passé simple pour le verbe *vouloir*. En ancien français il est fréquent qu'un écrivain passe, à quelques lignes de distance, d'une forme archaïque d'un verbe (ex. *mesis* = tu envoyas, deuxième personne du singulier du passé simple) à une forme plus récente (*meïs*). A la fin de l'ancien français la première personne du présent de l'indicatif des verbes *trover* (= trouver), *rover* (= demander) oscillent entre une forme ancienne *jo truis, jo ruis*, et une forme analogue *jo trueve, jo rueve*. On verra que le passé simple d'un verbe aussi usuel que *vouloir* se conjugue selon plusieurs paradigmes. Dans le même texte, un auteur ou un copiste, pour rendre le lexème « dans ces conditions, ainsi » se servira de la forme étymologique *ainsi* [ɛ̃nsi] et des formes *ainsain*(t) [ɛ̃nsɛ̃] *issi* [isi] qui attestent deux types d'assimilation différents.

Il n'en pas pas autrement pour la syntaxe. Un locuteur disposait par exemple à la fin du XIIe siècle ou encore au XIIIe siècle de deux modes de jonction pour unir deux propositions. Dans l'un (type *jo di qu'il viendra*), devenu « régulier » en français moderne, *que* explicite une subordination. Dans l'autre (type *jo di il viendra*), conservé par l'allemand et l'anglais, aucun morphème n'explicite que *il viendra* est analogue à un complément d'objet de *jo di*. Au lieu d'être sentie comme une gêne ou un luxe inutile, cette latitude est utilisée à la manière d'une « variation » commode ou agréable.

Un des premiers exemples qu'on rencontre de la subordination implicite se lit dans la *Chanson de Roland*, v. 764.

> *Quias le guant me caïst en la place*
> *Cume fist a tei le baston devant Carle ?*
> = L'avais-tu donc cru, que je laisserais choir le gant par terre comme toi le bâton devant Charlemagne ? Trad. J. Bedier. N. B. *Quias = cuidas < cuidier* = penser, imaginer à tort. On remarquera que l'interrogation est seulement marquée par le ton.]

Mais ce tour est utilisé plus tard.

Au v. 1120 sqq. de la branche I du *Roman de Renart* on lit :

Ja Diex ne me puist tant haïr
Ce dist Renart, que tant mesface
Que a nelui riens ne mesface.
[*Mot à mot.* Désormais, que Dieu ne puisse me haïr, dit Renart, au point que j'agisse mal au point que je commette une mauvaise action à l'égard de quiconque.]

Les deux subordinations consécutives sont explicitées au moyen de *que* correlié à *tant*.

Mais on lit au v. 1033 sqq. :

« *Me je sant moines a si fax*
que je criem ne me mesavaingne,
Se ge faz tant moignes devainne. »
[*Mot à mot.* Mais je sens que les moines sont si faux que je crains qu'il ne m'arrive malheur si je fais tant que je devienne (moi-même) moine.]

Ici, la première subordination consécutive *si... que* est explicitée, alors que celle du troisième vers *tant...* ne l'est pas. Et dans le second vers, en vertu d'un modèle latin (type *timeo ne veniat* = je crains qu'il vienne), c'est *ne* qui explicite la subordination au détriment de *que... ne* (= je crains qu'il ne m'arrive malheur). Le problème de la relation qui unit ces deux types de construction est délicat. Une hypothèse à écarter est celle qui voudrait que l'ancien français eût traversé un état où prévalait la parataxe avant d'atteindre celui où l'hypotaxe — ou subordination explicitée — est devenue de règle. Wolf Dieter Stempel a démontré, preuves à l'appui, que dès son état le plus ancien le roman disposait d'un système de subordinations explicites riche et cohérent [16]. La parataxe, dans ces conditions, doit plutôt être portée au compte des figures de style. Ce qu'on veut simplement dire, c'est que le fait de pouvoir retenir et utiliser cette figure, rare, qui s'oppose à l'usage courant, normal d'expliciter une subordination n'était possible qu'à une époque où la langue fonctionnait en dehors du contrôle de grammairiens. Ni la « netteté », ni la « clarté », ni le principe selon lequel il existe *une* manière — et une bonne — de répondre linguistiquement à une situation n'avaient encore été élevés au rang d'idéal. Un écrivain, en d'autres termes, était en droit d'utiliser à peu près librement en fait d'expressions et de constructions, toutes les virtualités incluses dans la morphologie. Les auteurs n'abusaient pas, certes, de ce pouvoir, mais quelques-uns en tirent parti avec audace au prix d'inventions qui atteignent à la limite de l'intelligibilité. La déclinaison, par exemple, autorise l'emploi du cas régime pour traduire n'importe quelle relation complémentaire, sans qu'une préposition explicite la valeur sémantique de cette relation. Ainsi, dans le cas d'un complément circonstanciel, au français moderne *marcher à petits pas* répond l'ancien français *aler ~ marcher les petits pas*. Il faut avoir présent à l'esprit ce pouvoir du cas régime pour comprendre que Jean Renart, un des meilleurs écrivains qui soient, ait pu écrire dans le *Roman de la Rose* ou de *Guillaume de Dole* (cf. Bibliographie, n° 4), v. 4245.

La borjoise as degrez li court
Encontre sa bone venue.

16. Cf. Bibliographie, n° 163.

où, comme le suggère F. Lecoy, *sa bone venue* joue le rôle de complément d'objet interne de *courir encontre lui* ; ce qui conduit à comprendre « la bourgeoise court à sa rencontre pour lui souhaiter bienvenue ».

La grammaire bien faite d'une langue moderne pourrait se constituer de règles hiérarchisées suivant un ordre décroissant de contrainte. Au sommet de l'échelle figureraient celles qui excluent absolument la coexistence ou la concurrence de deux formes ou de deux constructions. Il est exceptionnel qu'on puisse procéder ainsi dans une grammaire de l'ancien français et de surcroît, faute d'intuition, les grammairiens modernes ne sont pas en mesure d'interpréter à leur juste valeur deux construction concurrentes. L'attitude de fuite qui consiste à les enregistrer en les juxtaposant est la seule qu'ils puissent prendre. Et vu le nombre restreint des textes, la rareté d'une construction par rapport à l'autre limite encore la portée de l'étiquette « exception » dont on l'affuble.

Il faut ajouter d'ailleurs qu'au nombre des « exceptions » on peut ranger des archaïsmes manifestes.

C'en est un que l'emploi d'un substantif au cas régime construit directement avec le verbe qu'il détermine en qualité de complément secondaire d'attribution [Type *Il le dona Carlon* = il le donna à Charles]. Les textes archaïques en contiennent maints exemples.

> *Didun, l'ébisque de Peitieus,*
> *Lui'l comandat cil reis Lothiers.* (*Vie de saint Léger*, v. 19.)
> [= Ce roi Clotaire le confia à Didon, l'évêque de Poitiers.]
> *Tant li prierent par grant humilitet*
> *Que la muiler dunat feconditet.* (*Vie de saint Alexis*, v. 26.)
> [= Ils le prièrent (Dieu) tant, avec grande humilité, qu'il accorda à l'épouse d'être féconde.]

L'emploi se raréfie ensuite, mais il est encore vivant au début du XIIIe siècle :

> *Isangrin ai ge tant mesfait*
> *Que je n'ai envers lui nul plait.* (*Roman de Renart*, I, v. 1055.)
> [= J'ai si mal agi envers Isangrin que je n'ai aucune possibilité d'accord avec lui.]

Le syntagme *Il le dona Carlon* représente dans la langue littéraire ancienne un archaïsme par rapport aux syntagmes dans lesquels le complément (d'origine, de destination) est construit au moyen d'une préposition qui explicite la valeur de la relation entre verbe et complément. Mais son emploi, toujours possible, n'est limité par aucune règle.

A l'inverse le syntagme du type *li fiz Marie* [= le fils de Marie], *li mes Renart* [= la demeure de Renart] fournit un bel exemple de grammaticalisation raffinée. Son emploi est limité par trois contraintes :

(1) Le déterminant doit être de la classe des animés humains (donc un nom propre ou un nom commun évoquant un titre ou une condition : *reis* (= roi), *valet* (= jeune noble) par exemple).

(2) Ce nom doit être lui-même déterminé par un article défini, un adjectif possessif ou un adjectif démonstratif, c'est-à-dire par des morphèmes qui précisent l'identité du personnage.

(3) Ce syntagme doit pouvoir commuter avec un syntagme S V C ayant pour sujet le complément adnominal (ex. *Li fiz le rei* implique que *li reis a un fil*).

La convergence de ces trois contraintes autorise — *sans l'imposer* — la juxtaposition du cas régime (du déterminant) au cas sujet (du déterminé). En l'absence de la contrainte (1) le complément déterminatif est construit au moyen de la préposition *de* :

> *La lei de salvetet.* [= La religion du salut : le christianisme.]
> *In figure de colomb volat a ciel.* (*Eulalie*, v. 25.)
> [= Elle s'envola au ciel sous l'apparence d'une colombe.]
> *Li mestres de cele nef estoit barbarins.* (*Vie de sainte Eustache*, ap. *Chrest.*, n° 17, p. 27.)
> [= Le patron de ce navire était un barbaresque.]

En l'absence de la contrainte (3), la valeur particulière de la relation entre déterminant et déterminé est explicitée au moyen d'une préposition appropriée. Si cette préposition est *de*, il en résulte qu'on doit lui attribuer une valeur assez différente de celle qu'elle a en français moderne dans *le pied de la table* ou *la fille du maire*. Cela est sensible dans l'exemple suivant :

> *Dunc li acatet filie d'un noble Franc.* (*Vie de saint Alexis*, v. 40.)

d'un noble Franc est le complément du verbe *acatet* : « il achète pour elle d'un noble Franc une fille ». Ce serait un faux sens de comprendre : « il achète pour elle la fille d'un noble Franc ». En ancien français un syntagme tel que *l'amour d'un chevalier* signifie donc « l'amour qu'inspire un chevalier » et non « l'amour que ressent un chevalier ».

En l'absence de la contrainte (2) le déterminant se construit au moyen de la préposition *a*.

> *Fille a un conpta de Rome la citet.* (*Ibid.*, v. 42.)
> [= Fille d'un comte originaire de la cité de Rome. N. B. L'identité du comte est imprécise, ce qui ressort de l'emploi du prédéterminant *un*.]

Relique d'un état de langue plus ancien, la construction du type *Li Deo inimi* [= Les ennemis de Dieu], *la Deu mercit* [= la pitié de Dieu] est un archaïsme en ancien français.

Seul le cas régime de *Deu* y est inclus entre le prédéterminant et le substantif du déterminé.

5. Les dialectes.

Au niveau des énoncées informatifs l'étiquette d'ancien français couvre un état beaucoup plus complexe entre le IXe et le XIVe siècle qu'il ne l'est aujourd'hui. La différence tient, on le rappelle, à des causes politiques, sociales, économiques aisément discernables : fragilité du pouvoir royal confronté aux ambitions des grands féodaux, absence d'un enseignement obligatoire capable de diffuser la connaissance et l'emploi d'un français commun, obstacles de toutes sortes à la circulation libre et rapide des marchandises et des commerçants. L'existence de dialectes, l'émergence de traits dialectaux dans des textes (documents d'archives, œuvres littéraires) manifestement rédigés suivant les conventions de la langue littéraire, autant d'occasions de désarroi pour ceux qui s'initient à la lecture de l'ancien français. Aussi bien convient-il que les débutants se familiarisent assez tôt avec les traits majeurs qui caractérisent les grands dialectes (principalement le picard). Ils y seront aidés par la consultation des manuels cités p. 23, n. 11.

Quelques-unes des notices recueillies dans *les Dialectes de France au Moyen Age et aujourd'hui* les mettront opportunément au courant des difficultés que rencontrent les médiévistes dans le domaine de la dialectologie médiévale [17].

Des faits instructifs éclairent les relations que les dialectes entretenaient alors avec la langue littéraire et même avec ce qu'on peut appeler, au prix d'un léger anachronisme, le « bon français ».

Que l'emploi d'une langue correcte, châtiée, dans les relations courantes ait été tenu au XIIe siècle pour l'indice d'un comportement « courtois », cela ressort d'un passage du *Chevalier de la charrete* de Chrétien de Troyes [18]. L'entourage d'Artus et de sa femme comporte :

> *Mainte bele dame cortoise*
> *Bien parlant an lengue françoise.* (V. 39-40.)

La tenue de ces femmes de haut rang se définit par un trait : elles s'expriment correctement en français. L'intérêt de ces vers tient à ce que Artus, prince d'un monde de féerie antique, tient sa cour en Grande-Bretagne. Ce texte révèle à tout le moins de la part de milieux aristocratiques une prise de conscience analogue à celle qui, au milieu du XVIIe siècle, engendra la théorie du « bon usage ». Ce sentiment prend sa naissance dans la lecture et l'audition d'œuvres littéraires d'une facture soignée qui représentent, selon leur genre, plusieurs modèles d'une société mondaine idéale. Par voie de conséquence il favorise l'éclosion d'ouvrages du même style ou d'un style encore plus raffiné. Dans la mesure où les individus qui appartiennent à ces milieux tentent de se hausser au niveau de tels modèles, ils s'exercent à les imiter jusque dans la parole. Leur idiome peut alors passer à son tour pour un modèle aux yeux de gens moins raffinés ou étrangers. Les *manières de langage* composées très tôt à l'usage des Anglais, par exemple, attestent, comme le vers de Chrétien, l'existence d'un « bon français » oral. Des précepteurs, des conseillers, ont dû jouer à cette époque le rôle qu'ont tenu plus tard Chapelain, Vaugelas, le P. Bonhours. Ce « bon français » impliquait l'observation de règles relatives à l'ensemble de l'idiome : articulation ou prononciation, morphologie, syntaxe. Des énoncés informatifs aux énoncés narratifs, la distance y demeurait sensible, mais les premiers se conformaient autant que possible au modèle des seconds.

L'intérêt de l'anecdote dont Conon de Béthune [19] fut le héros déconfit, tient au rang élevé de ce personnage. Sa renommée de poète avait atteint la cour royale. Il y séjourne ; on l'invite à réciter un poème. Son accent excite la

---

17. Cf. Bibliographie, n° 58.
18. Cf. Bibliographie, n° 2.
19. *Conon*, cas régime du nom dont *Cuenes* représentait le cas sujet.

risée des auditeurs et un sourire narquois d'Alix de Champagne [20]. On doit comprendre que cette moquerie ne vise pas le dialecte de Conon de Béthune ; pas davantage la pratique de ce seigneur, c'est-à-dire le fait qu'il s'exprimait dans le parler de ses domaines en s'entretenant avec ses subordonnés. Ce qui choque, dans sa conduite, c'est le fait qu'un homme de si haute condition, ait conservé son accent, n'ait pas appris à se plier aux conventions langagières des milieux autour desquels s'élaborait une littérature en français. Et on doit admettre que la même suspicion aurait frappé n'importe quel écrivain visant au succès, s'il avait offert à ce public cultivé une œuvre composée dans une langue représentant l'*entier* de son dialecte. De fait, à l'exception peut-être (et encore...) de la chantefable d'*Aucassin et Nicolette*, aucun texte de ce genre n'a été transmis.

Les faits qui semblent contredire cette assertion s'expliquent ainsi :

Un départ doit d'abord être fait entre les dialectes d'après la densité des traits qui les caractérisaient. De ce point de vue, le parler de Guillaume de Lorris ou de Jean de Meung, par exemple, différait sûrement beaucoup moins du francien que celui d'un individu originaire d'Arras, de Béthune ou de Liège.

D'autre part une circonstance importante fut la constitution de centres politiques, économiques mais culturels aussi au sein des régions où se parlait un grand dialecte dense, devenu aussi différent du français que pouvait l'être l'ancien picard ou l'ancien wallon. Il engendrait là un particularisme, un patriotisme linguistique local ; ce qui a eu d'ailleurs d'heureuses conséquences pour les philologues et les dialectologues. Il subsiste, en effet, des œuvres dont la syntaxe et le lexique sont dans leur ensemble tout français, mais dont la morphologie et la phonologie (les rimes en ce qui concerne les écrivains, la graphie en ce qui concerne soit les auteurs soit davantage les copistes) reflètent d'un bout à l'autre des traits dialectaux. La chantefable d'*Aucassin et Nicolette* a probablement été composée à l'intention exclusive d'un public picard. Le style d'une pièce comme le *Jeu d'Adam* révèle à l'évidence que l'auteur a retenu et monté en épingle des traits, des marques dialectales capables de plaire à ses compatriotes.

Différent est le cas d'une œuvre comme le *Roman de la Rose* dont le retentissement a été considérable. Les versions picardisées qui en subsistent, à

20. ... *Mon langage ont blasmé li François,*
Et mes chansons, oiant les Champenois,
Et la contesse, encor, dont plus me poise.
La reïne n'a pas fait que cortoise
Qui me reprist, ele et ses fiz li rois.
Encor ne soit ma parole françoise,
Si la puet on bien entendre en françois,
Ne cil ne sont bien apris ne cortois
Qui m'ont repris se j'ai dit moz d'Artois,
Car je ne fui pas noriz à Pontoise. (*Chanson*, III, v. 5.)

Comprendre : « Devant des Champenois, les gens de « France » et en particulier (ce qui me chagrine le plus) la reine, ont blâmé ma manière de réciter mes chansons. La reine, qui me reprit, n'agit pas, non plus que son fils, en femme du monde. Ma manière de parler n'est peut-être pas française ; on peut toutefois la comprendre. Ils ne furent vraiment pas bien élevés ceux qui me reprochèrent de m'exprimer en artésien, puisque je ne fus pas élevé à Pontoise ».

côté de manuscrits reproduisant de plus près le texte original, ont été composées et intelligemment habillées par des copistes picards soit pour aider les récitants qui en faisaient la lecture à des auditeurs picards, soit pour en faciliter le déchiffrement à des Picards qui lisaient directement ces manuscrits. De tels faits attestent à tout le moins la satisfaction que devait ressentir le public cultivé d'un centre dialectal en reconnaissant dans la facture d'une œuvre des marques de grammaire ou de lexique qui lui étaient familières.

Il nous est plus difficile de saisir les réactions du public cultivé des cours et des milieux où l'emploi du français central était de règle en face d'œuvres écrites en français mais dans lesquelles, soit du fait de l'auteur (rimes), soit à cause de l'intervention des copistes, émergent des traits dialectaux [21]. C'est affaire de contexte. Depuis le XVIIe siècle un consensus s'est établi en vertu duquel le concept de « langue littéraire » exclut toute référence indiscrète à des traits caractérisant ou les parlers régionaux ou les dialectes. Les exceptions confirment cette règle. Les écrivains dits « régionalistes » occupent une place à part. L'imitation des accents, un recours à telle ou telle tournure de phrase dialectale interviennent en général pour faire rire. Que H. Berlioz dans une lettre, utilise le terme de *boudreau* à la place de celui de bourrelet (dont on entourait la tête des petits enfants apprenant à marcher), passe. Mais les critiques épluchent les œuvres d'un écrivain issu d'une province et n'aiment guère y rencontrer, dans le lexique, des indices de son parler d'enfance.

La pression que leur dialecte exerçait sur les gens ayant vocation d'écrire, au Moyen Age, devait être forte. Il nous est difficile de la mesurer avec précision étant donné l'écart qui existe presque toujours entre la teneur originale d'une œuvre et les versions qu'en procurent des manuscrits tardifs. Quelques faits, aveux d'écrivains, excuses, le prouvent néanmions. Coupée du continent, n'ayant probablement pas été formée par de bonnes *manières de langage*, la religieuse anglaise à qui on doit une *Vie d'Edouard le Confesseur* (XIIIe siècle) reconnaît la qualité médiocre de son français insulaire ; elle plaide coupable, s'il lui arrive de transgresser la règle des cas : la déclinaison était déjà perdue dans le français dialectal (anglo-normand) qui était le sien. Corrigez-moi donc, implore-t-elle, puisque votre français est meilleur que le mien [22] :

> Se joe l'ordre des cases ne gart
> Ne ne juigne part a sa part,
> Certes n'en dei estre reprise,
> Ke nel puis faire en nule guise.
> Qu'en latin est nominatif
> Ço frai romanz acusatif.
> Un fau franceis sai d'Angleterre,

---

21. Sur les réactions d'un scribe dépendant d'un domaine dialectal en face d'un texte émanant d'un autre domaine, M. B. Woledge a fourni d'éclairantes observations. Cf. Bibliographie, n° 177.

22. P. p. Osten södergård, 1948, Uppsala, Almqvist et Wiksell, 1 vol. VIII-348 p.

Le sens du passage cité est, à peu près, celui-ci : « Si je n'observe pas l'ordre des cas... Certes on ne doit pas me reprendre car je ne suis pas capable de le faire. Je traduirai donc en roman par un accusatif (c'est-à-dire par un cas régime) ce qui en latin est au nominatif (c'est-à-dire au cas sujet). Je ne connais qu'un mauvais français d'Angleterre, car je n'ai pas été apprendre cette langue ailleurs. Mais vous, qui en avez pris des leçons, corrigez-moi là où besoin en sera. »

> *Ke ne l'alai ailurs querre.*
> *Mai vus ki ailurs apris l'avez,*
> *La u mester iert, l'amendez.*

Sur le continent, à la même époque, Jean de Meung prie qu'on passe sur les incorrections qui entachent la langue de sa traduction de Boéce :

> *Si m'escuse de mon langage*
> *Rude, malostru et sauvage*
> *Car nés ne sui pas de Paris...*
> . . . .
> *Mais me raporte et me compere*
> *Au parler que m'aprist ma mere*
> *A Mëun quant je l'alaitoye.*

Font écho à ces aveux les prétentions des écrivains que le hasard a fait naître dans une aire où régnait un parler dont les traits coïncidaient avec ceux de la langue littéraire commune. Garnier de Pont-Sainte-Maxence vante la qualité de son français :

> *Mis langages est buens, car en France fui nez.*

Avec J. Rychner [23], on admet que l'auteur des *Lais* se dénote comme originaire de l'Ile-de-France quand elle écrit dans l'épilogue de ses *Fables* :

> *Marie ai num, si sui de France.*

Mais, comme cette femme de lettres fit carrière en Grande-Bretagne, cette assertion, sous sa plume, revenait à dire que sa langue était saine.

On est malheureusement mal renseigné sur le milieu des copistes, sur leurs errances. Un copiste d'origine francienne pouvait très bien travailler dans un atelier de province. *Vice versa*, des copistes provinciaux devaient transcrire des manuscrits destinés à un public éclairé de langue francienne. La propriété littéraire n'existant pas à cette époque, ces hasards de transplantation étaient responsables de maintes interventions irrationnelles de la part des scribes. Interventions multipliées par le laps de temps souvent très long qui sépare la date de publication de l'œuvre et celle de sa copie dans un manuscrit tardif. Un travail utile, non entrepris à notre connaissance, serait de tenter une synthèse de cette κοινή, d'abord à partir des observations de détail faites par les éditeurs des textes, ensuite en examinant les manuscrits négligés par eux.

La syntaxe mise à part ainsi que le lexique (dont il sera question plus loin), les dialectalismes se décèlent au niveau de la phonétique et de la morphologie.

Dans le cas les plus favorables, les rimes et les graphiques permettent de les saisir. Les rimes, on l'a dit, renvoient au parler du poète ou du moins à une aire qui l'englobait.

Exemple : au XIIᵉ siècle, la diphtongue [ej] (aboutissement de la voyelle romane [e] [< lat. class. *ē*) est, en Champagne, l'objet d'une mutation. Le premier élément passe au timbre [ɔ], d'abord sans doute après une consonne d'articulation labiale (*mei > moi, peire > poire*) puis en toute position (*rei > roi*). Il est vraisemblable que cette mutation de timbre a été due au

---

23. Cf. Bibliographie, n° 5, Introduction.

besoin de prévenir la réduction de [ej] à [ɛ] qui s'est opérée sur un large domaine à l'ouest. Une rime telle que *voire* (= vraie, véridique) : *afaire* doit donc être interprétée. La graphie *voire* masque une prononciation [vɛʁə] et dans ce cas la rime est bonne. Mais elle renvoie à l'aire ouest où [ej] s'était monophtongué en [ɛ] [24].

En dehors de la rime, l'interprétation des dialectalismes est plus incertaine. Leur émergence constitue souvent des faits irrationnels. Soit des exemples tirés de la morphologie. Nous les empruntons à la branche I du *Roman de Renart* (collection *β*) où ils ont été signalés par l'éditeur dans son introduction.

D'une manière générale, la première personne du pluriel des futurs y est caractérisée par la désinence -(*r*)*ons* (v. 69 *manderons* < inf. *mander*, v. 834 *ferons* à la rime, v. 1398 *ferons*, etc.) ; or au v. 1410 apparaît la forme *pandromes* (= pendrons) dont la désinence renvoie à l'aire dialectale N.-N.-E.

Or *pendrons* dans ce vers :

> *Que nos pandromes ja Renart.*

ferait défaut d'une syllabe. On peut admettre, devant des cas tels que ceux-ci, que les copistes connaissaient plusieurs types de conjugaison et utilisaient telle forme ou telle autre suivant les exigences de la métrique.

A la troisième personne de l'indicatif imparfait, le texte comporte régulièrement la désinence -*oit*(= ait) non seulement pour les verbes du deuxième ou du troisième groupe mais pour ceux du premier (v. 257 *portoit* < inf. *porter*). Au v. 3226,

> *Et qant departies les ot*
> *mout doucement les chastiot.*
> [Et quand il les eut séparées, il les reprenait très doucement.]

l'intervention de *chastiot* (< *chastier*, reprendre, conseiller) qui renvoie à l'aire dialectale de l'ouest, s'explique donc par la nécessité de donner une bonne rime à *ot* (= eut).

A l'inverse un texte dont la facture est dialectalisée peut très bien comporter des formes issues du français central à la place de celles qu'on attendrait normalement.

Phonologiquement, le francien opère une distinction entre un [e] fermé et un [ɛ] ouvert entravés.

*Chev[e]*l+s* (= cheveu), dans lequel [e] répond à un ancien *i* latin, se réalise en *cheveus* [tʃəveus] ; en revanche l'ouverture de [ɛ] dans **b*[ɛ]*l* + *s* entraîne la production d'un *a* de transition devant *u* qui représente l'ancien *l* vélaire suivi d'une consonne ; d'où la réalisation de **[bɛ]l* + *s* en *beaus* [bəaus] > fr. mod. *beau*. En picard où cette distinction n'est pas pertinente, **cevel* + *s* est traité comme **bel* + *s* et aboutit à *ceviaus* écrit *caviax* par les scribes. Nous n'avons personnellement jamais rencontré *ceviaux* ou *caviax*

---

24. Exemple tiré du *Roman de Thèbes* p. p. G. Raynaud De Lage, Paris, libr. H. Champion, 1966, 2 vol. [C. F. M. A.]. Il est commenté par l'éditeur, t. I, p. XVI, et suivi d'autres exemples qui permettent de serrer de plus près la patrie de l'auteur.

dans un texte émanant du français central. En revanche l'intervention de *cheveus* n'est nullement impossible dans un texte émanant de Picardie.

Tout compte fait, ce qui domine le problème ici évoqué, c'est la constitution précoce d'une langue littéraire à laquelle est dévolue communément l'appellation d'ancien français. Quelle qu'en ait été la base [25], le choix de celle-ci a été sanctionné et confirmé très vite sous l'influence de facteurs politiques, économiques surtout. Les exemples ci-dessus rappelés montrent bien la différence sensible qui sépare cette langue de la langue littéraire commune moderne. En ancien français les dialectalismes font bon ménage, dans une large mesure avec des traits qui caractérisent le français central et le francien. Ces interventions, parfois déroutantes, demeurent néanmoins superficielles puisqu'elles ne touchent pas la syntaxe et qu'elles n'altèrent pas non plus la structure des déclinaisons et des conjugaisons.

On aimerait comprendre, d'autre part, les raisons de la diversité des graphies. Il est assuré qu'en Picardie, en Wallonie, des scribes ont fait effort en vue d'ajuster l'orthographe à la prononciation. Par exemple à l'a. fr. *citét* (= [tsite(t)]) répond l'a. pic. *chitet* (= [tʃite(t)]). M. Roques a dégagé aussi quelques règles de transcription qui prévalaient dans l'atelier de copies que Guiot dirigeait à Provins. Cela étant, il faut reconnaître que dans bien des cas la pratique des scribes demeure énigmatique. On comprend que dans les aires où *a* + nasale et *e* + nasale se confondaient sous la prononciation [ãn] ils aient usé soit de *an* soit de *en* pour écrire *pendre* ou *prendre*. Une hésitation entre l'emploi de *s* et celui de *c* pour rendre [s] est plausible [26]. Il fallut longtemps pour décider en faveur de *c* [k] dans *car* au détriment de *q* et en faveur de *qu* dans *qui* au détriment de *k*. Si *baisste*s (= *beste*s, fr. mod. *bêtes*) répond peut-être au désir de marquer l'articulation de *s* devant une consonne occlusive, parce que justement cette articulation tendait à s'affaiblir, quelle valeur a le digramme *ss* dans *taissiez* (= taisez-vous), *prisse* (= *prise* rimant avec *jouïse* = jugement), *raisson* (= histoire suivie) [27] ? Suggère-t-il que dans le parler du copiste *s* sourd [s] répondait à une consonne articulée [z] ailleurs ?

Il est difficile d'en décider. Ces problèmes de graphie sont irritants parce qu'on soupçonne de la part des scribes des intentions, des raisons qui nous échappent. Ici encore une exploration méthodique des manuscrits serait souhaitable. Quoi qu'il en soit ce problème est digne d'accrocher l'attention des philologues comme le montrent les travaux de L. Remacle sur la scripta Wallonne [28] et les recherches entreprises par Ch. Th. Gossen [29].

25. L'origine de la langue littéraire a été et demeure très controversée. Elle pose en effet des problèmes délicats. On se documentera sur cette question dans l'étude de M. M. Delbouille *Comment naquit la langue française* (in *Phonétique et Linguistique Romanes. Mélanges offerts à M. G. Straka*, Lyon-Strasbourg 1970, cf. t. I, p. 187-199). La thèse défendue par l'auteur de l'article nous paraît hautement vraisemblable.

26. Cf. *R. de Renart*, I, Introduction p. XVIII-XIX.

27. *Ibid.* Les références sont données p. XIX.

28. Cf. Bibliographie, n° 144.

29. Cf. Bibliographie, n° 85 et n° 58 (*Graphème et phonème : Le problème central de l'étude des langues écrites du Moyen Age*, p. 23).

Conclusions.

Compte tenu d'une évolution du français entre le IXe et la fin du du XIIIe siècle un facteur puissant favorise le dessein de dégager des textes une grammaire de l'ancien français : c'est la volonté manifeste, tant de la part des copistes que de celle des auteurs, de perpétuer, au niveau des énoncés narratifs, des structures romanes anciennes dont bon nombre étaient devenues caduques dans les énoncés informatifs. Leurs incorrections, leurs bévues accidentelles ne les empêchent pas de respecter par ailleurs ces conventions. Le fait que des manuscrits tardifs soient parfois plus soignés que des manuscrits anciens est significatif à cet égard. C'est donc sur des bases solides et avec de bons atouts en main que les philologues ont conduit l'étude des structures *morphologiques* de l'ancien français. Le parti de situer cette analyse dans un cadre comparatif et historique comporte, au niveau de la pédagogie, plus d'inconvénients que d'avantages. Le souci constant de rabouter l'ancien français au latin obscurcit les facteurs qui permettaient à un clerc, mais aussi à un non-clerc, d'apprendre sans difficulté les déclinaisons, les conjugaisons et les schémas fondamentaux de la phrase. Cet ajustement encourt au surplus beaucoup de risques puisqu'il implique la reconstitution hypothétique de maints états de passage. Cela étant, le nombre, la qualité, la diversité des témoignages sur ces structures, fournis par les textes, constituent en l'espèce un fait essentiel. S'ils légitiment l'entreprise des historiens, ils doivent garantir tout autant les droits d'une description de caractère synchronique.

Les mécanismes de la déclinaison, ceux de la conjugaison sont saisis, dans les textes, au sein d'une syntaxe.

> *Si at li emfes sa tendra carn mudede*
> *Nel reconurent li dui sergant sum pedre.* (*Vie de saint Alexis*, v. 116.)
> [= Ce jeune homme, sa tendre enveloppe charnelle a bien changé. Les deux serviteurs de son père ne le reconnurent pas.]

Li emfes, li dui sergant, cas sujets, sont d'emploi obligé étant donné la relation de ces substantifs aux verbes *at* (= a < avoir) et *reconurent* (troisième personnelle du pluriel de l'aoriste du verbe *reconoistre* = reconnaître). Une relation d'un autre ordre impose au v. 112 l'emploi du cas objet *amfant.*

> *Par multes terres fait querre sun amfant.*
> [= Il fait rechercher son enfant à travers maintes régions.]

Elle pourrait contraindre ailleurs de substituer *les dous serganz* à *li dui sergant.*

Des raisons d'un autre ordre conduisent le poète à utiliser ici le présent de l'indicatif du verbe *avoir* (*at*) et là un prétérit. En ce qui regarde le syntagme nominal les cas marquaient un clivage entre deux fonctions. Peu importe de savoir si les rédacteurs avaient une conscience claire ou confuse de celles-ci. Mais du moment qu'ils observaient cette norme il fallait qu'ils eussent des recettes permettant d'opposer d'une façon correcte cas sujet et cas régime d'après des types différents selon les classes auxquelles les noms appartenaient. Elles n'étaient pas les mêmes pour un substantif tel que « mur » et pour d'autres tels que « comte » ou « enfant ». Le choix d'une série verbale convenable relevait de raisons plus complexes. Mais tous les sujets — clercs ou non-clercs — devaient savoir que les paradigmes des prétérits de « aimer », de « savoir », de « mettre » n'avaient pas la même structure. Enseignées ou simplement imposées par la tradition, ces recettes étaient nécessairement présentes dans leur mémoire. Au reste, qu'elles aient été enseignées, d'une façon naïve et empirique peut-être, cela ressort des paradigmes inclus dans les premières « grammaires » composées à l'intention des étrangers. De ce point de vue, la morphologie du nom et celle du verbe (qui englobent l'ensemble des prédéterminants du substantif et les pronoms) configurent un domaine priviligié où le descripteur se sent à l'aise. Il n'encourt là aucun risque de commettre des anachronismes. L'identification, l'analyse des morphèmes, leur attribution à tel ou tel dialecte requièrent des compétences étendues mais qui excluent, à ce niveau, une interprétation du rendement expressif de ces traits. Il n'est donc pas surprenant que la morphologie soit la partie la plus solide de la « grammaire » de l'ancien français. La puissance des tableaux qu'on y dresse, leur efficacité tiennent au nombre des formes relevées, à l'exactitude des relations que celles-ci ont entretenues dans l'espace, dans le temps. Elles n'ont certes pas encore atteint leur degré maximum. On manque d'un répertoire analytique où les unités composantes des espèces variables (nom, verbe) et invariables seraient présentées sous les formes réelles qu'elles affectent dans les manuscrits. Des dépouillements méthodiques augmenteront sans doute sensiblement le volume des formes du verbe qu'a exploitées P. Fouché, par exemple, dans son étude sur cette espèce. Mais tels quels, avec leurs limites, les travaux dus à des philologues compétents sur la morphologie des dialectes de l'ancien français offrent d'ores et déjà toutes les garanties de sérieux souhaitables.

La situation du descripteur change du tout au tout quand il aborde la *syntaxe*. Son incommodité résulte d'un discord, inévitable ici, entre le possible et l'impossible. L'impossible étant la certitude de pouvoir interpréter au plus juste les valeurs d'emploi des morphèmes et de reconstituer en somme le système de représentations, complexe, d'après lequel écrivains ou rédacteurs exploitaient toutes les ressources offertes par la morphologie. Les descripteurs auraient pu se prémunir, par prudence, contre les risques que comporte l'imagination. On constate que la plupart se résignent mal à cette ascèse. Ce n'est pas dire que leurs travaux sont négligeables, loin de là ! Chacun, sur le point qu'il traite, dégage, met en lumière des faits intéressants, précise avec justesse souvent les conditions qui favorisent l'emploi d'un syntagme, d'un morphème, et celles qui le limitent. Ces études amorcent donc des tableaux qui à la longue acquerront la puissance des tableaux morphologiques. Mais à notre avis, en ce qui concerne la phrase (l'identification des types, celle des syntagmes, celle des mécanismes de construction) les descriptions dont on dispose sont stoppées trop tôt par une tendance à codifier et à interpréter les relation entre « constantes » et « variables ». Tendance qui, compte tenu des circonstances rappelées plus haut, nous semble à la fois prématurée et périlleuse.

On souhaiterait pouvoir dégager des textes un ensemble de règles sûres relatives à l'organisation de la phrase. « Règles sûres » signifiant en l'espèce des contraintes du même ordre — c'est-à-dire aussi fortes — que celles qui commandent l'opposition de *émfes* à *amfant* ou qui, selon le verbe, renvoient à un paradigme faible ou à un paradigme semi-fort de prétérit. Ces règles jouant d'autre part au sein des « possibles » qu'engendrent toutes les manières qu'un sujet a d'appréhender une situation extra-linguistique. La grammaire n'a pas à expliquer pourquoi, à situation égale, un tel, s'adressant à *x*, lui dira tantôt : « *Tiens, vous revenez du midi ? quel temps faisait-il ?* » tantôt : « *... vous revenez du midi ? quel temps a-t-il fait ?* » Tout ce qu'elle peut observer (encore n'est-ce pas grammatical...), c'est que seuls sont admis dans un tel contexte les tiroirs *faisais, ai fait.*

Soit, en ancien français, l'alternance du prétérit (tiroir *soi*) et du parfait (tiroir *ai seü*) dans un contexte suivi.

Relèvent de la grammaire :

(1) La concurrence de deux formes verbales qui permettent au narrateur d'un récit ou à un locuteur de relater un fait, un événement passés.

> *Dunc l'unt saisi as puinz li fil a l'aversier*
> *Sil comencent forment a traire et a sachier*
> *E sur le col Willaume le voldrent enchargier*
> *Car la hors le voleient u oscire u lïer ;*
> *Mais del piler nel porent oster ne esluignier.*
>
> (*Vie de saint Thomas Becket*, ap. *Chrest*, n° 16, p. 25.)
>
> [= A ce moment les fils du diable (= les mauvaises gens) se sont saisis de lui ; ils commencent à le tirer de ci de là de toutes leurs forces ; ils eurent le dessein de le charger sur le cou de Guillaume, car ils voulaient l'enchaîner ou le tuer ailleurs ; mais ils ne purent le détacher du pilier.]

Le parfait *l'unt saisi* est relayé dans cette narration par les prétérits *voldrent* (= voulurent) et *porent* (purent). Garnier a achevé sa biographie en 1174. Environ un siècle plus tard on relève dans le *Jeu de Robin et de Marion* (ap. *Chrest.*, n° 152, p. 284-285) une alternance semblable :

> Marions. . . . .
> *Robins m'a demandée, si m'ara.*
> *Robins m'acate cotele*
> *D'escarlate bonne et bele...*
>
> . . . .
> *J'aim bien Robinet et il moi*
> *Et bien m'a moustré qu'il m'a chiere :*
> *Donné m'a ceste panetiere*
> *Ceste houlete et cest coutel.*
> Li Chevaliers
> *Di moi, veïs tu nul oisel*
> *Voler par deseure ces cans ?*
> Marions
> *Sire, j'en vi je ne sai kans.*
>
> [= — Robin m'a sollicitée, il m'aura. Robin m'acheta une petite cotte d'écarlate, bonne et belle... J'aime bien mon petit Robin et lui m'aime autant et il m'a bien montré qu'il m'aime. Il m'a donné cette panetière, cette houlette et ce couteau. — Dis-moi, vis-tu un oiseau voler au-dessus de ces champs ? — Sire, j'en vis je ne sais combien.]

(2) Le problème de leur valeur relative, qui est lié d'ailleurs à celui des inclusions possibles d'un substantif complément d'objet entre *avoir* et la forme adjective du verbe.

(3) La question débattue de savoir si, en ancien français, l'opposition de

jo vi (= je vis) et de *j'ai... veü* transcendait ou non le clivage entre énoncés narratifs et énoncés informatifs [30]. On ne peut y répondre en bloc par « oui » ou par « non ». L'apparition précoce des formes dites surcomposées (*j'ai eu veu*) laisse à penser que dans les énoncés informatifs une relation du type *quand je l'ai eu vu, je lui ai dit* s'était substitué à *quand jo l'oi veü, je li di*. Mais cette substitution ne s'est pas opérée d'un seul coup sur tout le territoire de la langue d'oïl. Des indices laissent à penser qu'elle a gagné progressivement Paris venant du nord-est et de l'est. En tout cas elle n'a pas été générale puisque, à l'heure actuelle dans pas mal de parlers régionaux de l'ouest, *je vis* (passé lointain) s'oppose encore à *j'ai vu* (passé récent) selon la règle formulée par Maupas au XVIIe siècle.

Hormis ces points, ce sont des circonstances non grammaticales qui motivent le recours à l'une ou l'autre forme. Celles qui tiennent aux exigences de la métrique sont claires, celles qui relèvent de conventions de style propres à un genre sont aussi discernables. Chez les traducteurs, la pression d'un modèle latin est sensible. Par exemple Maurice de Sully, dans ses homélies, narre toutes les paraboles évangéliques dans la même clé, celle du prétérit. Mais il demeure une quantité de cas où il est impossible pour un grammairien moderne de justifier le parti pris par un écrivain du XIIe ou du XIIIe siècle. Les innombrables études qui traitent de ce problème [31] sont enrichissantes dans la mesure où elles décèlent chez un écrivain quelques constantes de style qui lui sont propres. Elles déçoivent quand leurs auteurs cherchent désespérément à rendre compte de contradictions insolubles. D'autant que le nombre de celles-ci est accru du fait de l'intervention des copistes.

Originaire des environs de Troyes, Geoffroy de Villehardouin a relaté au cours du premier quart du XIIIe siècle les événements de la croisade à laquelle il avait participé. Une constante du style de cette chronique est la distribution

---

30. L. Foulet (cf. *Petite Syntaxe*, Appendice) suggère que le transfert au parfait de la valeur qui était dévolue en roman au prétérit s'est opéré dans la langue courante, au niveau des énoncés informatifs. Assortie de quelques réserves (cf. plus bas) cette opinion est plausible. Le comportement des auteurs refléterait donc deux usages, l'un caractérisé par une juste distinction des valeurs respectives de ces deux tiroirs (résistance, archaïsme), l'autre par une confusion de ces valeurs (dominance, innovation) ; dans ce dernier cas le tiroir [*vi*] et le tiroir [*ai... veü*] alterneraient soit arbitrairement (par désir de variété) soit en raison d'exigences métriques ou de commodités à la rime. Faute d'intuition, force est de chercher des critères permettant de poser l'existence d'un parfait en ancien français. La possibilité d'inclure un complément d'objet entre *avoir* et la forme adjective d'un verbe en est un. Le contexte en fournit d'autres. Au v. 161 de la *Vie de saint Léger*

Hor ad perdud don deu parlier
Ja non podra mai Deu laudier.

hor (= à l'heure qu'il est) garantit la valeur perfective de *ad perdud* (= il a perdu > il ne possède plus). On est fondé à traduire : à l'heure qu'il est il ne possède plus le moyen de prêcher ; il ne pourra plus louer Dieu. Dans la *Vie de saint Alexis*, str. 15 *ad... mustrethe* a probablement la même valeur (cf. aussi, str. 22, 35, v. 172). En revanche le contexte incite str. 64, v. 320 à donner valeur de prétérit à *tant* l'*as celet*. On peut admettre que dans la langue courante, en certaines régions, *as celé* fonctionnait à la place de *celas* dès le XIIe siècle. Mais, vaine, à notre avis, est la tentative de vouloir justifier dans les textes en vers chaque recours soit au tiroir [*vi*] soit au tiroir [*ai veü*]. Tous les relevés qu'on a faits sur leur alternance sont utiles et quand on en aura d'autres, peut-être leur comparaison jettera-t-elle des jours sur les pressions que les genres, les mètres, la qualité des locuteurs exerçaient en faveur de l'emploi d'un tiroir ou de l'autre. Mais on demeurera toujours dans le champ des conjectures puisqu'un, deux, trois exemples viennent chaque fois démentir les règles qu'on cherche à poser pour justifier la présence de *vi* ou celle de *ai veü*.

31. Cf. Bibliographie, nᵒ 117. M. R. Martin en a diligemment dressé le répertoire.

régulière des formes de prétérit et de formes de parfait. Celles-là donnent la clé du tissu narratif :

> *Tant chevaucha Joffrois li mareschaus par ses jornees que il vint à Troies en Campaigne et trova son seignor le conte Tibaut malade.* (§ 35.)
> [= Geoffroy le maréchal chevaucha par étapes jusqu'à ce qu'il parvint à Troyes en Champagne et y trouva son suzerain Thibaud malade.]

Dans les interventions de parole, au contraire, dominent les parfaits :

> *Et li duc lor respont : « Seignor, je ai veües vos letres. Bien avons queneü que vostre seignor sont li plus haut home qui soient sanz corone.* (§ 16.)
> [= Et le duc leur répond : « Seigneurs, j'ai vu vos lettres. Nous avons bien reconnu que vos seigneurs sont les plus hauts hommes parmi ceux qui ne portent pas couronne. » Trad. E. Faral.]

D'une façon générale, au cours du récit, c'est la forme simple du prétérit qui apparaît après « quand » lorsqu'il y a relation de deux événements successifs :

> *Et quant cil virent ce, si orent mult grant pitié et plorerent mult durement.* (I 117.)
> [= Et quand ces gens virent cela, ils ressentirent grande pitié et pleurèrent très fort.]

Aussi la leçon du manuscrit A que suit Faral (§ 35)

> *Et quant cil li ot contee la novelle coment il avoient esploitié, si fu si liez qu'il dist qu'il chevaucheroit.*
> [= Et quand Geoffroy lui eut raconté ce qu'ils avaient fait, Thibaud fut si joyeux qu'il dit qu'il remonterait à cheval.]

semble-t-elle moins bonne que celle du manuscrit C *quant il conta.* Elle atteste en tous cas la vitalité d'un type de phrase connu par ailleurs. On posera donc dans une grammaire la coexistence du syntagme *quand + prétérit simple* et du syntagme *quand + parfait du prétérit.* A comparer l'ensemble des phrases complexes, il semble que le second ait pénétré plus tard que le premier dans la langue littéraire : *se il l'eüst dit* [= s'il l'avait dit] est moins archaïque que *se il le deïst.* On comprend bien d'autre part que le parfait marque davantage l'antériorité du premier événement. Mais le choix qu'un écrivain opérait entre un tour et l'autre est imprévisible.

Le français moderne fournit le moyen de distinguer, si besoin est, la succession et la coïncidence. (*Une fois qu'il a (eu) dit ça il est parti ∼ après avoir dit ça il est parti ↔ en voyant ça il a ri comme un fou.*) En ancien français, le parfait du passé pouvait suggérer un rapport de succession. Mais la distinction ne tenait-elle pas aussi au morphème qui ouvrait la proposition subordonnée ? C'est ce qu'on se demande en comparant les énoncés du type *quand + prétérit* et ceux du type *cum + prétérit.* De fait, une comparaison large, procédant par sondages, *semble* confirmer que *cum* suggère un rapport de coïncidence [32]. Mais l'examen exhaustif d'*un* texte révèle toujours des anomalies de discours. Ils interdisent de porter au compte de la langue une opposition de valeur constante entre *quand* et *cum.* On est tenté, en lisant Villehardouin, de traduire *Et cum il vindrent la, si descendirent a pié* (§ 116) par « En arrivant là, ils mirent pied à terre ». De même, à la rigueur, *Et cum il oïrent que li fils l'empereor de Costan-*

32. Cf. Bibliographie, n° 101.

tinople ere arrivez al port, si veïssiez maint bon chevalier... aler encontre (§ 112) pourrait être rendu par : « à la nouvelle que le fils de l'empereur de Constantinople était arrivé au port, vous auriez pu voir maint bon chevalier aller à sa rencontre ». Mais au § 88 où un rapport de succession est explicité par un complément circonstanciel, on lit dans le manuscrit A : *Et cum il furent herbergié, al tierz jor après, si avint une moult grant mesaventure en l'ost.* Il est vrai que les manuscrits B et D, portant *quant,* invitent à traduire : « une fois qu'ils eurent campé, le troisième jour après il survint une méchante histoire dans l'armée. » Mais l'auteur (ou le copiste) du manuscrit A connaissait-il l'ancien français moins bien que nous ?

Compte tenu de l'incertitude qui plane sur la motivation des choix il y a des valeurs que l'on peut définir avec quelque certitude.

En ce qui concerne le présent du subjonctif l'examen des textes archaïques ou classiques révèle que ce tiroir se distribuait complémentairement avec l'indicatif à peu près de la même manière qu'aujourd'hui. L'ouvrage de G. Moignet [33] est éclairant à cet égard. L'auteur a raison de déceler (p. 400-406) une imitation du latin dans les phrases du type :

> *Or veez par raisun*
> *que seit solsticium.* (Ph. de Thaün, *Comput,* 3261.)
> [= Maintenant essayez de comprendre en raisonnant ce que peut être un solstice. *Seit* troisième personne du singulier du présent du subjonctif de « *être* ».]
> *Deus ! dist li cuens, ne sai jo que face.* (*Roland,* 1982.)
> [= Dieu, dist le comte, je ne fais que faire. *Face,* première personne du singulier du présent du subjonctif de *faire.*]
> *ne sai qui me secore*
> [= je ne sais qui pourrait me secourir.]
> *ne sai que soit*
> [= je ne sais ce que ça peut être.]

Sous la plume des clercs, ces subjonctifs présents, qui alternent avec des formes de l'indicatif, constituent des variantes pures et simples. A l'inverse de G. Moignet, nous sommes tenté de voir une « hypercorrection » dans le tour *nos que chaille* (cf. p. 293) moins fréquent que *moi que chaut ?* [= en quoi cela m'importe-t-il ? *chaut, chaille* respectivement indicatif et subjonctif présents de *chaloir*] et plus tardif que lui. Le tiroir *sache,* à peu d'exceptions près, ne fonctionne que dans les propositions subordonnées. Il y est d'emploi contraint après un nombre limité d'antécédents (cf p. 324 sqq.). Sa prévisibilité est absolue dans ces cas.

> *or volt que prenget moyler a sun vivant* (*Vie de saint Alexis,* v. 39.)
> [Il (le père) veut que son fils prenne une épouse de son vivant. *Prenget,* troisième personne du présent du subjonctif de *prendre*] est la seule construction possible ; l'indicatif serait un solécisme.

Il est en revanche d'emploi possible concurremment avec l'indicatif (sans, bien sûr, que la motivation du choix soit claire) dans un certain nombre de cas passés en revue par G. Moignet (cf. p. 326 sqq.). Pour un antécédent donné, soit au présent soit au prétérit de l'indicatif, on observe, en subordonnée l'intervention d'un subjonctif présent ou d'un futur [34] :

---

33. Cf. Bibliographie, n° 125.
34. Exemples empruntés à l'ouvrage de G. Moignet.

Alixandre vint en corage
Que il aille le roi proiier
Que il le face chevalier. (Chrétien de Troyes, *Cligés*, v. 1106.)
[La pensée vint à Alexandre qu'il aille prier le roi de le faire chevalier.]
En corage ot et en porpens
Qu'il ira ja ferir les lor. (*Roman de Troie*, 2470.)
[Après réflexion, l'idée lui vint qu'il ira porter des coups aux leurs. *Ot*, troisième personne du singulier de l'aoriste d'*avoir*.]

Ces alternances tiennent sans aucun doute à un facteur sémantique dont le siège est dans l'antécédent.

Comme on les observe tout au long de l'histoire de l'ancien français, ce fait incite à porter au compte de la langue l'existence d'un mode dit subjonctif distinct du mode indicatif. Et la valeur de ce mode est révélée par le statut très particulier de l'imparfait du subjonctif (tiroir *seüsse*). Dans cette question, il importe plus que jamais d'être prudent [35]. Intervient d'abord un facteur temps. Quelle que soit la position (proposition indépendante ou proposition subordonnée), quel que soit le type de phrase examiné (phrases hypothétiques, phrases complexes à subordonnée complétive, etc.), la forme en -*rais* (= conditionnel) de l'indicatif prend de plus en plus d'extension aux dépens du tiroir *seüsse* au fur et à mesure que l'on approche de la fin du xiiie siècle. D'autre part il est assuré qu'à contexte égal la forme en -*rais* s'était installée très tôt dans les énoncés de caractère informatif. Cela ressort du comportement des verbes « auxiliaires » *vouloir, devoir, pouvoir*. Dans les énoncés narratifs, ce sont les derniers à s'accommoder de la désinence -*rais*. Or dans le fameux billet de Jean de Gisors à Aelis de Liste, dicté à un scribe au cours de la première moitié du xiiie siècle, on lit :

Et si saciez de verité que il ne vodreit plus vers vos mesfère ne mesdire que vers sa mere. (Ap. *Chrest.*, no 193, p. 342.)
[Et sachez vraiment qu'il ne voudrait pas plus agir mal envers vous, en fait ou en parole, qu'envers sa propre mère.]

à une place où, selon le « bon usage » on devrait lire *vosist*. D'autre part, n'est pas moins significatif le syntagme *melz sostendreit les empedemenz* [= elle préférerait supporter le martyre] du v. 16 de la *séquence de sainte Eulalie* : c'est du parler de tout le monde. Dans un discours châtié *melz* [= mieux] s'accompagne du subjonctif imparfait : exemple *Melz me venist* [= Il vaudrait mieux pour moi].

Ce domaine de la syntaxe est sans doute un de ceux où l'on observe la plus forte pression de la langue des énoncés informatifs sur les conventions (originaires d'un état de langue beaucoup plus ancien) respectées au niveau des énoncés narratifs. Le problème est ici de savoir non pas quelle motivation personnelle incitait un auteur à utiliser le tiroir *seüsse* ou le tiroir *savreie* dans tel cas particulier mais en vertu de quelle valeur il usait soit de l'un soit de l'autre. Et la réponse est nette. La distinction en cause coïncide avec celle de deux catégories. L'une de l'actualisé qui englobe, en ancien français, uniquement le possible à venir (qu'on le juge vraisemblable ou non) : son symbole est le tiroir [*savreie*] ou le tiroir [*savrai*]. L'autre, de l'inactuel ou du virtuel : son

---

35. A l'ouvrage de G. Moignet, adjoindre celui qui est répertorié sous le no 170 à la bibliographie.

symbole est le tiroir [*seüsse*]. Cela ressort, dans les phrases hypothétiques des trois valeurs temporelles d'une phrase type *se je le veïsse, je li deïsse*. Selon le contexte elle appelle trois traductions :

(1) Si je l'avais vu, je le lui aurait dit.
(2) Si je le voyais ici, en ce moment, je le lui dirais.
(3) S'il arrivait que je le voie, je pourrais le lui dire.

(1) et (2) se réfèrent à l'irréel. (3) au contraire s'oppose nettement aux phrases du type *se je le veoie, je li diroie* [36]. De là découlent les valeurs d'emploi que ces phrases ont prises peu à peu dans la langue littéraire et même dans les reliques qu'en conservait la langue courante. Elles étaient attachées à des situations dont les textes présentent maints exemples. A côté des tours à l'indicatif (*se* + présent... futur ~ *se* + imparfait... forme en *-rais*) dont la différence trahit celle qui sépare une actualisation catégorique d'une actualisation de ton plus indifférent, le tour au subjonctif est associé aux sentiments de crainte, de gêne, d'espoir, d'humilité dont celui qui émet l'hypothèse est le siège.

* * *

Les faits qui viennent d'être rappelés incitent à ne pas utiliser sans critique une notion en apparence aussi simple que celles de « grammaire de l'ancien français ». L. Foulet ne s'y est pas trompé. Avec discrétion, il suggère sans cesse le départ qui doit être fait autant que possible entre des obligations de langue et d'autres contraintes (plus ou moins fortes) qui dénotent seulement des niveaux de style. La qualité des textes dépouillés par lui, l'étroitesse de l'état de synchronie qu'ils illustrent éliminent de son ouvrage pas mal de réserves qu'on serait conduit à faire ailleurs, soit en raison de l'émergence de traits propres aux énoncés informatifs, soit du fait de l'évolution qu'a subie dans certains domaines la syntaxe des énoncés narratifs. On a insisté par ailleurs sur l'importance des témoignages fournis par une comparaison des manuscrits.

Tout cela restreint singulièrement à nos yeux l'efficacité *actuelle* d'une grammaire générale (ou globale si on préfère) de l'ancien français. La plupart de celles dont on dispose reflètent la syntaxe de textes reconstruits en partie par les éditeurs. Elles tiennent de là une cohérence certaine mais superficielle et ambiguë. Tout autre serait le caractère d'une grammaire fondée sur les seuls témoignages des manuscrits. Ce projet, préconisé naguère par B. Wolegde respire le pur bon sens. Et cette entreprise serait d'autant plus instructive si on prenait la précaution de reconstruire des grammaires étagées qui révéleraient chronologiquement les états successifs qu'a traversés l'ancien français. Cette évolution, l'ensemble des travaux relatifs à tel ou tel domaine de la syntaxe aide à la percevoir. Et une grammaire générale de l'ancien français tire évidemment

---

36. La situation est très différente en français moderne où, dans la langue commune, toute hypothèse est actualisée au moyen de l'indicatif. A l'irréel du passé est dévolu le tour *s'il avait fait beau nous y serions allés*. Tandis que le tour *si + imparfait de l'indicatif... forme en -rais* couvre à la fois l'irréel du présent (Ex. *S'il ne pleuvait pas* (en ce moment) *nous serions dehors*) et le virtuel à venir (ex. *S'il faisait beau demain nous pourrions y aller*) où là, il alterne avec *S'il fait beau demain, nous pourrons y aller*.

parti des observations faites par les auteurs de ces études. Mais cette synthèse est, à notre avis, prématurée faute d'une exploitation suffisante de la *varia lectio* des textes édités et des témoignages fournis par les manuscrits négligés.

Ces conditions réalisées, la possibilité de construire une grammaire générale de l'ancien français s'accroîtrait sans aucun doute. Mais ici encore nous estimons que le chapitre de la syntaxe devrait se plier aux normes qu'impose le caractère ambigu, souvent énigmatique, des témoignages sur lesquels on se fonde. Il impose aux grammairiens de mesurer très strictement ce qu'ils sont en droit d'affirmer ; dans nombre de cas il leur dénie le pouvoir d'expliquer.

Cette syntaxe s'étagerait donc dans une échelle graduée d'après la prévisibilité plus ou moins forte d'application d'une règle.

En haut, les règles qui ne souffrent pas d'infraction. Y en a-t-il ? C'est sans ironie qu'on pose la question. De fait il en existe, mais dont le pouvoir ne s'étend pas au-delà de certains contextes. Dans ce cas « règle » implique « limite ».

Soit le coordonnant qui se réalise en ancien français sous deux formes *et* ou *ne*. Que les coordonnées soient des termes ou des phrases, l'alternance est liée au caractère entièrement positif de l'assertion : dans ce cas on rencontre toujours *et* ; ou à l'intervention d'un facteur qui nie ou qui restreint la positivité de l'assertion : d'où l'emploi régulier, obligatoire, de *ne* pour relier deux termes ou davantage dans les phrases négatives, interrogatives, dubitatives ; ainsi que pour relier deux membres de phrase négatifs. Mais la règle cesse d'être applicable lorsque de deux propositions, la première est positive et la seconde négative : dans un tel contexte, en effet, *et* réapparaît. On résume ici la doctrine très clairement exposée par L. Foulet (§ 422-425). Si nous avons choisi cet exemple c'est que des deux citations rapportées au § 425 la première n'est pas aussi nette que le veut L. Foulet quand il affirme que « Si des deux propositions subordonnées la première est affirmative, la seconde négative, on pourra employer soit *ne* soit *et* pour les relier ». Nos propres relevés nous inciteraient à dire que *et* seul est légitime. Dans le passage de la *Châtelaine de Vergi* rapporté, l'emploi de *ne* se justifie très bien du fait que la proposition dite par L. Foulet « positive » est l'apodose d'un système hypothétique à l'intérieur duquel, justement *ne* sert à coordonner deux termes :

> *S'ele voit ne lieu ne tens*
> *qu'a la niece le duc parolt,*
> *... ele li dira ausi tost,*
> *ne ja ne celera tel chose*
> *ou felonie avra enclose.*

En fait, ici *ne* coordonne deux phrases dont la première n'est nullement positive. Mais en admettant la doctrine de L. Foulet, faute de posséder l'intuition requise, un grammairien moderne se contentera en tout et pour tout de poser la limite de la règle.

Ce défaut d'intuition gêne singulièrement les grammairiens lorsqu'ils ont à exposer la règle si contraignante de la postposition du sujet au verbe lorsque la phrase débute par un complément (C V S). On élimine ici les exceptions (C S V) dues à l'émergence d'une autre règle propre au domaine des énoncés informatifs. Dans les énoncés narratifs, en effet, la qualité de S (soit substantif, soit pronom) n'est pas seule à compliquer l'énoncé de la règle. Celle de C n'est pas plus claire. Voici pourquoi.

Comme il est de fait que *je* sujet est postposé au verbe dans des phrases qui débutent par *et*, on formule l'hypothèse que *et* appartient alors à l'espèce des adverbes ; cela entraîne à lui conférer une force et des valeurs de sens qui, à défaut d'intuition, sont hypothétiques (cf. *Petite Syntaxe*, § 420). Mais quelle valeur, quelle nature lui reconnaître lorsqu'il ouvre, comme c'est fréquent, une principale précédée d'une subordonnée ?

> *Or dit li contes que quant Lancelot fu venuz a l'eve de Marcoise, et il se vit enclos de trois choses qui ne le reconfortoient mie molt.*
> (*Quête du Graal*, ap. *Petite syntaxe*, § 421.)
> [L'histoire raconte que quand Lancelot fut parvenu à l'eau de Marcoise, il se vit entouré de trois choses très peu rassurantes.]

Le statut des propositions subordonnées préposées à une proposition principale est-il moins ambigu que celui de *et* ? Une exploitation méthodique des manuscrits conduirait sans doute à nuancer cette vue optimiste. Quoi qu'il en soit le grammairien est contraint de juxtaposer en tout et pour tout des usages sans pouvoir assigner chacun à un niveau de discours ni discerner clairement les motifs qui engagent l'écrivain dans une pratique ou dans une autre.

L'une consiste comme on l'a vu à associer la principale et la subordonnée au moyen de *et* qui n'a pas d'effet perturbateur sur l'ordre S V.

Une seconde consiste à associer la principale au moyen de *si* qui, lui, impose sans exception aucune l'ordre V S. Dans ce cas le sujet n'est pas toujours exprimé s'il appartient à l'espèce des pronoms.

> *Quant eles furent faites, si fu la chose teüe que on iroit en Babilloine.*
> (Villehardouin, *Chronique*, § 30.)
> [Quand les chartes furent faites la chose fut gardée secrète qu'on irait à Babylone. Trad. E. Faral.]
> *Quant eles furent faites et saellees, si furent apportées devant le duc.* (*Ibid.* § 31.),
> [Quand elles furent faites et scellées (elles) furent apportées au duc.]

Le troisième usage consiste à dissocier la principale et dans ce cas celle-ci présente l'ordre S V.

> *Et quant il orent quis le fust et le merrien... sa fame dist a Salemon.*
> (*Quête du Graal*, ap. *Chrest.*, n° 58, p. 119.)
> [Et quand les charpentiers eurent recueilli le bois et le merrien... sa femme dit à Salomon.]
> *Et quant il orent ce fait, ele lor fist prendre d'un des arbres de vert color.* (*Ibid.*, p. 121.)
> [Et quand ils eurent fait cela, elle leur fit prendre un des arbres de couleur verte...]

Ce tour revient à laisser son indépendance à chacun des membres de la phrase complexe. L'effet est pratiquement le même quand la principale débute par *et*, encore que le morphème l'articule au membre précédent ce qui contribue à les associer comme deux membres solidaires d'un tout. Une même solidarité résultant de l'intervention de *si*, la question se ramène à un problème de sémantique : valeurs de sens respectives de *et* et de *si*. Quant à la syntaxe, comme les trois tours se rencontrent dans un seul et même texte, qu'il y a généralement accord entre les manuscrits, les niveaux de discours ne sont pas en cause. Reste qu'il est impossible de prévoir celle des constructions sur laquelle l'auteur portera son choix.

L'échelle des règles dépendant de la force et de l'extension des contraintes, une grammaire ainsi conçue s'écarterait évidemment de l'ordre d'exposition suivi dans la majorité des syntaxes. Les règles relatives à la construction du morphème *par-* (déterminant un adjectif comme marque d'un degré maximum d'intensité) ou du complément du comparatif y passeraient sans doute avant celles qui déterminent l'ordre de S V et C. Trois vers du lai de *Lanval* (v. 368) les posent ensemble :

> *Trop par est noble votre amie*
> *Quant plus est bele sa meschine*
> *Et plus vaillanz de la reïne.*
> [= Votre amie est sûrement d'une noblesse extrême, puisque sa suivante est plus belle et a plus de prix que la reine.]

La première est absolue. *Par-* ne détermine jamais directement l'adjectif (ici *noble*) ; il faut qu'un verbe (en général *être*) s'insère entre eux.

La seconde a déjà une portée plus restreinte, car pour être construit au moyen de *de* le complément du comparatif doit être un substantif ou un pronom. Si la comparaison s'établit au moyen de *plus* entre deux propositions c'est en effet *que* qui intervient [37].

La vertu pratique d'une telle grammaire ne serait peut-être pas très puissante. Du moins ces tableaux feraient-ils réfléchir à la portée des notions de « règles » et d'« exceptions » utilisées d'une façon si vague dans la plupart des grammaires. Et leur intérêt ne serait pas moindre s'ils avertissaient à temps les débutants qu'on ne peut pas toujours, dans une langue morte, mesurer avec précision l'extension d'une contrainte. Tâche dont, à ce qu'il semble, la grammaire générative s'acquitte plus efficacement qu'une autre parce qu'elle opère sur une langue vivante.

Est-il possible de formuler, à un degré au-dessous, sous forme de « règles », les prévisions d'emploi d'un morphème ou d'une construction en fonction des niveaux de discours ? L. Foulet, parce qu'il est trop bon lecteur, hésite à le faire. Les chiffres qu'il apporte à propos de la distribution de *car* et de *que* (§ 428-429) ne sont pas décisifs. D'autant (il ne faut pas l'oublier) qu'on opère toujours sur des énoncés narratifs dont le niveau est sensiblement égal. La condition sociale de Robert de Clari était moindre que celle de Villehardouin. Ce chroniqueur est « naïf » autant qu'on veut, soit. Ce qu'il dicte n'est pas de moins bonne qualité que la prose de Villehardouin. Il n'est pas assuré, au surplus, que *car*, comme le suggère L. Foulet, soit une émergence de la langue courante.

Trouveraient place à un étage au-dessous des faits qui, à notre avis du moins, échappent à une analyse proprement grammaticale bien qu'ils s'insèrent dans le domaine des constructions. Leur importance n'est pas niable. Qui-

---

37. Sur l'expression du comparatif, cf. le travail de M. Pol Jonas répertorié à la bibliographie, n° 104 ainsi que le compte rendu de M. J. Stefanini dans le *Bulletin de la Société de linguistique de Paris*, LXVII, 1972, p. 126, 130.

conque s'initie à l'ancien français doit les connaître. Mais ils dénotent surtout, en fait, de ces « tics » rédactionnels qui confèrent une couleur propre à un style d'époque ou à un style de genre.

Soit, par exemple, les pronoms relatifs. Leur syntaxe obéit à un ensemble de règles dont certaines ont une extension générale. A cette syntaxe appartient la place que la proposition relative occupe par rapport à l'antécédent. Lorsque celui-ci est sujet du verbe principal l'ordre peut être et est souvent : antécédent + proposition relative + verbe :

> *Icil ki set al guvernail*
> *vit terre.* (*Vie de saint Gilles*, ap. *Chrest.*, n° 15, p. 22.)
> [= Celui qui se tient au gouvernail aperçut une terre.]
> *Gouvernal, qui recongnoist le vaissel, fu tout esbahi.*
> (*Roman en prose de Tristan*, ap. *Chrest.*, n° 54, p. 110.)
> [= Governal, qui reconnaît le hanap, fut tout surpris.]

Mais l'ordre peut être aussi bien : antécédent + verbe + proposition relative :

> *Et cil li comencierent, quil quistrent, a crier.*
> (Garnier de Pont-Sainte-Maxence, *Vie de saint Thomas Becket*, ap. *Chrest.*,
> n° 16, p. 25.)
> [= Et ceux qui l'avaient cherché, commencèrent à lui crier. *Quistrent* = troisième personne du pluriel de l'aoriste de *querre* ou *querir*.]

On pourrait croire que cette disjonction est due aux exigences de la métrique. Toutefois comme la prose en présente maints exemples et qu'elle ne s'est pas perpétuée en moyen français on la portera au compte des conventions rédactionnelles diverses qui confèrent un « style » à l'ancien français.

> *Li cuens Baudoins de Flandres et de Hennaut chevauche, qui l'avant garde faisoit.*
> (Villehardouin, *Conqueste*, § 158.)
> [Le comte Baudouin de Flandre et de Hainaut qui assurait l'avant-garde chevauche.]

Nul n'était plus capable que L. Foulet de composer une grammaire générale de l'ancien français. Les motifs qui l'en ont détourné lui étaient dictés par son expérience de lecteur. A peu de chose près ils tenaient aux faits qui viennent d'être rappelés ici. Aussi bien L. Foulet a-t-il fait quelque chose de beaucoup plus utile en décrivant, d'après les témoignages fournis par quelques textes variés, mais de même niveau, les usages d'un état de synchronie restreint. Encore s'est-il trouvé maintes fois mal à l'aise dans l'étroit domaine qu'il s'était assigné. Preuve en est le texte qu'il a malencontreusement relégué en appendice, alors que ces trente pages, où l'on trouve presque tout ce qu'il faut savoir avant d'aborder l'analyse grammaticale d'une œuvre littéraire médiévale, auraient dû servir d'introduction à la *Petite Syntaxe de l'ancien français.* On peut évidemment les nuancer, voire les amender sur certains points. L'idée que la syntaxe des énoncés informatifs ressemblait déjà à celle que révèleront plus tard les textes du xive et du xve siècle est séduisante. Mais on ne peut la tenir que pour une hypothèse. Ce qu'on peut appeler le français courant était une mosaïque de parlers locaux, entre le ixe et la fin du xiiie siècle. Il faut admettre que les nécessités d'une large intercompréhension ont déterminé assez tôt (mais quand ?) un consensus autour de quelques conventions, mais ce « français commun » n'avait sûrement pas alors l'unité, la cohérence du français commun moderne. Dès lors il est imprudent, par exemple, de supposer que dans cette langue l'emploi du pronom sujet était déjà devenu constant (cf. p. 352) ; ou que l'article dit partitif était déjà de règle dès la fin du XIIᵉ siècle dans la langue de la conversation. Celle-ci devait refléter bien des usages contradictoires, tous les parlers n'évoluant pas en même temps dans le même sens et aucune école ne codifiant, n'unifiant cette langue courante. Combien de fois une particularité surprenante de construction (cf. p. 360) renvoie-t-elle à l'usage de « quelque obscur parler » du XIIᵉ ou du XIIIᵉ siècle ! Ce sont sans doute des émergences du même ordre qui troublent à chaque instant le jeu des pronoms personnels de la troisième personne (cf. p. 364 sqq.). L'usage des copistes ne révèle aucune constance dans les anomalies à la règle. Du côté des auteurs, il y a certes un effort pour respecter l'ancienne distinction entre *li* (atone) et les formes distinctes *lui* (masculin), *li* (féminin) sous l'accent. Mais ces auteurs eux-mêmes l'observaient-ils en parlant ? Et ne sont-ils pas parfois responsables d'innovations qu'on impute aux copistes ? L. Foulet ne se dissimule pas la complexité du problème. Mais aurait-on poussé très loin l'examen des manuscrits (comme il le suggère), le problème n'en serait pas simplifié pour autant, car quelle attitude observer alors ? Le grammairien doit-il exposer les faits qui ressortent des manuscrits ou bien la structure romane ancienne, théorique, des pronoms de la troisième personne ? S'en tenir à ce dernier parti, c'est éliminer le témoignage des manuscrits. Les éditeurs de textes de l'ancienne génération n'hésitaient pas à le faire et corrigeaient sans scrupule ce qu'ils considéraient comme des bévues. Si l'on se fonde sur les textes tels qu'ils nous sont parvenus la structure ancienne de ces pronoms doit alors être portée au compte des archaïsmes, puisque rien n'assure que les écrivains en respectaient la règle lorsqu'ils parlaient.

Cet appendice avait, en 1928, valeur d'avertissement grave et de programme. Nous estimons qu'après plus de quarante ans il n'a rien perdu de son actualité.

* * *

En somme les réflexions si pertinentes de L. Foulet tournaient autour d'une question qu'on peut formuler ainsi : à quelle sorte de description l'ancien français se prête-t-il, quelles bornes la circonscrivent ? La question demeure actuelle et le moment n'est pas mal venu pour les médiévistes d'en reprendre l'examen, en s'inspirant d'abord de la conversion que certains d'entre eux ont déjà opérée dans un autre secteur de leur discipline. Est-il injuste d'avancer que quelques grammairiens médiévistes n'ont pas toujours résisté à la tentation d'enseigner comment un clerc du Moyen Age *devait* s'exprimer, qu'il écrivît ou qu'il parlât ? Ainsi en allait-il des premiers éditeurs de textes. En face de manuscrits réputés corrompus ils n'hésitaient pas à recomposer une œuvre telle qu'elle *aurait dû* sortir de la plume de son auteur. La réaction de Bédier et de ses élèves contre les éditions composites, saine à tous égards, a eu pour conséquence de réhabiliter une version qui a du moins pour elle d'avoir captivé effectivement l'attention d'un certain public. Nul n'incrimine un éditeur de choisir parmi plusieurs versions celle que des critères internes et externes classent comme la meilleure. Nul n'ignore d'ailleurs la part d'arbitraire qui entre dans ce genre d'appréciation : il arrive en effet souvent qu'un manuscrit jugé inférieur se rapproche plus que d'autres, en quelques endroits, de l'original. Quoi qu'il en soit, les besoins des descripteurs débordent largement ceux des éditeurs. De leur point de vue, concordantes ou divergentes, toutes les sources se valent puisqu'authentiques. Il leur est possible, évidemment, d'en privilégier une, quitte à reconnaître une portée restreinte aux conclusions qu'ils tirent de son analyse. Dans les études exemptes de prétention historique cet aveu n'est nullement un aveu de faiblesse, au contraire. Soit celle de M. J. Rychner sur les structures des énoncés narratifs dans le roman de *La mort le roi Artu* [38]. L'auteur n'éclaire pas seulement dans le détail, sans omission, un spécimen de performances dont on n'avait jusqu'ici aucune idée précise. Il propose un modèle en tous points excellent à ceux qui, par la suite, étendront cette recherche à d'autres textes. Des monographies telles que celles-là objectives, clairement conduites, ne vieillissent pas. Mais combien en compte-t-on ? C'est pourtant à partir d'elles que les historiens tireraient le pouvoir de réaliser au mieux leurs projets. Ils ont abandonné depuis longtemps la méthode des sondages, avec raison ; un dépouillement exhaustif élimine les fantaisies du hasard. Encore les données qu'il fournit doivent-elles être critiquées. L'origine du texte (la patrie de l'auteur), le genre, la date de la copie, la pratique du copiste, autant de facteurs qui diversifient la valeur des exemples. Il faut démêler aussi la part des résurgences de la langue des énoncés informatifs. Dans certains cas, elles peuvent être dues à l'auteur, dirigées donc par une intention stylistique ; ailleurs elles sont le fait d'un copiste. Des comparaisons s'imposent donc. Le témoignage du texte doit être confronté à celui d'un autre (qui soulève les mêmes problèmes). Or, quel que soit le point étudié, l'échantillonnage des œuvres-témoins requiert beaucoup de précautions. Quinze textes réputés bons offrent-ils une garantie suffisante ? Non. Les données fournies par quinze autres textes échelonnés dans le temps de la même manière ne coïncideront pas toujours avec celles qui découlent de l'analyse des quinze premiers. Nous le disons d'expérience [39]. D'ailleurs la notion de texte est fuyante, on le sait. Quel est celui qu'on met sur les titres des *Lais* de Marie de France, de la *Prise d'Orange*, de *Perceval* ? Tant en morphologie qu'en syntaxe l'examen comparatif des quatre versions du lai de *Lanval*, des versions de la *Prise d'Orange* n'aboutit pas à des tableaux concordants. En pratique, les études qui décrivent l'évolution soit des valeurs d'un morphème, soit d'une structure syntaxique partent d'éditions critiques ; il est rare que les auteurs utilisent les variantes qui les accompagnent et d'ailleurs celles-ci sont généralement incomplètes. Il en résulte que leurs conclusions sont provisoires. Ce n'est pas diminuer le

38. Cf. Bibliographie, n° 156. Tirer aussi parti de l'étude mentionnée sous le n° 51 ; d'un type différent, portant sur un état de langue plus avancé que l'a. français classique, elle n'en est pas moins instructive.

39. Notre travail sur les phrases hypothétiques repose bien sur le dépouillement exhaustif d'un nombre en apparence suffisant de textes-témoins. Mais ceux que nous avons faits depuis sur les manuscrits « secondaires » nous conduiraient à nuancer sensiblement les tableaux et conclusions que nous présentions en 1940.

mérite des plus sérieuses que de le dire [40]. On objectera qu'un chercheur, réduit à ses seules forces, n'est pas en mesure d'épuiser l'ensemble des sources qui lui sont nécessaires. Raison de plus pour que les philologues l'y aident. La littérature médiévale présente l'avantage d'être close. On souhaiterait justement en tirer parti : disposer, par exemple, de plus d'éditions diplomatiques de manuscrits négligés qui dorment dans les bibliothèques ; de plus de monographies. Au reste, quel descripteur ne sent que sa situation est inconfortable ? Et comme on apprécie ceux qui reconnaissent leur gêne de bonne grâce ! Cette franchise les préserve du moins d'attribuer aux écrivains et aux rédacteurs du Moyen Age un sens des règles normatives analogue à celui qu'ont eu les grammairiens de l'époque classique ; elle les prémunit donc contre le risque d'affecter un ton de certitude et une rigueur qui n'étaient certainement pas de mise au XIIe, au XIIIe siècle, même chez ceux qui exaltaient la prééminence d'un « bon français » ; contre la tentation enfin de plier prématurément à la psycholinguistique ou à n'importe quelle autre grille logique les conventions stylistiques de l'ancien français littéraire (que nous ne connaissons pas encore dans leur ensemble) et ce que les copies révèlent parcimonieusement sur la langue des énoncés informatifs.

On dira : en revenir à des inventaires. à des catalogues, bannir les hypothèses de travail, n'est-ce pas régresser ? Les générativistes ont critiqué sans indulgence les grammairiens qui appliquent ces pratiques dans l'étude du français moderne. Est-il opportun, après leur mise en garde, de faire un retour en arrière ? C'est mal poser la question, à notre avis, que de la formuler ainsi. Les générativistes ont raison sans aucun doute quand ils préconisent d'autres méthodes pour remonter aux modèles de compétence d'où dérivent les énoncés informatifs dans une langue vivante. On les suit encore quand ils dénoncent l'étroitesse ou l'imprécision des règles qui traînent dans les grammaires scolaires. On se démarquerait d'eux, en revanche, s'ils cherchaient vraiment à tarir une information, utile à tous égards, sur les énoncés narratifs ou, si l'on préfère, sur des systèmes d'expression singuliers qui manifestent l'étendue des pouvoirs du langage. Mais quel profit en tireraient-ils ? L'intérêt de l'étude d'un idiome *vivant* ne tient-il pas à la confrontation possible de deux langues, l'une en devenir, innovatrice, l'autre composite, dont les effets remarquables résultent d'une tension entre résistances et dominances ?

Cette comparaison est refusée aux médiévistes.

Les générativistes ont redéfini les notions de « grammaire » et de « règles » ; rappelé que leur efficacité s'accroît à mesure que leur champ d'application est plus restreint (en l'espèce un état de langue vivante) et que les analystes possèdent effectivement le pouvoir de garantir l'intelligibilité comme les niveaux

---

40. A. Tobler était, de sa génération, un des savants les plus aptes à composer une grammaire de l'ancien français. Il n'a pas tiré un ouvrage dogmatique des merveilleuses notices (*Vermischte Beiträge zur französischen Grammatik*, cf. Bibliographie, n° 166) qui demeurent encore, pour les médiévistes, une référence fondamentale. Quant aux incertitudes qui planent sur la chronologie des œuvres, quant aux risques que font courir les éditions « critiques » et les corrections d'éditeur abusives, cf. les réflexions que cela suggère à M. G. Moignet dans la préface de la deuxième éd. de son ouvrage *les signes de l'exception dans l'histoire du français*, Genève, Droz, 1973, 1 vol. X-210 p.

de correction des énoncés engendrés par les règles. De ce fait, la grammaire d'une langue n'est pas reconstituable dans son entier. Les constantes qu'on en dégage ne représentent que les pièces d'un vaste ensemble de relations et de mécanismes. Faute de dominer celui-ci, il est impossible de déceler avec précision la place qu'elles y occupent et d'interpréter correctement leur valeur. Faute d'intuition, quel moderne s'aventurerait dans les démarches que les générativistes ont mises au point ? Ces va-et-vient de l'admis, du toléré à l'impossible d'où se dégagent peu à peu les conditions latentes qui assurent l'intelligibilité d'un syntagme et font varier les niveaux de grammaticalité ? A chaque instant l'étude de l'ancien français conduit à mesurer l'écart de la connaissance à la puissance comme les limites de la connaissance elle-même. On comprend l'ancien français... mieux vaut dire : que comprenons-nous de l'ancien français ? Historiens de la littérature, historiens de la langue se retrouvent ici au même point, engagés solidairement dans la recherche de clés qui les rendraient maîtres de « sen » et de « conjointures » ; se rapprochant d'elles, on veut le croire ; avec l'espoir d'atteindre un jour dans leur plénitude les pouvoirs créateurs que les écrivains du Moyen Age ont emportés avec eux ? Cela est plus que douteux. En ce qui concerne l'idiome, qu'ils l'étudient en « grammairiens » ou en « stylisticiens », cette situation détermine pour les descripteurs des limites. L'intérêt du médiévisme leur commande jusqu'à nouvel ordre de ne pas chercher à les dépasser. Entre les descriptions qui demandent à être révisées, nuancées, poursuivies et celles qui restent à entreprendre le champ des recherches est encore largement ouvert. Etendre et enrichir une documentation insuffisante, c'est en tout cas donner aux synthèses plus de chance d'être tentées avec succès par ceux qui les estiment possibles.

APPENDICE

A titre d'exemple, nous reproduisons le § 60 de la Chronique de Villehardouin. Le texte de gauche est celui que l'éditeur, E. Faral, a établi d'une façon critique à partir de l'examen comparatif qui met en valeur les manuscrits O (Oxford, B. Bodleienne, seconde moitié du XIVe siècle), A (Paris. B. Nationale, même date) et la version dite de « Rouillé » éd. à Lyon en 1601, contre une seconde famille de manuscrits (B, C, D, E) dont trois (B, C, D) sont plus anciens que O et A. On a analysé dans la marge de droite la *varia lectio* telle qu'elle est fournie par l'éditeur. Elle suffit à rendre sensible la diversité des versions ; celle-ci s'accuserait encore si compte avait été tenu dans le détail de toutes les variantes orthographiques des manuscrits. Pour l'écart qui sépare la rédaction originale et les copies, on rappelle que Villehardouin dicta (ou écrivit ?) son œuvre après 1208, vraisemblablement.

N. B. On dispose aujourd'hui d'un index des formes du manuscrit O et d'un relevé des groupes nominaux figurant dans ce manuscrit. Ces index ont été établis par les soins du C. R. A. L. à Nancy (cf. Bibliographie, n° 50).

Texte critique établi par Ed. Faral

La ot grant[1] descorde de la
graindre[2] partie des barons et de
l'autre gent[3], et distrent[4] : « Nos
avons paié nos[5] passages. S'il
nos en volent mener, nos[6] en[7]
iromes volentiers ; et se il ne vuelent,
nos nos porchacerons et irons[8] a[9]
altres passages. » Por[10] ce le disoient[11]
que il volsissent[12] que li ost se departist[13]. Et l'autre partie dist : « Mielx[14]
voluns nos tot nostre avoir metre[15]
et aler povre en l'ost que ce que elle[16]
se departist[17] ne faillist[18] : quar Diex le
nos rendra bien quant lui plaira.

	A	O	B	C	D	E
(1)		gran				
(2)			θ			grande
(3)			et des autres gens			
(4)				disent	disent	disent
(5)	noz					
(6)						nos nos
(7)			θ			
(8)			θ			
(9)			aus			
(10)			Et por			
(11)		li dissoient				
(12)			voloient volentiers	volsissent volentiers	volsissent volentiers	volsist volentiers
(13)			que li ost se departist pour aler en son païs chascun	que li ost se departist et retournaest chacun son païs	que li ost departist, si s'en ralast chacun son païs	que li ost departist pour raler chascun son païs
(14)	miexl					
(15)			Ke mieus vuelent metre tous lors avoirs	Nous volons mieulz metre tous nos avoirs	Nous volons mieulz metre tous nos avoirs	Nous volons mieulz metre tous nos avoirs
(16)			il			
(17)			departe ne défaille par nous	que elle perdist ne faillist	que elle perdist ne fausist	que elle perdist ne faillist

A ce moment, la plus grande partie des barons et de ceux qui appartenaient à l'autre [faction ~ parti] manifestèrent leur désaccord et dirent : « Nous avons payé nos passages. S'ils veulent nous emmener, nous nous en irons volontiers ; et s'ils ne le veulent pas, nous partirons en quête d'autres moyens de passer.» S'ils disaient cela, c'est qu'ils auraient voulu que l'armée se divisât. Et ceux de l'autre parti dirent : « Nous préférons envoyer [au doge] (ou mettre en gage ?) tous nos biens et partir pauvres à l'armée plutôt que [d'envisager ~ de courir le risque] que celle-ci se divise et ne manque son but. Car Dieu nous rendra bien ce que nous aurons perdu quand il lui plaira.

(1) *gran* (O) peut-être notation phonétique ; -*d* de toute façon se confondait avec le *d*- initial de *descorde*.

(2) *grande* (E) féminin analogique.

(4) *dirent*. A partir de *distrent* deux réductions du groupe consonantique sont théoriquement possibles : *dirent* et *disent* (qui ne risquait pas de se confondre avec la troisième personne du pluriel du tiroir *sai dient*). La réduction en -*sent* (où *s* devait avoir le son [s] et non [z] car on trouve aussi -*ssent*) est assignable aux domaines picard, wallon et lorrain (cf. P. Fouché, *Le verbe*, p. 288, § 146).

(5) M. Monfrin a observé dans ses lectures un effort de la part de certains copistes en vue de distinguer *noz* pronom de *nos* adjectif. La graphie noz (A) montre que le copiste du xive (ou sa source) avait déjà perdu le sens de la valeur *z*.

(11) *dissoient* (O). La notation de la sifflante intervocalique est très variable selon les copistes. Dans le manuscrit de Cangé utilisé par M. Roques pour ses éditions des romans de Chrétien de Troyes et du *Roman de Renart* abondent les exemples de deux s [ss] irrationnels (en apparence).

(12) *voloient* (B) n'est évidemment pas une faute. L'imparfait du subjonctif dénote une virtualité pure, intemporelle, or ce qui est en vue, ici, c'est l'hypothèse que l'armée pût se diviser. Le désir, la volonté du parti qui envisageait cette scission étaient, eux, des plus réels.

(13) *retournaest* (C) plutôt qu'à une bévue on peut songer à une graphie notant vaille que vaille une diphtongaison de *a* sous l'accent. -*Chascun son païs* n'est pas davantage fautif évidemment. Il s'agit d'un complément absolu.

(14) *miexl* (A) type de la bévue de graphie.

(15) *Qe mieus vuelent* (B) = Ils dirent qu'ils veulent mieux. L'emploi du présent de l'indicatif dans une proposition subordonnée dépendant d'un verbe déclaratif à l'aoriste est tout à fait normal en a. français.

(16) *il* (B) bévue ou plutôt exemple de la neutralisation du genre dans le pronom de la troisième personne ? *il* recouvrant masculin et féminin ? Le manuscrit est tardif. Au xve siècle Villon écrit *où sont-ils*, *Vierge souveraine* dans la ballade des dames du temps jadis.

(17) Parti pris de B en faveur du présent. Pour *faillist ~ fausist*, cf. P. Fouché. *Le verbe*, p. 172 sqq.

II

MORPHOLOGIE
PRINCIPES D'ANALYSE

Au cours de ce chapitre on tentera de reconstituer les repères et les mécanismes qui permettaient aux clercs d'acquérir la morphologie du syntagme nominal (les déclinaisons) et du syntagme verbal (les conjugaisons). Chez les laïcs cette acquisition s'opérait par la simple pratique de l'audition ou, plus rarement, de la lecture. Les clercs s'aidaient, eux, de la grammaire latine. Celle-ci leur apportait à tout le moins des éléments de nomenclature : les termes de « nom » et de « verbe », ceux de « nominatif » et d'« accusatif » pour désigner le cas sujet et le cas régime ; ceux de « temps » et de « mode », etc. Pour le détail, les clercs comme les laïcs utilisaient des observations et apprenaient à constituer des séries ou modèles de paradigmes d'après les repères que leur fournissaient l'accent et les apophonies. Tout le système des déclinaisons et des conjugaisons est en effet commandé par une analyse préalable que l'on peut présenter comme suit.

ANALYSE DU SIGNE

Au niveau du signe on opère une distinction entre le *signifié* et le *signifiant*. Le signifié est d'ordre mental. Il se définit par un certain nombre de traits pertinents ou sèmes :

sèmes : (1) sexe (féminin), (2) rang social (supérieur), (3) condition (mariée).

Le signifiant est l'unité qui dans le discours évoque le signifié. En ancien français, c'est le substantif *dame* qui comprend les trois sèmes ci-dessus dégagés. Si on fait varier le troisième et qu'on substitue « non mariée » à « mariée », *dameisele* se substitue à *dame*.

L'analyse des signifiés relève de l'étude du lexique. Celle des signifiants relève de la morphologie.

Cette distinction est rendue nécessaire par le fait qu'il n'y a pas toujours une relation univoque entre le signifié et *un* signifiant.

On en observe une dans le cas des unités non fléchies : conjonctions, prépositions, adverbes, et dans celui de quelques unités fléchies. Sous des conditions de syntaxe données les sèmes « absence de », « en échange de » seront toujours traduits par les prépositions *sanz, pro ~ por*. Il y a relation univoque entre les signifiés et les signifiants de *Dieus, flour* (= fleur), *dame*, etc.

En revanche le sème « prêtre » se réalise dans deux bases différentes (1) *prestre*, (2) *provoire*. Celui d'« être » dans les bases **s-, *fu, *est-*. Les traits « première personne et pluriel » sont présents dans *nos* (= nous), mais aussi dans les désinences *-ons, -mes* (ex. *amons, fumes*).

> **Remarque 1.** La symbolisation des signifiés est affaire de convention. Celle qu'on a choisie ici consiste à traduire les signifiés par un équivalent tiré du français moderne mis entre guillemets. Ex. « mur », « dame », etc. En ce qui concerne le verbe on a retenu la forme de l'infinitif (ex. « vaincre ») ce qui est arbitraire vu que le signifié d'un verbe implique toutes les formes de sa conjugaison. Quant à la valeur du signifié il est inutile de la définir précisément dans un chapitre de morphologie. On suppose donc que celle de « dame » (femme de condition noble mariée) est connue. Lorsqu'une traduction est néanmoins nécessaire, on propose l'équivalent le plus approché qui soit. Ex. *desraisnier* = « se disculper », *cuidier* = « imaginer à tort *ou* sur de faux indices ».

> **Remarque 2.** Dans la nomenclature, il n'y a pas d'inconvénient à utiliser le terme de *lexème* pour dénoter un signifié. L'emploi du terme de *mot* pour dénoter un signifiant est beaucoup plus discutable. Si, à une époque archaïque, des scribes écrivaient d'un seul tenant *lifiz, ila* pour *li fiz, il a*, c'est qu'ils sentaient *une* unité là où d'autres en percevaient deux [1]. Reste que très tard, dans les manuscrits, *qui* est parfois à décomposer en *que + il*. Et les enclises *as, es, quis, ques* aboutissent à souder deux unités signifiantes distinctes (*as* = à + les,

---

1. Exemples de graphies liées dans les manuscrits :

Voldrent lafaire diaule servir. (*Eulalie*, v. 4.)
[Ils voulurent la faire servir le diable = rendre un culte au démon. *la*, pronom, n'est pas séparé de *faire*.]
Domine deu deuemps lauder
et asos sancz honor porter. (*vie de saint Léger*, v. 1.)
[Nous devons louer le Seigneur Dieu et porter honneur à ses saints. La préposition *a* n'est pas séparée du possessif *sos*.]
Bons fut lisiecles al tens ancienur. (*Vie de saint Alexis*, v. 1.)
[Le monde était bon au temps passé. L'article *li* n'est pas séparé de *siecles*.]
Altens noe e altens abrahā. (*Ibid.*, b. 6.)
[Au temps de Noé et au temps d'Abraham. *Al*, qui se décompose en préposition *a* + article *le*, n'est pas séparé du substantif *tens*.]

es = en + les, *quis* = qui les, *ques* = que les). Cela étant, on utilisera le terme de *mot* pour désigner des unités graphiques séparées
par des blancs. La pratique de l'analyse enseignera à reconnaître
dans certains mots des unités simples et dans d'autres le produit de
l'association de plusieurs éléments. Dans le cas des enclises, par
exemple, l'association est devenue si étroite qu'elle a entraîné à date
préhistorique l'élimination du phonème [1] de *les*. (Ex. *as* à côté
de *aus* < à + les ; *es* < en + les ; *des* < de + les.)

ANALYSE DU SIGNIFIANT

1. La base.

Tout mot a pour élément constitutif essentiel une *base*. Son rôle est d'ap-
porter une information d'ordre sémantique. Celle qui s'attache à « mur »
diffère de celles que fournissent *dame, chevalier* ou *vei* (= je vois).

Morphologiquement, la base est l'élément inanalysable qui reste d'un
mot après élimination d'autres éléments qui peuvent lui être associés.

Dans les mots non fléchis, tels que les prépositions, les conjonctions, quelques adverbes, la base se confond avec le mot. *Entre, par, vers, de, car, ne,
i* (= y) sont inanalysables. La base se confondant avec le mot constitue de
plein droit une unité lexicale. L'appartenance de ces mots à différentes espèces
se déduit de leurs places dans la chaîne du discours.

Les bases cessent d'être autonomes dans les espèces où elles fonctionnent
solidairement avec des unités d'information qui leur sont associées.

Soit les adverbes *dementiers* (= cependant), *onques* (= jamais), *vilment*
(= d'une manière vile). Les deux premiers s'analysent en une base *dementier,
onque*, plus une unité d'information *-s* qui marque leur appartenance à l'espèce
« adverbe ». Le troisième représente l'association d'une base **vil-* et d'une
unité *-ment* qui marque l'appartenance de la base à la même espèce.

Soit le substantif *empedemenz* (= obstacles, martyrs). Il se décompose
en une base *empedement* plus une unité d'information associée *-s* qui, solidairement avec les articles *li, les*, marque le trait cas sujet singulier ou cas régime
pluriel.

Soit les formes *veis, veit* du verbe *vëeir* (= voir). A la base *vei* sont associées les marques respectives de la deuxième et de la troisième personne dans
le nombre « singulier ».

Au cours de l'analyse on a intérêt à symboliser la base au moyen d'un
astérisque et d'un tiret. Ex. **vei-, *empedement-*. L'astérisque suggère que la
base n'est pas toujours autonome : soit par exemple celle de **i-* sur laquelle
sont construits le futur et le conditionnel du verbe « aller », ou encore **al-*,
base de certaines formes du même verbe. Le tiret suggère pour sa part la capacité de la base à s'associer des unités d'information complémentaires.

2. Les unités d'information associées.

(1) La primauté des *marques catégorielles* se justifie par le fait qu'aucun mot fléchi ne peut, par définition, se passer d'elles. L'emploi de telle marque peut résulter d'un choix qu'impose ou la situation extra-linguistique (celle du nombre, par exemple dans le nom et le verbe, celle de la personne dans le verbe) ou une exigence de syntaxe (recours à l'infinitif plutôt qu'à une forme personnelle du verbe : *je le vueil veïr* = je veux le voir et non **je vueil que je le veeïe*). Telle autre, comme celle du genre dans le nom, impose une contrainte arbitraire absolue. Mais toutes ont pour effet d'adapter les bases aux diverses fonctions qu'elles assument dans les phrases.

Les informations qu'elles fournissent dépendent des espèces et varient donc avec elles. Le nom et le verbe résultent, morphologiquement, de la convergence de certaines catégories sélectives. Une base **cour-* [kur] se réalisera grâce au jeu combiné des catégories soit dans un nom *la course*, soit dans un verbe, *courir* (ou *courre*), *il court*, etc.

Ces marques sont solidaires. Il y a *redondance* quand les informations qu'elles fournissent sont du même ordre. Par exemple, du point de vue de la personne, le pronom *nos* (= nous) et la désinence *-ons*, *-omes*, *-mes* ont le même contenu. Il y a *complémentarité* quand la valeur d'une marque est discriminée par la présence ou par l'absence d'une autre marque. Par exemple, du point de vue du nombre, l'article masculin *li* est ambigu ; dans la déclinaison de « mur » il se dénote comme marque du singulier en association avec la désinence *-s* du substantif : *li murs* (= le mur) ; en l'absence de *-s* il est l'indice du pluriel : *li mur* = les murs.

On désignera sous le nom de *prédéterminants* les marques catégorielles qui sont normalement ou obligatoirement préposées au verbe et au nom. Elles sont séparées d'eux dans l'écriture pour une raison d'ordre pratique : on peut en effet inclure un élément entre elles et le terme qu'elles marquent. Ex. *Li vieus reis* = le vieux roi. *Je le vei* = je le vois. On appelle communément *désinences* les marques qui sont toujours soudées à la fin de la base.

(2) A l'inverse des marques catégorielles, les *affixes* ne sont jamais d'un emploi obligé.

Préposés à la base (préfixes) ou postposés à elle (suffixes), ils n'en sont jamais séparés dans l'écriture.

Les préfixes occupent donc sur la chaîne une position intermédiaire : antérieure à la base, postérieure aux marques catégorielles (articles... pronoms) préposées à elle.

Il mesfait (= il agit contre les normes) s'analyse en
(1) marque catégorielle de personne : *il*
(2) préfixe : *mes-*
(3) base : **fai-*
(4) marque catégorielle adjointe de troisième personne du singulier : *-t*
son reclain (= son désir) s'analyse en :
(1) prédéterminant du nom : *son*
(2) préfixe : *re-*
(3) base **clain* (~ claim) (cf. ap. *Chrest.*, n° 12, p. 29).

Les suffixes, dans tous les cas, suivent immédiatement la base et précèdent les désinences qui déterminent celle-ci. Ils terminent le mot lorsque celui-ci ne comporte pas de désinence [2].

Sa propre esprovance (= sa propre expérience) s'analyse en :
(1) prédéterminant du substantif : *sa*
(2) adjectif inclus : *propre*
(3) base : **esprov-*
(4) suffixe : *-ance.*

Au pluriel *esprovance* se terminerait par la désinence *-s*. (Cf. ap. *Chrest.*, n° 101, p. 199.)

L'information fournie par les affixes est double. La comparaison de *faire*, *desfaire* (= détruire), *mesfaire* (= agir contre les normes), *contrefaire* (= faire en retour, imiter), de *claim* (= plainte juridique) et de *reclaim* (= appel en justice, réclamation), montre qu'elle a une portée sémantique. Du côté des suffixes, *-ment* et *-ance* servent à former des noms verbaux ; mais *-ance* implique un état ou une qualité (cf. *mesestance* = situation désagréable, *mescongnoissance* = méprise), ce que confirme la solidarité fréquente de ce suffixe avec le préfixe *mes-*, alors que *-ment* implique en général action ou ce qui résulte objectivement d'une action (ex. *garnement* = le fait de s'équiper, l'équipement — la précaution).

D'autre part, l'information est de nature morphologique, du fait qu'il s'opère une sélection d'affinité entre les affixes et les espèces. Le suffixe *-if* est solidaire, comme *-eus*, de l'espèce « adjectif » ; *-aison, -ance, -ment* de l'espèce « substantif ». Il y aurait lieu d'étudier de plus près qu'on ne l'a fait le statut des préfixes en ancien français. On n'a pas sur lui d'inventaire méthodique encore que le tome II de la grammaire historique du français par W. Meyer-Lübke fournisse une excellente base pour un tel examen [3].

ANALYSE PHONÉTIQUE DU MOT

1. Les syllabes.

Phonétiquement un mot se compose d'une ou de plusieurs *syllabes*. Mots monosyllabiques :

a cels dis. (Eulalie, v. 12.) [= à ces jours-là = en ce temps là.]

Mots disyllabiques :

veintre [= vaincre] soit *vein-tre*
argent, soit *ar-gent.*

---

2. C'est ainsi que se différencient le suffixe nominal *-ment* et le suffixe *-ment* de même forme qui sert à dériver un adverbe à partir d'un adjectif.
Le premier porte éventuellement la désinence catégorielle *-s*. Ex. *garnement* (= équipement) a pour pluriel, au cas régime *garnemenz* (< **garnement* + s).
Ce n'est jamais le cas dans l'adverbe. De ce point de vue le suffixe *-ment* de *belement, vilment* (= d'une manière ∼ vile honteuse) pourrait être défini comme une « désinence d'espèce ».
3. Cf. Bibliographie, n° 124.

Mots trisyllabiques :

menestier [= service], soit *me-nes-tier.*

Mots quadrisyllabiques :

empedemenz [= martyres], soit *em-pe-de-menz*
virginitet [= virginité], soit *vir-gi-ni-tet.*

Le noyau d'une syllabe est constitué par une voyelle ou par un groupe
voyelle + semi-consonne prononcé d'une seule émission de voix.

Voyelle : *amons* [= nous aimons]
 figure [= forme].
Groupe voyelle + semi-consonne :
veintre (= *vein-tre*) où la graphie *ei* représente [εj]
fuiet (= troisième personne du singulierdu présent du subjonctif de « fuir »
= *fui-et*) où la graphie *ui* représente [ɥi].

La frontière entre deux syllabes (ou coupe syllabique) passe :
— entre une voyelle et la voyelle ou la consonne qui ouvre la syllabe suivante ;
— entre la consonne qui ferme la première syllabe et celle qui ouvre la consonne
suivante.

On symbolise les premiers cas au moyen de (C) (C) V-V et (C) (C) V-C
où C, V représentent les initiales de « consonne », « voyelle » et les parenthèses
la présence virtuelle d'une ou de deux consonnes :

(C) (C) V-V. Ex. : *aaisier* (= fournir un réconfort d'ordre matériel) qui se
décompose en [a-aj-zje]. *crëant* (= croyant) qui se décompose en [kRə-ãnt].
vëons (= nous voyons) qui se décompose en [və-ɔns]. *lïons* (= le lion) qui se
décompose en [li-ɔns].
(C) (C) V-C. Ex. : *raisun* (= raisonnement) décomposable en [Raj-zɔn]. *alet*
(= allé) décomposable en [a-let].

Un mot tel que *precius* (= précieux) qui se décompose en [pRə-si-us],
soit C C V-C V-V C combine les deux types. On symbolise le second cas au
moyen de (V) C-C(V) ou (C) :

Alsis (nom propre de ville, aujourd'hui Edesse) se décompose en *Al-sis.*
parler = *par-ler*
encumbrer (= mettre obstacle à) se réalise [ãn-kɔm-bReR].
escharnir (= se moquer de) se réalise [εs-ʃaR-niR].

Dans le premier cas, on dit que la syllabe est *ouverte* et que la voyelle est
en position *libre.* Dans le second la voyelle est *fermée* et la voyelle se trouve en
position *entravée.*

Remarque. Une exception aux règles de la coupe syllabique est
constituée par les groupes consonantiques occlusive + liquide (soit
r et *l*). Ces groupes ne sont pas disjoints. Cela veut dire que la voyelle
qui les précède est en position libre. Ainsi : *pedre* (= père), soit
pe-dre ; *moudre*, soit *mou-dre* ; *avogles* (= aveugle), soit *a-vo-gles* ;
aigre, soit *ai-gre.*
En revanche, si on a un groupe complexe du type V C + occlusive +
liquide (ex. *semblant* = apparence, *sempres* = toujours), la voyelle

est en position entravée. On coupera les mots *sem-blant, sem-pres*.
Enfin les groupes consonne + semi-consonne + voyelle étaient
prononcés d'une seule émission de voix.

vergier (= jardin), soit ver-g͡ier

sanglier, soit san-g͡lier

luit (< luire), soit l͡uit.

Les éditeurs signalent parfois la nature vocalique de *i* et de *u* au moyen
d'un tréma placé sur ces lettres (ex. *ancïenur*, soit 4 syllabes, *nïent*,
soit 2 syllabes, *soüsse*, soit 3 syllabes). Mais cette pratique n'est pas
constante. Dans les textes en vers, seule la métrique permet de reconnaître la valeur de ces lettres.

un peu nuees de vermeil (= un peu teintées de rose-rouge) ap. *Chrest.*, n° 151, p. 283.

Dans cet octosyllabe *nuees* compte pour trois syllabes.

Et Renart, devers meriane (= Et Renart, vers le milieu de la journée)*ibid.*, n° 84
p. 166.

Meriane compte pour trois syllabes dans ce vers.

2. L'accent.

La place de *l'accent* dans le mot est déterminée par la constitution syllabique de celui-ci.

Dans les mots plurisyllabiques l'accent frappe la dernière syllabe à moins
que le noyau de celle-ci ne soit un *-e* sourd [ə]. En symbolisant les syllabes
par □ si leur noyau n'est pas un *-e* sourd et par ⊡ dans le cas contraire,
l'accent par ', on obtient donc les types théoriques :

mots disyllabiques □□́ ou □⊡,
mots trisyllabiques □□□́ ou □□⊡,
mots quadrisyllabiques □□□□́ ou □□□⊡.

Accentués sur la dernière syllabe les mots sont dits *oxytons*.
Accentués sur l'avant-dernière syllabe ils sont dits *paroxytons*.
Exemples de mots oxytons et de mots paroxytons :

□□́   *plurús* [= mot à mot pleureux, en larme]
       venír, guerpír (= abandonner la possession de quelqu'un ou de quelque
       chose), *baillír* (= régir, gouverner), *garír* (= préserver, guérir), *iloéc*
       (= là), *serveít* (= v. « servir », troisième personne du singulier de
       l'imparfait de l'indicatif).

□□□́   *guarirúnt* (= préserveront), *peleríns*,

□□□□́ *Empereór* (= empereur, cas régime singulier),
       empedeménz (= martyres, cas régime pluriel).

□⊡   *ávret* (v. « avoir », troisième personne du singulier du plus-que-parfait
       archaïque de l'indicatif.
       cóse (= raison, chose), *sémpres* (= toujours, sur le champ).
       pólle (= jeune fille), *óme* (= homme, cas régime singulier), *cártre*
       (= lettre).

79

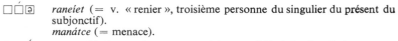 *raneíet* (= v. « renier », troisième personne du singulier du présent du subjonctif).
manátce (= menace).

presentéde (v. « présenter », participe passé féminin singulier).

Un cas particulier est constitué par les mots de trois syllabes dont les deux dernières ont pour noyau vocalique un *e* sourd [ə]. Dans ceux-là, l'accent porte sur la première syllabe (mots *proparoxytons*) :

áneme (= forme archaïque de « ame »).

Remarque. Une légère difficulté de lecture se pose devant les mots dont la syllabe finale est écrite -*et*. La voyelle en effet est soit de timbre fermé (et dans ce cas elle peut porter l'accent), soit de timbre sourd (et elle est alors atone). Certains éditeurs distinguent opportunément *alét* (= v. « aller », participe passé, cas régime singulier ou cas sujet pluriel), *citét* (= cité) de *claimet* (ĸlɛjmət] (= v. « clamer », troisième personne du singulier du présent de l'indicatif) où *e* final est sourd et atone.

Les monosyllabes portent l'accent.

Bél avret córps. (= Elle avait un corps qui était de belle apparence.) (*Eulalie*, v. 2.)
Chi réx eret a cels dís sovre pagiens. (= Qui en ce temps était roi sur la gent païenne.)
(*Eulalie*, v. 12.)
Les drás suzlèvet dunt il esteit cuvert. (= Le serviteur soulève les étoffes dont il était recouvert.) (*Vie de saint Alexis*, v. 346.)

Font exception à cette règle les monosyllabes qui s'appuient sur un mot accentué qui leur succède (*proclitiques*) ou sur un mot accentué qui les précède (*enclitiques*).

Les notions d'*enclise* et de *proclise* sont liées à celle des ensembles que constituent dans le débit les unités dont se compose la phrase. Théoriquement on pose que ces ensembles ont pour centre une unité forte accentuée (symbolisable par F) autour de laquelle gravitent des unités faibles normalement inaccentuées (symbolisables par *f*). Il s'organise donc dans le débit des ensembles du type $(f)(f)f$ F ou du type F *f*.

En dehors des noms, des nominaux et des verbes, les unités réputées fortes sont les mots non fléchis qui peuvent ouvrir la phrase : là conjonction *si* et certains adverbes (*lors* = alors, *ainz* = auparavant, *mielz* = de préférence à, mieux, etc.).

Les unités réputées faibles sont des conjonctions telles que *et, ou, car, mais, ne* (= ni), *que*, l'adverbe de négation *ne*, les prépositions, les prédéterminants du substantif, les pronoms compléments (*me, nos, te, vos, le, la, les, lor*) et dans certains cas les pronoms sujets (*je, tu, il, elle*[s]), les adverbes *en* et *i* préposés au verbe. La faiblesse de ces unités ressort du fait des élisions auxquelles se prêtent les articles *li, la*, le possessif *ma*, les pronoms *me, te, se, le, la* devant des mots commençant par une voyelle.

Les cas de proclise sont clairs. Le type $(f)(f)f$ F est illustré dans les syntagmes nominaux *li vieus reis* (= le vieux roi), *mes peres* (= mon père), *cil uem* (= cet homme) où *reis, peres, uem* portent l'accent de groupe. De même dans les syntagmes verbaux tels que *se je le vei* (= si je le vois), *il i va* (= il y va), *por en occire* (= pour en tuer), *il le me done* (= il me le donne) où les pronoms sont atones.

Il faut reconnaître que les cas d'enclise sont beaucoup moins clairs, ignorants que nous sommes des réalisations du débit en ancien français. Rien n'indique si dans un syntagme *le faz je bien ?* (= est-ce que j'agis bien ?) *je* faisait corps avec le verbe ou au contraire portait l'accent. Dans *fais-tu* l'accent pouvait très bien se déplacer sur *tu* et il en allait probablement de même dans les groupes tels que *impératif + pronom de la première ou de la deuxième personne + adverbe en* ∼ *i* illustrés par les exemples *conseliez m'en* (= conseillez-moi là-dessus), *menez m'i* (= menez-moi là) cités par L. Foulet (*Petite syntaxe*, § 212) (4). Au reste, les exemples allégués par L. Foulet (*ibid.*, § 215) (5) prouvent que dans cet ensemble le pronom *le* s'élidait ou ne s'élidait pas au gré du versificateur ; et lorsqu'il ne s'élidait pas l'accent de groupe pouvait porter sur lui.

Morphologiquement l'enclise est rendue manifeste par les accidents (*contractions*) qui altèrent les articles et certains pronoms dans le voisinage immédiat d'une unité précédente qui les absorbe.

(1) Les *articles le, les* se contractent avec les prépositions *a, de, en*. La contraction implique l'élimination de la voyelle de ces morphèmes. Il en résulte que **l* se vocalise en *u* devant un mot commençant par une consonne ou devant -*s* :

> *a + le > al > au.   a + les > als > aus.*
> *de + le > del > *deu > du* ∼ *dou*
> *en + le > enl > el* (par élimination de la dentale) *ou.*

Mais antérieurement, la contraction a pu impliquer l'élimination de **l*. Cela est prouvé par

> *a + les > as* (forme parallèle a *aus*)
> *de + les > des*
> *en + les > es.*

(2) Les *pronoms*. Ce sont essentiellement les pronoms *le, les, en*, en contact avec le pronom *je*, les nominaux *qui* (relatif, interrogatif), l'adverbe *ne* et les conjonctions *si, que*. La contraction implique l'élimination de la voyelle de *le* et de *en* ou bien elle implique dans le cas de *les* l'élimination partielle du morphème dont il ne subsiste plus que -*s*.

> *Se lui'n remaint, sil rent as poverins.* (*Vie de saint Alexis*, v. 100.) [= Si il lui en reste, il le rend aux pauvres. N. B. *lui'n* = lui en, *sil* = si le.]
> *Sit guardarai pur amur Alexis.* (*Ibid.*, v. 152.)
> [Aussi je te protégerai pour l'amour d'Alexis. N. B. *Sit* = si te.]

---

4. Dans lesquels rien ne prouve, à notre avis, qu'il y ait élision de *moi, toi, soi* comme le suppose L. Foulet (*Ibid.*, § 212, 213). On pourrait admettre que *moi, toi, soi* se substituent à *me, te, se*, dans les syntagmes où le groupe *verbe + pronom* n'a pas de suite.

5. L. Foulet oppose *Laisse l(e) a plain ou boys au mains* où le mètre impose d'élider *le* et *Met le en lieu qui soit prochiens* ou le groupe verbal devait s'accentuer *met lé*.

L'APOPHONIE

On désigne sous le nom d'*apophonie* des accidents qui altèrent la base. Ils résultent du déplacement de l'accent.

Soit les couples *lér(r)es* (= voleur, cas sujet singulier) *larrón* (cas régime singulier) — *claímet* (v. « clamer », troisième personne du singulier du présent del'indicatif) — *clamóns* (première personne du pluriel du présent de l'indicatif) — *je paróle* (v. « parler », présent de l'indicatif) *nous parlóns*.

Les deux premiers se distinguent par le timbre de la voyelle de la première syllabe. Le dernier par l'étendue même des deux formes.

Si on isole les désinences -*s*, -(*e*)*t*, -*e*, -*ons*, on constate que la base de « clamer » est monosyllabique ; celle de **lerre-*, *larrón* et de **parol-* sont disyllabiques.

La comparaison de ces couples met en face de trois types d'accidents :

(1) L'accent se déplace d'une syllabe à une autre de la base. Il descend de **lérre-* à *larrón* [6].

(2) L'accent se déplace de la base vers la désinence. (Ex. *claímet → clamóns*.) D'accentuée qu'elle était la base devient atone.

(3) La base se réduit. Des deux syllabes de **paról-* on passe à **parl-* atone.

On convient d'appeler *syllabe radicale* ou simplement *radical* la partie de la base apte à porter l'accent. Le radical sera symbolisé par R. Dans la pratique ce symbole recouvrira aussi bien les bases monosyllabiques ($\overgroup{suer}$ = sœur, cas sujet féminin singulier) que les bases disyllabiques. Dans celles-là la pratique enseignera sur quelle syllabe porte l'accent. Dans **paról-* il frappe normalement la seconde ; de même dans *manjú* = je mange.

Théoriquement R est compris entre un éventuel préfixe et un éventuel suffixe ou une nécessaire désinence.

Le préfixe ne joue pas de rôle dans les apophonies. *Reclaímet-reclamóns* se ramène au cas de *claímet-clamóns*.

Les suffixes (symbolisables par *suf*) et les désinences syllabiques (symbolisables par *d*) sont au contraire à retenir comme éléments du problème dans la mesure où l'accent peut porter sur eux. De ce point de vue, en ce qui concerne les désinences, seules sont évidemment à retenir celles dont le noyau syllabique ne comporte pas -*e* sourd [ə].

> de *je claím* à *il claímet* l'accent ne bouge pas.
> de *je claím* à *vos claméz* il descend de la première sur la seconde syllabe.

L'apophonie se traduit soit par une altération du timbre de la voyelle radicale soit par une réduction de la base.

---

6. L'analyse qu'on propose ici implique que les clercs établissaient un rapport entre a. fr. *lérre-larron* et le latin *latro-latronem* (= voleur), de même qu'entre a. fr. *suér-serór* et le latin *soror-sororem* (= sœur). Pour qui ignorait le latin, -*on* et -*or* devaient être interprétés plutôt comme un affixe ; c'est le parti qu'il convient d'adopter, comme on le verra, dans la description de certains types de déclinaison.

1. Altération du timbre.

Le point à considérer est la situation de la voyelle du radical symbolisé par $\sqrt{v}$.

Les facteurs qui entrent en jeu après celui-là sont l'accent (') et la présence d'un suffixe (*suf*) et d'une désinence *d*.

La voyelle est entravée en syllabe fermée $\sqrt{v}$]. Son timbre ne s'altère en aucun cas.

> « perdre ». On a en ancien français *pért* (troisième personne du singulier du présent de l'indicatif), *perdánt* (participe présent), *perdeíe* (première personne du singulier de l'imparfait indicatif), *perdóns*, *perdraí*, etc. Le timbre de la voyelle *e* [ɛ] demeure le même.

En désignant par (*x*) un timbre quelconque, cela permet de poser la formule

$$\sqrt{v(x)}] > \sqrt{v(x)} + \textit{súf. ou } \acute{d}.$$

La voyelle est libre en syllabe ouverte $\sqrt{v}$[; son timbre s'altère quand l'accent passe sur un suffixe ou sur une désinence syllabique.

> *lér(r)es* (cas sujet singulier) → *larrón* (cas régime singulier)
> *suer* (cas sujet singulier) → *serór* (cas régime singulier)
> « Laver ». *lef* (première personne du singulier du présent de l'indicatif) → *lavóns* (première personne du pluriel)
> « Devoir ». *deĩ* [dɛj] (première personne du singulier du présent de l'indicatif) → *devóns* (première personne du pluriel).

Cela permet de poser la règle :

$$\sqrt{v(x)}[> \sqrt{v(y)} + \textit{súf. ou } \acute{d}.$$

(*y* symbolisant un timbre différent de *x*).

Remarque 1. La voyelle radicale *u* [y] échappe à l'apophonie. A *mur*, *mul* (= mulet) répondent *muraille*, *mulet*.

Remarque 2. Les exemples qui semblent contredire la règle s'expliquent ou par des normalisations précoces dans la conjugaison (celle du verbe *lire* par exemple) ou par le fait que dans un état de langue antérieur à l'a. français la voyelle radicale était entravée en syllabe fermée. La similitude de timbre qu'on observe entre l'adjectif *fól* (= fou) et *folíe*, *cól* (= cou) et *colét*, *fél* (= trompeur) et *felón* résulte de ce que la base ancienne de ces mots était **foll-*, **coll-*, *fell.

Remarque 3. La différence qu'on observe en ancien français entre *mel*, substantif (= mal) et *mal* tient à ce que dans un état de langue antérieur la base **mal-* était traitée soit comme un mot plein, soit comme un proclitique atone.En gallo-roman, *á* a passé au timbre *e* [e] (cf. *máre > mer, *sal > sel) alors que *a* a conservé son timbre en dehors de l'accent.

2. Réduction de la base.

Le fait se constate dans quelques bases verbales disyllabiques $\sqrt{v(1)\ v(2)}$. Lorsque l'accent passe sur une désinence syllabique $v(2)$ s'efface et ne laisse éventuellement d'autre trace que la consonne qui la précédait.

« Manger ». *manjú — qui sert de base aux trois personnes du singulier et à la troisième personne du pluriel du présent de l'indicatif (soit manjú, manjúes... manjúent) se réduit à *manj- devant désinence syllabique (soit manjóns, mangíez). Le même mécanisme explique la réduction de *raisón- à *raisn- (= Faire un compte, discourir). Soit, au présent de l'indicatif, la première personne du singulier je raisóne et la première personne du pluriel nos raisnións.

« Emettre des propos. » De même *paról-, base de je paróle, tu paróles, il paróle (t), il parólent, se réduit à *parl- dans parlóns, parlánt.

Cela permet de poser la formule :

$$\sqrt{v(1)\ v(2)} > \sqrt{v(1)} + d'.$$

Remarque. Dans ces verbes l'infinitif, accentué sur la dernière syllabe -(i)ér, repose sur la base réduite : mangier, raisnier, parler. Toutefois des réfections analogiques ont eu lieu sous la pression des formes fortes accentuées sur le radical. D'où les infinitifs secondaires raisonner, paroler.

La portée de l'apophonie est restreinte dans le système de la déclinaison. Elle est considérable au contraire dans celui de la conjugaison, la structure de nombreux paradigmes étant commandée par un déplacement de l'accent du radical sur les désinences syllabiques. Pour la même raison l'apophonie joue un rôle dans la suffixation. En vertu de la règle concernant l'altération du timbre des voyelles la base *chién- [ʃjẽn] devient *chen- [ʃən] dans chenaille ; de même à pierre répond perrón. Toutefois, en ancien français classique, cette règle est moins contraignante dans la suffixation que dans la déclinaison. En raison de l'importance de l'apophonie dans la conjugaison le tableau des principales correspondances de timbre sera donné dans le chapitre du verbe.

III

MORPHOLOGIE
LE SYNTAGME NOMINAL

DÉFINITION

Le lexème se réalise dans l'espèce du nom à la convergence de trois catégories : le genre, le nombre et le cas.

Un syntagme nominal se présente comme un ensemble qu'on peut symboliser ainsi :

$$Prd \: R \: d$$

Prd = un prédéterminant distinct du substantif dans l'écriture.

R = le radical ou la base du nom.

d = une désinence toujours adjointe à R dans l'écriture.

$$Li \: reis \: (= le \: roi) \: s'analyse \begin{cases} Prd : \text{li} \\ R \quad : \text{*rei-} \\ d \quad : \text{-s.} \end{cases}$$

En plus des substantifs, l'espèce du nom comporte les adjectifs. Ils portent eux aussi des marques catégorielles. En conséquence, ils peuvent s'insérer dans le syntagme nominal en qualité de déterminants et le substantif leur communique alors ses marques (fait d'*accord*).

Li vieus reis = le vieux roi, cas sujet singulier,
le vieil rei = cas régime singulier,
li reis ere vieus = le roi était vieux, cas sujet singulier,
la bone moilier = la bonne épouse, singulier,
les bones dames = les bonnes dames.

D'autre part, l'adjectif peut fonctionner comme nominal. Il possède alors toutes les capacités du substantif :

li vieil : les vieux, cas sujet pluriel,
les vieus : les vieux, cas régime pluriel,
li sage : les sages, cas sujet pluriel,
les sages : les sages, cas régime pluriel.

DISTRIBUTION DES INFORMATIONS CATÉGORIELLES

Les informations concernant les catégories sont fournies :

(1) par le *Prd*. Elles portent sur le genre, le nombre et le cas ;

(2) par *d*. Suivant la nature de la désinence, celle-ci informe sur le genre ou sur le nombre et le cas.

La désinence -*e* [ə] est propre aux adjectifs et à quelques substantifs. Elle marque le féminin.

Au masculin *mëur* (= mûr) répond le féminin *mëure*.

La désinence -*s* est propre aux substantifs et aux adjectifs [1]. En association avec le *Prd* qui en discrimine la valeur, elle marque le pluriel (ex. *les murs* = cas régime pluriel ; *les dames*) ou le cas sujet singulier (ex. *li murs* = cas sujet singulier ; *li peres* = le père). Elle s'adjoint à la désinence -*e* (ex. *mëures* se décompose en **meür- + -e + -s*).

(3) Eventuellement par R dans les substantifs et quelques adjectifs qui fonctionnent sur deux bases.

A défaut de prédéterminant le substantif *ber* (baron) et l'adjectif *graindre* (= plus grand) se dénotent comme cas sujet singulier. En regard, l'autre base **baron* **greignor* sert indifféremment de cas régime singulier ou de cas sujet pluriel. Cette ambiguïté est levée soit par le *Prd* soit par le contexte.

LES CATÉGORIES

Les catégories se hiérarchisent dans un ordre qui peut être figuré ainsi :

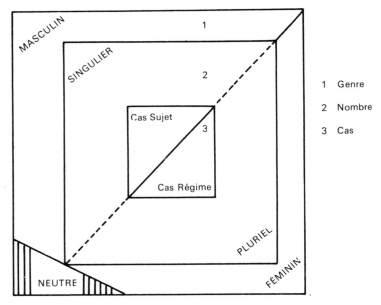

1. La valeur désinentielle de -*s* ressort du fait qu'en ancien français, ce morphème a été attribué comme marque du cas sujet singulier à des substantifs tels que *pere*, *flour*. Cela implique qu'en face du couple *murs* (cas sujet singulier), *mur* (cas régime singulier), les sujets ignorant l'étymologie, décomposaient *murs* en **mur + s*.

1. Le genre.

A. Le substantif.

1. Le genre est héréditaire et *immotivé* dans les substantifs dont le signifié est conçu sous l'aspect de l'inanimé. *Li escuz* (= l'écu), *li dreiz* (= le droit) sont masculins. *L'espee* (= l'épée), *la jostise* (= la justice) sont féminins. A défaut de *Prd*, la structure de R ne permet pas toujours de prévoir le genre de ces substantifs. Entre *escuz* (= écu) et *vertuz* (= pouvoir, force) rien n'indique que le premier est masculin et le second féminin. Toutefois, héréditairement, sont féminins, par exemple les substantifs radicaux en *-or* ~ *-our* (ex. *flour* = fleur, *dolor* = souffrance, *colur* = couleur), les substantifs radicaux ou dérivés en *-ez* (ex. *citez* = cité, *bontez* = bonté), les substantifs dérivés en *-ance* (ex. *crëance* = créance ~ croyance, *fiance* = foi).

Parmi les substantifs dont le signifié est conçu sous l'aspect de l'inanimé quelques-uns se rangent dans le genre *neutre*. Morphologiquement ce genre est marqué par l'invariabilité en nombre et en cas des substantifs. Soit *arme* (= l'ensemble des pièces de l'armure), *brace* (= les deux bras), *carre* (= un convoi), *deie* ~ *doie* (= les doigts), *milie* (= un millier), *paire* (= une paire). Il s'agit là d'une survivance et ces substantifs ont été tôt ramenés aux règles de la déclinaison du type auquel ils appartenaient.

> **Remarque.** On relève en ancien français quelques mots dont le genre est indéterminé. C'est le cas en particulier de *afaire* (= affaire), *isle* (= île) qui sont traités tantôt comme masculins, tantôt comme féminins.

2. Le genre est *motivé* dans les substantifs dont le signifié est conçu sous l'aspect de l'animé humain. Masculin et féminin se distribuent alors sur le modèle de la différenciation des sexes.

> *li uem* (= l'homme), *la fame* (= la femme).

L'attribution d'une désinence ou d'un suffixe spécialisé permet de faire passer une base masculine au féminin lorsqu'il y a lieu de dénoter une fonction, un titre ou l'appartenance d'une femme à une collectivité.

> A *l'espous* (= l'époux) répond *l'espouse*. A *li prestre* (= le prêtre) répond *la prestresse* (= la femme du prêtre). A *li dus* (= le duc) répond *la duchoise*.

B. L'adjectif.

Les adjectifs se distribuent en deux classes.

1. Dans la première le féminin est marqué par la désinence *-e* [ə] au singulier et au pluriel.

> Au masculin *rëond* (= rond) répondent le féminin singulier *rëonde* et le féminin pluriel *rëondes*.

Dans certains adjectifs, l'attribution de cette désinence s'accompagne d'une altération de la consonne finale de la base.

Masculin *blanc* [blãnk puis blãn] → féminin *blanche* [blãntʃə puis blãnʃə].

Entrent dans cette classe les participes passés des verbes.

Aux masculins *amé* (= aimé), *vëu* (= vu), *clos* (= entouré) répondent les formes du féminin singulier ou pluriel *amée* ~ *amées, vëue* ~ *vëues, close* ~ *closes.*

2. Les adjectifs de la seconde classe, dits adjectifs épicènes, sont invariables en genre au singulier et au pluriel. Se rangent dans cette classe :

— Les adjectifs dont la base se termine par les groupes *-tre* (ex. *altre* = autre, *destre* = droite, *senestre* = gauche), *-dre* (ex. *tendre*), *-pre* (ex. *aspre*), *-vre* (ex. *povre* = pauvre).

— Les adjectifs dont la base se termine par la liquide *-l*. Entrent dans cette catégorie les adjectifs en *-il* (ex. *sutil* = subtil, *vil*), les adjectifs en *-al* (ex. *fëal, lëal* = loyal) et les adjectifs en *-el* (ex. *cruel, mortel, quel, tel*) ; mais *beaus, bel* a pour féminin *bel(l)e.*

— Les adjectifs dont la base se termine par une dentale (ex. *grant, fort, prod, vaillant*, etc.).

— Certains adjectifs dont la base est terminée par une labiodentale (ex. *grief* = lourd, *suef* = doux, *brief* = bref). En revanche *vif* (cas sujet *vis*) a pour féminin *vive.*

Dans la déclinaison des adjectifs appartenant aux trois dernières catégories, la neutralisation du genre est totale au *cas régime* du singulier. *lëal, grant, grief* se traduisent, suivant les contextes par « loyal » ou « loyale », « grand » ou « grande », « lourd » ou « lourde ». Au *cas sujet* du singulier, en revanche, le genre féminin se dénote, en général, par l'absence de l'*-s* flexionnel. *Grant* (féminin) se distingue alors de *granz* (masculin), *lëal* (féminin) de *lëaus* (masculin), *grief* (féminin) de *gries* (masculin).

Remarque 1. Dès le XIIe siècle quelques-uns de ces adjectifs ont été pourvus d'une marque de féminin analogique. En dehors des adjectifs *tel, quel* (féminin *tele, quele*) cette tendance a touché surtout *fort, grand, vert* d'abord dans l'Ouest, semble-t-il (anglo-normand).

Ne sai vus dire cum lur ledece est grande. (*Vie de saint Alexis*, v. 610.)
[= Je ne puis vous dire à quel point leur joie est grande.]
Que mort l'abat desur l'herbe verte. (*Roland*, v. 1612.)

Remarque 2. En ancien français archaïque les adjectifs *ampleis* (= mot à mot « plus ample ». N. B. ce mot s'emploie surtout comme adverbe), *sordeis* (= honteux, sale, pis) représentent étymologiquement des neutres.

3. Les adjectifs, à quelque classe qu'ils appartiennent, ont un neutre, invariable, qui, pour la forme, se confond avec le cas régime masculin. C'est dans ce genre que l'adjectif est apte à fonctionner comme adverbe. La flexion des adjectifs se présente donc ainsi dans un cadre qu'on illustrera au moyen de « mûr », « grand », « cruel ».

		Masculin	Féminin	Neutre
Sg.	cs	*mëurs* *granz* *crueus*	*mëure* *grant* *cruel*	
	cr	*mëur* *grant* *cruel*	*mëure* *grant* *cruel*	*mëur* *grant* *cruel*
Pl.	cs	*mëur* *grant* *cruel*	*mëures* *granz* *cruel*	
	cr	*mëurs* *granz* *crueus*	*mëures* *granz* *crueus*	

2. Le nombre.

La catégorie du nombre est marquée dans les substantifs et dans les adjectifs par des morphèmes qui différencient le singulier et le pluriel.

L'attribution d'un nom au *singulier* ou au *pluriel* dépend dans la majorité des cas de motifs extérieurs à la grammaire. C'est la situation extralinguistique qui propose un choix entre *uem* (= un homme), *li huem* (= cet homme) et *omes* (= des hommes), *li omes* (= les ~ ces hommes).

Les termes de « singulier », « pluriel » rappellent qu'au sein de cette catégorie, les marques opposent en effet l'unité et la pluralité.

> *Am las lawras li fai talier*
> *Hanc la lingua que aut in quev.* (*Vie de saint Léger*, v. 157.)
> [= En même temps que les deux lèvres, il lui fait encore couper la langue qu'il avait dans la tête.]
> *Et Renart, quant vint au matin,*
> *Laissa sa fame et ses enfanz.* (*Roman de Renart*, I, v. 1126.)
> [= Et Renart, au petit jour, quitta sa femme et ses enfants.]

Mais la nature des substantifs fait que, entre le singulier et le pluriel, se déterminent d'autres oppositions.

D'autre part, une même modalité conceptuelle, le *collectif* par exemple, se traduit soit par un substantif au singulier (ex. *garnement* = ensemble des pièces de l'armure ; *estoire* = convoi maritime), tantôt par un substantif au pluriel (ex. les neutres pluriels tels que *arme, carre*). Cela n'empêche pas qu'on emploie le singulier *une arme*, ni que *garnement* au pluriel évoque plusieurs équipements.

Enfin, morphologiquement, en ancien français le pluriel comporte un *duel* dont les marques sont fournies comme on le verra par le Prd *uns*.

3. Le cas.

A l'inverse du genre et du nombre, la catégorie du cas a une valeur syntaxique. Elle est solidaire de la fonction que le nom assume dans la phrase. Les noms se présentent sous deux cas :

1. Le *cas sujet* (symbolisé par cs) apporte une information forte. Il dénote explicitement que le nom est sujet du verbe :

> *uns vaslez d'une chambre vint.* (Chrétien de Troyes, *Perceval*, ap. *Chrest.*, 57, p. 116.)
> [= un jeune homme sortit d'une chambre.]
> *Li chevaliers l'asëura.* (Marie de France, *Yonec*, v. 414.)
> [= Le chevalier la rassura.]

ou qu'il se rapporte au sujet, comme attribut :

> *Serez ses hom par honur e par ben.* (*Roland*, v. 39.)
> [= Vous serez son vassal en tout honneur et tout bien. Trad. J. Bédier. N. B. *Ses hom* est au cas sujet comme le garantit la forme du possessif.]
> *Rollant est proz e Oliver est sage.* (*Roland*, v. 1093.)
> [= Roland est preux et Olivier est sage. N. B. *Proz*, adjectif au cas sujet masculin. N. B. *Sage* est traité ici comme adjectif épicène.]

ou qu'il est employé comme vocatif dans les interpellations :

> *Bel sire niés, or savez veirement...* (*Roland*, v. 784.)
> [= Beau sire neveu, vous savez bien que... N. B. *Bel* est une faute pour *beaus* ; mais *sire* et *niés* (= neveu) sont au cas sujet.]

La régularité du cas sujet dans cette position est garantie par l'emploi constant de *sire, Deus, niés, gloz* (= injure : mot à mot, glouton), *fel*. Les contrevenances à la règle résultent de la pression des énoncés informatifs ou la déclinaison n'était plus observée.

2. L'information fournie par le *cas régime* (cr) est faible. Ce cas avertit seulement que le mot n'est ni sujet, ni attribut du sujet. C'est l'analyse qui détermine s'il joue le rôle de :

— Complément déterminatif :

> *Li fiz le comte.* [= Le fils du comte. N. B. *Le comte*, cas régime construit directement.]

— Complément d'objet primaire ou secondaire :

> *Cum veit le lit, esguardat la pulcela.* (*Vie de saint Alexis*, v. 56.)
> [= Voyant le lit, il observa la jeune fille. N. B. *le lit*, cas régime singulier objet de *veit* (= il voit).]
> *Dist l'un a l'altre.* (*Roland*, 1910.)
> [= L'un dit à l'autre. N. B. *L'un* est une faute pour *li uns* cas sujet. Le complément secondaire *altre*, construit indirectement, est au cas régime.]
> *Li boens serganz kil serveit volentiers,*
> *Il le nunçat sum pedre Eufemïen.* (*Vie de saint Alexis*, v. 336.)
> [= Le bon serviteur qui le servait de bon cœur annonça cela au père, Eufémien. N. B. *Sum pedre*, cas régime complément secondaire construit directement au verbe *nuncier* (= annoncer).]

— Complément d'objet interne :

Sun petit pas s'en turnet cancelant. (*Roland*, v. 2227.)
[= Il se détourne à petits pas en chancelant vers cet endroit.]

— Complément circonstanciel :

Cuntre sun piz puis si l'ad embracet. (*Ibid.*, v. 2174.)
[= Ensuite il l'a serré entre ses bras contre sa poitrine.]

LA DÉCLINAISON

1. Définition.

La *déclinaison* englobe les figures et les règles qui déterminent la correspondance entre le cas sujet et le cas régime dans l'espèce du nom. Cette correspondance implique une constante et une variable.

1. La constante est représentée par les *Prd* spécifiques, à savoir l'article défini et les adjectifs possessifs de forme faible. Ces morphèmes proclitiques sont solidaires du nom qu'ils déterminent. Pour une raison de commodité, on leur adjoindra l'article indéfini et les adjectifs démonstratifs, bien que ces deux morphèmes jouent par ailleurs le rôle de nominaux (ex. *Li uns disoit =* l'un disait *-cil ~ cist le fist* = celui-là ~ celui-ci le fit). Une autre raison d'opérer ce regroupement résulte du fait que le possessif, les articles et les démonstratifs constituent un système dont la valeur sera analysée plus loin.

Les informations fournies par ces *Prd* sont les suivantes : dans le genre masculin, ils discriminent les catégories de nombre et de cas. Au féminin, ils marquent le nombre mais n'apportent aucune information sur les cas. Soit le schéma :

Prd

	Masculin	Féminin
Singulier	cs $\neq$ cr	cs = cr
Pluriel	cs $\neq$ cr	cs = cr

$\neq$: différencié de.

2. Les variables sont représentées par les classes de substantifs. Selon les classes, la relation entre cas sujet et cas régime est assurée par des moyens différents. Ces moyens peuvent être ramenés à un certain nombre de figures typiques.

3. Il importe donc de présenter d'abord la flexion des prédéterminants qui hiérarchise les informations catégorielles. Seront exposés en second lieu les types de flexion auxquels se ramènent les substantifs et les adjectifs.

2. Flexion de l'article défini.

		Masc.	Fém.
Sg.	cs	*li*	*la*
	cr	*lo* ~ *le*	
Pl.	cs	*li*	*les*
	cr	*les*	

Remarque 1. Élision. Le cas sujet singulier *li* et le féminin singulier *la* se réduisent à *l'* par élision devant un substantif ou un mot commençant par une voyelle.

L'emperere par grant dangier
Mengüe et boit el plus haut siège. (*Robert le Diable*, ap. *Chrest.*, n° 66, p. 137.)
[= L'empereur en raison de son titre mange et boit au haut bout de la table.]
Dunc respundi l'altre dameisele. (*Quatre Livre des Rois*, ap. *Chrest.*, n° 4, p. 5.)
[= Alors l'autre jeune femme répondit.]

Toutefois l'élision n'est pas obligatoire partout. La métrique impose le maintien de *li* dans :

Sur tuz ses pers l'amat li emperere. (*Vie de saint Alexis*, v. 18.)
[= L'empereur l'estima plus que tous ses égaux.]

Et dans la traduction des *Quatre Livres des Rois*, probablement faite en Angleterre, on relève *li enfes* (= l'enfant cas sujet singulier).

Remarque 2. Affaiblissement de *la* en *le*. Ce fait est propre au picard [2] encore que même dans les textes dont la langue est fortement teintée de dialectalismes, il ne soit pas constant. Dans *Aucassin et Nicolette* (X) à côté de *le presse* = la presse, *le teste* = la tête, *le main* = la main, on relève *la fins* = la fin.

Remarque 3. Du point de vue des informations, on remarque que, dans le genre masculin, seule est claire celle qui est fournie par *lo* ~ *le* = cas régime singulier. La valeur ambiguë de *li* est discriminée par la désinence du substantif. La valeur ambiguë de *les* (masculin ou féminin pluriel) est discriminée éventuellement par les accords de l'adjectif.

3. Flexion de l'article indéfini.

		Masc.	Fém.
Sg.	cs	*uns*	*une*
	cr	*un*	
Duel		*uns*	*unes*

Remarque 1. *Uns*, quand il symbolise l'unité, entre dans la série des adjectifs numéraux cardinaux. Avec cette valeur, il marque parfois

---

2. Cf. Bibliographie, n° 86, p. 121-122.

fortement l'unité par rapport à la pluralité et dans ce cas il demande à être traduit par « un seul ».

Remarque 2. Mais d'autres exemples précoces dans lesquels il serait absurde de traduire « un » par « un seul » attestent que *uns* est par ailleurs un prédéterminant solidaire, en valeur, de *li*.

Un compte i oth, pres en l'estrit. (*Vie de saint Léger*, v. 55.)
[= Il y eut un seul comte qui se prit de querelle à ce sujet. N. B. Ce sens ressort de l'affirmation posée aux v. 52-54 que l'ensemble des barons francs avaient décidé d'élire roi Chilpéric.]
Ad une spede li roveret tolir lo chief. (*Séquence d'Eulalie*, v. 21.)
[= (Le roi) commanda de lui couper la tête avec une épée.]
Si s'en intrat in un monstier. (*Vie de saint Léger*, v. 66.)
[= (Ebroin) entra dans un monastère.]

Contrairement à L. Foulet (*Petite syntaxe*, § 87) nous estimons que c'est avec cette valeur que *uns*, sous le couvert du singulier ou du pluriel, détermine un substantif de sens collectif.

En cel termine mut uns estoires de Flandres par mer. (Villehardouin, *Chronique*, § 48.
[= En ce temps un convoi de bateaux prit la mer en partant de Flandres. N. B. *estoire* = convoi maritime, alors que *navie* = un nombre *x* de nefs.]
Est che nient uns a uns vers dras ? (Adam de la Halle, *Jeu de la Feuillée*, v. 730.)
[= N'est-ce pas un homme avec un vêtement vert ? N. B. *dras* : ensemble des pièces du vêtement.]

On a, au contraire, une véritable marque de duel quand *uns* ~ *unes* détermine des substantifs au pluriel symbolisant des paires d'objets ou des objets composés de deux parties symétriques.

Et avoit unes grandes joes et un grandisme nes plat et unes grans narines lees et une grosses levres... et uns grans dens gaunes et lais ; et estoit cauciés d'uns housiax et d'uns sollers de buef. (*Aucassin*, XXIV, 16-20.)
[= Et il avait deux grandes joues et un énorme nez plat, et deux grandes narines larges et deux grosses lèvres... et de grandes dents jaunes et laides ; et il était chaussé de houseaux et de deux souliers de cuir de bœuf.]

4. Flexion des adjectifs possessifs.

1. Unité du référent personnel.

		« Je »		« Tu »		« Il »	
		Masc.	Fém.	Masc.	Fém.	Masc.	Fém.
Sg.	cs	*mes*	*ma*	*tes*	*ta*	*ses*	*sa*
	cr	*mon*		*ton*		*son*	
Pl.	cs	*mi*	*mes*	*ti*	*tes*	*si*	*ses*
	cr	*mes*		*tes*		*ses*	

Remarque 1. Élision. *Ma, ta, sa* se réduisent par élision à *m'*, *t'*, *s'* devant un substantif ou un mot commençant par une voyelle. Ex. *m'ame* (= mon âme), *m'amie* (= mon amie), *t'espee* ~ *s'espee* (= ton ~ son épée). Dans cette position, l'emploi des formes mas-

culines *mon, ton, son* s'est amorcé à la fin du XIIᵉ siècle en wallon et en lorrain. Cette innovation a partiellement gagné le français au cours du XIIIᵉ siècle.

Remarque 2. L'affaiblissement de *mon, ton, son* en *men, ten, sen* est propre au picard et au wallon. L'affaiblissement de *ma, ta, sa* en *me, te, se* dans les mêmes dialectes est attesté, mais seulement dans des textes fortement dialectalisés [3].

Remarque 3. Le paradigme donné ci-dessus est théorique. Les textes présentent un tableau plus complexe car sur les formes du cas sujet pluriel *mi, ti, si*, on a créé analogiquement un cas sujet singulier *mis, tis, sis*.

2. Pluralité du référent personnel.

		« nos » Masc. et Fém.	« vos » Masc. et Fém.	« il »
Sg.	cs	*nostre*(s)	*vostre*(s)	*lor ∼ lur*
	cr	*nostre*	*vostre*	
Pl.	cs	*nostre*	*vostre*	
	cr	*noz ∼ no*	*voz ∼ vo*	

Remarque 1. La catégorie de genre est neutralisée dans ce paradigme. La désinence *-s* est parfois attribuée au cas sujet singulier de *nostre*, *vostre* par analogie. On régularise ainsi partiellement la flexion de ces adjectifs sur le modèle proposé par les substantifs du type « mur ».

Remarque 2. Ce paradigme est théorique. En picard un paradigme a été refait sur le cas régime pluriel *noz* [4]. Soit :

		Masc.	Fém.
Sg.	cs	*nos, vos*	*no, vo*
	cr	*no, vo*	
Pl.	cs	*no, vo*	*nos. vos*
	cr	*nos, vos*	

La langue littéraire atteste que les deux paradigmes ont été contaminés. La coexistence des formes longues et des formes courtes offrait en effet des commodités métriques. D'après les exemples répertoriés dans le dictionnaire de Tobler-Lommatzsch sous *nostre*, on ne peut pas conclure que les écrivains aient eu la tendance de différencier les genres en opposant formes longues et formes courtes.

3. Cf. Bibliographie, n° 86, p. 125.
4. Cf. Bibliographie, n° 86, p. 127.

5. Flexion des adjectifs démonstratifs.

1. *(i)cist*

		Masc.	Fém.
Sg.	cs	*(i)cist*	*(i)ceste*
	cr_2	*(i)cestui*	*(i)cesti*
	cr_1	*(i)cest-ce*	*(i)ceste*
Pl.	cs	*(i)cist*	*(i)cestes*
	cr	*(i)cez* ~ *ices*	

2. *(i)cil*

		Masc.	Fém.
Sg.	cs	*(i)cil*	*(i)cele*
	cr_2	*(i)celui*	*(i)celi*
	cr_1	*(i)cel*	*(i)cele*
Pl.	cs	*(i)cil*	*(i)celes*
	cr	*(i)cels* ~ *iceus*	

Remarque 1. On admet que les formes courtes *cist-cil* sont issues des formes longues *icist-icil* par aphérèse de *i-* (cf. *ci* < *ici*). La coexistence des deux formes offrait une commodité métrique :

Cesta lethece revert a grant tristur. (*Vie de saint Alexis*, v. 70.)
[= Cette joie tourne à grande tristesse.]
Iceste cose nus doüses nuncier. (*Ibid.*, v. 318.)
[= Tu aurais dû nous faire part de cette chose.]

Il en est résulté que *i-* a été senti comme une sorte de préfixe qui permettait d'allonger *cist* et *cil*. Ce que prouve la création des formes *itant, itel* sur les adjectifs *tant* (= si grand, si nombreux), *tel* qui étymologiquement ne comportaient pas d'*i-* initial.

Remarque 2. Dans la flexion de *(i)cist*, la forme courte *ce* du cas régime singulier à la place de *cest* résulte de deux accidents :

(1) Elimination de *s* implosif devant *-t* (*cest* > *cet*).
(2) Apocope de *-t* devant un substantif commençant par une consonne (**cet chevalier* > *ce chevalier*). De façon manifeste le second accident a été motivé par le modèle de l'article défini masculin où le cas régime *le* s'opposait au cas sujet *li* marqué par le timbre *i* de la voyelle. A *li-le* répondaient symétriquement *cist-ce*.

An ce voloir l'a Amors mis. (Chrétien de Troyes, *Chevalier au Lion*, v. 1427, cf. *ibid.*, v. 1662.)
[= Amour l'a mis dans cette disposition = lui a inspiré ce vouloir.]

Remarque 3. Étymologiquement les flexions de *(i)cist* et *(i)cil* présentaient un déséquilibre au singulier par rapport à celle des autres *Prd.* L'existence d'un cas régime (2) dans les deux genres constituait une anomalie. Celle-ci a été résolue différemment selon que *(i)cist, (i)cil* fonctionnaient comme nominaux ou comme *Prd.* Dans ce dernier cas *cestui-cesti* et *celui-celi* ont été précocement traités comme de simples variantes de *cest-ceste* et *cel-cele*. Au masculin, la coexistence d'une forme courte *cest*, *cel* et d'une forme longue *cestui*, *celui* fournissait une commodité métrique. L'usage de la langue classique est bien représenté par les exemples de ces formes catalogués dans l'*Altfranzösiches Wörterbuch* de Tobler-Lommatsch.

Cestui veiage ne vueil ge plus laissier. (*Couronnement de Louis*, v. 235.)
[= Je ne veux plus retarder davantage ce voyage.]
Et si retien cestui anel. (*Roman de Troie*, v. 1671.)
[= Et je retiens cet anneau.]
En cesti matere.
[= En cette matière.]
Einsi ont celui jor passé. (Chrétien de Troyes, *Cligés.*)
[= Ainsi ont-ils passé cette journée.]
et por celi A mis les autres en obli. (*Id.*, *Le chevalier à la charrette*, v. 721.)
[= Et pour celle-là, il a oublié les autres.]

6. Flexion des noms.

Substantifs et adjectifs s'analysent en un radical (R) et une désinence (*d*).

(1) Le radical se confond avec la base. Comme quelques noms fonctionnent sur deux bases dans leur flexion, on est conduit à distinguer un R_1 et un R_2 dans cette série. Seront examinés en premier lieu les noms qui se fléchissent sur une base, en second lieu ceux qui se fléchissent sur deux bases.

(2) En ce qui concerne la désinence -*s* marquant le cas sujet singulier, elle est primaire dans une série importante de noms. Elle a été attribuée par analogie à d'autres noms qui ne la comportaient pas en ancien français archaïque. On signale son caractère secondaire en incluant (*d*) entre parenthèses. Ainsi le cas sujet singulier de « père », *li pedres* (à côté de la forme ancienne *li pedre*) sera symbolisée par R (*d*).

(3) Le problème posé par la compatibilité phonétique de -*s* avec la base sera traité d'ensemble après les tableaux des flexions. On notera cependant ici que la lettre *z* symbolise le groupe consonantique *ts* réalisé quand la désinence -*s* se combine avec une base qui se termine par une dentale (-*t*, -*d*, -*n*). Ex. *denz* (= la dent = **dent-* + *s*) *anz* (= l'an = **an-* + -*s*).

A. Noms masculins se fléchissant sur une base.

Ils se distribuent dans trois types de déclinaison :

TYPE I

Sg.	cs	R *d*	
	cr	R	
Pl.	cs	R	
	cr	R *d*	

Déclinaison de « mur ».

Sg. { cs *Li murs*
{ cr *Le mur*

Pl. { cs *Li mur*
{ cr *Les murs*

Déclinaison de « mûr » (adjectif)

Sg. { cs *mëurs*
{ cr *mëur*

Pl. { cs *mëur*
{ cr *mëurs*

Remarque 1. La structure de la base est indifférente. La base se termine par une consonne (ex. *cuer- = cœur, *pain- = pain, *mont- = montagne), par une diphtongue ou par une voyelle (ex. *rei- = roi, *boivre- = breuvage).

Remarque 2. Se rattachent à ce type :

(α) Dans l'espèce des substantifs, les infinitifs, employés comme noms (ex. *li baisiers* = le baiser, *li mangiers* = le repas).

(β) Dans l'espèce des adjectifs, les participes passés du verbe accentués sur le radical :

Flexion de « fait », « dit ».

Sg. { cs *faiz*   *diz*
{ cr *fait*   *dit*

Pl. { cs *fait*   *dit*
{ cr *faiz*   *diz*

ou accentués sur la désinence vocalique -*e* [e], -*i*, -*u* [Y].

Flexion de « aimé », « fini », « vu ».

Sg. { cs *amez*   *feniz*   *vëuz*
{ cr *amé*   *feni*   *vëu*

Pl. { cs *amé*   *feni*   *vëu*
{ cr *amez*   *feniz*   *vëuz*

TYPE II

Sg. { cs R puis R (*d*)
{ cr R

Pl. { cs R
{ cr R *d*

En ancien français archaïque, la flexion de « père », « livre » se présentait ainsi :

Sg.	cs	*Li pedre*	*Li livre*
	cr	*Le pedre*	*Le livre*
Pl.	cs	*Li pedre*	*Li livre*
	cr	*Les pedres*	*Les livres*

L'ambiguïté de *li pedre* n'était levée que par l'accord éventuel d'un adjectif du type I (ex. *li bons pedre* cas sujet singulier, *Li bon pedre* cas sujet pluriel) ou par l'accord du verbe (ex. *Li pedre va, Li pedre vont*). A date précoce, la désinence *-s* a été attribuée analogiquement au cas sujet singulier sur le modèle du type I. Le fait que les premiers exemples en sont attestés dans des textes copiés en Angleterre prouve peut-être que cette hypercorrection a pris naissance dans un dialecte où le sens de la déclinaison se perdait. Elle s'est étendue par la suite dans la graphie des scribes du continent.

Remarque. Se rattachent à ce type de flexion les substantifs et les adjectifs dont la base se terminait en ancien français archaïque par un groupe occlusive + liquide + -e [ə]. (Ex. *pedre* ; *fredre* = frère, *altre* = autre, *aspre* = âpre.) Dans les substantifs *pedre*, **fredre* = frère (*fradra* est attesté dans les *Serments de Strasbourg*), le groupe final *-dre* s'est précocement réduit à *-re* par amuissement du *d* implosif après voyelle.

TYPE III

Sg.	cs	R
	cr	R
Pl.	cs	R
	cr	R

Se rattachent à ce type de flexion tous les noms dont la base se termine par une consonne sifflante simple *-s* ou appuyée sur une dentale *-z*. Les informations catégorielles sont uniquement fournies par le *Prd*.
Soit les substantifs « corps » « mois » « nez » « vers »

Sg.	cs	*Li cors*	*Li meis*	*Li nés*	*Li vers*
	cr	*Le cors*	*Le meis*	*Le nés*	*Le vers*
Pl.	cs	*Li cors*	*Li meis*	*Li nés*	*Li vers*
	cr	*Les cors*	*Les meis*	*Les nés*	*Les vers*

Les adjectifs tels que *gras, gros, fals* ∼ *faus* (= faux) ; *corteis* (= courtois), *tierz* (= troisième) sont par conséquent indéclinables.

B. Noms féminins se fléchissant sur une base.

Ils se distribuent dans trois types de déclinaison :

TYPE I

Sg. $\left\{\begin{array}{ll} \text{cs} & \text{R (d)} \\ \text{cr} & \text{R} \end{array}\right.$

Pl. $\left.\begin{array}{l} \text{cs} \\ \text{cr} \end{array}\right\}$ Rd

Remarque 1. Dans ce type de déclinaison, la catégorie de cas est neutralisée au pluriel.

Remarque 2. En ancien français classique se fléchissent sur ce type des substantifs féminins dont la base se termine par une consonne. (Ex. **flor* = fleur, **bontet* = bonté, **vertut* = pouvoir.) Lorsque cette consonne était une dentale (*-t*) elle s'est amuie dans la prononciation au cas régime singulier où elle était en finale absolue. Mais les copistes continuèrent parfois à la noter si bien que les formes *citet* ~ *cité*, *vertut* ~ *vertu* coexistent dans les manuscrits. Soit la flexion de ces trois substantifs :

Sg. $\left\{\begin{array}{ll} \text{cs} & \textit{La flors} \\ \text{cr} & \textit{La flor} \end{array}\right.$ *La citez* *La vertuz*
La cite(t) *La vertu(t)*

Pl. $\left.\begin{array}{l} \text{cs} \\ \text{cr} \end{array}\right\}$ *Les flors* *Les citez* *Les vertuz*

On est dans le doute sur le statut de ces mots en ancien français archaïque. Des indices laissent à penser qu'ils se déclinaient primitivement comme les substantifs du type II (singulier *la flor*, pluriel *les flors*) et que la désinence *-s* leur a été attribuée par analogie avec les substantifs masculins *murs* et *pedre(s)*.

Remarque 3. A côté des formes *citez, poestez* (= la puissance), *povertez* (= la pauvreté), *tempestez* (= la tempête), on rencontre *cit* (= la cité) et *poeste, poverte tempeste* dont la déclinaison se ramène au type II.

TYPE II

Sg. $\left\{\begin{array}{ll} \text{cs} \\ \text{cr} \end{array}\right.$ R

Pl. $\left.\begin{array}{l} \text{cs} \\ \text{cr} \end{array}\right\}$ Rd

Se rattachent à ce type :

(1) Tous les substantifs féminins dont la base se termine par -e [ə] (ex. *dame, fille, terre, mere, ville*) soit la flexion de « dame ».

Sg. $\left.\begin{array}{l} \text{cs} \\ \text{cr} \end{array}\right\}$ *La dame*

Pl. $\left.\begin{array}{l} \text{cs} \\ \text{cr} \end{array}\right\}$ *Les dames*

La catégorie de cas étant neutralisée au singulier comme au pluriel, ne sont marquées que les catégories de genre et de nombre.

(2) Deux dénominations de l'« épouse » en voie d'extinction en ancien français classique, *moiller, oissor*, que nous n'avons pas rencontrées pourvues d'une marque de cas sujet postiche.

> *Vint en la cambra ou eret sa muiler.* (*Vie de saint Alexis*, v. 55.) [= Il vint dans la chambre où était son épouse.]
> *Grim fud mis pere, un peschëur,*
> *Ma mere ot nun Sebruc, sa uxor.* (Gaimar. *Estoire...* apud *T. L.* VI, 1062.) [= Grim, un pêcheur, était mon père. Ma mère, sa femme, s'appelait Sebruc.]

(3) Tous les adjectifs et participes passés dont le féminin est marqué par -e [ə]. (Ex. *mëure* = mure, *pure, belle, amée* = aimée, *vëue* = vue, etc.)

TYPE III

Sg. $\left\{\begin{array}{l} \text{cs} \\ \text{cr} \end{array}\right.$ R

Pl. $\left.\begin{array}{l} \text{cs} \\ \text{cr} \end{array}\right\}$ R

Il est analogue au type III des substantifs masculins. Le *Prd* seul marque le nombre singulier ou pluriel.

Se rattachent à ce type les substantifs féminins dont la base se termine par -s ou -z.

Soit la flexion des substantifs « voix », « fois », « souris ».

Sg. $\left.\begin{array}{l} \text{cs} \\ \text{cr} \end{array}\right\}$ *La voiz*   *la feis ~ fois*   *La soriz*

Pl. $\left.\begin{array}{l} \text{cs} \\ \text{cr} \end{array}\right\}$ *Les voiz*   *les feis ~ fois*   *Les soriz*

C. *Noms se fléchissant sur deux bases.*

Masculins et féminins se déclinent tous uniformément sur le même type, soit :

$$
\begin{array}{llll}
\text{Sg.} & \left\{ \begin{array}{ll} \text{cs} & R_1 \\ \text{cr} & R_2 \end{array} \right. \\[2ex]
\text{Pl.} & \left\{ \begin{array}{ll} \text{cs} & R_2 \\ \text{cr} & R_2\ d \end{array} \right.
\end{array}
$$

Remarque 1. R_1 sert de support au cas sujet singulier. R_2 sert de support au cas régime singulier et aux deux cas du pluriel. La base de R_1 peut se terminer étymologiquement par -*s* (ex. *cuens* = comte) qui n'est pas alors une marque flexionnelle. Mais il arrive que, par analogie, sous la pression des noms du type *murs*, les scribes pourvoient d'une marque -*s* postiche, une base qui n'en comportait pas. *Li ber* (= le baron) est parfois écrit *li bers*.

Remarque 2. La constitution de R_2 contribue néanmoins à diversifier ce modèle quant à la place de l'accent.

R_2 étant toujours dissyllabique au moins, si la seconde syllabe a pour noyau un -*e* sourd [ə], l'accent demeure sur la première (mots à accent fixe).

R_2 *cómte- réalisé en *comte* = cas régime singulier et cas sujet pluriel et en *comtes* au cas régime pluriel.

Dans les autres cas, mots à accent mobile, l'accent porte sur la dernière syllabe de R_2.

$R_2 = \square\acute\square$ (*felón, sorór*, par rapport aux cas sujet *fél, súer*.

$R_2 = \square\square\acute\square$ (*ancessór* = ancêtre, par rapport au cas sujet *ancéstre*.

$R_2 = \square\square\square\acute\square$ (*empërëor* = empereur, par rapport au cas sujet *emperére*).

Remarque 3. *Au niveau de la synchronie*, la relation de R_1 et de R_2 posait sûrement un problème. Voici comme on peut l'interpréter.

(1) Dans un petit nombre de noms la relation de R_1 et de R_2 était opaque. La forme de R_2 était inanalysable et trop différente de celle de R_1 pour qu'on pût établir de l'une à l'autre un rapport quelconque (ex. R_1 *prestre... R_2 *provoire).

(2) Dans un nombre beaucoup plus considérable de noms R_2 a dû être senti comme comportant un élargissement suffixal en -*ant*, -*or*, en -*on*, en -*ain*, que le premier élément de la base fût semblable à R_1 (ex. R_1 *ante = tante -R_2 *antain- analysable en *ant* + *ain*) ou qu'il en différât un tant soit peu (ex. R_1 **ler(r)e* = voleur, R_2 **lar(r)on*-analysable en *lar-on*, ou encore R_1 *suer- = sœur, R_2 *soror- analysable en *sor-or*).

Étymologiquement, cette analyse est fausse. C'est néanmoins à elle qu'on doit recourir pour essayer de comprendre comment, au cours de cet état de langue, on acquérait le mécanisme de la déclinaison. Si on a retenu l'expression d'« élargissement suffixal », c'est parce que au cas régime pluriel la désinence s'ajoute à l'élargissement comme elle le fait à n'importe quel suffixe.

I. Noms masculins a accent fixe

Cette classe est représentée par les substantifs « comte » et « homme ». Conformément au modèle ci-dessus, leur flexion se présente ainsi :

		« comte »				« homme »	
Sg.	cs	*li cuéns*	(R₁)	Sg.	cs	*li uéms ~ óm*	(R₁)
	cr	*le cómte*	(R₂)		cr	*l'óme*	(R₂)
Pl.	cs	*li cómte*	(R₂)	Pl.	cs	*li óme*	(R₂)
	cs	*les cómtes*	(R₂ d)		cr	*les ómes*	(R₂ d)

Remarque. Dans ces deux mots, l'alternance de R_1/R_2 implique une apophonie. A la diphtongue *ue* de R_1 répond la voyelle *o* dans R_2. Elle n'est libre qu'en apparence dans *ome*, cette forme résultant de la contraction de **omne* antérieure à elle.

Se rattache à ce type la flexion, au pluriel, du nombre ordinal « deux » qui se présente ainsi au masculin :

cas sujet   *dui*
cas régime   *dous ~ deus*

Remarque. A ces formes du masculin correspond à date ancienne une forme de féminin *does*. Elle a été éliminée assez précocement au profit des formes du masculin.

II. Noms masculins a accent mobile

On distingue parmi eux :

(1) Un petit nombre de substantifs usuels dont la base de R_2 n'avait pas de relation claire avec celle de R_1. Soit la déclinaison de « prêtre » et de « neveu ».

Sg.	cs	*Li préstre*	*Li niés*
	cr	*Le provoire*	*Le nevó(t)*
Pl.	cs	*Li provoire*	*Li nevó(t)*
	cr	*Les provóires*	*Les nevóz*

Remarque. L'alternance R_1/R_2 dans *nies/nevó(t)* implique une apophonie. A la diphtongue *ie* de R_1 répond la voyelle e [ə] de R_2. La terminaison *z* [ts] du cas régime pluriel résulte du fait que dans un état de langue antérieure la base de R_2 se terminait par une dentale.

(2) Un nombre beaucoup plus élevé de noms dont R_2 était interprété comme comportant un élargissement suffixal. Soit

(α) -ant. C'est le cas du substantif « enfant »

Sg. { cs *Li émfes*
     { cr *L'emfant ~ enfánt*

Pl. { cs *Li emfánt ~ enfánt*
    { cr *Les emfánz ~ enfánz*

(β) -on. Cette série comporte des noms communs qui offrent un paradigme complet et des noms propres qui ne se déclinent en principe qu'au singulier.

Soit la déclinaison des substantifs et adjectifs « baron », « voleur », « felon ».

Sg. { cs *Li bér*   *Li lér(r)e*   *fél*
     { cr *Le barón*   *Le lar(r)ón*   *felón*

Pl. { cs *Li barón*   *Li lar(r)ón*   *felón*
    { cr *Les baróns*   *Les lar(r)óns*   *felóns*

Remarque. La flexion de ces deux substantifs implique une apophonie. Au timbre *e* [e] de la voyelle radicale accentuée répond le timbre *a* lorsque cette voyelle ne porte pas l'accent. Une apophonie a fait alterner les timbres *ain* [ɛ̃jn] -*a* dans le substantif *compaín* (cas sujet) dont le R_2 est *compaignon*. Il n'y a pas d'apophonie dans d'autres noms de cette série tels que R_1 *bric* (cas sujet) *bricón* = bêta, lâche ; R_1 *gars* (cas sujet) -R_2 *garsón* (= valet) ; R_1 *glóz* (cas sujet) ; R_2 *glotón* (= glouton, terme d'injure).

Comme noms propres on peut citer des noms tirés de la Bible (ex. cas sujet *Lazáres*- cas régime *Lazarón* ; cas sujet *Sámses*- cas régime *Samsón*), de l'onomastique latine (ex. cas sujet *Pierres*- cas régime *Perrón*) ou de l'onomastique germanique (ex. cas sujet *Buéves*- cas régime *Bovón* ; cas sujet *Chárles*- cas régime *Charlón* ; cas sujet *Guís*- cas régime *Guión* ; cas sujet *Húes*- cas régime *Huón*).

Remarque. On notera l'apophonie -*ué/o* dans *Bueves. Bovon*, analogue à celle qu'on relève dans *cuens* - *comte*.

(γ) -or.

A une première série appartiennent des substantifs dont la base R_1 se termine par le groupe dentale + *r* + *e*. Mécaniquement, R_2 se forme par élimination de -*re* et adjonction de l'élargissement en -*or* à la dentale. Ex R_1 **pastre*, R_2 **pastor*, dont la déclinaison est :

Sg. { cs *Li pástre*
     { cr *Le pastór*

Pl. { cs *Li pastór*
    { cr *Les pastórs*

Se déclinent sur ce modèle : cas sujet *chantre*, cas régime *chantór* (= chantre, chanteur), cas sujet *déttre*, cas régime *dettór* (= débiteur), cas sujet *peíntre*, cas régime *peintór* (= peintre), cas sujet *traítre*, cas régime *traïtór* (= traître).

A une seconde série appartiennent des substantifs dont R_1 se termine par -*ére* [εʀə]. Mécaniquement R_2 se forme par élimination de -*re* et adjonction de l'élargissement à -*e* qui s'assourdit. Ex. R_1 **mentére* R_2 **mentëór* dont la déclinaison est :

Sg.	cs	*Li mentére*
	cr	*Le mentëór*
Pl.	cs	*Li mentëór*
	cr	*Les mentëórs*

Se déclinent sur ce modèle : cas sujet *buvére*, cas régime *buvëór* (= buveur), cas sujet *emperére*, cas régime *emperëór*, cas sujet *faisiére*, cas régime *faiseór* (= créateur, compositeur), cas sujet *salvére*, cas régime *salvëór* (= sauveur), cas sujet *trovére*, cas régime *trovëór* (= trouvère).

Remarque 1. La formation est moins claire dans le substantif *ancéstre*, cas sujet (= ancêtre), *ancessór*, ainsi que dans les adjectifs suivants qui représentent des comparatifs organiques :

R_1 **graindre*	(= plus grand)	R_2 **graignór-*
R_1 **joindre*	(= plus jeune)	R_2 **joignór-*
R_1 **maindre*	(= plus petit)	R_2 **menór-*
R_1 **maire*	(= plus puissant plus haut)	R_2 **maiór-*
R_1 **mieldre*	(= meilleur)	R_2 **meillor-*
R_1 **pire*	(= pire)	R_2 **peior-* ~ **piór-*

Remarque 2. Dans la langue classique, la déclinaison de « suzerain » « homme titré » repose sur un R_1 **sire* et un R_2 **seignór*, soit

Sg.	cs	*Li síre*
	cr	*Le seignór*
Pl	cs	*Li seignór*
	cr	*Les seignórs*

Cette flexion représente la contamination de *deux* déclinaisons qui fonctionnaient séparément en ancien français archaïque. Soit :

(α)

Sg.	cs	*Li síre*
	cr	*Le sieúr*
Pl.	cs	*Li sieúr*
	cr	*Les sieúrs*

(β)

Sg.	cs	*li sendre*
	cr	*le seignór*
Pl.	cs	*li seignór*
	cr	*les seignórs*

sendre, attesté sous la forme *sendra* dans les *Serments de Strasbourg*, a été éliminé très tôt de la langue. *Sieur* (encore reconnaissable dans *monsieur*) a été lexicalisé dans la langue juridique. *Síre* et *seignór* demeurés libres sont devenus les bases d'une déclinaison nouvelle.

III. Noms féminins a accent mobile

Leur flexion est du type :

$$\begin{array}{ll} \text{Sg.} & \left\{\begin{array}{ll} \text{cs} & R_1 \\ \text{cr} & R_2 \end{array}\right. \\ \text{Pl.} & R_2\, d \end{array}$$

L'élargissement de nature suffixale est en -or et en -ain.

(1) -or on ne peut citer que le nom de la « sœur » dont la flexion se présente ainsi :

$$\begin{array}{ll} \text{Sg.} & \left\{\begin{array}{ll} \text{cs} & \textit{La suér} \\ \text{cr} & \textit{La serór} \end{array}\right. \\ \text{Pl.} & \textit{les serórs} \end{array}$$

Remarque. *Seror* résulte d'une dissimilation de deux *o* présents dans la forme archaïque *soror*. L'apophonie *ue/*o est la même que dans le verbe *movoir* : *je muef, nos movons.*

(2) -ain. Entrent dans cette catégorie des noms communs et des noms propres dont le cas sujet comporte un R_1 terminé par -e sourd [ə].

(α) Noms communs *ante-antain* (= la tante), *nonne-nonnain, pute-putain* (au pluriel *antains, nonnains, putains*).

(β) Noms propres. On relève des noms de femme (*Eve-Evain, Berte-Bertain*), des noms attribués à des animaux femelles (*Blere-Blerain* = nom de la vache, *Pinte-Pintain*, nom de la poule), à un objet (l'épée *Corte-Cortain*), des noms de rivière (*Dive-Divain, Loue-Louain, Orne-Ornain*).

Tableau récapitulatif des types de flexion

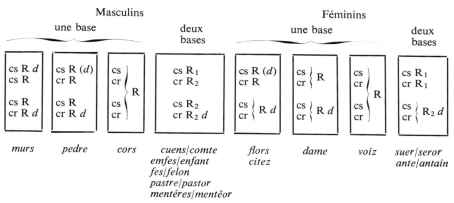

Masculins				Féminins			
une base			deux bases	une base			deux bases
cs R *d* / cs R	cs R (*d*) / cr R	cs / cr ⎱R	cs R_1 / cr R_2	cs R (*d*) / cr R	cs / cr ⎱ R	cs / cr ⎱R	cs R_1 / cr R_1
cs R / cr R *d*	cs R / cr R *d*	cs / cr	cs R_2 / cr R_2 *d*	cs / cr ⎱ R *d*	cs / cr ⎱ R *d*	cs / cr	cs / cr ⎱ R_2 *d*
murs	*pedre*	*cors*	*cuens/comte* *emfes/enfant* *fes/felon* *pastre/pastor* *mentéres/mentëor*	*flors* *citez*	*dame*	*voiz*	*suer/seror* *ante/antain*

105

D. Déclinaison des noms. *Compatibilité ou incompatibilité de la désinence avec la base.*

La compatibilité de la désinence -*s* avec l'articulation qui termine la base pose un problème phonétique en raison des structures variées des bases.

1. Il y a *compatibilité* quand la base se termine :

(1) Par -*e* [ə]. Cette voyelle est primaire dans les substantifs du type de *dame* → pluriel *dames, fille* → pluriel *filles*. Elle marque le genre féminin dans les adjectifs du type de *mëur* (= mûr) → féminin *mëure* → féminin pluriel *mëures*.

(2) Par -*r* : *Li murs, les murs*.

(3) Par une articulation dentale. Ce groupe consonantique -*ts* est symbolisé dans l'écriture par la lettre *z*. Comptent pour dentales :

-*t* : *li venz* (cas régime singulier *le vent*), *forz* (cas régime singulier *fort*),
-*d* : *granz* (cas régime singulier *grand*), *rëonz* (cas régime singulier *rëond* = rond),
-*n* appuyé à une consonne précédente : *li jorz* (cas régime singulier *le jorn* = le jour),
-*n* mouillée par la semi-consonne yod [j] : *li bainz* (cas régime singulier *le bain* [bajn]).

> **Remarque.** Il résulte de (1) que si la lettre *z* marque le cas sujet singulier et le cas régime pluriel dans des mots dont la base se termine par une voyelle, c'est que, dans un état antérieur, cette base se terminait par une dentale (-*t*, -*d*) ou encore que persiste une articulation perçue comme dentale (-*l* mouillée) qui ressort au cas régime singulier et au cas sujet pluriel.
> Ainsi les formes adjectives du verbe orthographiées *amez* (= aimé), *feniz* (= fini), *vëuz* (= vu) impliquent une base ancienne *amét-, *fenit, *vëud-. Les adjectifs *nuz* (cas régime singulier *nu*), *cruz* (cas régime singulier *cru*) avaient une base *nud-, *crud- et cette consonne est encore quelquefois notée dans le cas régime singulier ou le cas sujet pluriel, *nud, crud*. Dans les mots orthographiés *greiz* (= gracile, grêle), *liz* (= lys), *l* mouillée est sensible dans les autres cas *greil, lil*. Tant que les scribes ont conservé le sens des valeurs respectives de -*s* et de -*z*, la graphie marquait bien le double statut des bases terminées par une voyelle. La simplification du groupe -*ts* en finale (-*ts* > -*s*) a fait perdre à *z* sa valeur première. De symbole phonétique, cette lettre est devenue un signe inutile ou un signe ornemental. D'où les confusions nombreuses entre -*s* et -*z* qu'on relève dans les manuscrits à l'époque classique.

2. Il y a *incompatibilité*. Celle-ci se résout soit par l'effacement de la consonne qui termine la base, soit par sa transformation.

(1) S'effacent devant -*s* :

— Les articulations labiales -*p*, -*b*, -*m* ainsi que la labio-dentale -*f*.

drap- (= étoffe) → cas régime singulier et cas sujet pluriel *drap* → cas sujet singulier et cas régime pluriel *dras*
gab- (= plaisanterie) → cas régime singulier et cas sujet pluriel *gab* → cas sujet singulier et cas régime pluriel *gas*
verm- (= ver) → cas régime singulier et cas sujet pluriel *verm* → cas sujet singulier et cas régime pluriel *vers*.
vif- (= vivant) → cs sg. et cr pl. *vis*, cr sg. et cs pl. *vif*.

— Les articulations palatales -*c*[к] et -*g*.

clerc- (= clerc) → cas régime singulier et cas sujet pluriel *clerc* → cas sujet singulier et cas régime pluriel *clers*
sang- → cas régime singulier et cas sujet pluriel *sang* → cas sujet singulier et cas régime pluriel *sans*.

— L'articulation latérale -*l* quand elle est précédée des voyelles *i* et *u* [y].

fil- (= un fil) → cas régime singulier et cas sujet pluriel *fil* → cas sujet singulier et cas régime pluriel *fis*
nul- (= adjectif nul) → cas régime singulier et cas sujet pluriel *nul* → cas sujet singulier et cas régime pluriel *nus*.

(2) Dans tout autre entourage que celui de *i* et de *u* [y] les articulations -*l* et *l* mouillée se sont vocalisées en -*u* [u] devant la désinence -*s* comme devant tout autre consonne.

Aux bases *cheval-*, *chevel-* (= cheveu), *fol-* qui fonctionnent telles quelles au cas régime singulier et au cas sujet pluriel répondent donc aux deux autres cas *chevaus* [tʃəvaus] *cheveus* [tʃəveus] *fous* [fous].

La transformation a été la même pour *l* mouillée à ceci près que cette articulation a laissé une trace dans le *z* qui termine le cas sujet singulier et le cas régime pluriel. Ex. aux bases *dueil-* (= douleur), *travail-* (= peine, supplice), *vieil-* (= vieux) qui fonctionnent telles quelles au cas régime singulier et au cas sujet pluriel répondent, au cas sujet singulier et au cas régime pluriel, *dueuz*, *travauz* et *vieuz*.

L'EXPRESSION DES NOMBRES ET DE LA QUANTITÉ DANS L'ESPÈCE DU NOM

Morphologiquement la catégorie du nombre, dans le nom, marque une distinction entre ce qui est conçu sous l'aspect de la non-pluralité et ce qui est conçu sous l'aspect de la pluralité.

L'information sur le nombre découle dans quelques cas d'une association entre la forme des prédéterminants *Prd* et celle du nom puisque cette dernière peut être ambiguë. *Murs*, *mur* ne s'éclairent qu'au moyen de *li*, *le* et *les*. Mais hiérarchiquement l'information sur le nombre fournie par les Prd est secondaire par rapport à celles qu'ils apportent sur la notoriété des référents ou sur la relation de ceux-ci avec une personne.

Cette information, d'ordre morphologique, se combine avec une autre qui, sémantiquement, distingue entre les substantifs, ceux dont les référents sont conçus sous l'aspect du *discontinu* ou sous l'aspect du *continu*. La notion qui discrimine ces deux aspects est celle d'*unité comptable*, base des opérations arithmétiques.

Le discontinu implique l'unité. Celle-ci peut demeurer implicite. C'est le contexte qui incite à traduire, par exemple, *uem* (cas sujet singulier) ~ *ome* (cas régime singulier) par « un homme ». Elle est explicitée au moyen de l'adjectif numéral cardinal *uns* ~ *un- une* quand cela paraît nécessaire et ce morphème a quelquefois alors la valeur de « un seul ».

Le continu exclut l'unité ou l'annule. Il l'exclut dans les substantifs dont le signifié symbolise des qualités (ex. *virginitez, bontez*, etc.), des notions abstraites (ex. *dreiz* = le droit, *jostise* = la justice) ou des matières (ex. *or* = de l'or, *viande* = de la nourriture). Il l'annule quand le signifié symbolise un ensemble ou une collection de personnes ou de choses nombrables (ex. *gent* = nation, *avoir* = de la richesse, des biens).

> **Remarque.** La répartition des substantifs entre l'aspect continu et l'aspect discontinu n'est évidemment pas absolue. Elle obéit à des exigences du discours. Au pluriel les mots *viande, vin* évoqueront diverses espèces de nourriture, différents crus ou plusieurs services de vin. Le pluriel de certains mots évoquant des qualités impliquera des manifestations de cette qualité.
>
> *Et dist Bertran:* « *Ja orroiz veritez.* » (*Charroi de Nîmes*, v. 33).
> [Et Bertrand dit : « Vous allez entendre un certain nombre de vérités » = de faits avérés.]
> *Li ber Gilie, por qui Deus fait vertuz.* (*Roland*, v. 2096.)
> [= Saint Gilles en faveur de qui Dieu opère des miracles.]

En tenant compte de ces deux données, on peut dresser comme suit le tableau des valeurs de la catégorie du nombre :

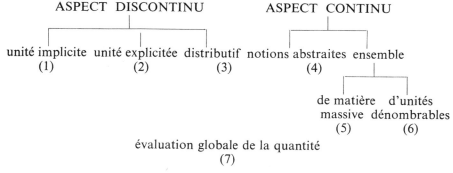

SINGULIER

ASPECT DISCONTINU   ASPECT CONTINU

unité implicite   unité explicitée   distributif   notions abstraites   ensemble
(1)   (2)   (3)   (4)

de matière   d'unités
massive   dénombrables
(5)   (6)

évaluation globale de la quantité
(7)

N. B. Les commentaires suivent dans l'ordre la numération de ces cas.

(1) Les Prd informent en premier lieu sur la *notoriété* du référent ou sur sa *relation avec une personne*. Accessoirement, ils marquent le nombre gramma-

tical lorsque la forme du substantif est ambiguë. D'où il résulte qu'en toute position *uem* (cas sujet singulier) *ome* (cas régime singulier) signifie « (un) homme ».

> *Femme prist pur enfanz aveir.* (Marie de France, lai d'*Yonec*, v. 19.)
> [= Il prit (une) femme pour avoir des enfants.]
> *N'ot si vaillant hume el païs. (Id.* lai d'*Eliduc*, v. 8.)
> [= Il n'y avait pas (un) homme d'aussi grande valeur dans le pays.]
> *Envie est de tel cruauté*
> *Qu'ele ne porte lëauté*
> *A compagnon ne a compaigne;*
> *N'ele n'a parent qui li taigne*
> *A qui el ne soit enemie.* (*Roman de la Rose*, I, v. 253.)
> [= Envie est d'une telle cruauté qu'elle ne porte loyauté à (un) compagnon ou à (une) compagne quelconque ; et elle n'a pas (un) parent dont elle ne soit l'ennemie.]

(2) L'unité est explicitée au moyen de l'*adjectif numéral cardinal uns* (cas sujet), *un* (cas régime) ~ *une* (féminin) auquel le contexte confère parfois la valeur de « un seul ».

> « *Francs chevalers* », *dist li emperere Carles,*
> *Car m'eslisez un baron de ma marche.* (*Roland*, v. 274.)
> [= Eh bien, libres chevaliers, dit l'empereur Charles, élisez-moi un baron de ma marche.]
> *Un yle und devant eux vëut.* (*Vie de saint Gilles*, ap. *Chrest.*, n° 15, p. 22.)
> [= Devant eux, ils ont vu une île.]
> *Ensi morut li quens, et fu uns des homes del monde qui fist plus bele fin.*
> (Villehardouin, *Chronique*, § 37.)
> [= Ainsi mourut le comte. Il fut un des hommes du monde qui fit la plus belle fin.]

L'unité, quand l'identité du référent est indéfinie, s'exprime au moyen de *aucun* (= un quelconque, certain).

> « *Qui seüst, fet Lancelos, aucun recet près del tornoiement ou nos peüssons privee-ment estre, ge m'en tenisse a moult bien paié.* » (*Mort du Roi Artu*, § 15, l. 11.)
> [= Qui connaîtrait, fait Lancelot, un abri près du lieu du tournoi où nous pour-rions nous tenir en cachette, je m'en tiendrais pour bien payé.]

> **Remarque.** La négation de l'unité s'opère au moyen de deux mor-phèmes qui fonctionnent comme adjectifs (excluant un Prd) ou comme nominaux.
> 1) *Nëuls* (masculin) — *nëule* (féminin) en association avec l'adverbe *ne*.

> *Niule cose non la pouret omque pleier*
> *La polle sempre non amast lo Deo menestier.* (*Eulalie*, v. 9.)
> [= Aucune raison n'avait jamais pu incliner la jeune fille à délaisser le service de Dieu.]
> *Ferez, Franceis ! Nul de vus ne s'oblit !* (*Roland*, v. 1258.)
> [= Frappez, Français ! Que pas un de vous ne s'oublie ! N. B. *Nul*, cas régime singulier à la place du cas sujet régulier *Nus*.]

> 2) *Negun* ~ *nëun* (masculin), *negune* ~ *nëune* (féminin).

> *en negun leu* (= en aucun lieu) apr. *T. L.* sous *negun*.
> *nëuns d'iceuz* (= pas un de ceux-ci) *ibid.*

(3) *Uns* entre dans les morphèmes qui marquent la *distribution*, c'est-à-dire la décomposition d'un total en autant d'unités successives qui le composent. Ces morphèmes fonctionnent comme adjectifs ou comme nominaux.

1. La forme ancienne du distributif est *caduns ~ chëuns — cadune ~ chëune* (féminin).

> *et in cadhuna cosa.* (*Serments de Strasbourg*, I.)
> [= et en chaque chose.]
> *chaun jor* (= chaque jour.) Ap. *T.-L.* sous *chaun*.

2. Dans la langue classique, la forme commune du distributif est *cascuns ~ chascuns — cascune ~ chascune* (féminin).

> *Car cascum jur de mort s'abandunet.* (*Roland*, v. 390.)
> [= Car chaque jour il s'abandonne à la mort.]
> *Quant cascuns ert a sun meillor repaire*
> *Carles serat ad Ais.* (*Ibid.* 51.)
> [= Quand chacun sera revenu dans son meilleur domaine, Charles sera à Aix.]

(4) Entrent dans cette série tous les substantifs dont le référent est conçu sous l'aspect d'une *notion abstraite*, d'une *qualité*, d'une *espèce*.

> *Bons fut li secles al tens ancienur,*
> *Quer feit i ert e justise ed amur.* (*Vie de saint Alexis*, v. 1.)
> [= Bons était le monde au temps ancien, car y régnaient foi, justice et charité].
> *Tant li prierent par grant humilitet*
> *Que la muiler dunat feconditet.* (*Ibid.*, v. 26.)
> [= Ils le prièrent tant, avec grande humilité, qu'il accorda fécondité à l'épouse.]
> *Ki Deus a duné escïence*
> *E de parler bon eloquence*
> *Ne s'en deit taisir ne celer.* (Marie de France, *Lais*, Prologue, v. 1.)
> [= Celui à qui Dieu a donné faculté de savoir et bonne éloquence dans la parole ne doit pas les cacher en se taisant.]
> *Metez pais entre voz barons.* (*Roman de Renart*, I, v. 67.)
> [= Imposez (la) paix parmi vos barons.]

(5) Entrent dans cette série les substantifs dont le référent est conçu comme un *ensemble* de *matière massive* non décomposable en unités. Il en résulte que ces substantifs excluent l'emploi de *uns*, à moins qu'on ne veuille évoquer un plat ou une portion de cette matière (cf. *Roman de Renart*, I, v. 523).

> *Ne por or ned argenz.* (*Eulalie*, v. 7.)
> [= Ni pour de l'or ni pour de l'argent.]
> *Et si ai mangi. VI. danrees*
> *De novel miel en bonnes rees.* (*Roman de Renart*, I, v. 555.)
> [= Aussi ai-je mangé la valeur de six deniers de miel nouveau en bons rayons.]
> *Mais qu'eüsse mangie ainçois*
> *D'un merveilleus mangier françois.* (*Roman de Renart*, I, v. 523.)
> [= A condition qu'auparavant j'eusse mangé une part d'un merveilleux manger français.]

Il en résulte que devant ces substantifs les Prd apportent en tout et pour tout une information sur les notoriétés du référent ou sur sa relation avec une personne. Si cette information n'est pas nécessaire, les substantifs en question se présentent nus.

> *Li frein sunt d'or, les seles d'argent mises.* (*Roland*, v. 92.)
> [= Les freins sont d'or, les selles serties d'argent.]
> *Quant por viande somes au roi remés.* (*Charroi de Nîmes*, v. 120.)
> [= Du moment que nous sommes restés auprès du roi en échange de quoi subsister.]

(6) Entrent dans cette série des substantifs dont le référent est conçu sous l'aspect d'une *collection* ou d'un ensemble d'unités dénombrables. Le sème « unité » est effacé au profit du sème « ensemble collectif ».

1. En l'abscence d'un Prd, ces substantifs se présentent nus.

Ensi vet d'ome qui sert a male gent. (*Charroi de Nîmes*, v. 297.)
[= Ainsi en va-t-il d'un homme qui est au service d'une mauvaise race.]

Gent évoque l'ensemble « nation », « collectivité », « race ». Il en résulte que les Prd *la* ~ *une* particularisent cette notion : une nation ~ la nation (des Français, des Sarrazins) et qu'au pluriel *genz* évoquera un nombre indéterminé ou déterminé de personnes composant un ensemble.

Ne verrai mais quatre genz assembler... (*Charroi de Nîmes*, v. 803.)
[= Désormais, je ne verrai plus s'assembler quatre personnes...]

2. Ces collectifs, au singulier, sont parfois prédéterminés au moyen de *uns*.

En cel termine mut uns estoires de Flandres par mer. (Villehardouin, *Chronique*, § 48.]
[= En ce temps-là une flotte partit de Flandres par mer. (Trad. E. Faral.) N. B.
uns estoires comporte plusieurs navires de diverses sortes.]
uns dras = un vêtement (composé de plusieurs pièces d'étoffe).

(7) Sous le couvert de déterminations variables, le singulier se prête à l'expression d'une *évaluation quantitative globale*.

1. Substantifs dont le signifié est conçu sous l'aspect du *discontinu*. La notion de « grande quantité de » est traduite au moyen de l'adjectif *maint — mainte*. On observe que dans cet emploi le féminin *mainte* détermine aussi bien des substantifs masculins (ex. *en mainte sens, en mainte lieu*) que des substantifs féminins.

Mainte feiz [= maintes fois].
Mainte colee i ot donee. (*R. de Thèbes*, v. 699.)
[= Il y eut une grande quantité de coups portés.]
Mainte merveille [= une quantité de choses ~ aventures surprenantes].

La notion de « petite quantité de » est traduite au moyen de l'adverbe *poi (de)*.

2. Substantifs dont le signifié est conçu sous l'aspect du *continu*.

(*a*) L'expression de la « totalité » est dévolue à l'adjectif déclinable **tot*.

	Masc.	Fém.
cas sujet	*toz* ~ *tuz*	*tote*
cas régime	*tot*	

Tut le païs en reluist e esclairet. (*Roland*, v. 2637.)
[= Le pays tout entier s'éclaire et brille. N. B. *Tut* cas régime singulier à la place du cas sujet régulier *tuz*.]
Seit ki l'ociet ! Tute pais puis avriumes. (*Ibid.*, v. 391.)
[= Soit quelqu'un qui le tue ! Ensuite nous aurions paix entière.]
Si s'en commourent tota la gent de Rome. (*Vie de saint Alexis*, v. 511.)
[= Se mit en route tout le peuple de Rome.]

(*b*) La notion de « grande quantité » est traduite au moyen de l'adverbe *assez* = en grande quantité ~ à suffisance.

Asez ad doel quant vit mort son nevold. (*Roland*, v. 1219.)
[= Il a beaucoup de peine quand il vit son neveu mort.]
Fust crestïens, asez oüst barnet. (*Ibid.*, v. 899.)
[= Il serait chrétien, il aurait à suffisance qualité de baron.]

Dans le v. 2247 du *Roland* : *Asez i ad de la gent paienur*, on peut interpréter *de* comme une préposition ayant la valeur de « quant à », d'où : quant à la nation des païens, il y en a à suffisance. Mais il est possible, comme le suppose L. Foulet, qu'à date précoce *assez* et *poi* (= peu) aient pu admettre un complément déterminatif, le syntagme *assez de* ~ *poi de* prenant alors la valeur d'un partitif : une grande ~ petite quantité de.

(*c*) La notion de « petite quantité de » s'exprime au moyen de *poi* ~ *pou*. Ce morphème fonctionne quelquefois comme adjectif.

> [chose]... *Nule qui seit, poie ne grant.*
> > (Benoit, *Chronique des Ducs de Normandie*, v. 18905.)
> [= Nulle chose qui soit, petite ni grande.]

Il fonctionne communément en qualité de nominal dans le syntagme *poi de*.

> *Einz i frai un poi de legerie.* (*Roland*, v. 300.)
> [= Auparavant j'y accomplirai un peu de fantaisie. N. B. *frai*, forme contractée du futur *ferai*.]

Remarque. L'évaluation globale relative de la quantité s'exprime au moyen des adverbes *plus* (*de*), *moins* (*de*).

> *Tant nel vos sai ne preiser ne loer*
> *Que plus n'i ad d'onur e de bontet.* (*Roland*, v. 533.)
> [= Je ne sais vous le vanter ni le louer davantage car il n'y a pas plus d'honneur et de vertu qu'en lui.]
> *Mès j'ai mainte foiz oï dire*
> *Que de deux max doit on eslire*
> *Celui ou meins a de grevance.* (*R. de Dolopathos*, ap. *T.-L.* sous *moins*.)
> [= Mais j'ai maintes fois entendu dire qu'entre deux maux on doit choisir celui qui a le moins de poids = qui est le moins lourd.]

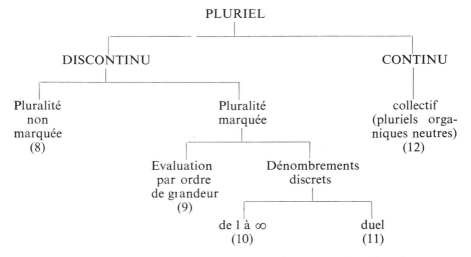

N. B. Les commentaires suivent dans l'ordre la numérotation de ces cas.

(8) A défaut de prédéterminants le *pluriel* des substantifs dont le référent est conçu sous l'aspect du discontinu, donc du nombrable, implique en tout et pour tout « *pluralité de* ».

> *Ne por or ned argent ne paramenz. (Eulalie*, v. 7.)
> [= Ni pour (de l') or, ni pour (de l') argent, ni pour (des) parures.]
> *Quant païen virent que Franceis i out poi. (Roland*, v. 1940.)
> [= Quand (les) païens virent que (les) Français étaient en petit nombre.]
> *Et pristrent conseil entr'els que il envoieroient bons messages encontre les pelerins.*
> (Villehardouin, *Chronique*, § 52.)
> [= Et ils décidèrent entre eux d'envoyer (de) bons messagers à la rencontre de ces pèlerins.]
> *Li reis l'adube richement*
> *Armes li dune a sun talent.* (Marie de France, Lai de *Guigemar*, v. 47.)
> [= Le roi l'adoube luxueusement et lui donne armes à sa volonté.]
> *Aucunes genz dient qu'en songes*
> *N'a se fables non et mensonges. (Roman de la Rose*, I, v. 1.)
> [= Certaines gens disent que dans les songes il n'y a que (des) fables et (des) mensonges.]

En ancien français, la règle veut qu'aucun morphème spécifique ne marque l'indétermination de la pluralité. Il est possible que dans les énoncés informatifs *des* ait déjà conquis au XIIIᵉ siècle la place qu'il occupera en moyen français et français moderne. Mais l'exemple que L. Foulet allègue pour soutenir cette hypothèse (*Petite syntaxe*, § 108) est discutable. En ancien français classique, *des* résulte de la contraction de *de* et de l'article pluriel qui en tout état de cause marque la notoriété du référent.

(9) A défaut d'être soumise à des dénombrements discrets, la pluralité peut être l'objet d'*évaluations globales* (ordres de grandeur).

(*a*) La totalité. L'expression en est dévolue au pluriel déclinable de **tot.*

	Masc.	Fém.
cas sujet	*tuit*	*totes*
cas régime	*toz*	

Ce morphème fonctionne comme nominal :

> *Et tuit le prient que d'els aiet mercit. (Vie de saint Alexis*, v. 185.)
> [= Et tous le prient d'avoir pitié d'eux.]

En tant qu'adjectif, il est régulièrement préposé aux Prd du substantif lorsque ceux-ci sont exprimés.

> *Tant par fut bels tuit si per l'en esguardent. (Roland*, v. 285.)
> [= Il était si beau que tous ses pairs le contemplent.]
> *Tutes voz armes otreit il parëis ! (Ibid.*, v. 1855.)
> [= Qu'il octroie le paradis à toutes vos âmes !]

(*b*) La notion de « grande quantité de » est traduite au moyen d'adjectifs et d'adverbes variés : *assez de, mult de, mult* (adjectif), *tuit li plusor* (= la grande majorité de), *tant ~ tantes* (= un si grand nombre de...).

113

Escuz unt genz, de multes cunoisances. (*Roland*, v. 3090.)
[= Ils ont de beaux écus, parés de nombreuses connaissances. N. B. *connaissances* = signes de reconnaissance.]
Tuit li plusur en sunt dublez en treis. (*Ibid.*, v. 995.)
[= la grande majorité (des haubers) ont trois épaisseurs.]
Tantes dolurs ad pur tei anduredes ! (Vie de saint Alexis, v. 397.)
[= Elle a enduré à cause de toi de si nombreuses peines !]
Tant gunfanum rompu e tant enseigne ! (Roland, v. 1400.)
[= Tant de gonfanons arrachés et tant d'enseignes !]

(*c*) La notion de « quantité moyenne » est traduite au moyen d'adjectifs qui peuvent fonctionner comme nominaux : *alquant ~ auquant* (= un certain nombre de), *aucun* (*id.*), *plusor* (plusieurs).

Alquant i vunt, alquant se funt porter. (*Vie de saint Alexis*, v. 558.)
[= Quelques-uns s'y rendent (à pied), quelques-uns se font porter.]
Prent i chastels e alquantes citez. (*Roland*, v. 2611.)
[= Il y prend des places fortes et un certain nombre de cités.]
Aucunes genz dient qu'en songes
N'a se fables non et mençonges. (*Roman de la Rose*, v. 1.)
[= Certaines gens disent que dans les songes il n'y a rien sinon fables et mensonges.]
Par mon chief, ge le vueill savoir, por ce que aucun vont disant que vous en avez tant ocis que c'est merveille. (*Mort le Roi Artu*, § 3, p. 13.)
[= Par mon chef, je veux le savoir, car certains ~ d'aucuns aiment à dire que vous en avez tant tués qu'il y a de quoi en être grandement surpris.]
Plusurs culurs i ad peinz e escrites. (*Roland*, v. 2594.)
[= Il y a plusieurs couleurs tracées et peintes.]
Dient plusor : « *Co est li definement.* (*Roland*, v. 1434.)
[= Plusieurs disent : « C'est la fin des fins.]

(*d*) La notion de « petite quantité » est traduite au moyen de *poi* (*de*).

Quant paien virent que Franceis i out poi. (*Roland*, v. 1940.)
[= Quand les païens virent qu'il y avait des Français en petit nombre.]
Poi s'en estroerstrent d'icels ki sunt iloec. (*Ibid.*, v. 3632.)
[= Peu de ceux qui sont là s'en échappèrent.]

(*e*) L'évaluation relative se traduit au moyen des adverbes *plus* (*de*), *moins* (*de*).

Et sachiez que il porterent es nés de perieres et de mangoniax plus de. CCC.
(Villehardouin, *Chronique*, § 76.)
[= Et sachez qu'ils portèrent dans les nefs en fait de pierriers et de mangonneaux plus de trois cents.]

(10) Les dénombrements discrets sont opérés au moyen des *adjectifs numéraux cardinaux* qui fonctionnent soit comme adjectifs soit comme nominaux (ex. *li dui* = les deux). En tant qu'adjectifs ils sont préposés aux substantifs en l'absence de prédéterminants spécifiques (ex. *dui ome* : deux hommes) ; ou bien ils sont inclus entre les *Prd* et le substantif (ex. *li ~ cist dui ome* = ces deux hommes).

Héréditairement sont déclinables les cardinaux 1 et 2.

	Masc.	Fém.
cas sujet	*uns*	*une*
cas régime	*un*	
	Masc.	Fém.
cas sujet	*dui*	*does*
cas régime	*dous ~ deus*	

Remarque. Le féminin *does* a décliné précocément au profit des formes du masculin.

De Franceis sunt les premeres escheles.
Après les dous establisent la terce. (Roland, v. 3026.)
[= Les premières échelles sont composées de Français. Après les deux premières, on établit la troisième. N. B. *Eschiele* = corps de bataille.]

Par analogie une déclinaison factice a été attribuée à d'autres cardinaux soit pas élimination d'un *s* final héréditaire, en vue de créer un cas sujet pluriel :

$$treis \sim trois\,(= 3) \to \begin{cases} \text{cas sujet} & trei \sim troi \\ \text{cas régime} & treis \sim trois \end{cases}$$

soit par l'adjonction de -*s*, marque du cas régime pluriel à des cardinaux dont le radical héréditairement invariable se terminait par une consonne ;

la forme *vinz* (20) à côté de *vint* ou *vin*.
la forme *cenz* (100) à côté de *cent*.

L'unité sert de base aux diverses sortes d'opérations.

1. L'*addition*. Le total est exprimé d'une manière synthétique au moyen d'un symbole, de deux (2) à seize (16), soit *dui, trei(s), quatre, cinc, sis, set, uit (~ oit), nuef, dis (~ diz), onze, doze (~ douze), treze, quatorze, quinze, seze,* dans les dizaines, de *vint* à *cent* (*cenz*), soit *trente, quarante, cinquante, seissante (~ soissante), septante, uitante (~ oitante), nonante* et dans les symboles de (1 000), soit *mil* et *milie (~ mile).* En dehors de ces cas, le total est exprimé analytiquement dans un syntagme du type *x* et *y* soit *dis et set, dis et uit, dis et nuef, vint et quatre, cent et un,* etc.

Sachiez que. M. et. C. et quatre vinz et. XVII. anz après l'incarnation Nostre Sengnor Jesu Crist. (Villehardouin, *Chronique,* § 1.)
[= Sachez que mille cent quatre-vingt-dix-sept ans après l'incarnation de Notre Seigneur Jésus-Christ. N. B. XVII est à décomposer en dix et sept.]

2. La *multiplication* s'opère en juxtaposant le multiplicateur au multiplicande.

treis cenz ome. quatre mil ome.

D'un système de numération vigésimal héréditaire relèvent les opérations du type de *sis vint* (= 120), *set vint* (= 140), *quinze vint* (= 300).

3. La *division* fractionnaire d'un ensemble d'unités nombrables s'exprime au moyen des nominaux *li dui, li treis, li quatre* etc. (cf. *Petite syntaxe,* § 282).

et dient que par tout le monde
Li tierz anfant de nacion
Sunt de ceste condicion
Qu'il vont. III. foiz en la semaine
Si con destinee les maine. (Roman de la Rose, v. 18398.)
[= et on dit qu'à travers le monde un enfant sur trois appartient de naissance à cette condition (= de sorciers), si bien qu'ils vont au sabbat trois fois par semaine, comme le destin les y pousse.]
li troi des set freres morurent. (Quête du Graal, ap. *Petite syntaxe, loc. cit.)*

Remarque. L'approximation d'un nombre s'exprime au moyen de *tel ~ itel*, éventuellement de *tant*.

A icez moz li. XII. per s'alient.
Itels. C. milie Sarrazins od els moinent. (*Roland*, v. 991.)
[= A ces mots, les douze pairs s'assemblent. Ils emmènent avec eux environ cent mille Sarrazins.]

(11) Le *duel* n'est qu'un cas particulier des dénombrements discrets. Entrent dans cette catégorie les substantifs dont le référent est conçu sous l'aspect d'une dualité organique ou fonctionnelle.

1. La marque spécifique du duel est comme on l'a vu (cf. p. 93) le morphème *uns — unes*.

2. A date ancienne l'expression du duel était aussi dévolue au morphème *ambes* (= les deux).

Ad ambes mains derumpt sa blance barbe. (*Vie de saint Alexis*, v. 387.)
[= Avec ses deux mains, il arrache sa blanche barbe.]
Sa barbe blanche cumencet a detraire
Ad ambes mains les chevels de sa teste. (*Roland*, v. 2931.)
[= Il commence à arracher sa barbe blanche et à deux mains les cheveux de sa tête.]

Remarque. En composition, le radical **amb-* et le cardinal *dui ~ dous* forment un morphème qui évoque la notion de simultanéité = « deux à la fois ».
Soit cas sujet masculin *ambedui ~ andui*,
cas régime masculin *ambedous ~ andous*
cas sujet et cas régime féminin *ambesdous*.

Ce morphème fonctionne comme nominal :

E Deu apelent andui parfitement. (*Vie de saint Alexis*, v. 23.)
[= Et tous les deux s'adressent à Dieu dans une bonne intention.]

Il peut fonctionner comme adjectif indépendamment de tout prédéterminant.
Dans le cas contraire, il est préposé au *Prd*.

Cuntre le ciel ambesdous ses mains juintes. (*Roland*, v. 2015.)
[= Ses deux mains ensemble levées vers le ciel.]

(12) N'entrent dans cette série que les *substantifs pluriels neutres* organiques énumérés p. 89.

Expression de l'échelle des rangs.

L'unité sert encore de base pour l'établissement de l'échelle des rangs que l'on assigne à une personne ou à une chose au sein d'une série qui peut aller de deux à l'infini. L'expression de ces degrés est dévolue aux *adjectifs numéraux ordinaux* qui peuvent fonctionner aussi comme nominaux. Soit, pour les dix premiers rangs :

(1) *Premiers* (cas sujet) *premier* (cas régime). *Premiere* (féminin).

> *Cest premer meis.* (*Roland*, v. 83.)
> [= Ce premier mois.]

Remarque. *Premerain*(*s*) ne fonctionne dans le *Roland* que déterminé par *tuz* ou *tut* = le tout premier ~ en tout premier lieu. *Prim* (masculin) — *prime* (féminin) est lexicalisé en ancien français dans des expressions toutes faites.

(2) *Second.*

> **Cf.** Benoit, *Chronique des ducs de Normandie* publié par Carin Fahlin, v. 25086, 32061. [N. B. La rareté relative de ce morphème s'explique peut être par sa similitude formelle avec la préposition *segunt* (< lat. *secundum*) = suivant, selon.]

(3) *Tierz* (masculin) — *tierce* (féminin).

> *Et la terce est de Nubles e de Blos.* (*Roland*, v. 3224.)
> [= Et la troisième (armée) est composée de Nubles et de Blos.]

(4) *Quart* (masculin) — *quarte* (féminin).

> *Et la quarte est de Bruns e d'Esclavoz.* (*Roland*, v. 3225.)
> [= Et la quatrième est composée de Bruns et d'Esclavons (?).]

(5) *Quint* (masculin) — *quinte* (féminin).

> *Li quint après lor est pesant e gref.* (*Roland*, v. 1687.)
> [= le cinquième (assaut) qui suivit leur est lourd à soutenir.]
> *La quinte.* (*Ibid.*, v. 3226.)

(6) *Siste* (masculin et féminin).

> *La siste.* (*Roland*, v. 3227.)

(7) *Sedme* ~ *sesme* (masculin et féminin).

> *La sedme.* (*Roland*, v. 3228.)

(8) *Oidme* (masculin et féminin) ~ *uitme*.

> *Et l'oidme eschele ad Naimes establie* (*Roland*, v. 3068.)
> [= Et Naimes a formé la huitième échelle.]

(9) *Nuefme* ~ *nueme*.

> *La noefme eschele unt faite de prozdomes.* (*Roland*, v. 3076.)
> [= Ils ont formé la neuvième de vaillants guerriers.]

(10) *Disme* (masculin et féminin).

> *La disme eschele est des baruns de France.* (*Roland*, v. 3084.)
> [= La dixième échelle est composée des barons de France.]

Dans cette série, *oidme*, *nuefme*, *disme* attestent déjà la tendance de rattacher les ordinaux à la base des adjectifs cardinaux correspondants. *Octave* est un calque tardif du latin *octauum* ; *none* était déjà lexicalisé en ancien français.

La forme héréditaire *onzime* (11e) a engendré *dozime*, forme refaite sur la base *doze* (12) [5]. Mais c'est le suffixe *-iesme* (fr. mod. *-ième*) qui a servi

---

5. *Troisime* figure dans *Guillaume d'Angleterre* de Chrétien de Troyes.

précocément à remodeler une série d'adjectifs ordinaux ayant pour base les adjectifs cardinaux [6]. Dès le XIIIe siècle on relève des exemples de *troisiesme*.

Remarque. Ces adjectifs ordinaux déterminent à l'occasion un pronom personnel (ex. *lui li tierz* = lui le troisième ~ en troisième) pour marquer le rang qu'occupe tel référent dans un ensemble d'unités dénombrables.

Je le sai bien... que vos i seroiz, vos tierz de compaignons de la Table ronde.
(*Quête du Graal*, § 166, v. 17.)
[= Je le sais bien que vous y serez le troisième des quatre compagnons de la Table ronde.]

6. Sur l'origine et l'extension de ce morphème, cf. P. Fouché, *La terminaison ordinale -ième* in *Le français moderne*, t. 10, 1942, p. 11-19.

IV

MORPHOLOGIE
LE SYNTAGME VERBAL

NIVEAUX D'ANALYSE

1. Le niveau du sens.

Au niveau du sens, le verbe implique une *relation*, dite *prédicative*, entre deux éléments solidaires. Le contenu du verbe, c'est-à-dire ce qu'il dénote, est toujours rapporté à un thème qui lui sert de support. « Dormir » n'a de sens que relativement à un *x* qui dort ; « prendre », « voir » ne s'entendent que par rapport à un *x* qui prend ou qui voit. Le concept verbal diffère par là du concept nominal. *Li reis, li leus, l'eve,* n'évoquent pas autre chose que ce qui est circonscrit par les catégories du genre, du nombre et du cas.

L'existence de cette relation suffit à distinguer des noms ordinaires les substantifs verbaux qui sont tirés du verbe par une dérivation suffixale (*la crëance, la reconoissance*) ou par dérivation impropre (*la vëue, la conoissance* = la connaissance). Elle fonde, de même, la distinction entre des adjectifs tels que *neir* (= noir), *pale, sale* et les adjectifs verbaux *nerci* (= noirci), *pali, sali.*

Le contenu du verbe détermine :

1. *La qualité du thème.* Celui-ci est individualisé ou non. Dans le premier cas, il a pour référent un nombre de la classe des animés ou des inanimés :

> *Tot li a mostré Anchisés.* (*Eneas*, v. 2981.)
> [= Anchise (thème) lui a tout montré (prédicat).]
> *Par ces portes issent li songe.* (*Ibid.*, 3001.)
> [= Les songes (thème) sortent par ces portes (prédicat).]
> *D'iloc alat en Alsis la ciptet.* (*Vie de saint Alexis*, v. 86.)
> [= Il (thème implicite) ala de là à la ville d'Edesse (prédicat).]

Dans le second, le thème a pour référent implicite la situation ou la circonstance évoquée par le verbe. Le verbe se présente à la troisième personne ; il est précédé ou non d'un pronom de forme *il* postiche.

> *S'est kil demandet, ne l'estoet enseigner.* (*Roland*, v. 119.)
> [= S'il est quelqu'un qui le demande, point n'est besoin de le lui montrer du doigt.]
> *Dous grant portes a en enfer.* (*Eneas*, v. 2297.)
> [= Il y a deux grandes portes en enfer.]
> *Quand il fut anuité* (*passim*). [= Quand il fit nuit.]

2. *La position du thème.* Elle dépend du rôle qui est assigné à celui-ci.

Les verbes attributifs (« être », « devenir », « sembler » « paraître ») et une fraction des verbes intransitifs (« dormir », « pâlir », « naître », « mourir ») assignent au thème un rôle neutre. Le support est conçu comme le siège du prédicat évoqué par le verbe.

> *Rex Chielperigs il se fud morz.* (*Vie de saint Léger*, v. 115.)
> [Le roi Chilperic, il mourut.]
> *Ore vivrai an guise de turtrele.* (*Vie de saint Alexis*, v. 149.)
> [= Désormais je vivrai à la manière d'une tourterelle.]
> *La dame ert bele durement.* (Marie de France, *Equitan*, v. 31.)
> [= Cette femme était très belle.]

En dehors de ce cas, le contenu du verbe assigne au support la position d'un agent du procès.

3. *L'amplitude du prédicat.* Celle-ci dépend de la capacité du verbe à admettre des déterminations sous forme de compléments.

Soit les phrases tirées plus haut de la *Vie de saint Alexis* (v. 149) et d'*Equitan* (v. 31). Voici encore :

> *Il fait ses nes bien aprester*
> *En larrecin s'en velt aler.* (*Eneas*, v. 1645.)
> . . . .
> *Ses nes fait garnir en enblé*
> *De quant que aus estoit mestier.* (*Ibid.*, v. 1658.)
> [= Il fait bien apprêter ses vaisseaux, il veut s'en aller en cachette... Il fait ravitailler ses vaisseaux à la dérobée de tout ce dont eux avaient besoin.]

On observe que les déterminations apportées par les compléments *an guise de... durement, en larrecin, en enblé* ne peuvent pas être reprises ou représentées par un pronom dans une phrase ultérieure transformée. D'une façon générale, tous les prédicats sont déterminables au moyen de compléments (dits de manière) qui en dégagent une modalité (ex. *viste* = vite, *dreit* = directement, *bien*, etc.) ; et ces compléments apparaissent toujours dans la phrase sous la forme de l'adverbe ou de la locution adverbiale qui les expriment.

D'autres déterminations, au contraire, sont rendues au moyen de compléments qui se prêtent à être repris et représentés par un pronom. Soit la phrase :

> *En une chanbre an recelé*
> *Me fetes fere tost un ré,*
> *Se m'i metez les garnemenz*
> *Al Troïen, qui sont laianz...* (*Eneas*, v. 1941.)
> [= Dans une chambre reculée, faites moi faire vite un bûcher ; et mettez y, je vous prie, les pièces de l'équipement du Troyen qui sont là-dedans.]

On observe que le complément *en une chanbre* n'est pas répété au v. 1943 mais repris par le pronom *i. Il faut donc compter autant de compléments que de pronoms au cas régime ayant des fonctions différenciées.*

Par une partie de leurs emplois [1], *en, dont, i* renvoient à des compléments

---

1. Par d'autres emplois *en* et *i* renvoient à des compléments non circonstanciels. *En* peut représenter un complément adnominal *de* N (type : coupez-en les têtes = les têtes de ceux-ci), et *i*, à la place de *li*, représente aussi un complément d'adresse (cf. p. 164).

dits *circonstanciels*, c'est-à-dire à des déterminations qui rapportent le prédicat à des repères tirés de l'espace ou du temps :

> *Dido remaint an son ostal,*
> *Dont ele esgarde lo vasal*
> *Qui an la mer s'ert bien empaint.* (*Eneas*, v. 1955.)
> [= Didon demeure dans son château ; de là, elle observe l'homme qu'elle aimait, qui a déjà bien pris le large.]

Les pronoms *lo* ∼ *le — la* renvoient à un *complément* dit d'*objet*. Celui-ci est toujours régi directement par le verbe. Le référent qu'il représente appartient indifféremment à la classe des animés ou à celle des inanimés.

> *Amors l'argüe et demoine* (*Eneas*, v. 1968.)
> [= Amour aiguillonne et tourmente Didon.]
> *Et lors empruntèrent II. M. mars d'argent en la ville et si les baillèrent le duc.* (Villehardouin, *Chronique*, § 31.)
> [Et alors il empruntèrent deux mille marcs d'argent dans la ville et ils les apportèrent (= ces deux mille marcs) au doge.]

Par l'intermédiaire du nominal *ço* (= cela), *lo* ∼ *le* peut représenter un prédicat :

> *Cele vait aprester lo ré*
> *Quant la dame l'ot comandé.* (*Eneas*, v. 1951.)
> [= Celle-ci va préparer le bûcher, une fois que sa maîtresse l'a commandé (= a commandé *cela*, à savoir de « préparer le bûcher.]

En raison d'une propriété du complément d'objet dont il sera question plus loin, on désignera celui-ci par le nom *complément primaire* (*d'objet*).

Li (= à lui — à elle) et éventuellement *i* renvoient à des *compléments* dits *secondaires*. Certains verbes impliquent, en dehors du thème, un référent de la classe des animés conçu comme le destinataire du contenu du prédicat : soit *nuire*. D'autres, comme *dire* (ex. *il le li dist*) impliquent à la fois un complément primaire d'objet (*le*) et un destinataire. On désignera sous le nom de *complément d'adresse* ou de *destination* celui qui exprime le destinataire. Mais il faut se souvenir qu'en ancien français ce complément, en vertu de la déclinaison est construit soit au cas régime pur et simple.

> *Si les baillerent le duc.* (Villehardouin, § 31.) [= Il les remirent au doge.]

soit au cas régime régi par la préposition *à* :

> *L'an remorut Gisleberties, Qui de Borgoigne ert sire et dus, Qui de sa fille aveit fait don Au fil Huom lo Maigne, Othon.*
> (Benoit, *Chronique des ducs de Normandie*, v. 22335.)
> [= Cette année-là mourut [à son tour] Gilbert, suzerain et duc de Bourgogne, qui avait accordé sa fille à Othon, fils de Huon le Grand.]

Enfin, la considération des vers 1941-1944 d'*Eneas* incite à reconnaître que le pronom au cas régime (ici *me*, ailleurs *li*) renvoie à un complément qui représente un référent dans l'intérêt de qui, pour qui, en faveur de qui le contenu du prédicat est réalisé.

E Deus, dist-il, quer oüsse un sergant
Kil me guardrat. (*Vie de saint Alexis*, v. 226.)
[= Eh, Dieu, dit-il, si seulement j'avais un serviteur pour veiller sur lui à ma place,
ou dans mon intérêt.]

On désigne ces compléments sous le nom de *complément d'intérêt*.

Remarque. On désigne sous le nom de sujet le terme de la phrase qui fixe les catégories de personne et de nombre du verbe. Dans les phrases du type canonique *Li reis vit le duc, Li dux lor respondit que*, le sujet se confond avec le thème du prédicat verbal. Il en va autrement dans les phrases du type *e por o fu presentede Maximiien* (*Eulalie*, v. 11). Le sujet, implicite, y est Eulalie, en vertu de quoi la forme adjective du verbe « présenter » est accordée au singulier et au féminin. Mais le thème du prédicat n'est autre que *li Deo inimi* qui conduisirent Eulalie à Maximien. Dans ces phrases le thème ou bien n'est pas exprimé ou bien est exprimé au moyen d'un complément dit d'*agent* régi par la préposition *par* ou *de*.

2. Le niveau de la syntaxe.

Au niveau de la syntaxe, les formes du verbe se différencient par leur capacité ou leur incapacité à engendrer un prédicat ayant statut de phrase (ex. *vint li dux* = le duc vint, *dorm* = je dors). Cette capacité est liée essentiellement à la présence, dans le verbe, d'une marque catégorielle de personne. La marque de personne faisant défaut dans certaines formes du verbe, celles-ci sont par là même incapables de constituer une phrase. Elles se reversent du même dans l'espèce du nom.

A. Formes impersonnelles du verbe.

L'*infinitif* a syntactiquement toutes les propriétés du substantif. En ancien français la possibilité de substantiver pleinement cette forme au moyen de l'article *li* (*li entrer* = le fait d'entrer, *li prendre* = le fait de prendre, *li chevauchier* = le fait de chevaucher) est générale. Mais sans être prédéterminé par un article ce nom verbal assume les fonctions de sujet et de complément. En tant que complément, sa construction est directe :

Lui volt mult honurer. (*Vie de saint Alexis*, v. 43.)
[= *Mot à mot* Il (le père) veut honorer beaucoup elle (sa fille). N. B. *Volt* et *honurer* ont ici même thème comme aux v. 45, 54.]
Il t'a ocirre conmandé. (*Roman de Thèbes*, v. 73.)
[= Il a commandé de te tuer. N. B. *ocirre* a pour thème implicite les hommes auxquels Laïus a commandé de tuer Œdipe.]

ou indirecte au moyen de la préposition *à* :

Si li commence a demander. (*La mort le roi Artu*, 26, 10.)
[= Il commence à lui demander.]
Mes Lancelos qui i beoit a estre. (*Ibid.*, 5, 7.)
[= Mais Lancelot qui désirait y être.]

En tant que complément circonstanciel l'infinitif est régi par une préposition appropriée qui explicite la relation (de cause, de moyen, p. ex.) établie entre le complément et le prédicat.

Mes nos ne somes mie tant de gent que par noz passages païer poons les leur attendre.
(Villehardouin, *Chronique*, § 59.)
[= Mais nous ne sommes pas assez nombreux pour tenir nos engagements envers eux en payant nos passages ∼ *mot à mot* par [le fait de payer nos passages].]

Remarque. L'infinitif n'a de pouvoir prédicatif que dans les injonctions négatives du type *ne m'occire !* = [ne me tue pas].

Gilebert, sire, ne me mentir tu mie,
Assaudrons nos Orenge la vaillant ? (La prise D'Orange, v. 1760.)
[= Sire Gilbert, ne ments pas, ferons nous le siège d'Orange ?]
Gilebert, frere, nel me celer neant,
Morz est mes oncles... (ibid, v. 1787.)
[= Gilbert, frère, ne me le cachez pas, mon oncle est mort.]

Le *gérondif.* La forme se décèle par une désinence *-ant* invariable. Elle peut être, comme l'infinitif, substantivée au moyen de l'article.

L'ajornant = l'aube.

Equivalant à un complément circonstanciel, ou à un complément de manière, le gérondif se construit directement :

Asez est mielz que moerium cumbatant. (Roland, v. 1518.)
[= Bien mieux vaut que nous mourions en combattant. Trad. J. Bédier.]
Cil en cui fu li anemis
Va derriere aus trestout cantant,
et cil vont devant lui plourant. (Le Chevalier au barisel, v. 146.)
[= Celui en qui était le démon va derrière eux tout en chantant, et eux le précèdent en pleurant.]

ou indirectement :

Servi vos ai par mes armes portant. (Roman de Cambrai, v. 682.)

Dans cette fonction le gérondif et l'infinitif entrent en concurrence comme il ressort de cet exemple que nous empruntons comme le précédent à K. Sneyders de Vogel [2].

Vos m'en avez fet confort
Et en parler et en chantant. (Roman de la Violette, v. 2425.)
[= Vous m'avez fait du bien au cœur et en parlant et en chantant (= par vos paroles et par vos chants).]

S'apparentent aux adjectifs les deux formes de *participe.*

— Le participe *présent* se décèle par une désinence *-anz.* C'est une forme déclinable, sur le modèle de *granz-grant* au singulier, *grant-granz* au pluriel. Le copiste anglais du manuscrit L de la *Vie de saint Alexis* la pourvoit déjà fautivement d'une marque de genre féminin au v. 19. *Dunc prist muiler vailante ed honurede.* [= Alors, il prit une femme ayant de la valeur ∼ du prix et

2. Cf. Bibliographie, nᵒ 159.

« Modes personnels »								
« Indicatif »							« Subjonctif »	
« Présent »	« Imparfait »	« Plus-que-parfait »	« Passé simple » (ou défini)	« Futur »	« Conditionnel »		« Présent »	« Imparfait »
Tiroir *sai*	Tiroir *saveie*	Tiroir *savret* [1]	Tiroir *soi* [2]	Tiroir *savrai*	Tiroir *savreie*		Tiroir *sache*	Tiroir *sëusse*

1. En dehors de *saveir*, ces formes appartiennent à la conjugaison de « avoir » (*auret*), « devoir » (*dure*), « être » (*furet*), « faire » (*fisdra*), « pouvoir » (*pouret*), « prendre » (*presdra*), « rover = demander » (*roveret*), « venir » (*vindre*, « vouloir » (*voldret*), « voir » (*visdra*). On en trouve un relevé dans P. Fouché, *Morphologie du verbe*, § 168 *bis*. Etymologiquement elles représentent des reliques de l'imparfait du perfectum latin (*auret < habuerat*). Dans la langue d'oïl commune leur emploi ne dépasse pas la fin du XIe siècle ou le début du XIIe siècle. Les thèses concernant leur valeur ont été étudiées et critiquées par M. G. Moignet, cf. Bibliographie, n° 126.

2. Avec M. E. Benveniste nous préférons, pour désigner ce tiroir, l'étiquette de prétérit.

honorée.] La leçon primitive était *vaillant*. Quant au sens, le participe présent se rapporte à un thème conçu comme agent ou siège d'un procès.

— Le participe dit *passé* se prête, comme l'infinitif, à être substantivé au moyen d'un article défini. Cette dérivation impropre est la source des substantifs verbaux du type de *la vëüe* (= la vue), *la prise*, etc.

Employé comme adjectif attributif il entre dans deux constructions, suivant que l'attribution est explicite et marquée par un verbe approprié (« être ») :

> ... *tute en sui esguarethe*. (*Vie de saint Alexis*, v. 134.)
> [= J'en suis tout égarée.]
> *E por o fu presentede Maximiien*. (*Eulalie*, v. 11.)

ou que l'attribution est implicite auquel cas il s'assimile à un adjectif épithète comme dans [*une*] *muiler honorede* [= une femme honorée].

Dans ces deux constructions le participe passé dénote un état consécutif à l'achèvement du procès évoqué par le verbe. C'est cette valeur qui différencie les participes tels que *nez-* (= né), *morz* (= mort), *assez, entrez, vëuz*, etc. des adjectifs radicaux tels que *neir* (= noir), *sages, fols*.

B. *Formes personnelles du verbe.*

Les formes personnelles du verbe ont la capacité de constituer des prédicats autonomes. Elles se répartissent entre sept séries complètes auxquelles il convient d'ajouter pour l'ancien français archaïque une huitième série amputée et réduite à une forme de troisième personne du singulier. Chaque série comporte six formes, trois du singulier, trois du pluriel. Les grammairiens désignent ces séries sous le nom de *temps* et les classent en deux *modes* (l'indicatif et le subjonctif). Ces étiquettes doivent être connues, bien qu'elles soient critiquables à tout point de vue. Comme elles préjugent de valeurs et d'emplois qui ressortissent à la syntaxe du discours dont il ne sera pas question dans ce qui suit, nous nous rangeons au parti de Damourette et Pichon. C'est à leur nomenclature que nous emprunterons le terme neutre de *tiroir* pour désigner les séries en question. Chaque tiroir sera caractérisé par la forme de première personne du singulier qui l'ouvre et ces formes seront tirées arbitrairement du verbe *saveir ~ savoir*. Dans le tableau ci-joint on établit une correspondance entre les termes de désignation utilisés dans la nomenclature courante et les titres des tiroirs.

C. *Les prédicats autonomes.*

Les prédicats autonomes constitués par l'association des verbes « être » et « avoir » avec un participe passé ont des propriétés différentes selon la nature du verbe représenté par le participe.

(1) Le participe passé des verbes *intransitifs* entre dans des syntagmes où il s'associe, selon les cas, à une forme personnelle du verbe « être » ou du verbe « avoir ». Cette construction permet d'évoquer la phase qui s'ouvre avec l'achèvement d'un procès. Par rapport à « il mourut », *il se fud morz*, dans la *Vie de saint Léger* n'est qu'une manière de mettre l'accent sur le caractère définitif ou sur la clôture du procès évoqué par « mourir ». Dans la *Vie de*

saint Alexis, v. 443, *Ma lunga atente a grant duel est venude* [= ma longue attente est parvenue à une grande douleur], le personnage qui émet la phrase signifie que désormais et pour toujours la douleur s'est substituée à la joie et à l'espoir. Au v. 103 du même texte : *Quant il ço sourent qued il fut si aled*, ce qui ressort du départ d'Alexiś, pour ceux qui restent à Rome, c'est une absence. En traduisant ces constructions en français moderne on marque avant tout que le procès évoqué par le verbe est « passé » (cf. *Madame est sortie à 4 heures*). C'est une légère inexactitude et la valeur d'emploi de *est sortie* dans *Madame est sortie* (= Madame n'est pas ∼ plus là) est plus proche de celle que ces constructions ont en ancien français. Quant au v. 2 de *la Chanson de Roland* le narrateur, parlant de Charlemagne, dit *Set anz tuz pleins ad estet en Espaigne*, le fait que Charlemagne ait résidé depuis sept ans en Espagne passe après la suggestion que cette station est désormais close : de fait, les événements qui suivent motiveront le départ de l'Empereur.

(2) Le participe passé des verbes *transitifs* entre dans un syntagme où il s'associe exclusivement avec le verbe « être ». Le sujet de ce syntagme, dit passif a pour référent le patient — complément primaire que pourrait avoir ailleurs le verbe représenté par le participe passé. (Ex. *Li reis veit le duc — Li dus est vëuz*.) La construction est en tous points analogue à celles dans lesquelles le verbe « être » est suivi d'un adjectif attribut (ex. *Li reis ert riches*) à cette différence près que le participe comporte, comme on l'a vu un trait de plus que l'adjectif radical : dénotant l'état consécutif à l'achèvement d'un procès, il implique en effet l'agent du procès. Celui-ci peut ne pas être mentionné ; la phrase *li reis ert amez* se suffit à elle-même. Lorsqu'il y a lieu de mentionner l'agent, on y pourvoit au moyen d'un complément régi par une des deux préposition *de, par*.

L'extrait de la *Vie de sainte Marguerite* par Nicole Bozon (ap. *Chrest.*, nᵒ 18, p. 28-29, fin XIIIᵉ siècle) présente deux phrases de ce type où l'agent est implicite :

      v. 1   *La pucele fu dunc pendue*. (= On pendit la jeune fille.)
      v. 17 *Lors fu avalee e mis en prison*. (= Alors elle fut jetée au fond d'une prison.)
      N. B. *mis* = mise.)

et d'autres phrases où l'agent est explicité par un complément introduit au moyen de *par*.

      v. 46 *Le diable crie* : « *Dame, cessez !*
             Jeo su vencu par une femme. »
      [= Le diable crie : « Dame, arrêtez ! Je suis vaincu par une femme. N. B. *su* = suis.]
      v. 49 *Si jeo fuse par homme vencu*
             Ne fus pas tant confundu.
      [= Si j'avais été vaincu par un homme, je ne serais pas aussi honteux. N. B. *fuse*, *fus* = formes du verbe *être* au tiroir *seüsse*.]

(3) Le participe passé des verbes *transitifs* entre dans un autre syntagme où il s'associe, cette fois, exclusivement avec le verbe « avoir » (ex. *jo ai vëu*). Ici encore la construction permet de marquer l'état qu'on prête à l'objet, c'est-à-dire au patient du procès. L'ancien français aide à faire comprendre sa valeur originelle, puisque dans cet état de langue le complément d'objet peut

être inséré entre « avoir » et le participe passé. Dans la *Vie de saint Eustache* (ap. *Chrest.*, n° 17, p. 27-28) on lit à quelques lignes de distance : *Cil qui ot perdu son enfant* [= celui qui avait perdu son enfant], et *Li lyons qui avoit l'enfant ravi*, c'est-à-dire, mot-à-mot, le lion qui avait l'enfant à l'état « ravi » ~ « enlevé ».

L. Foulet (*Petite Syntaxe*, § 145) écrit justement à ce propos : « Le participe passé avec *avoir* est au fond un complément qui forme apposition au régime direct du verbe » [3]. Cette construction reflète donc la valeur qui lui était attribuée en gallo-roman. On comprend qu'elle ait été normalement de mise dans les phrases complexes dont le verbe de la proposition principale est rapporté à une époque ultérieure à l'achèvement du procès évoqué dans la proposition subordonnée. (Ex. *Quant il l'ot vëu, si li dit* = une fois qu'il l'eut vu, il lui dit.) On avait ainsi le moyen de traduire l'antécédence d'un procès par rapport à un autre, ou leur simultanéité, tout en tenant compte (d'une manière qui est proprement intraduisible en français moderne) des phases de développement de ces procès (procès en cours, procès achevé).

Quant il l'entent,
Si li respunt par maltalent. (Marie de France, *Guigemar*, v. 725.)
[= Au moment même où il l'entend, il lui répond de mauvaise grâce.]
Quant il l'a bien aseüre,
Al hafne sunt ensemble alé. (*Id., Ibid.*, v. 617.)
[= Une fois qu'il l'a bien rassuré, les voilà rendus ensemble au port.]

Au v. 2352 de la *Chanson de Roland*, *Mult larges teres de vus avrai cunquises* [= j'aurai grâce à vous conquis de vastes territoires] se comprend en relation avec une proposition principale implicite telle que « quand je mourrai ~ quand je serai mort. » Et c'est à bon droit qu'aux v. 2750-2751 *Vers Carlemagne li durrai bon conseill : Cunquis l'avrat d'oi cest jur en un meis.* J. Bédier traduit « Je lui donnerai, quant à Charlemagne, un bon conseil : de ce jour en un mois il le tiendra prisonnier. »

Dans cette structure, le tiroir du verbe « avoir » est celui où se rangerait la forme simple du verbe représenté par le participe passé. A *il le vit* répond *il l'ot vëu* ; à *il le vëeit* répond *il l'avait vëu. Il l'a vëu* répondait donc à *il le veit* (= il le voit).

On entrevoit la circonstance qui troubla cette correspondance dans les énoncés informatifs, et on peut même déterminer le domaine dialectal (Nord-Est, Est) où elle se produisit. C'est de ce domaine, en effet, qu'est issue la forme de passé dit « surcomposé » : *il a ëu vëu* mise en relation avec *il a vëu*. Cette création, dont une branche du *Roman de Renart* fait état [4], ne se comprend que si, dans les énoncés informatifs, *j'ai vëu*, s'était substitué au tiroir *soi (je vi)* sorti de l'usage. De la sorte, à ce niveau, *j'ai vëu* se chargeait de la valeur temporelle de *je vi* (passé) et du même coup la valeur propre de la construction passait au second plan sans toutefois s'abolir. Ici encore, les textes archaïques

---

3. On peut tirer parti à ce propos du v. 116 de la *Vie de saint Alexis* : *Si at li emfes sa tendra carn mudede.* L'auteur ne veut évidemment pas dire que le jeune homme « a changé sa tendre chair ». Il entend dire qu'après mille privations Alexis « a sa chair changée », c'est-à-dire flétrie. Tournure comparable à *il l'a mort* où *a mort* n'est pas le passé composé d'un verbe *morir* = tuer ; la phrase équivaut à « il le tient mort ».
4. Cf. Bibliographie, n° 49. Le texte du *Roman de Renart* figure dans le compte rendu signalé à la suite de la thèse de M. Cornu.

(ex. la *Vie de saint Alexis*) et les textes classiques sont ambigus dans la mesure où ils exploitent tour à tour, selon les besoins du mètre ou par simple souci de variété, deux tableaux de conjugaison : l'un où le tiroir *soi* (dit « passé simple » « passé défini » ou « prétérit » figurait à titre de temps du passé ; l'autre où ce tiroir, déclinant, cédait la place ou avait cédé la place à la construction *j'ai veü* (dit « passé composé » ou « passé indéfini » dans la nomenclature moderne). Et c'est ce qui rend proprement intraduisible en français moderne la portée de l'alternance des deux syntagmes en ancien français. Soit la plainte proférée par le père d'Alexis (v. 393-395) devant le cadavre de son fils et où les verbes évoquent tantôt une époque révolue (*fui avoglet, nel poi aviser*), tantôt la phase, présente, ouverte par la clôture d'un procès (*malveise guarde t'ai faite... Tant l'ai vedud !*) [5].

N. B. (1) Des parlers régionaux modernes (domaine de l'Ouest) attestent la survivance d'un état ancien, observé et décrit par Maupas au XVIIe siècle, où *je vis* évoque un passé révolu et *j'ai vu* un passé dit « récent » c'est-à-dire faisant partie de l'actualité du locuteur. Il semble en revanche que le français se soit rattaché tôt au domaine dans lequel le tiroir *soi* (*je vi*) ne fonctionnait plus dans les énoncés informatifs.

(2) En ancien français l'invariabilité ou l'accord du participe passé ne dépendent pas de la place du complément d'objet. Le participe passé est traité, suivant les textes et les scribes, tantôt comme un morphème invariable, tantôt comme un adjectif variable, quelle que soit la place du complément d'objet. Cf. exemples apud *Petite Syntaxe*, § 140-146.

3. Le niveau de la morphologie.

Au niveau de la morphologie [6], toute forme personnelle du verbe peut être symbolisée par la formule [*Pr*] R *d*.

(1) *Pr* représente un pronom sujet. Soit dans l'ordre des personnes :

Première personne	Deuxième personne	Troisième personne	
Sg. *jo ~ je*	*tu*	*il*	*elle*
Pl. *nos*	*vos*	*il*	*elles*

(N. B. *il* présente la même forme au singulier et au pluriel. *Elle* est souvent écrit *ele.*)

5. On doit néanmoins toujours admettre que des contraintes métriques poussent un auteur à user alternativement et sans motivation particulière du tiroir *soi* ou du syntagme *aveir* + tiroir *sëu* : *Nel reconurent ne ne l'unt anterciet.* (*Vie de saint Alexis*, v. 121.)
[= Ils ne le reconnurent point et, en conséquence, ils ne l'ont pas interrogé.]
6. On utilisera largement ici les précieux inventaires établis par P. Fouché dans sa *Morphologie historique du français.* (Nouvelle éd. 1967. Cf. Bibliographie, n° 71.) Cet ouvrage, impraticable à qui n'a pas fait de latin, et qui soulève à chaque instant des problèmes de genèse très obscurs, demeure néanmoins largement utilisable en raison de ses tableaux paradigmatiques et de son index des verbes. Il fournit de plus nombre de suggestions à retenir sur les accidents, de nature analogique, qui ont troublé les modèles de conjugaison à date historique.

La mise entre crochets [ ] de cet élément signifie que sa présence n'est pas constante

> *Et ab Ludher nul plait nunquam prindrai.* (*Serment de Strasbourg I.*)
> [= Et (je) ne contracterai nul accord avec Clotaire.]

en face de :

> *Et je suis vialz hom et febles.* (Villehardouin, *Chronique*, § 65.)
> [= Et je suis un homme vieux et faible.]

D'autre part la place de *Pr* est variable, comme celle du substantif sujet. Dans des cas où son expression est jugée nécessaire, le syntagme prend la figure

$$R \; d \; Pr$$

lorsque la phrase est ouverte par un complément.

> *Mielx volons nos tot nostre avoir metre et aler povre en l'ost.* (*Id., ibid.*, § 60.)
> [= Nous aimons mieux remettre tout notre avoir et aller dans l'armée comme des pauvres.]
> *Ja mais n'aies tu medecine*
> *Ne par herbe ne par racine !*
> *Ne par mire ne par poisun*
> *N'avras tu jamés garisun.* (Marie de France, *Guigemar*, v. 109.)
> [= Puisses-tu n'avoir jamais de remède ni par herbe ni par racine ! Jamais tu ne guériras ni du fait d'un médecin ni grâce à une potion.]

(2) R représente la base de la forme verbale. C'est l'élément du syntagme qui porte le sens évoqué par le verbe. On la délimite entre un astérisque et un tiret [*R-]. La base peut être constante à travers toute la conjugaison comme dans le verbe *chanter* (base *chant-*). Dans d'autres verbes, comme *deveir* ~ *devoir* elle est sujette à varier (base *dei-* et base *dev-*). En raison des irrégularités nombreuses de cet élément radical on traitera de lui en dernier lieu.

(3) *d* représente la désinence. Celle-ci n'est jamais séparée de R dans l'écriture.

Par « désinence » il faut entendre, comme on le verra, soit une marque catégorielle *simple* qui discrimine la personne, le nombre, éventuellement un tiroir ; cette marque est attachée directement à la base radicale. Mais la désinence peut être *complexe* ; la marque catégorielle de personne est alors précédée d'un morphème dont la fonction est de marquer certains tiroirs.

Cela résulte d'une analyse comparée de *tu chantes* [= tu chantes] et de *tu chanteies* [= tu chantais]. Dans les deux formes -*s* marque la seconde personne du singulier ; elle est attachée à la base *chant(e)-*. Dans *chanteies* [= tu chantais] elle est adjointe au morphème -*eie*- qui assigne la base *chant-* au tiroir *saveie*.

Les désinences personnelles -*s*, -*t*, (*e*)*nt* ne sont pas aptes à porter un accent. Sont également atones les désinences personnelles -*mes*, -*tes*, syllabiques mais dont le noyau est un *e* sourd [ə]. En revanche les autres désinences syllabiques -*ons*, -*ez*, -*eiz*, -*iiens*, etc. sont aptes à porter un accent.

Dans les formes verbales de type R d́, dites faibles, l'accent porte donc suivant les cas :

soit sur la marque catégorielle de personne :

chantóns [= nous chantons ~ que nous chantions],
dormiiéz [= vous dormiez].

soit sur le morphème discriminateur de tiroir :

chanteíes [= tu chantais], *chanteí(e)t* [= il chantait],
chantásses [= tu chanterais ~ que tu chantasses].

De ce point de vue le tiroir *sëusse* a un statut qu'il importe de signaler tout de suite. En ancien français commun la troisième personne du pluriel est de type *-ássent, -íssent,* ou *-ússent* (ex. *chantassent, dormissent, oüssent*). Mais dialectalement se sont constituées des désinences en *-eínt* ~ *-aínt* dans le domaine bourguignon (ex. *reclamesseint* = qu'ils réclamassent, *heussaínt* = qu'ils eussent), en *-ont* ou en *-ant* en anglo-normand, dans le domaine du Sud-Ouest, parfois en Champagne (ex. *gardesont, soüssant,* cf. *Mielz lor venist qu'arriers retornissant Outre le Rosne envers Nymes la grant* (*Prise d'Orange,* v. 640 = Il eût mieux valu pour eux qu'ils eussent fait marche arrière en passant le Rhône vers Nîmes), ou encore en *-íent* dans le domaine champenois. Ces particularités bien relevées par P. Fouché [7] ne brisent pas, en fait, l'unité structurale accentuelle du titoir *sëusse*. Celui-ci demeure toujours de type R *d̂*.

Il n'en va pas de même au contraire dans les dialectes où, à la troisième personne du pluriel du tiroir *sache*, la désinence atone *-(e)nt* a été remplacée par une désinence accentuée telle que *-aint* (ex. *soaint* = soient) *-íent* (ex. *emportíent* = qu'ils emportent), *-int* (ex. *puissínt* = qu'ils puissent), *-iant* (ex. *sentiant* = qu'ils sentent) ou *-ont* (ex. *puissont* = qu'ils puissent) [8]. En ancien français commun ce tiroir est du type R̂ *d* : 1, 2, 3, 6   R *d̂* : 4, 5.

Dans ces dialectes les six personnes se groupent suivant un type R̂ *d* : 1, 2, 3   R *d̂* : 4, 5, 6.

Remarque 1. Dans une forme personnelle réduite à R *d* (ex. *amons* = nous aimons), la personne et le nombre sont toujours discriminées. Dans un syntagme du type *Pr* R *d* ou R *d Pr* la présence de *Pr* fait qu'il y a redondance dans l'expression de ces catégories.

Remarque 2. Les affixes préfixés (ex. *re-, des-, en-,* etc. dans *refaire, desfaire, encomencier* ne jouent aucun rôle dans le mécanisme de la conjugaison. Pas davantage les affixes tels que *-ot* par exemple (analogues par leur valeur à des déterminants modaux) qui s'insèrent éventuellement entre R et *d*.

La *conjugaison* est l'ensemble structuré des formes sous lesquelles se présente une base verbale. La régularité de la structure tient à deux traits que l'on définira avant de décrire les irrégularités de la base R.

(1) La distribution des types R̂ *d* et R *d̂* au sein des tiroirs.
(2) La distribution de *d* au sein des tiroirs.

7. Cf. Bibliographie, nᵒ 71, p. 343.
8. Cf. Bibliographie, nᵒ 71, p. 206.

Remarque. A date historique, dans tous les tiroirs, la forme de première personne est dépourvue d'une marque catégorielle qui transcende, comme le font -*s* ou -*t*, les différentes classes de verbes. Sans doute les sujets tiraient-ils parti de certaines constantes : finale en -*ai* au tiroir *soi*, des verbes tels que *chanter* (ex. *je chantai*), finale en -*rai*, -*reie* pour l'ensemble des verbes aux tiroirs *savrai*, *savreie*, etc. Mais aucun morphème ne marque proprement la première personne du tiroir *sai*, si l'on compare *je chant*, *j'entre* (où -*e* est une voyelle sur laquelle s'appuie le groupe *tr*), *je truis* (= je trouve), *je faz* (= je fais), *je vei* (= je vois). Ces formes, qui résultent d'accidents survenus en roman ou en gallo-roman, se présentent, en ancien français, comme imprévisibles et arbitraires. On peut donc les extraire des paradigmes ou les y inclure entre crochets [ ].

STRUCTURE ACCENTUELLE DES TIROIRS

Chaque tiroir est constitué de six formes numérotées de 1 à 6. Trois du singulier, trois du pluriel. Les types de forme étant au nombre de deux Ŕ *d* — R *d́*, on prévoit théoriquement trois sortes de tiroirs :

des tiroirs dits *forts*, où les six formes sont du type Ŕ *d*,
des tiroirs dits *faibles*, où les six formes sont du type R *d́*,
des tiroirs dits *mixtes*, dont les formes se partagent entre Ŕ *d* et R *d́*.

L'inventaire de la conjugaison atteste l'existence de ces trois sortes de tiroir. La structure accentuelle de certains tiroirs est variable selon les verbes. Cela contraint à décomposer le tiroir *sai* en deux : *sai*$_1$ de type mixte et *sai*$_2$ de type fort ; le tiroir *soi* en trois : *soi*$_1$ de type faible, *soi*$_2$ de type mixte, *soi*$_3$ de type fort ; l'infinitif et le participe passé, en deux sous-tiroirs, l'un de type faible, l'autre de type fort.

1. Tiroirs forts.

Sai$_2$. Il n'appartient qu'à un nombre restreint de verbes usuels :

Estre [*sui*] *és ést sómes éstes sónt.*
Dire [*di*] *dís dít dímes dítes díent.*
Faire [*faz*] *fais fait faimes faites font.*
Traire [*trou] *tráis tráit tráites* (défectif).

Soi$_3$. Ne s'y range que le verbe *estre* [*fui*] = je fus, *fús, fút, fúmes, fústes, fúrent.*

2. Tiroirs faibles.

Saveie. Soit, pour le verbe *saveir* ~ *savoir* : [*saveíe*] *saveíes saveí(e)t saviiéns saviiéz savéient.*

Savrai. Soit pour le même verbe : [*savraí*], *savrás, savrá(t), savróns, savreíz, savrónt.*

Savreie. Soit, pour le même verbe [*savréie*], *savréies, savréi(e)t, savriiéns savriiés, savreíent.*

Soüsse. Soit [*soüsse*], *soüsses, soüst, soussóns, soüsséiz, soüssent.*

Soi₁. Ce tiroir est propre en particulier aux verbes du type *chanter, fenir* plus à d'autres verbes (ex. *corre* = courir, *voleir* ∼ *vouloir*, etc.) que l'on apprend à l'usage. Soit, pour le verbe *chanter*, le paradigme [*chantái*], *chantás, chantá(t), chantámes, chantástes, chantérent.*

Sachant. Tous les participes présents ainsi que les gérondifs se rangent sous le type R *ďˊ*.

3. Tiroirs mixtes.

Sai₁ et *Sache.* La distribution des formes est la suivante :

$$\acute{R}\ d - 1, 2, 3, 6 \qquad R\ \tilde{d} - 4, 5.$$

Soit, pour le tiroir *Sai₁* du verbe *saveir* ∼ *savoir* :

[Sái] ou [*sé*] *saís* ou *sés, sáit* ou *sét, savóns, saveíz, saívent* ou *sevent.*

Soit, pour le tiroir *Sache* du même verbe, le paradigme [*sáche*], *sáches, sáche, sachóns, sachéz, sáchent.*

Soi₂. La distribution des formes est la suivante :

$$\acute{R}\ d - 1, 3, 6 \qquad R\ \tilde{d} - 2, 4, 5.$$

L'acquisition mémorielle de ce tiroir difficile était aidée par le fait que les formes faibles (R *ďˊ*) comptent toujours une syllabe de plus que la forme forte de troisième personne du singulier. On donnera plus bas des indications sur le détail de ce tiroir.

Soit, pour le verbe *savoir*, le paradigme [*sói*] = je sus, *soǔs, sót, soǔmes, soǔstes, sórent.*

Saveir. Les verbes se distribuent tantôt dans le type fort Ŕ *d* (ex. *Clóre, fáire, díre, córre* = courir, etc.), tantôt dans le type faible R *ďˊ* (ex. *amér, vëeír, fenír,* etc.).

Sëu. Les verbes se distribuent entre le type fort (Ŕ *d*), soit *Clós, faíz* (= fait), *diz* (= dit) et le type faible (R *ďˊ*), soit *améz, vëúz, corú* (= couru).

> **Remarque.** A l'impératif, la forme d'injonction est du type Ŕ *d* à la deuxième personne du singulier (*Chánte !, Pói !, Escrí ! =* écris !). Elle est du type R *ďˊ* à la première et à la deuxième personne du pluriel (*Chantons !, bevons !* = buvons ! *escrivéz*).
> Les impératifs des verbes « Etre », « Avoir », « Savoir », « Vouloir » sont tirés du tiroir *Sache* :

« Etre » *seíes* ~ *sóies, seiiéns* ~ *soiiéns, seiiéz* ~ *soiiéz*
« Avoir » *aíes, aiiéns, aiiéz.*
« Savoir » *sáche(s), sachiéns, sachiéz.*
« Vouloir » *vuéilles, voilliéz.*

Pour l'ensemble des autres verbes, les formes sont issues de l'indicatif. Celle de la deuxième personne présente parfois des irrégularités qui sont clairement exposées par P. Fouché [9].

Cet inventaire est synthétisé dans le tableau ci-joint puis illustré par la conjugaison d'un verbe à tiroir soi_1 (*chanter*) et d'un verbe à tiroir Soi_2 (*moveir* ~ *movoir* = (se) mettre en mouvement).

4. Classement des formes du tiroir soi_2.

La mémorisation des paradigmes du tiroir soi_2 ne devait pas présenter de grandes difficultés pour les sujets, entre le IXe et la fin du XIIIe siècle, car on relève un nombre très restreint de fautes à leur sujet dans les manuscrits. Quand les copistes, pour une raison quelconque, hésitaient à employer ce tiroir, ils avaient la ressource de recourir au tiroir *saveie*. Dans la *Chronique* de Ville-hardouin, § 48, la majorité des manuscrits s'accordent sur la leçon *uns estoires... u ot mult grant plenté de bone gent armee* [= un convoi où il y eut une grande quantité de bonnes troupes armées]. Le copiste du manuscrit *B* (XIIIe siècle) a-t-il jugé que *ot* était déjà archaïque ? Toujours est-il qu'il a écrit à la place *u il avoit* [= où il y avait]. La variante semble minime. Elle est toutefois à retenir car elle prouve que dans l'énoncé d'une histoire dans le ton narratif l'imparfait tenait lieu de l'aoriste qui est en général d'emploi constant dans les énoncés narratifs.

L'acquisition de ces paradigmes présente plus de difficultés pour les modernes. Comme elle est *indispensable* pour les débutants, on peut la faciliter en présentant comme suit les variétés de ce tiroir.

1. La voyelle précédant la marque catégorielle de personne aux formes 2, 4, 5 est de timbre *u* [y].

(*a*) La première personne est en *-ui*. Soit le paradigme du tiroir soi_2 de « gésir ».

1 [*juí*]	2 *jëús*
3 *jút*	3 *jëúmes*
4 *júrent*	4 *jeústes*

Se fléchissent sur ce modèle les verbes « devoir » (1 *dui*, 2 *dëús*, etc.), « boire » (1 *búi*, 2 *bëús*), « croire » (1 *crúi*, 2 *crëús*), « tomber » (1 *chúi*, 2 *chëús*), « se mettre en mouvement » (1 *múi*, 2 *mëús*), « lire » (1 *lúi*, 2 *lëús*), « recevoir » (1 *recúi*, 2 *recëús*).

---

9. Cf. Bibliographie, n° 71, p. 209.

FORMES PERSONNELLES

Classification des tiroirs d'après leur structure accentuelle

sai₁	sai₂ (1)	saveie	soi₁	soi₂	savrai	savreie	sache	soüsse
Ŕ d	Ŕ d	R d́	Ŕ d	Ŕ d	R d́	R d́	Ŕ d	R d́
Ŕ d	Ŕ d	R d́	Ŕ d	Ŕ d	R d́	R d́	Ŕ d	R d́
R d́	Ŕ d	R d́	Ŕ d	Ŕ d	R d́	R d́	Ŕ d	R d́
R d́	R d́	R d́	R d́	R d́	R d́	R d́	R d́	R d́
R d́	R d́	R d́	R d́	R d́	R d́	R d́	R d́	R d́
R d́	R d́	R d́	R d́	Ŕ d	R d́	R d́	Ŕ d	R d́

FORMES IMPERSONNELLES

saveir $\left\{\begin{array}{l} \text{R d} \\ \text{R d} \end{array}\right.$ sachant   R d   sëu $\left\{\begin{array}{l} \text{R d} \\ \text{R d} \end{array}\right.$

1. Verbes *estre, dire, faire, traire.*
2. Aoriste du verbe *estre.*

CONJUGAISON DU VERBE « CHANTER »

saveir = chantér — sachant = chantânt — sëu = chanté

sai	saveie	soi₁	savrai	savreie	sache	sëusse
[chánt]	[chanteie]	[chantái]	[chanterái]	[chantereie]	[chánt]	[chantásse]
chántes	chanteies	chantás	chanterás	chantereies	chánz	chantásses
chánte(t)	chanteie(e)	chantá(t)	chanterá	chantereit	chánt	chantást
chantóns	chantiiens	chantâmes	chanteróns	hanteriiens	chantóns	chantissóns
hantéz	chantiiez	chantâstes	chanteréiz	cheriiéz	chantéz	chantisséiz
chántent	chanteient	chantérent	chanterónt	chantereient	chántent	chantássent

CONJUGAISON DU VERBE « MOUVOIR »

saveir = moveir ~ movoir — sachant = movânt — sëu = meü

sai	saveie	soi₂	savrai	savreie	sache	soüsse
[múef]	[moveie]	[múi]	[movrai]	[movreie]	[muéve]	[meüsse]
mües	moveies	meüs	movras	movreies	muéves	meüsses
müet	movei(e)t	mut	movra	movreit	muéve	meüst
movóns	moviiens	meümes	movrons	movriiéns	movóns	meüssons
movéz	moviiez	meüstes	movrez	movriiéz	movéz	meüsséz
müevent	moveient	mürent	movront	movréient	muévent	meüssent

(b) La première personne est en -oi. Soit le paradigme soi_2 du verbe « avoir ».

1 [ói]	2 oŭs ~ eŭs	
3 ót	4 oŭmes ~ eŭmes	
6 órent	5 oŭstes ~ eŭstes	

Se fléchissent sur ce modèle les verbes « devoir » (1 dói, 2 dëús), « pouvoir » (1 pói, 2 pöús > pëús), « plaire » (1 plói, 2 plöús > plëús), « savoir » (1 sói, 2 söús > sëús), « taire » (1 toi, 2 töús > tëús).

2. La voyelle qui précède la marque catégorielle de personne aux formes 2, 4, 5 est de timbre i.

(a) Dans la majorité des verbes qui relèvent de ce tiroir, la voyelle est précédée d'une sifflante. Soit, pour le verbe « Faire », le paradigme du tiroir soi_2

1 fís	2 fesís
2 físt	3 fesímes
3 físdrent	4 fesístes

Se fléchissent sur ce modèle les verbes suivants. On en donne la première personne et la seconde, les autres s'engendrant à partir de celles-là.

ardre (= brûler)	1 árs	2 arsís
atteindre	1 attaíns	2 attainsís
cuire	1 cuís	2 cuisís
duire (= conduire)	1 duís	2 duisís
dire	1 dis	2 desís
écrire	1 escrís	2 escresís
espardre (= répandre)	1 espárs	2 esparsís
éteindre	1 esteíns	2 esteinsís
étreindre	1 estreíns	2 estreinsís
feindre	1 feíns	2 feinsís
fraindre (= rompre)	1 fraíns	2 frainsís
joindre	1 joíns	2 joinsís
mettre (= envoyer mettre)	1 mís	2 mesís
mordre	1 mórs	2 morsís
oindre	1 oíns	2 oinsís
peindre	1 péins	2 peinsís
plaindre	1 plaíns	2 plainsís
poindre	1 poíns	2 poinsís
prendre	1 prís	2 presís
querre-querir	1 quís	2 quesís
raire (= raser)	1 rés	2 resís
teindre	1 teíns	2 teinsís
tordre	1 tórs	2 torsís
traire (= tirer)	1 traís	2 traisís

(b) Dans les deux verbes suivants la forme ne comporte pas de sifflante.

« Venir »	1 vín	2 venís
	3 vínt	4 venímes
	6 víndrent	5 venístes
« Voir »	1 ví	2 vëis
	3 vít	4 vëimes
	4 vísdrent, vírent	5 vëistes

LES DÉSINENCES

On dégagera en premier lieu les marques catégorielles de personne et de nombre. On étudiera ensuite les morphèmes qui discriminent certains tiroirs.

1. Marques de personne et de nombre.

Les unes sont constantes en ce sens qu'une seule et même marque dénote la même personne dans tous les tiroirs. D'autres sont variables en ce sens qu'une même personne est dénotée par plusieurs marques suivant les tiroirs ou selon les dialectes.

L'analyse de la première personne du singulier soulève une difficulté. On la résout en posant que cette personne n'a pas de marque propre. Il est incontestable qu'aux tiroirs *saveie*, *soi*₁, *savrai*, *savreie*, *seüsse*, les sujets l'identifiaient à l'aide de l'élément démarcateur de tiroir ; *saveie*, *savreie*, *seüsse* représentaient *saveies*, *savei(e)t*, *savreies*, *savrei(e)t*, *sëusses* moins -*s* ou -*t*. En ce qui concerne *soi*₁ et *savrai* peut-être interprétaient-ils -*i* final comme une marque, par rapport à *chantas*, *chanta(t)*, *savras*, *savra(t)*. Des témoignages explicites manquent sur ce point. En revanche, en ce qui concerne les tiroirs *sai* et *sache*, la première personne constitue toujours un donné héréditaire, donc arbitraire et imprévisible. La base peut être terminée par une voyelle d'appui (*e*) comme dans *j'entre*, *je tremble* ; par une voyelle thématique comme dans *fui* (= je fuis), *condui* (= je conduis) ; par une diphtongue comme dans *dei*, *vëei* (= je dois, je vois) ; par une consonne, comme dans *ment* (= je ments), *dorm* (= je dors). Rien ne fait prévoir que la première personne du singulier des verbes « trouver », « plaire », « faire », « taire », soit *truis*, *plaz*, *faz*, *taz* au tiroir *sai*. Il n'y a donc pas lieu de formaliser la première personne. On peut l'inscrire entre crochets [ ] en tête de tous les paradigmes.

> **Remarque.** Pour la même raison, il est impossible de formaliser la forme de l'injonction de la deuxième personne du singulier à l'impératif. Elle est anomale pour tous les verbes à l'exception de « avoir », « être », « savoir » et « vouloir ». En soi *chante !*, *di !*, *uevre !* (= ouvre !), *va !* *vien !* etc. sont des formes héréditaires, donc arbitraires. Tout ce qu'on peut dire, à cause des réfections ultérieures qui se sont opérées en moyen français (cf. P. Fouché, *loc. cit.*, p. 209 sqq.), c'est qu'elles ont été *interprétées* comme appartenant à l'indicatif.

A. Marques constantes.

Les marques constantes sont celles de la deuxième personne du singulier (*s*), de la troisième personne du singulier (-*t*) et de la troisième personne du pluriel (-*nt*). Elles soulèvent des problèmes phonétiques de compatibilité ou d'incompatibilité avec la base.

-*s* est compatible avec toute voyelle terminant la base ou l'élément démarcateur. En contact avec une consonne dentale le groupe -ts est transcrit au moyen de z. Ex. chanz (= *chant- + -s = que tu chantes) — perz (= *perd- + -s = tu perds). Pour les cas d'incompatibilité cf. p. 106 et 153.

-t était compatible avec toute voyelle précédente, mais dans cette position il s'est amui à date précoce après -e dans le tiroir sai des verbes de la classe de chanter:chantet (= il chante), apresset (= il oppresse), passet (= il passe) sont des graphies anciennes dans les textes archaïques. Dans la combinaison -eie + t aux tiroirs saveie et savreie, -t figure à date ancienne. La Séquence d'Eulalie présente sostendreiet (= supporterait), le Fragment de Valenciennes les imparfaits saueiet, doceiet. Quand l'-e [ə] atone se fut amui, -t subsista en s'appuyant sur la semi-consonne [j] -ei.

Au tiroir savrai, -t s'est amui après -a. Mais il était encore noté à date ancienne (cf. Vie de saint Alexis, v. 167 istrat, de issir = sortir).

Tant après -e qu'après -a, ce -t à date archaïque (XIe siècle) était phonétiquement réduit à une spirante th [θ].

-t continue à être noté dans les verbes de la classe de chanter où -e s'était amui à date préhistorique. (Ex. *enveiet > enveit = il envoie, *loet > lot = il conseille.)

Il est toujours noté après -s (ex. dist = il dit, fist = il fit, plaist = il plait).

-t se confond évidemment avec une consonne dentale qui termine la base (ex. pert = il perd < *perd- + t, mort ∼ mord = il mord < *mord- + t).

-nt n'est compatible qu'avec une voyelle. Ce point soulève une difficulté d'analyse en synchronie quand on envisage l'ensemble des tiroirs et l'ensemble des verbes. Chantent diffère de vont et de chanteront. On peut poser que -nt, en ancien français commun, ne s'associe qu'à une voyelle de timbre e [ə] présente, quelle que soit son origine (thématique ou non), aux tiroirs sai de tous les verbes sauf estre, aler, faire (ex. chantent, corent) ; au tiroir saveie (ex. chanteient), au tiroir soi (ex. chantèrent, fisdrent, furent), au tiroir savreie (ex. chantereient) et au tiroir sëusse (ex. chantassent). Et à une voyelle de timbre o pour le tiroir sai des verbes aler (ex. vont), estre (ex.. sont), faire (ex. font) ainsi qu'au tiroir savrai de tous les verbes.

Remarque. Il n'en restait pas moins une disparité entre -ent atone et -ónt qui portait l'accent. Peut-être ce contraste est-il à l'origine de la tendance, dans quelques dialectes, à substituer une désinence tonique (-aint, -ont, -ant) à -ent aux tiroirs sache et sëusse comme on l'a dit précédemment.

B. Marques variables.

Les marques variables sont celles de la première et de la seconde personne du pluriel.

1. *Première personne du pluriel.* En ancien français commun trois désinences interviennent : -ons, -(i)iems > -(i)iens, -mes.

A l'époque archaïque ces désinences avaient une *double valeur*. Certaines étaient attachées étymologiquement à des *classes* de verbe et servaient à les différencier. Ex. A *chantons* indifféremment première personne du pluriel du tiroir *sai* et du tiroir *sache* dans les verbes de la classe *chanter*, le verbe *valeir* ~ *valoir* opposait *valons* (= nous valons) et *valiens* du tiroir *sache* (= que nous valions).

D'autre part ces désinences caractérisaient des *tiroirs*. Ainsi -(i)iens dénotait la première personne du pluriel dans tous les verbes au tiroir *saveie*. (Ex. *chantiiens* = nous chantions, *deviiens* = nous devions, *perdiiens* = nous perdions.) Ainsi -*mes* dénotait exceptionnellement la première personne du pluriel dans le tiroir *sai* des verbes *estre* (ex. *somes* = nous sommes), *dire* (ex. *dimes* = nous disons), *faire* (ex. *faimes* = nous faisons), mais cette dénotation était constante pour l'ensemble des verbes au tiroir *soi* (ex. *chantames*, *fesimes*, *fumes*).

> **Remarque.** Dialectalement deux désinences secondaires de première personne du pluriel interviennent.
>
> Dans un domaine qui englobe l'Ouest et une partie de la Picardie, -*ons* a été réduit à -*on*. Cette désinence est orthographiée -*um* en anglo-normand.
>
> Dans un domaine qui englobe le Nord et le Nord-Est, fonctionne une désinence -*omes* qui s'est étendue ensuite à l'Est, au Centre et à l'Ouest. On la rencontre au tiroir *sai* (ex. *disomes* = nous disons, à la place de dimes) et au tiroir *savrai*.
>
> *Et tant feromes nos plus, que nos metromes. L. galees armees pour l'amor de Dieu.*
> (Villehardouin, *Chronique*, § 23.)
> [= Et nous ferons ceci en plus, que nous enverrons gratuitement cinquante galées armées.]

2. *Seconde personne du pluriel.* En ancien français commun trois désinences interviennent : -*ez*, -*eiz* ~ -*oiz*, -*tes*. Elles donnent lieu aux mêmes observations que les précédentes.

Étymologiquement elles étaient attachées à des classes de verbe. Ainsi -*ez* dénotait la deuxième personne du pluriel au tiroir *sai* des verbes tels que *chanter* (ex. *chantez*), alors que *veeïr* ~ *vëoir*, *deveir* ~ *devoir* présentaient *veeiz* = vous voyez, *deveiz* = vous devez.

D'autre part elles caractérisaient des tiroirs. Ainsi -*eiz* ~ *oiz* était attachée pour l'ensemble des verbes au tiroir *savrai* (ex. *chantereiz* = vous chanterez, *devreiz* = vous devrez). Ainsi -*tes* dénotait la deuxième personne du pluriel pour l'ensemble des verbes au tiroir *soi* (ex. *chantastes*, *fesistes*, *fustes*) et exceptionnellement elle assurait la même fonction au tiroir *sai* des verbes *estre* (estes = vous êtes), *dire* (dites), *faire* (faites).

Cette distribution était inéconomique. On pouvait la normaliser à partir de deux traits : classe de verbes ou tiroir. Ce fut, en gros, le second qui fut retenu. Au cours de l'ancien français des transferts de désinences eurent lieu qui masquèrent à la longue les distributions primitives. Ils régularisèrent la conjugaison mais laissèrent subsister quelques formes anciennes qui, du même coup, prirent figure d'exceptions.

Dans le tableau suivant pp. 140-141 on part de la distribution ancienne des désinences. Les innovations sont signalées au moyen de deux points (:) : (ex. -ons : -iens signifie : la désinence -ons a été remplacée par la désinence -iens). Des notes apportent quelques éclaircissements sur des innovations secondaires ou ultérieures. Par économie on attribue les chiffres 4 et 5 à la première et à la deuxième personne du pluriel.

2. Eléments démarcateurs de tiroirs.

A. Position du problème.

L'analyse étymologique des formes verbales permet, au prix de maintes difficultés, de reconstituer leur genèse. Elle détermine les accidents successifs qui ont altéré par exemple la troisième personne du singulier de l'imparfait du perfectum de « faire », en latin *fécerat* au point de la réduire à *fíret* qui se lit dans la *Vie de saint Alexis*. Mais cette analyse ne répond en aucun point ou presque à celle que pouvait faire un sujet parlant au moyen âge lorsqu'il avait à acquérir les mécanismes de la conjugaison. Reconstituer la structure des paradigmes telle qu'elle était entrevue ou sentie à cette époque est une tâche difficile. On ne peut cependant l'éluder, ne serait-ce qu'en raison d'innovations significatives. Celles-ci visent toujours à préserver le caractère distinctif d'un tiroir lorsque les accidents risquaient de compromettre son autonomie. L'exemple du tiroir *sache* est probant de ce point de vue parce que les innovations dont il a été le lieu attestent d'une façon claire chez certains sujets le sens de ce que nous proposons d'appeler un morphème démarcateur de tiroir.

L'ambiguïté de *chantons*, indicatif ou subjonctif, a bien été levée par la substitution de -*iiens* à -*ons* à l'Est. Mais comme à -*iiens* étaient dévolues d'autres valeurs démarcatives, le remède n'allait pas loin. Au § 59 de la *Chronique* de Villehardouin, en face de *perdissiens* (première personne du pluriel de *perdre* au tiroir *sëusse*), les manuscrits E et D présentent un présent du subjonctif : E *pergiens* D *pergiesmes*. [3] n'a jamais appartenu étymologiquement à la base radicale de *perdre*. C'est proprement un morphème démarcateur de tiroir attribué à *perdre* à partir de verbes qui étymologiquement présentaient un tiroir *sache* en -*ge*. Dans le domaine de l'Ouest et du Sud-Ouest, des formes régulières *sorge* (= que je bondisse), *esparge* (= que je répande) on a extrait ingénieusement un morphème [3] qui fut étendu ensuite à des verbes qui possédaient un tout autre subjonctif, mais dont la base se terminait par une liquide, puis à d'autres. D'où *moerge* (de *morir*), *perge* (de *perdre*), *venget* (de *venir*), *torge* (de *tordre*), *renge* (de *rendre*).

De même, au Nord et au Nord-Est (Picard, Wallon) à partir des subjonctifs étymologiques *fache* (= que je fasse), *menche* (= que je mente), *tache* (= que je taise), etc. propres à des verbes dont la base se terminait par une dentale, un élément -*ch*- [tʃ] parfois réduit à -*c*- [ts] fut extrait puis étendu à des verbes dont la base ne comportait pas de dentale. D'où les formes *oce* (= que j'entende, de *oïr*), *fuiche* (de *fuir*) ; on trouvera dans l'ouvrage de P. Fouché, p. 207-208, une liste de ces formes anomales.

sai_1	sai_2	saveie	soi_1 et soi_2
4 -ons	-mes [3]	-(i)iens : -ions [4]	-mes
5 -ez ~ (i)ez [1] -eiz : -ez [2]	-tes [3]	-(i)iez	-tes

1. Ex. *Chantez, chevauchiez.* Dans les deux verbes la désinence est *-ez.* La différence résulte de ce que dans le second la base comporte étymologiquement un yod [j] qui ressort toujours à l'infinitif : *chevauchier, mangier, couchier* (= coucher) *preisier* (= apprécier).

   Le fait est d'importance car il est interdit par une contrainte forte de lier à l'assonance ou à la rime des formes verbales en *-er, -ez* et des formes en *-(i)er, -(i)ez* (loi de Bartsch). La même règle s'applique aux participes passés en *-é* et en *-(i)é.* L'inobservation de cette règle est un des traits qui servent à établir la frontière entre l'ancien français et le moyen français. Il va de soi que cette contrainte était conventionnelle. Dans la langue des énoncés informatifs la différence entre *-er,* *-(i)er* ne devait pas être sentie comme pertinente. A preuve les contrevenances à la loi de Bartsch qu'on relève dans les textes classiques.

   La transcription *-es* du picard pour *-ez* atteste une simplification précoce (XIIᵉ siècle) du groupe *ts* en position finale.

   2. Dans quelques verbes (*devëir > devoir, vëeir > veoïr, querre* = chercher, *atendre* = attendre) la désinence *-eiz* était étymologiquement attachée à une classe qui s'opposait à celle de *chanter, mangier.* Elle est précocément remplacée par *-ez* : ainsi *veeiz* passe à *veez.*

   Dans la classe de *chanter,* les désinences *-eiz, -eis* sont dialectales (cf. P. Fouché, *loc. cit.,* p. 192).

   3. Ces deux désinences sont étymologiques au tiroir *sai₂* dans les verbes *estre, dire, faire, traire* (= tirer).

   4. Cette désinence est commune à toutes les classes de verbe. A date précoce on relève des exemples d'une désinence secondaire *-ions* analogique. Ex. *avium* (forme anglo-normande de *avions* dans la *Chanson de Roland* v. 1547).

Il s'agit là d'une innovation qu'on peut suivre à travers l'ancien français. Elle autorise à supposer que sur les formes verbales transmises par la tradition une analyse non historique, mais non arbitraire permettait aux sujets de discerner entre une base radicale et les marques de personne des éléments démarcateurs qui caractérisaient les tiroirs.

Le tiroir *sai* ne présente de ce point de vue rien de remarquable. A toutes les personnes, les marques catégorielles de personne et de nombre s'attachent directement au radical. Mais l'hypothèse peut être appliquée à d'autres tiroirs. Les exercices d'analyse que nous proposons ici à titre d'exemple ont évidemment un caractère provisoire. Nous estimons toutefois qu'ils devraient être poussés plus loin en tenant compte des traits qui, dans chaque domaine dialectal, particularisaient la conjugaison.

B. *Exercices d'analyse.*

Tiroir *Sai*

On rappelle pour mémoire que ce tiroir ne comporte pas d'élément démarcateur. Son analyse ne suscite que des observations de détail.

savrai	*savreie*	*sache*	*seiisse*
-*ons*	-(*i*)*iens* : -*ions* [6]	-*ons* [7] -*iiens* [7]	-*ons* : -*iens* [9]
-*eiz* ~ *oiz* : -*ez* [5]	-*iiez*	-*ez* ~ -(*i*)*ez* -*ieez* [8]	-*eiz* ~ -*oiz*

A date ancienne les désinences -*iiens*, -*iiez* étaient disyllabiques (ex. *Nus n'avium plus vaillant chevaler*, *Roland*, 1547). Mais dès le XIIᵉ siècle la scansion prouve qu'elles commençaient à être réduites à une syllabe.

5. La désinence -*eiz* était commune à toutes les classes de verbe. Elle se maintient assez solidement en ancien français (ex. *Vos ferez ce que vos devroiz* ap. Villehardouin, *Chronique*, § 146) mais des exemples précoces de -*ez* attestent la pression que la deuxième personne du pluriel du tiroir *sai* a exercée sur celle-ci. Cf. la discordance entre *ferez* et *devroiz* dans la citation de Villehardouin.

6. Cf. note 4. *La Chanson de Roland*, v. 1805 présente pour 4 une forme analogique en -*ions* (*Ensembl'od lui i durriums granz colps* = avec lui nous donnerions de grands coups). -*ions* comme *iiez* est encore disyllabique.

7. A l'origine ces deux désinences sont attachées étymologiquement à deux classes de verbe. *Chantons* (= que nous chantions) se distingue de *aiiens* (= que nous ayons), *seiiens* (= que nous soyons). *Chantons* étant ambigu, puisque le mode indicatif ou subjonctif n'y était pas marqué, cela a favorisé une attribution précoce de la désinence -*iens* aux verbes de la classe de *chanter*, d'où *chantiens*. Les dialectes de l'Est et du Nord-Est ont été les points de départ de cette substitution (cf. P. Fouché, *loc. cit.*, p. 204-205).

8. En ce qui concerne -*ez* > -(*i*)*ez*, cf. note 1.

9. La désinence -*ons* était commune à toutes les classes de verbe. Elle s'est maintenue assez solidement au cours de l'ancien français. Toutefois la tendance à marquer le mode subjonctif au tiroir *sache* (cf. note 7) s'est étendue au tiroir *seüsse* et -*iens* a fortement concurrencé -*ons* en ancien français.

Les formes anomales de la première personne du singulier étaient mémorisées par habitude.

Pour le reste de la flexion, les marques personnelles s'adjoignent :

— A un -*e* [ə] [10] (ex. *Chantes* = tu chantes, *chante*(*t*) = il chante, *vëons* = nous voyons, *vëeiz* = vous voyez). On observe que dans cette position -*t* s'est amui à date précoce (d'où *chante* à côté de *chantet* dans les anciens textes), sauf quand dialectalement -*e* s'était déjà amui. La forme *lot* = il conseille (< *loer*) s'analyse en **lo*(e) + *t* > **lo-* + *t*.

— A une diphtongue dont le second élément est un yod [j] (ex. *veit* = il voit, *deis*, *deit* = tu dois, il doit).

10. Étymologiquement on distingue deux -*e*. L'un appartenait à la base. C'est le cas de celui de *chantes*, *portes* (= tu portes), *aimes* (= tu aimes). Dans ces verbes on est fondé à poser deux bases : soit **aim-*/**aime-* **chant-*/**chante-* **port-*/**porte-*, l'une servant à former *amons*, *chantons*, *portons*, *amez*, *chantez*, *portez*, la seconde servant d'appui à la deuxième et à la troisième personne du singulier.

Dans les verbes tels que *trembler*, *sembler*, l'-*e* final de *tremble*, *semble* n'est qu'une voyelle secondaire servant d'appui à un groupe de consonne ancien, parfois effacé en français ou au contraire y persistant. Mais, dans le cas de l'adjonction de -*s* à la base, cette différence est nulle.

— A une consonne. L'adjonction de -*s* à une dentale aboutit à la création d'un groupe noté *z* (ex. *menz* = tu ments, *perz* = tu perds, *vëeiz* = vous voyez impliquent des bases **ment-, *perd- *vëeid*).

-*t* se fond dans une base terminée par une dentale. (Ex. **ment- + t* > *ment* = il ment, **perd- + t* > *pert* = il perd.)

TIROIR Sache

En dehors des innovations signalées plus haut, ce tiroir, comme le précédent ne comporte pas d'élément démarcateur. L'analyse du paradigme appelle toutefois une observation.

Dans les verbes de la classe de *chanter* les désinences s'attachent à une base qui se termine soit par une consonne soit par un -*e* [ə] de soutien. Il en résulte que la flexion de *chanter*, dans ce tiroir, diffère de celle du tiroir *sai* : 1 *chant*, 2 *chanz* (= **chant + s*), 3 *chant* (= **chant- + t*) 4 *chantons* : *chantiens*, 5 *chanteiz*, 6 *chantent*.

Celle d'*entrer*, au contraire se confondait presque avec celle du tiroir *sai* : 1 *entre*, 2 *entres*, 3 *entre*(t), 4 *entrons*, 5 *entreiz*, 6 *entrent*.

Dans les autres classes, aux trois personnes du singulier les désinences s'attachent à une base qui se termine par -*e* ou par une diphtongue dont le second élément est un yod [j] soit :

« écrire » 1 *escrive*, 2 *escrives*, 3 *escrive*(t), 4 *escrivons*, 5 *escrivez*, 6 *escrivent*,
« faire » 1 *face*, 2 *faces*, 3 *face*(t), 4 *faciens*, 5 *faciez*, 6 *facent*,
« être » 1 *seie*, 2 *seies*, 3 *seit*, 4 *seiiens*, 5 *seiiez*, 6 *seient*.

Sous la pression de ces derniers verbes, la flexion primitive de *chanter* a été modifiée. P. Fouché (p. 200) enseigne avec raison que le point de départ de cette innovation a été la faiblesse de *chanz* (= que tu chantes) réduit à *chans* dans la prononciation. Sur *chantes*, analogique de *escrives*, *dormes*, la première et la troisième personne du singulier ont été refaites en *chante*. Cependant, pour compenser l'inconvénient qui en résultait, *chantons* (= que nous chantions) passait à *chantiens* d'après le modèle de *aiiens*, *faciens*.

TIROIR Saveie

Au cours d'un premier état les verbes se distribuaient en classes. Celles-ci se distinguaient par des morphèmes démarcateurs propres. Soit :

-*eie*- pour les verbes du type *aveir*, *deveir*.

« saveir » 1 *saveie* 2 *savei(e)s* 3 *savei(e)t*
4 *saviiens* 5 *saviiez* 6 *saveient*

-*eve*- et -*oue*- pour les verbes du type *chanter*.

-eve- couvrait le domaine du Nord-Est et de l'Est. D'où :

« chanter »	1 *chanteve*	2 *chanteves*	3 *chantevet*
	4 *chantiiens*	5 *chantiiez*	6 *chanteient*

-oue- plus tard *-oe-* couvrait le domaine de l'Ouest. D'où

	1 *chantoue*	2 *chantoues*	3 *chantou(e)t*
	4 *chantiiens*	5 *chantiiez*	6 *chantouent*

-ive- pour les verbes du type *dormir*. D'où :

	1 *dormive*	2 *dormives*	3 *dormivet*
	4 *dormiiens*	5 *dormiiez*	6 *dormivent*

qui a subsisté dans l'Est jusqu'à la fin du XIIIe siècle.

Mais, conformément à la tendance signalée plus haut à propos des marques catégorielles de personne, la démarcation du tiroir prévalut sur celle de classes. Ce fut *-eie-* qui l'assura. D'où la constitution, pour *chanter* et *dormir*, de paradigmes analogues à celui de *saveir* : *chanteie*, *dormeie*, etc. Ils se fixèrent dans le domaine du centre à date précoce. Si bien qu'à l'époque de l'ancien français classique les anciens imparfaits en *-eve-*, en *-oue-*, en *-ive-* faisaient figure de formes dialectales (cf. P. Fouché, *Morphologie*, p. 235 sqq.).

TIROIR *Savreie*

La prévalence de *-eie-* dont il vient d'être question nouait dès lors une parenté formelle entre le tiroir *saveie* et le tiroir *savreie*.

1 *saveie*	*savreie*
2 *savei(e)s*	*savrei(e)s*
3 *savei(e)t*	*savrei(e)t*
4 *saviiens*	*savriiens*
5 *saviiez*	*savriiez*
6 *saveient*	*savreient*

Le second ne se distinguait du premier que par une pré-marque *-r-*. Par rapport à *saveies* analysé en **sav-* + *eie* + *s*, *savreies* devait l'être en **sav-* + *r* + *eie* + *s*.

Dans les verbes du type *chanter*, *chantereie* comptait une syllabe de plus que *chanteie* et la différence demeura la même aux personnes 4 et 5 quand *-iiens*, *-iiez* devinrent monosyllabiques. Mais de même que *ferai* fut réduit à *frai* très tôt, on peut supposer que dans les énoncés informatifs *chanteréie* et *chanterái* se réduisirent de la même manière à **chantreie* **chantrai* par amuissement de *-e* sourd [ə].

TIROIRS *Savreie* et *Savrai*

De ce fait, associé à *saveie* par l'élément *-eie-*, *savreie* l'était aussi à *savrai* par l'élément *-r*. Dès l'ancien français classique les paradigmes :

1 *chanterai*	*chantereie*
2 *chanteras*	*chantereies*
3 *chantera(t)*	*chantereit*
4 *chanterons*	*chanteriiens*
5 *chantereiz*	*chanteriiez*
6 *chanteront*	*chantereient*

devaient s'être réduits à **chantrai*, **chantras*, **chantra*, etc., **chantreie*, **chantrei(e)s*, **chantreit* dans les énoncés informatifs. L'effacement de l'-*e* atone de la base a masqué la relation primitive de *proierai* > **proirai*, de *mercierai* > **mercirai* avec les infinitifs *proier* (= prier) et *mercier* (= dire merci, remercier). Le même accident, auquel s'est jointe une assimilation, conduisait *menerai* (< *mener*, conduire) *donerai* (< *doner*) à se contracter en *merrai*, *dorrai*. Que l'on suive l'excellent exposé, très clair, que P. Fouché a donné de ces accidents (p. 388-411), on se convaincra que ces deux tiroirs sont ceux dont la formalisation présente le plus de difficultés. Mais celles-ci tiennent aux accidents de la base. En revanche *savreie* et *savrai* possédaient cet élément démarcateur commun -*r*- dont le rôle se révèlera majeur dans la suite de l'histoire du français. L'intuition du grammairien Meigret, au XVIe siècle qui baptisait « formes en -*roé*- » celles du tiroir *savreie* devait déjà être celle des sujets, au moyen âge. En tous cas, même si ceux-ci analysaient encore *dormirai* en *dormir* + *ai* ils n'étaient plus en état de comprendre que les deux tiroirs *savrai*, *savreie* représentaient, historiquement, une ancienne périphrase latine : *infinitif* + conjugaison du présent ou de l'imparfait du verbe « avoir ». A leur niveau une analyse telle que celle-là est impensable et inopérante.

Du point de vue des timbres, dans le tiroir *savreie* les formes 1, 2, 3, 6 se groupent contre 4 et 5 ; dans le tiroir *savrai*, 1, 2, 3 s'associent contre 4 et 6 mais *chanterons*, où -*ons* est une marque de personne, diffère, en structure, de *chanteront* où *o* représente une voyelle d'appui de -*nt*. Si donc on considère que dans *chant(e)ras*, *savras*, *chant(e)ra(t)*, *savra(t)*, *chant(e)ront*, *savront*, -*a* aux personnes 1, 2, 3 et -*o* à la sixième personne jouent dans la chaîne le même rôle que -*eie*- aux personnes 1, 2, 3, 6 de *savreie* on posera qu'en plus de la pré-marque -*r*, le morphème -*a*/-*o* caractérise le tiroir *savrai*.

Tiroir *Soi*$_1$

De la première personne à la dernière le paradigme est, comme on l'a vu, du type R *d̃*.

Ce tiroir est représenté par quatre flexions dont voici des spécimens tirés des verbes **chanter*, *ferir* (= frapper), *vendre*, *corir* (= courir).

1 [*chantaí*]	[*ferí*]	[*vendí*]	[*corúi*]
2 *chantás*	*ferís*	*vendís*	*corús*
3 *chantá(t)*	*ferít*	*vendíet*	*corút*
4 *chantámes*	*ferímes*	*vendímes*	*corúmes*
5 *chantástes*	*ferístes*	*vendístes*	*corústes*
6 *chantérent*	*ferírent*	*vendírent*	*corúrent*

Deux analyses sont possibles. On pourrait poser une base longue *chanta-, *feri-, *vendi-, *coru- (accrue de -s pour la cinquième personne) à laquelle se rattacheraient les marques catégorielles de personne. Par raison d'économie, il est préférable de partir de bases courtes *chant-, *fer-, *vend-, *cor- utilisées dans le reste de la conjugaison. Dans ce cas, la désinence se compose :

— d'un morphème démarcateur de timbre variable selon les classes : -a/-i/-u (accrû de -s à la cinquième personne ou de r à la sixième) ;
— des marques de personne et de nombre.

De toute manière le timbre de la voyelle e [ε] dans *chanterent* constituait une anomalie. On y a remédié dialectalement. P. Fouché, *Morphologie*, p. 254 rappelle l'existence des formes *donarent, plorarent* comme il signale ailleurs (127 et 219) la réduction de -ai à -a à la première personne du singulier de ce tiroir et à celle du tiroir *savrai*.

Remarque. La flexion de *vendre* présentait une anomalie à la troisième personne du singulier avec *vendiét*. Un certain nombre de verbes usuels s'y rattachaient. Soit *batre* = battre (*batiét*), *perdre* (*perdiét*), *rendre* (*rendíet*), *respondre* (*respondíet*), « vivre » (*vesquíet*). A date précoce, cette personne se ramena à -i(t) sur le modèle de *ferít*.

TIROIR Soi₂

Le paradigme balance, comme on l'a vu, entre le type Ŕ d (1, 3, 6) et R d́ (2, 4, 5).

Ce tiroir est représenté par les modèles de flexion dont voici les spécimens tirés des verbes « faire », « voir », « venir », « pouvoir ».

1 [fís]	[ví]	[vín]	[pói]
2 fesís	vëís	venís	poüs
3 físt	vít	vínt	pót
4 fesímes	vëímes	venímes	poümes
5 fesístes	vëístes	venístes	poüstes
6 físdrent	vírent	víndrent	pórent

Remarque. Les deux premiers modèles se réduisirent à un, quand *fesis, fesimes, fesistes, mesis, mesimes, mesistes* (de *metre* = mettre) se réduisirent à *fëis, fëimes, fëistes, mëis, mëimes, mëistes* du fait de l'amuissement de l's intervocalique.

L'analyse se simplifie quand on compare à ces flexions celle de *tordre* au tiroir *soi*₂. Soit 1 tórs, 2 torsís, 3 tórst, 4 torsímes, 5 torsistes, 6 tórstrent. On voit qu'ici en effet, la *même base* *tors-* est commune aux six personnes. Cela incite à considérer comme secondaire l'accident qui frappe la base *fis-, *vi-, *vin- et qui résulte qu'une apophonie. On posera donc :

— une base, simple dans certains verbes (ex. *tors-), double dans les verbes soumis à l'apophonie (ex. *fis-/*fes*, *vin-/*ven- *vi-/*ve-).
— un morphème démarcateur de timbre i ou u [Y] selon les classes, accrû de -s à la cinquième personne et de -r à la sixième.

Remarque 1. La dentale qui figure dans *torstrent, fisdrent, vindrent* est une consonne épenthétique qui n'appartient ni à la base ni à la désinence.

Remarque 2. Dans *poüs, pót*, on pose aisément une base **po-* utilisée ailleurs pour construire *poons* = nous pouvons, *poeiz* = vous pouvez, *poant* = pouvant. Compte tenu des liens qui se sont établis synchroniquement entre les tiroirs *soi*$_2$ et *soüsse*, cela incite à poser pour les verbes *aveir, deveir, taire*, etc. les bases **o-*, **do-*, **to-* inutilisées dans les autres tiroirs de l'indicatif.

<h3 style="text-align:center">TIROIR Seüsse</h3>

De la première à la sixième personne la flexion est, comme on l'a vu, du type R *d*.

Ce tiroir est représenté par trois modèles de flexion dont voici des spécimens tirés des verbes *chanter, dormir* et *aveir* ~ *avoir*.

1 *chantásse*	*dormísse*	*oüsse*
2 *chantásses*	*dormísses*	*oüsses*
3 *chantást*	*dormíst*	*oüst*
4 *chantissóns*	*dormissóns*	*oüssóns*
5 *chantisseiz*	*dormisseíz*	*oüsseíz*
6 *chantássent*	*dormíssent*	*oüssent*

En face de deux analyses possibles, comme pour le tiroir *soi*$_1$, la plus économique pour les deux premiers modèles consiste à poser une base courte utilisée ailleurs, soit **chant-*, **dorm-* et un élément démarcateur constant :

-*iss(e)-* pour les verbes de la classe de *dormir* (ex. *perdre, vendre*),

-*uss(e)-* pour les verbes de la classe de *avoir* ; inconstant ;

-*ass(e)-/-iss(e)-* pour les verbes de la classe de *chanter*.

Cette analyse soulève une difficulté, on le reconnaît, dans le cas de *avoir* et des verbes de la même classe, « devoir », « savoir », « pouvoir », par exemple, et « plaire », « taire », sauf ceux (soit *corre* ~ *courre*, base *cor) pour lesquels on peut partir d'une base utilisée ailleurs. On constate bien dans certains une correspondance formelle entre la deuxième personne du singulier du tiroir *soi*$_2$ (ex. *oüs, deüs, soüs, poüs, ploüs, toüs*) et la flexion du tiroir *seüsse*. Elle a pu servir de repère à des sujets observateurs. Mais on ne peut pas tirer une règle particulière de cette correspondance. Toutefois, en tenant compte de ce qui a été dit à propos du tiroir *soi*$_2$, on posera pour ces verbes une base commune servant à construire à l'aide d'éléments démarcateurs différents les deux tiroirs *soi*$_2$ et *seüsse*.

<h3 style="text-align:center">TIROIR Saveir</h3>

L'ensemble des formes se distribue entre le type fort (Ŕ *d*) et le type faible (R *ḍ*)

— Ŕ *d*. Toutes les formes se caractérisent par une finale -*re*. Cf. *Ceindre, clore, criembre* (= craindre), *dire, faire, pondre, prendre, traire*, etc.

Cette désinence -re s'associe soit à une base terminée par une voyelle (ex. *fai-, *di-), soit à une base terminée par une consonne. Dans ce dernier cas, les sujets pouvaient observer que telle consonne appartenait à la base : la base *romp- fonctionne en effet dans toute la conjugaison de rompre. Ils pouvaient observer qu'en revanche b et d étaient strictement solidaires de -re : aucune de ces consonnes ne figure dans la conjugaison de criembre, de ceindre, de pondre, prendre, etc. (alors que d appartient au radical de *rendre : nos rendons, rendant, etc.). Ils n'étaient évidemment pas en état de savoir que ces consonnes épenthétiques résultaient d'un contact entre -m + -re > (b)re, -n + re > (d)re. Mais l'observation pouvait les inciter à distinguer, devant -re, entre des consonnes radicales constantes et deux consonnes, b, d n'apparaissant qu'au tiroir saveir de certains verbes.

— R $\hat{d}$. Toutes les formes se caractérisent par une finale voyelle ∼ diphtongue + r.

Les finales -er, -eir ∼ oir-. Elles s'associent, dans les verbes dont la base est sujette à une apophonie, à R faible (ex. amer, clamer, veeir, poeir). On observera simplement que dans la classe des verbes en -er les verbes tels que chargier, colchier (= coucher), coroucier, mangier, preechier (= prêcher) présentent une petite difficulté d'analyse relative à i. Mais le fait que, à la deuxième personne du tiroir sai et au tiroir sëu, ces verbes présentent les formes vos chargiez (= vous chargez), chargiez (= chargé) prouve que le i appartenait à la base. On rappelle que, au tiroir saveir et au tiroir sëu, ces verbes ne peuvent ni assoner ni rimer avec les verbes tels que amer, chanter (Loi de Bartsch).

La finale -ir. L'analyse en est difficile. Dans le cas des verbes corir, dormir, on peut considérer que -ir s'associe aux bases *cor-, *dorm- utilisées dans le reste de la conjugaison. Mais pour les verbes tels que fenir, c'est-à-dire ceux qui comportent une base simple *fen- et une base élargie doit-on parler d'un élargissement en -iss ou en -ss ? Dans la première hypothèse fenir s'analyserait en *fen- + ir. Dans la seconde, on éliminerait *fen- au profit de *feni et la désinence ne serait représentée que par -r. La première a contre elle, au tiroir sai, les formes de deuxième et de troisième personnes : tu fenis, il finist ; mais finist même oppose une difficulté à cause de -s. L'autre paraît préférable, à condition qu'on pose deux bases *feni-/*fenis- dans les verbes dits « inchoatifs » : *feni- engendrant tu feni + s, feni + r et *fenis- engendrant toutes les formes en -ss- à partir de il fenist.

Tiroir Sëu

Il est difficile, sinon impossible, de décrire et de classer d'une façon cohérente la population de ce tiroir.

Les contrastes entre clos < clore et coru < corre, entre coillit < coillir (= cueillir) et covert, sof(f)ert < covrir, sof(f)rir prouvent que pour un grand nombre de verbes ces formes adjectives étaient imprévisibles.

En face des participes monosyllabiques tels que ars < ardre, clos < clore, dit < dire, feint < feindre, més < maindre (= demeurer), mis < mettre, peint < peindre, pris < prendre, il n'est pas dit que des formes fortes telles que *espars* < *espardre* (= répandre), *maudit* < *maudire* n'aient pas été rapprochées de formes disyllabiques faibles telles que *amé* < *amer*, *vëu* < *vëeir*.

Il a dû régner l'impression qu'à côté d'adjectifs verbaux anomaux, d'autres étaient régulièrement terminés par une voyelle de timbre *é* (*amé*), de timbre *i* (*feni*) ou de timbre *u* [y]. Comme ces adjectifs étaient tous déclinables (hormis ceux qui comme *mis*, *pris*, *clos* se terminaient par -*s*) et que leur cas sujet singulier comme cas régime pluriel était orthographié avec un *z*, peut-être en face de *feinz* < *feindre*, *faiz* < *faire*, *diz* < *dire*, *amez*, *feniz*, *venuz*, *vëuz* étaient-ils interprétés comme ayant comporté autrefois une dentale après *é*, *i* et *u* [y]. Rien ne le prouve toutefois. Aussi, est-il de peu de profit de traiter -*e*(*t*), -*i*(*t*), -*u*(*t*) comme des désinences à proprement parler puisque les deux dernières finales ne se rattachent pas d'une manière constante à une classe de verbe donné, -*u*(*t*) en particulier étant commune à *beivre* (= boire) > *bëu*, à *vëeir* > *vëu* et à *venir* > *venu*.

VERBES INCERTAINS

L'analyse morphologique du verbe, telle que l'a conduite P. Fouché (*loc. cit.*) montre à quel point le système de la conjugaison a été perturbé par des actions analogiques. Celles-ci se sont exercées en gallo-roman, puis en ancien français et ce n'est pas avant le XVIIe siècle que les conjugaisons ont été normalisées.

En l'absence de toute contrainte pédagogique, il n'est pas étonnant que l'ancien français révèle un bon nombre de faits aberrants dans le système du verbe. Le plus remarquable est l'appartenance d'un même verbe à des types de flexion différents. L'incertitude se marque au niveau des tiroirs soi_1 et soi_2. L'exemple le plus remarquable est fourni par le verbe « vouloir ». Sans entrer dans des problèmes de genèse étymologique, ce verbe présente en ancien français quatre flexions. Deux du type Ŕ d/R d́ :

1 *vóil* = je voulus	*vols*
2 *volís*	*volsís*
3 *vólt*	*vólst*
4 *volímes*	*volsímes*
5 *volístes*	*volsístes*
6 *vóldrent*	*vólstrent*

Deux du type R d́ engendrées analogiquement à partir des formes R d́ précédentes. Soit :

1 *volís*	*volsís*
2 *volís*	*volsís*
3 *volít*	*volsít*
4 *volímes*	*volsímes*
5 *volístes*	*volsístes*
6 *volírent*	*volsírent*

Au niveau du tiroir *saveir*, « brûler » présente les formes *ardeir* ~ *ardoir* et *ardre*. P. Fouché (*loc. cit.*, p. 227 sqq.) rappelle les oscillations de « assaillir » entre *asalir* et *asaudre*, de « bouillir » entre *bolir* et *boudre*, de « frapper » entre *ferir* et *ferre*, de « craindre » entre *cremir* et *criembre*, de « naître » entre *naistre* et *naskir*, de « ouvrir » entre *ovrir* et *ouverre*.

Au niveau du tiroir *sëu* les hésitations n'étaient pas moindres (cf. P. Fouché, *loc. cit.*, p. 366 sqq.) : *covert* et *covri* pour le verbe *covrir* = couvrir, *ofert* et *ofri*, *soufert* et *soufri* pour « offrir » et « souffrir », *aresté* et *arestu* pour « arrêter », *oü* et *oï* pour « oïr ».

LA BASE R

Sous certaines conditions de structure une base R, constante à travers toute la conjugaison, ne soulève aucun problème. Tel est le cas de la base **chant-* par exemple. Mais différent est celui de la base **romp-* (dans *rompre*) en raison de la nature de la consonne qui la termine. Compte doit être tenu aussi des verbes essentiellement irréguliers (ex. *Estre*, *aler*) qui fonctionnent sur plusieurs bases.

Les irrégularités de R tiennent à deux sortes d'accidents.

Les uns sont *prévisibles* et dans une certaine mesure formalisables. Ils se rangent sous trois chefs : 1. Apophonie ; 2. Allongement de la base ; 3. Incompatibilité des désinences *-s*, *-t* avec la consonne terminale de la base.

Les autres (4), *imprévisibles*, constituent un reliquat important d'irrégularités rebelles à toute formalisation.

1. Apophonie.

Le déplacement de l'accent, c'est-à-dire le passage du type Ŕ *d* au type R *d́*, entraîne deux conséquences : l'altération du timbre de la voyelle radicale ; plus rarement, une contraction de la base.

A. *Altération du timbre de la voyelle radicale.*

L'accident touche les bases dont la voyelle radicale est en position libre en syllabe ouverte. La règle posée dans les principes d'analyse veut qu'à une voyelle de timbre x sous l'accent réponde un timbre y quand l'accent se déplace et que la voyelle devient atone.

Soit la base **claim-* sous l'accent dans les formes verbales du type Ŕ *d* ; elle devient **clam-* dans les formes du type R *d́*. A *jo cláim* (= je manifeste quelque chose par un cri), *tu cláimes*, *il cláime*, *il cláiment* dans le tiroir *sai*, répondent *nos clamóns*, *vos claméz*.

Soit la base **muef-* < *moveir* ∼ *movoir* (= mettre en mouvement) sous l'accent, identifiable dans *jo muéf*, *tu mués*, *il múet* du tiroir *sai* ; y répondent *nos movóns*, *vos movéz* aux personnes 4, 5.

Il est commode et utile, pour ces verbes, de présenter les deux formes de la base : soit pour « clamer » une base **claim-/*clam-*, soit pour « mouvoir » une base **mue(f)-/*mov-*.

Les correspondances de timbres étaient mémorisées comme le sont en français moderne celles de *dois-devons, peux-pouvons*. Les manuscrits présentent très peu de fautes contre l'apophonie. Si on rencontre *aimér* à la place de la forme régulière *amér*, cela prouve qu'au niveau des énoncés informatifs il s'opérait déjà des regroupements de flexions autour d'*une* base choisie arbitrairement comme majeure. Ainsi, la flexion moderne de « clamer » repose sur la base faible **clam-* alors que celle d'« aimer » a généralisé la base forte **aim*.

Dans le tableau suivant on a résumé les correspondances de timbre qu'il est indispensable de connaître. En combinant ses données avec la répartition des types R *d*/R *d* selon les tiroirs on peut suivre les jeux de l'apophonie tout au long de la conjugaison.

> **Remarque.** Le résultat en est, si on prend comme exemple le verbe « clamer », que la base faible **clam-* (type $\sqrt{v}$) se rencontre dans tous les tiroirs dont la structure accentuelle R $\acute{d}$ est constante, soit :
>
> le tiroir *sachant* = *clamant*
> le tiroir *saveíe* = *clameíe* .... *clameiént*
> le tiroir *soi*$_1$ = *clamái* .... *clamérent*
> le tiroir *savrái* = *clamerái* .... *claméront*
> le tiroir *savréie* = *clameréie* .... *clamereíent*
> le tiroir *seüsse* = *clamásse* .... *clamássent*.

Numériquement, la base forte **claím* (type $\sqrt{v}$) était bien moins représentée. Elle ne fonctionne en · effet que restrictivement aux formes 1 2 3 6 des tiroirs *sai* et *sache* et aux formes 1 3 6 du tiroir *soi*$_2$.

APOPHONIE

Formes faibles (R $\acute{d}$)	*Formes fortes* ($\acute{R}$ d)
voyelle a	e
(lavér)	(jo lef)
....	e [ɛ̃]
(amér)	(jo aim)
(maneir)	(jo main)
voyelle e sourd [ə]	e [ɛ]
(apeler)	(jo apèle)
....	ie [je]
(achever)	(jo achief)
(grever)	(jo grief)
(lever)	(jo lief)
(ferir)	(il fiert)
(querir)	(il quiert)
....	ie [jɛ]
(tenir)	(jo tien)
....	ei ~ oi
(celer)	(jo ceil)
(esperer)	(jo espeir)
(preer)	(jo prei)
(sevrer)	(jo seivre)
....	ein
(mener)	(jo mein)
(desis, fesis)	i (dis, fis)

voyelle	en	on
	(chalengier)	(jo chalonge)
voyelle	ei ~ oi	i
	(eissir)	(il ist)
	(neier)	(jo ni)
	(preier)	(jo pri)
	....	ui [ɥ:]
	(apoiier)	(jo apui)
	(aproismier)	(jo apruisme)
	(enoier)	(jo enui)
	(voidier)	(jo vuit)
voyelle	o ~ ou	eu
	(plorer)	(jo pleure)
	(courre)	(jo queur)
	....	ue
	(covrir)	(il cuevre)
	(morir)	(il muert)
	(sofrir)	(jo suefre)
	(movoir)	(jo muef)
	(pooir)	(il puet)
	(soloir)	(il suelt)
	(prover)	(jo pruef)
voyelle	u	ui
	(lutter)	(il luite)

verbes comportant plusieurs apophonies :

MORIR

$\sqrt{x} = $ o ~ ou	$\sqrt{\bar{y}} = $ ui	$\sqrt{\bar{z}} = $ ue
morir	jo muir	tu muers
morant		il muert
		il muerent

POEIR

$\sqrt{x} = $ o	$\sqrt{\bar{y}} = $ ui	$\sqrt{\bar{z}} = $ ue
poons	jo puis	tu pues
poez	jo puisse	il puet
poant		il pueent
poeie	*jo pruis	
	*jo ruis	
	*jo truis	

DOLEIR

$\sqrt{x} = $ o	$\sqrt{\bar{y}} = $ ue	$\sqrt{\bar{z}} = $ ieu (dialectal)
dolens	duelt	dieut
dolez		
dolant		

B. Contraction de la base.

L'accident touche des bases plurisyllabiques. On le formalise comme suit en figurant par v le noyau syllabique et par ☐ son entourage consonantique.

Dans le type Ŕ d l'accent frappe la dernière syllabe de la base, soit
☐v☐ ☐$\acute{v}$☐ d.
1   2

Quand l'accent frappe la désinence, la voyelle de $\boxed{v}$ s'efface et il ne subsiste plus que l'entourage consonantique. D'où la règle :

$$\sqrt{\overline{\boxed{v}\ \boxed{v}}}\ d \qquad\qquad \sqrt{\overline{\boxed{1}\ \boxed{\ }}}\ d$$

Soit le verbe « parler ». La base forte, en ancien français est *parol-. Elle
fonctionne dans le tiroir *sai* aux personnes 1 2 3 6 (*je paróle, tu paróles, il
paróle, ils parólent*). Aux formes du type R *d́* la base se réduit à *parl- (nos
parlons, vos parléz*).

Soit « *araisnier* » (= interpeller). Dans le type Ŕ *d*, la base est *araisóne
(tu araisónes, il araisóne*, etc.). Dans le type R *d́* la base se contracte en *araisn-,
d'où *nous araisnóns, araisníer*, etc.

Sur ce modèle, la base forte *manjú- du verbe *mangier* (= manger) engendre *tu manjúes, il manjúe*, etc., mais se contracte en *manj- dans le type faible,
d'où *nos manjóns, mangíer*, etc.

De même, les verbes *corroucier* (être ~ mettre en colère), *arester* (= arrêter) ont dû, théoriquement, avoir au tiroir *sai* un paradigme *je corroúce, tu cor-
roúces, il corroúce* ; *j'aréste, tu arestes, il aréste* et *nos corçóns, *vos corcéz* ;
*nos artóns, *vos artéz*, mais des actions analogiques ont très tôt étendu la
base forte dans le paradigme.

Avec des accidents secondaires on retrouve ce balancement, au tiroir *sai*,
dans les verbes :

« *aidier* » (= aider) : *je aiú, tu aiúes, il aiúe(t), nos aidóns, vos aidíez,
ils aiúent*.

« *disnier* » (= rompre le jeûne) : *je desjúne, tu desjúnes, il desjune(t), no-
disnóns, vos disníez, il desjúnent*.

Les deux bases *desjun-/*disn- ont été utilisées plus tard pour former deux
verbes distincts *déjeuner* et *dîner*.

2. Allongement de la base.

On pose que dans une classe de verbes dont la base se terminait par *-i*
un affixe *-ss- s'insérait entre la base et la désinence à certaines formes de la
conjugaison. Le résultat était une alternance qu'on peut symboliser ainsi
*base-/*base *af* soit *flori-/*floriss- dans le verbe *florir* (= fleurir).

Au cours de la conjugaison, la base allongée fonctionnait uniquement :

aux personnes 4, 5, 6 du tiroir *sai* : *florissons, florissez, florissent* ;
aux personnes 1 à 6 du tiroir *saveie* : *florisseie... florisseient* ;
aux personnes 4, 5, 6 du tiroir *sache* : *florissons, florissions, florissez,
florissent* ;
à la forme du tiroir *sachant* : *florissant*.

Il s'en est suivi qu'au sein des verbes présentant une forme en -*ir* au tiroir *saveir*, *florir*, *corir*, *emplir*, *finir* les uns se conjugaient sur *une* base et d'autres sur *deux* *base-/*base *af*.

D'où maints exemples d'actions analogiques de sens contraires, certains verbes perdant l'affixe, d'autres se l'adjoignant.

P. Fouché a étudié de près ce phénomène (*loc. cit.*, p. 23 sqq.). Le tableau qu'il en donne laisse apparaître deux tendances à une sorte de constance.

— Verbes fonctionnant sur une base courte. On relève *exceptionnellement* des formes refaites sur le type *base + *af* postiche. Parmi les verbes qu'il cite on retiendra *boillir* (= bouillir), *croissir* (= se briser), *dormir*, *eissir* (= sortir), *ferir* (= frapper), *fuir*, *mentir*, *merir* (= mériter), *morir* (= mourir), *oïr* (= entendre), *salir* (= sauter), *sortir*, *tenir*, *vestir*.

— Verbes fonctionnant sur deux bases, une courte, une allongée. Il est exceptionnel qu'ils soient ramenés au modèle précédent. Ex. *florir*.

— Verbes incertains qui se conjuguent suivant l'un ou l'autre modèle. Il faut connaître *covir* (= désirer), *emplir*, *foïr* (= creuser), *gehir* (= avouer), *glotir* (= engloutir), *guerpir* (= abandonner un droit sur...), *haïr*, *partir* (= séparer, partager).

3. Incompatibilités de la base et des désinences.

Elles concernent les cas d'incompatibilité entre les désinences -*s* et -*t* et une consonne qui termine la base. Les solutions diffèrent peu de celles qui ont été mentionnées à propos de la déclinaison.

1. La base est terminée par une labiale ou un labio-dentale. La consonne s'efface devant la désinence à la deuxième et à la troisième personne du singulier.

« Rompre », base *romp- > *tu rons, il ront*. Le -*p* est éventuellement réintroduit à la troisième personne du singulier. Ex. *derumpt*.
« Mouvoir », base *muef- > *tu mues, il muet*.
« Vivre », base *vif- > *tu vis, il vit*.

2. La base est terminée par une palatale -*g*, -*c*. Assorti d'altérations secondaires, le cas est représenté par un petit nombre de verbes usuels dont quelques-uns ont été refaits sur un autre modèle. A la deuxième personne du singulier le groupe est rendu par -*z* comme dans les bases terminées par une dentale. A la troisième personne du singulier la palatale s'efface ; une structure phonétique ancienne dégage parfois un *s* devant la désinence.

« Bondir », base *sorg- > *tu sorz, il sort*.
« Plaindre », base *plaing/plang- > *tu plainz, il plaint*.
« Vaincre », base *veinc-/*venc > *tu veinz, il veint ~ veinst*.

3. La base se termine par *l* ou *l̦*. Cette consonne se vocalise en *u* devant les désinences -*s*, -*t*.

« Moudre », base *muel-/*mol- > *tu mueus, il mueut*.
« Enlever », base *tol- > *tu tous, il tout* (verbe *toldre ~ toudre*).
« Valoir », base *vail- [val] *tu vaus, il vaut*.
« Manquer », base *fail- [fal] *tu faus, il faut* (verbe *falir*).

4. La base se termine par une dentale. A la seconde personne du singulier le groupe *dentale* + *s* est transcrit au moyen de -*z*. A la troisième personne la désinence -*t* se confond avec la dentale de la base.

> « Perdre », base **perd-* > *tu perz, il pert.*
> « Vendre », base **vend-* > *tu venz, il vent* ~ *vend.*
> « Mentir », base **ment-* > *tu menz, il ment.*

Il en résulte qu'une forme qui peut être transcrite *ociz* (tu tues) renvoie à une base ancienne **ocid-* dont la consonne terminale s'est effacée dans tout le reste de la conjugaison.

4. Irrégularités imprévisibles.

1. Les moins graves, paradoxalement, résultent du fait que la conjugaison repose sur plusieurs bases. Elles ne touchent en effet que les verbes « être » et « aller » dont voici les paradigmes.

ETRE

Tiroirs
	saveir	: estre
	sachant	: estant
	seü	: esté

sai	saveie [1]			soi [2]	
1 *sui* ~ *soi*	1 *(i)ere*	1 *esteie*		1 *fu*	1 *fui*
2 *(i)es*	2 *(i)eres*	2 *esteies*		2 *fus*	2 *fuis*
3 *est*	3 *(i)ret* ~ *(i)ert*	3 *esteit*		3 *fut*	3 *fuit*
4 *somes* ~ *sons*	4 *eriens*	4 *estiens*		4 *fumes*	4 *fuimes*
5 *estes*	5 *eriez*	5 *estiez*		5 *fustes*	5 *fuistes*
6 *sont*	6 *(i)erent*	6 *esteient*		6 *furent*	6 *fuirent*

savrai [3]		savreie	sache	seüsse [4]	
1 *(i)er*	1 *serai*	1 *sereie*	1 *seie*	1 *fusse*	1 *fuisse*
2 *(i)ers*	2 *seras*	2 *sereies*	2 *seies*	2 *fusses*	2 *fuisses*
3 *(i)ert*	3 *sera*	3 *serei(e)t*	3 *seit*	3 *fust*	3 *fuisse*
4 *(i)ermes*	4 *serons*	4 *seriiens*	4 *seiiens*	4 *fussons*	4 *fuissons*
5	5 *serez*	5 *seriiez*	5 *seiiez*	5 *fusseiz*	5 *fuisseiz*
6 *(i)erent*	6 *seront*	6 *sereient*	6 *seient*	6 *fussent*	6 *fuissent*

1. Les deux paradigmes fonctionnent concurremment en ancien français. Le premier a été progressivement éliminé en raison de la confusion entre *iert* (= il était) et *iert* (= il sera). Du même coup *serai* a prévalu sur *ier*.
2. Le paradigme *fu, fus* est beaucoup plus fréquent que le second.
3. Les deux paradigmes fonctionnent concurremment en ancien français. Il en existe un troisième, de forme régulière, *estrai, estras*, etc. avec une extension en *estreie, estreies* au tiroir *savreie*. Rare par rapport aux deux autres.
4. Cf. note 2.

ALLER

Tiroirs { saveir : aler
         { sachant : alant
         { seü : alé

soi	saveie	soi	savrai	avreie	sache			sëusse
1 vois	1 aleie	1 alai	1 irai	1 ireie	1 voise (1)	1 aille	1 alge (2)	1 alasse
2 vas	2 aleies	2 alas	2 iras	2 ireies	2 voises	2 ailles	2 alges	2 alasses
3 va(t)	3 alei(e)t	3 ala(t)	3 ira(t)	3 irei(e)t	3 voist ~ voise	3 aille	3 alge	3 alast
4 alons	4 aliiens	4 alames	4 irons	4 iriiens	4 vois(i)ons	4 aill(i)ens	4 alg(i)ons	4 alassons
5 alez	5 aliiez	5 alastes	5 ireiz : irez	5 iriiez	5 vois(i)ez	5 ailliez	5 alg(i)ez	5 alassez
6 vont	6 aleient	6 alerent	6 iront	6 ireient	6 voisent	6 aillent	6 algent	6 alassent

1. Paradigme refait analogiquement sur *vois* (= je vais).
2. Paradigme du domaine ouest construit à l'aide de l'élément démarcateur *-ge*.

2. Plus déconcertantes sont les conséquences du statut irrégulier de la première personne du singulier. Au tiroir *sai*, il arrive fréquemment qu'elle ne se rattache à aucune des autres personnes du paradigme. En général, cette forme anomale a été remplacée tôt ou tard (en moyen français) par une forme postiche analogique refaite sur le modèle de la deuxième personne du singulier. Mais avant cette substitution, la forme héréditaire a pu servir de base pour une réfection analogique du tiroir *sache*.

Soit le verbe *doner* (= donner). Au tiroir *sai* il présentait deux formes de première personne *doing* et *doins* qui s'opposaient au reste du paradigme : *dones, done(t), donons, donez, donent*. Or l'une et l'autre ont servi à reformer le tiroir *sache* d'où *doigne, doigne, doint, doigniens, doigniez, doignent* et *doinse, doinses, doinst*. Du tiroir *sache* primitif il ne reste que des reliques.

Le même fait s'observe dans la série des verbes « prouver » (a. fr. *prover*) « trouver » (a. fr. *trover*) « demander » (a. fr. *rover*) dont toute la conjugaison fonctionnait sur les bases *pruev-/*prov-, *ruev-/*rov-, *truev-/*trov- sauf à la première personne du singulier du tiroir *sai* qui se présente ainsi : *pruis, ruis, truis* ; sur ces formes a été reconstruit un tiroir *Sache* : *pruisse, ruisse, truisse*.

De même, *poeir ~ pooir* se présentait à la première personne du singulier du tiroir *sai* sous les formes *pois* et *puis* (= je peux). La première a engendré à l'Ouest un paradigme *poisse* au tiroir *sache* (ex. *poissum. Vie de saint Alexis*, v. 530, *poisset, Roland*, v. 1598, 1993). Une coïncidence étymologique veut qu'à *puis* réponde au tiroir *sache* un paradigme 1 *puisse*, 2 *puisses*, 3 *puisse(t)*, 4 *puissiens*, 5 *puissiez*, 6 *puissent* qui a prévalu dans le domaine central.

Autre source d'irrégularité. Du fait de l'étymologie, au sein d'une conjugaison régulière *un* tiroir, fléchi sur un modèle étranger à la classe du verbe en question, introduit une anomalie.

Ester (= se tenir debout) se conjugue comme *chanter*, à cette exception près qu'il présente un paradigme du type *soi$_2$* à la place de *soi$_1$* attendu, soit 1 *estoi*, 2 *esteüs*, 3 *estút*, 4 *esteümes*, 5 *esteüstes*, 6 *estúrent*.

3. Reste enfin le cas d'un nombre considérable de verbes dont les bases servant à construire les tiroirs sont imprévisibles en raison de distributions antérieures au gallo-roman ou d'altérations qui se sont produites au cours de la préhistoire du français. Elles étaient bien mémorisées car on n'observe presque pas d'erreur dans leurs distributions, et ceux qui s'initient à la lecture de l'ancien français doivent refaire l'effort de mémoire que l'acquisition de ces bases exigeait des sujets entre le IXe et la fin du XIIIe siècle [11].

Rien ne laissait prévoir que les tiroirs *soi$_2$* et *seü* de *prendre* fonctionnaient sur la base **pris-/*pres-* alors qu'une base **mis-/*mes-* renvoyait, elle, à *metre* (= mettre).

Étymologiquement, rien n'est plus satisfaisant que de ramener la conjugaison du verbe *faire* en ancien français à deux bases préhistoriques **facy-/*fec-*. Mais c'est de peu d'effet pour la pratique car si la première est à peu près reconnaissable dans *je faz* (= je fais) et dans le paradigme du tiroir *sache* (*face, faces, face(t), faciens, faciez, facent*), on ne la soupçonne plus ni dans **fai(s)-* source de *fais, fait, faimes, faites, faiseie...*, ni dans **f-* origine de *font* et des tiroirs *savrai* (cf. *ferai ∼ frai*) et *savreie* (cf. *fereie*). La différence est aussi grande entre **fec* et les bases **fis-/*fes-* du tiroir *soi$_2$*.

Au niveau de la synchronie on est donc réduit à poser des flexions irrégulières à côté de celles qui par ailleurs se formalisent aisément. Des divergences dialectales dans le traitement des bases accroissent le nombre de ces difficultés. Celles-ci sont, au reste, toutes exposées et traitées par P. Fouché dans sa *Morphologie historique*. C'est à partir de cet ouvrage (en le complétant par un relevé méthodique des formes verbales présentées par les manuscrits) que l'on pourra décrire un jour d'une manière plus complète les structures de la conjugaison dans le domaine d'*oil* en ancien français.

---

11. Au cours de ces exercices, les débutants ont intérêt à oublier momentanément les flexions du verbe en français moderne. Elles ne feraient maintes fois que les induire en erreur. Par exemple « prendre » en ancien français fonctionne sur la base **prend-* et non sur **prend-/*pren-*. On conjugait *nos prendons, vos prendez, prendei... prendant*. De même « poser » fonctionnait sur la base **pon-* (ex. *ponons, ponant*). Ils prendront garde aussi à ne pas imputer à l'ancien français des consonnes parasites qui se sont insérées dans certaines personnes au cours du moyen français. Ex. *dient > disent, deient ∼ doient > doivent*.

V

LES DÉNOMINATIONS DES RÉFÉRENTS
PROBLÈMES D'EXPRESSION

POSITION DU PROBLÈME

Les faits dont il est question dans ce chapitre ne sont pas regroupés artificiellement. Ils s'organisent à partir d'une situation concrète, aisément discernable à partir des textes, qui engendre deux modes d'énoncés distincts.

Le premier, fondamental, est celui du *discours* ou du dialogue. Il met en présence deux ou plusieurs partenaires. Tous prennent la parole à tour de rôle et, ce faisant, se posent comme locuteurs ou émetteurs d'un message. Durant ce temps les autres sont les destinataires ou les récepteurs du message. En fait, quel que soit le nombre des partenaires, comme chacun d'eux est successivement émetteur puis récepteur, la situation comporte en théorie *un* locuteur qui parle en son nom au style direct et *un* destinataire prêt à lui donner la réplique. Au cours de ce dialogue tous les éléments du message s'organisent par rapport aux deux partenaires en présence. Les époques sont déterminées à partir du moment actuel qui constitue le présent du locuteur. C'est le locuteur qui fixe la notoriété, la position de ce dont il parle. La situation de discours règle, comme dans le court texte qui suit le jeu des formes verbales aussi bien que celui des prédéterminants du substantif. E. Benveniste a montré, par exemple, que l'expression de l'ultériorité dépend dans une large mesure du fait qu'un message est délivré au nom du *je* ou non : le tiroir *savrai* est propre aux situations de discours en français moderne du moins ; son emploi est pratiquement refusé aux historiens à moins qu'ils n'interviennent dans le récit, en l'interrompant, pour commenter l'événement dont ils parlent [1]. Ici, tant l'emploi de *cest* (dénotant un bâton que la vieille femme tient à la main) que celui des formes verbales (les unes, *j'ai perdu* évoquant un état présent, les autres, *poi*, *volt* un passé révolu) sont déterminés par la situation de dialogue au cours de la dispute qui oppose Constans et la fermière.

> Lasse ! Con m'est mal avenu !
> — Comment ? font-ils. — Car j'ai perdu
> Mon coq que li gorpil emporte. »
> Ce dist Costans : « Pute vieille orde,
> Qu'avés dont fet que nel preïstes ?
> — Sire, fait ele, mar le dites

1. Cf. *Les relations de temps dans le verbe français* in *Problèmes de linguistique générale*, p. 237-250.

> *Par les seinz Deu, je nel poi prendre.*
> *— Por quoi ? — Il ne me volt atendre.*
> *— Sel ferissiez ? — Je n'oi de qoi.*
> *— De cest baston — Por Deu ne poi,*
> *Car il s'en vet si grant troton*
> *Nel prendroient doi chen breton.* » (*Roman de Renart*, ap. *Chrest.*, n° 83, p. 165.)
> [= Malheureuse ! Quelle triste chose pour moi ! — Comment ? font-ils — C'est que
> j'ai perdu mon coq : le renard l'emporte. » Constans dit : « Putain de vieille,
> qu'avez-vous donc fait pour ne pas vous en emparer ? — Monsieur, fait-elle, vous
> parlez à tort et à travers. Sur l'Evangile, je n'ai pas pu. — Pourquoi ? — Il n'a
> pas voulu m'attendre ! — Et si vous l'aviez frappé ? — Je n'avais pas de quoi.
> — De ce bâton-ci. — Pour Dieu, je n'ai pas pu. Il file à telle allure que deux
> chiens bretons ne l'attraperaient pas.]

Le second mode d'énoncé, *récit* ou narration, dérive du premier, mais reflète une situation sensiblement différente. Le message s'organise autour d'un objet distinct des partenaires du dialogue, extérieur à eux et qui échappe à leur dépendance. Il s'adresse bien à des destinataires, auditeurs ou lecteurs de l'histoire. Ceux-ci peuvent être mentionnés au cours du récit, dans des interpellations qui les mettent en cause. Des formules telles que *bien pëussiez vëeir* [= vous auriez bien pu voir...], *lors vëissiez* ~ *oïssiez...* [= alors, vous auriez pu voir ~ entendre...] sont d'emploi courant dans les épopées et les narrations historiques. Mais ces destinataires sont passifs. Quant au narrateur, c'est un locuteur effacé. Il joue, comme on l'a dit, le rôle d'un écho qui répercute vers d'autres une histoire concernant des tiers et dans laquelle il n'intervient pas en son nom.

Ainsi, les souvenirs que Joinville relate dans son témoignage sur Louis IX tiennent du discours. L'auteur s'y exprime constamment au nom du *je*. La chronique de Villehardouin, elle, est conduite dans le ton du récit. L'auteur, lorsqu'il parle de lui, s'objective, se nomme « Geoffroy de Villehardouin », sujet d'un verbe à la troisième personne.

> *Jofrois de Vilehardoin, li mareschaus de Campaigne, monstra la parole...* (§ 27).
> [= Geoffroy de Villehardouin, le maréchal de Champagne, exposa l'affaire.]

Au reste, les textes mettent en face de situations nuancées. Dans certains l'auteur s'exprime en son nom pour présenter ou pour conclure un récit, sans pour autant intervenir au cours de l'histoire. Le lai de *Guigemar* s'ouvre par un prologue où Marie de France se dénomme *jo* :

> *Les contes ke jo sai verrais,*
> *Dunt li Breton unt fait les lais*
> *Vus conterai assez briefment.* (V. 19.)
> [= Je vous narrerai très brièvement ces contes que je sais authentiques, dont les Bretons ont tiré des « lais ».]

Dans ses prologues, Chrétien de Troyes parle de lui à la troisième personne « *Cil qui fist d'Erec et d'Enide* » [= celui qui tira une œuvre de l'histoire d'Erec et d'Enide], ou bien se présente au style direct :

> *Puis que ma dame de Champaigne*
> *Vialt que romans a feire anpraigne...* (*Le chevalier de la charrete*, v. 1.)
> [= Du moment que ma suzeraine, Marie de Champagne, veux que j'entreprenne de faire des récits en français...]

Enfin, il arrive que le narrateur interrompe son récit pour le commenter, on rejoint alors le ton du discours.

Propos échangés au cours d'un dialogue ou narration suivie, le message comporte sous toutes ses formes deux éléments : (α) un thème, soit ce relativement à qui ou à quoi une chose est dite, (β) un prédicat, soit ce qui est énoncé relativement au thème.

Dans les phrases de type canonique — assertion positive — le thème est représenté par le *sujet* ou un *groupe sujet*, le prédicat par l'ensemble *verbe-attribut* si la phrase est attributive :

> *Buona pulcella fut Eulalia. (Eulalie,* v. 1.)
> [= Eulalie (sujet) était une jeune fille de bonne race (prédicat attributif).]
> *Bons fut li secles al tens ancienur. (Vie de saint Alexis,* v. 1.)
> [= Au temps ancien le monde était bon].

ou par l'ensemble *verbe ∼ verbe + compléments* dans les phrases non attributives :

> *La pucele entra el palais.* (Marie de France, *Lanval,* v. 601.)
> *Et cil... s'escrie.* (Chrétien de Troyes, *Le Chevalier à la charrete,* v. 741.)
> [= et lui s'écrie...]
> *Des prez antrent an un plessié*
> *et truevent un chemin ferré. (Id., Ibid.,* v. 602.)
> [= Quittant les prés, ils entrent dans un lieu fortifié et trouvent un chemin ferré.]

Sous le nom de *référents* on désigne tout ce qui est pris occasionnellement comme objet ou matière des propos échangés au cours d'un dialogue ou d'un récit. Les référents appartiennent à l'univers non linguistique. Ils constituent un ensemble dont les éléments se distribuent en deux classes :

(α) celle des Animés où coexistent des Animés humains (A h), des animaux (A-h) et encore des référents auxquels on prête par métaphore le caractère « Animé » : épées, objets doués de pouvoirs magiques ∼ surnaturels,

(β) celle de l'Inanimé (I) qui groupe tout le reste des référents (objets, notions, situations, etc.).

En entrant dans la phrase sous leur signe propre, chacun de ces référents peut y assumer des fonctions diverses :

(1) Sujet

> *Je nel poi.* [= Je ne l'ai pas pu. N. B. Le référent est ici le locuteur.]
> *Aprés refu portreite Envie.* (G. de Lorris, *Roman de la Rose,* v. 235.)
> [= Tout de suite après, Envie était représentée à son tour.]

ou complément du sujet (cf. *Li filz le rei* = le fils du roi, *la fille a un comte* = la fille d'un comte).

(2) Complément primaire d'objet

> *Conseilliez cest dolent chaitif. (Roman de Renart,* I, v. 1027.)
> [= Conseillez ce triste malheureux (que je suis).]

(3) Complément secondaire d'attribution ou d'intérêt

> *... que la muiler dunat fecunditet. (Vie de saint Alexis,* v. 27.)
> [= ... Que il (Dieu) accorda fécondité à l'épouse.]
> « *E Deus, dist il, quer oüsse un sergant*
> *Kil me guardrat... (Ibid.,* v. 226.)
> [= Eh, Dieu, dit-il, si seulement j'avais un sergent pour veiller sur lui à ma place.
> Mot à mot : qui le surveillera pour moi.]

Les Référents	Les Partenaires		Animés
	Le locuteur	Le destinataire	
Dénomination du lieu qu'ils occupent	*ci/ça*		
Dénomination substantivale des référents	Nom propre		Nom propre ou S N

Dénomination pronominale des référents

	Le locuteur	Le destinataire		Masc.		Fém.
	cs *gie- jo je*	*tu*	Sg.	cs *Il* (1)		*Elle* 1
	cr *me- mei*	*te- tei*		cr	*se-sei*	
	cs⟩*nos* cr⟩	*vos*	Pl.	cs *Il* (1)		*Elles* 1
				cr	*se-sei* *se-sei*	

Autres modes de dénominations
Pronoms
Pronoms
Pronoms
Pronoms

(4) Compléments circonstanciels de toute sorte

> *Il se fu uns buens hom de religion qui sovent prioit Deu en ses orisons...*
> (Maurice de Sully, *Sermons*, ap. *Chrest.*, n° 102, p. 201.)
> [= Il y eut un religieux, homme de bien, qui souvent priait Dieu dans ses prières de...]
> *Cele nuit jut Salemons en un suen paveillon*
> *devant la nef a petit de compaignie.* (*La Queste del Saint Graal, ibid.*, n° 58, p. 121.)
> [= Cette nuit-là Salomon reposa dans sa tente, devant le bateau, en petite compagnie.]

L'insertion des référents dans la phrase s'opère dans des conditions et par des moyens qu'on peut étudier de deux points de vue.

En premier lieu on cherche quels signes sont propres en ancien français à désigner les situations respectives des référents (celle des partenaires du discours, celle des autres) et les référents eux-mêmes. C'est un problème de dénomination.

En second lieu on examine les faits particuliers relatifs à la mention, à la

Autres référents

(A h ~ A-h)		Inanimés		
La (iluec, en, i)				
[*Prd* R d]		S N [*Prd* R d]		
Masc.	Fém.	Masc.	Fém.	
Sg. { cs *Il* $_2$ / cr (1) *lui* (-*li*) / cr (2) *le*	*Elles* $_2$ / *li* (-*lui*) / *la*	Sg. { cs *Il* $_3$ / cr *le*	*Elles* $_3$ / *la*	% / *Il* $_4$ symbole postiche de troisième personne.
Pl. { cs *Il* $_2$ / cr (1) / cr (2)	*Elles* $_2$ / *lor* / *les*	Pl. { cs *Il* $_3$ / cr *les*	*Elles* $_3$	

eus \ *elles*

des Référents A h, A-h et I
« possessifs »
« démonstratifs »
« indéfinis »
« interrogatifs »

forme, à l'ordre de ces signes dans l'organisation de la phrase. C'est un problème d'expression.

Pour rendre l'exposé plus clair on a d'abord regroupé dans un tableau les référents d'après leur classe et leurs dénominations diverses (noms propres, noms communs, pronoms, substituts nominaux). Le commentaire suivra de haut en bas l'ordre des niveaux du tableau et à chaque plan traitera des faits d'expression de gauche à droite.

DÉNOMINATIONS ADVERBIALES DU LIEU ET DU MOMENT

1. Ci dénote le lieu où se situent les partenaires du discours.

> *Ci devant tei estunt dui pechethuor.* (*Vie de saint Alexis*, v. 361.)
> [= Ici, devant toi, se tiennent deux pécheurs.]

Le locuteur en occupe le centre. C'est par rapport à lui que sont marquées les positions des autres référents inclus dans cet espace. En ancien français classique *cist... ci, cil... ci* permettent de localiser ce qui se trouve moins ou plus éloigné de lui.

Ci dénote encore, dans le discours, l'actualité des partenaires et des propos qu'ils échangent.

> *De cez paroles que vos avez ci dit*
> *En quel mesure en purrai estre fiz ?* (*Roland*, v. 145.)
> [= De ces propos que vous venez de tenir, dans quelle mesure en pourrai-je avoir garantie ?]

C'est au moyen de *ci* servant de repère que le locuteur dénote une fraction de durée antérieure (*jusques ci, ci devant*) ou postérieure (*ci après*) à son actualité.

Conçu comme le terme d'un mouvement dirigé de l'extérieur, le lieu occupé par les partenaires du discours est dénoté au moyen de *ça*.

> *Que nus requert ça en la nostre marche ?* (*Roland*, v. 374.)
> [= (Blancandrin dit : ») que vient-il encore chercher ici dans notre marche ?]
> *Se vos le mandiez que il venist ça et prist le signe de la croiz.*
> (Villehardouin, *Chronique*, § 41.)
> [= Si vous lui faisiez savoir qu'il vînt ici et prît le signe de la croix.]
> *Aportez ça l'espee, si la metrai au pié dou lit.*
> (*La Quête du Graal*, ap. *Chrest.*, n° 58, p. 120.)
> [= Apportez ici l'épée ; je la mettrai au pied du lit.]

Le sens de cette convention est parfois perdu par les copistes. Peut-être est-ce au scribe anglais qu'est due la substitution de *ci* à *ça* dans ces deux passages tirés des *Lais* de Marie de France.

> *Un enfaunt ai ci aporté*
> *La fors el fresne l'ai trové.* (*Fresne*, v. 199.)
> [N. B. *enfaunt*, forme anglo-normande d'*enfant*.]
> *Sire cumpain, ci en vient une.* (*Lanval*, v. 589.)

C'est sur le thème *ça* que sont construites les locutions adverbiales qui servent à configurer les relations dimensionnelles du volume dont *ci* est le centre. Soit *ça sus* (= en haut) *ça jus* (en bas) *çaienz* (à l'intérieur).

2. La dénote l'ensemble du domaine extérieur à *ci*. Il sert aussi à situer un événement dans une durée étrangère à celle qui constitue l'actualité des partenaires du discours.

> *Pos ci non posc, lai vol ester.* (*Vie de saint Léger*, v. 96.)
> [= Puisque je ne peux pas rester ici, je veux me tenir là-bas.]
> *La vos sivrat, ça dit, mis avoez.* (*Roland*, v. 136.)
> [= Là-bas vous suivra, à ce qu'il dit, mon protecteur.]
> « *... des voz iert la martirie.* (*Ibid.*, v. 591.)
> [= Alors, à ce moment-là il y aura un massacre des vôtres.]

Sur *la* sont construites des locutions adverbiales symétriques des précédentes : soit *la-jus*

> *La jus en cartres l'en menat.* (*Vie de saint Léger*, v. 176.)
> [= Il le fit descendre dans une prison.]

la-sus :

> *La sus amunt pargetent tel luiserne.* (*Roland*, v. 2634.)
> [= (les lanternes) projettent en l'air une telle lumière...]

162

laienz :

> *Enquis li ad e demandé*
> *Ki il esteit e dunt fu nez*
> *E coment est laienz entrez.* (Marie de France, *Guigemar*, v. 604.)
> [= Il lui a demandé qui il était, de qui il était né et comment il est entré là.]

3. Iluec ~ Ilueques ~ Iloques dénote un endroit précis sis dans le domaine du *la*.

> *Dreit à Lalice — co fu cité mult bele —*
> *Iloec arivet sainement la nacele.* (*Vie de saint Alexis*, v. 81.)
> [= Droit à Laodicé — c'était une cité très belle — à cet endroit-là aborde à bon port le navire. N. B. Noter l'emploi de *arivet*, conforme à son étymologie.]

Dans l'exemple qui suit, une valeur temporelle double la valeur spatiale.

> *Par jugement iloec perdrez le chef.* (Roland, v. 482.)
> [= Là ~ A ce moment-là, par jugement, vous perdrez la tête.]

Cette valeur est bien documentée par les exemples catalogués dans *Altfr. Wörterburch IV*, 1337. Elle est sensible dans la locution adverbiale *d'iluec en avant* (= à partir de ce moment-là).

> **Remarque 1.** La varia lectio des textes montre que pour les copistes *la*, *iluec* avaient sensiblement le même sens. Cf. Villehardouin, *Chronique*, § 43. Et il faut y adjoindre *enqui*, étymologiquement « aujourd'hui », auquel, dans ce paragraphe, répondent *la* (manuscrit B) et *illuec* (manuscrits C, D).

> **Remarque 2.** Dans les chroniques, la fixation de l'époque (reculée) dans laquelle se situe un événement est alternativement faite au moyen de *la* et de *lors* (= alors) qui n'a qu'une valeur temporelle.

> **Remarque 3.** Il semble qu'en revanche *or ~ ores* (= à ce moment) fonctionne aussi bien dans le discours avec la valeur de « en ce moment » que dans le récit avec la valeur de « à ce moment ».

> « *S'or ne m'en fui, mult criem que ne t'em perde !* » (*Vie de saint Alexis*, v. 60.)
> [= Si je ne m'enfuis pas sur le champ, je redoute fort de te perdre.]
> *Or volt que prenget moyler a sun vivant.* (*Ibid.*, v. 39.)
> [= A ce moment le père veut que son fils prenne femme pendant que lui vit encore. N. B. Ici c'est le narrateur qui raconte.]

4. En et i.

(α) Dans le domaine du *là*, le lieu dénoté par *iluec* ou le domaine lui-même peuvent être conçus comme point de départ ou comme point d'arrivée. Déterminants des verbes de mouvement, *en* et *i* équivalent alors à « de cet endroit-là », « jusqu'à ~ dans cet endroit là ».

> *Ki vint plurant, cantant l'en fait raler.* (*Vie de saint Alexis*, v. 560.)
> [= Celui qui était venu en pleurs, il le fait retourner de là en chantant.]
> *Granz est la presse, nus n'i podons passer.* (*Ibid.*, v. 517.)
> [= Grande est la foule, nous ne pouvons nous frayer un passage jusque-là.]

D'où l'extension généralisée de *en* devant les verbes qui expriment un mouvement.

(β) Par analogie, *en* fonctionne aussi comme adverbe de temps avec la valeur de « à partir de ce moment-là ». C'est de cette valeur que dérive l'emploi très fréquent de *en* en ancien français pour marquer la succession de deux faits qui s'enchaînent. Le premier exemple se rencontre dans la *Séquence d'Eulalie*, v. 15. L. Foulet en signale huit dans son glossaire de la *Chanson de Roland*.

> *Li reis Marsilie out sun cunseil finet ;*
> *Sin apelat Clarin de Balaguet.* (V. 62.)
> [= Le roi Marsile avait terminé son conseil ; ensuite il convoqua Clarin de Balaguer. N. B. *Sin* = *si en*.]

(γ) Dans des constructions où ils représentent un complément adnominal *de* N ou un complément d'adresse *à* N, *en* et *i* dénotent des référents animés ou inanimés inclus dans le domaine du *là*. En ancien français, *en* et *i* fonctionnent ainsi comme pronoms et renvoient à des « personnes » aussi bien qu'à des choses.

> *Dous de voz cuntes al paien tramesistes,*
> *l'un fu Basan e li altres Basilies.*
> *Le chef en prist e puiz desuz Haltilie.* (*Roland*, v. 207.)
> [= Vous envoyâtes deux de vos comtes au paien. L'un fut Bazan et l'autre Basille. Il prit leurs têtes dans la montagne, sous Haltilie.]

Le cas de *i* a été posé par L. Foulet dans son glossaire de la *Chanson de Roland* et discuté depuis [2]. L. Foulet le définit très bien, selon nous, en suggérant que la référence personnelle impliquée par *i* (= à lui ~ à elle) est liée d'une façon étroite au rappel du lieu ou de la circonstance auxquels la personne en cause est liée.

> *Mult grand honur i ad li reis dunee.* (*Ibid.*, v. 3733.)
> [= Le roi lui a témoigné (à Aude, morte dans son cercueil) de grandes marques d'honneur.]

DÉNOMINATIONS SUBSTANTIVALES DES RÉFÉRENTS

1. Inventaire.

A. Les partenaires.

La règle est que leurs noms propres et accessoirement leurs titres ne fonctionnent jamais comme sujets ni comme compléments primaire ou secondaire. Ils n'apparaissent dans le discours qu'en apostrophe :

> *Oz mei, pulcele.* (*Vie de saint Alexis*, v. 66.)
> [= Jeune fille, écoute-moi !]
> *Bruns, fait Renart, biaux douz amis,*
> *Vez ci ce que je t'ai promis.* (*Roman de Renart*, I, v. 607.)

ou en apposition à *jo* = *je* ou à *tu* (~ *nos*, *vos*).

> *Nous, Guis, cuens de Flandres et marchis de Namur,*
> *faisons savoir à tous...* (*Lettre de foire*, ap. *Chrest.*, n° 192, p. 341.)

---

2. Cf. *Mélanges offerts à M. F. Lecoy*, Paris, Champion, 1973, (à paraître).

B. *A h — A-h.*

(α) Ils peuvent être dénommés par leurs noms propres. Ceux-ci assument toutes les fonctions dévolues au nom. Qu'ils soient employés directement :

> *Perroz, qui son engin ess'art*
> *Mist en vers faire de Renart*
> *et d'Isengrin son chier compère.* (*Roman de Renart*, I, v. 1.)
> [= Perrot qui appliqua son esprit et son métier à composer un poème au sujet de Renart et d'Isengrin son bon compère...]

ou qu'ils soient précédés d'un titre honorifique (*dame Hersent, Messires Nobles, Ibid.*, v. 10, 16). Ils ne sont pas, en règle générale, prédéterminés au moyen d'un article.

> **Remarque.** On rangera dans cette classe les animaux qui, comme les hommes, portent des noms propres (*Renart*, le goupil, *Pinte*, la poule, *Noble*, le lion) et, par extension, dans le style épique, les épées des chevaliers héroïques (*Durendal, Joieuse*, etc.). Les noms propres de pays, de villes, de fleuves sont prédéterminés ou non au moyen de l'article *li* (cf. *Altfr. Wörterbuch*, v. 269-270).

(β) Animés et Inanimés sont dénommés au moyen d'un syntagme nominal. Le substantif y dénote, selon la classe, un titre, une fonction, un concept, ou l'espèce à laquelle appartient tel individu ou tel objet.

2. Problème d'expression.

Le problème d'*expression* qui se pose à propos du S N est celui des conditions qui président à l'emploi ou au non-emploi d'un prédéterminant.

On a dénombré quatre *Prd* spécifiques [3] : l'article *li* (*li reis*), l'article *uns* (*une spede*), le couple des démonstratifs *cist-cil* (*cist* ∼ *cil uem*) et le possessif *mes-tes-ses* (*mes* ∼ *tes* ∼ *ses pedre(s)*).

Quant à la valeur, ils sont réductibles à trois : le possessif d'une part, l'article *li* et les démonstratifs de l'autre, enfin l'indéfini *uns*.

La parenté foncière du pronom *il* ∼ *le*, de l'article *li* et du démonstratif *cil* ressort des faits suivants. *Li* et *cil*, dans le récit, jouent le rôle d'anaphoriques : tenant alors lieu d'un substantif, ils peuvent à ce titre recevoir des déterminations. Ils se confondent alors avec un pronom.

> *Al tens Noe ed al tens Abraham*
> *Ed al David, qui Deus par amat tant.* (*Vie de saint Alexis*, v. 6.)
> [= Au temps de Noé et au temps d'Abraham et (au temps)= à celui de David que Dieu chérit tant. N. B. *qui* = cas régime 1 *cui*.]

---

3. Pour l'ancien français archaïque, il faut tenir compte en plus de l'article *ist* (m) *este* (f). Ces formes, qui ont survécu dialectalement en ancien français (cf. *Altfr. Wörterbuch*) relèvent du domaine du *ci*, c'est-à-dire du discours direct.
Ex. *D'ist di in auant* (*Serment de Strasbourg* I.)
(= A partir de ce jour-ci.]
Ex. *S'or me conoissent mi parent d'este terre.* (*Vie de saint Alexis*, manuscrit P, v. 203.)
[= Si maintenant mes parents, de ce territoire-ci me reconnaisent...]
Leur emploi a décliné assez tôt en ancien français classique.

Vindrent parent et lor amic,
Li sanct Lethgier, li Ewrui. (*Vie de saint Léger,* v. 118.)
[= Vinrent leurs parents et leurs amis, ceux de saint Léger et ceux d'Ebroïn.]

Cette construction demeure vivante dans la langue classique. L. Foulet (*Petite Syntaxe,* § 70) en fournit des exemples, du type : *A cele hore qu'il abati ton cheval et le Perceval ensemble* (*La quête del Saint Graal,* 144, 9-11) c'est-à-dire « ton cheval et en même temps celui de Perceval ». Il est probable qu'au XIIIe siècle elle avait valeur d'archaïsme.

D'autre part dans la langue épique, mais aussi bien, plus tard, dans la poésie lyrique et dans la prose narrative, *cil* se substitue à *li* devant des substantifs dont les référents A h, dont on n'avait jamais parlé jusque-là, sont normalement impliqués dans une situation donnée. Au début d'un poème qui célèbre le renouveau printanier « *cil oisillon chantoient* » : le chant des oiseaux est un élément constitutif et typique de la situation. Dans la description d'un repas on fera intervenir *cil bachelier,* c'est-à-dire les jeunes gens à qui, normalement, était dévolu le rôle de servir les seigneurs attablés.

Li apostolie et li emperëur
Sedent es bans [e] *pensif e plurus.*
Iloc esguardent tuit cil altre seinors. (*Vie de saint Alexis,* v. 326.)
[= Le pape et l'empereur sont assis sur des bancs, songeurs et en larmes. Tous les seigneurs qui étaient présents les observent.]
Ceo fu el meis d'avril entrant
Quant cil oisel meinent lur chant. (Marie de France, *Yonec,* v. 51.)
[Ce fut au début du mois d'avril quand les oiseaux s'ébattent en chantant.]

Cist peut intervenir avec la même valeur dans cet emploi. L. Foulet (Glossaire de la *Chanson de Roland*) ne relève pas moins de seize exemples sous *cils* et plus de trente-cinq sous *cist.* (Pour le reste, cf. *Altfr. Wörterbuch,* II, 89.)

Il en résulte qu'on peut légitimement analyser le S N *li reis, li Deo inimi* (*Eulalie,* v. 3) en « celui (qui est ~ était) roi -ceux (qui étaient) ennemis de Dieu ». Le substantif y est, en fonction, attribut d'un pronom. Cette valeur, pour être effacée dans la conscience des sujets, n'en est pas moins fondamentale. Elle seule permet de comprendre à quoi répond l'emploi de *li* devant un substantif mis en apposition.

L'an de l'Incarnation 1274 ... *fu pais faite par provos et par juré entre Jehan Wetin, d'une part, et Jehan, le fil dame Margot le Vilaine...* (*Registre des paix et trèves de Tournai,* ap. *Chrest.,* nº 191, p. 340.) Jehan, c'est-à-dire « celui qui est fils de dame Margot » et non un autre.

Faute de témoignages directs, le statut du substantif dans les énoncés informatifs en ancien français n'est pas connu. On ne peut s'appuyer que sur les textes en supposant que ceux-ci, suivant leur date, reflètent deux états, l'un archaïque, l'autre sensiblement plus avancé.

Le premier se caractérise par le fait que la valeur référentielle du substantif ne dépendait pas d'un prédéterminant mais se déduisait d'une situation extra-linguistique donnée ou du contexte. L'intervention d'adjectifs auxquels était dévolu le rôle de préciser cette valeur et de la marquer fortement dépendait du locuteur ou du narrateur. D'autres moyens que ces adjectifs « démonstratifs » ou « possessifs » pouvaient fournir la précision requise : une proposition relative par exemple. A notre sens, cet état est rappelé dans la protase du second *Serment de Strasbourg : Si Lodhuuigs sagrament que son fradre Karlo iurat conseruat* [= Si Louis tient (le) serment qu'il a juré à son frère Charles]. Il est inutile d'introduire dans cette phrase un prédéterminant — supposé omis — avant *sagrament* ; la relative suffit à limiter la valeur référentielle de ce nom.

Le second état serait représenté par un idiome dans lequel tout substantif en tant que tel, serait dénoté par un morphème spécifique. Le prédéterminant, comme dit L. Foulet (*Petite Syntaxe*, § 66) n'y serait plus qu'un « simple signe grammatical » ... « à peu près comme la terminaison -er indique un infinitif ». Le français moderne est loin d'y atteindre puisque, dans nombre de constructions le substantif est encore employé sans prédéterminant.

Entre ces deux extrêmes on pose un état intermédiaire (qui a dû être celui du gallo-roman) où, dans les énoncés informatifs, fut acquise l'habitude de reconnaître régulièrement à quelques morphèmes le pouvoir non pas de marquer *l'espèce* du nom, mais de faire varier l'extension du concept que symbolisait le substantif et de modérer ou d'accroître la notoriété du référent. C'est en effet au niveau des concepts qu'on doit se placer pour comprendre le jeu de ces prédéterminants. L. Foulet l'avait saisi et ce qu'il écrit à ce sujet s'entend encore mieux à la lumière de l'étude de G. Guillaume sur l'article [4].

Les exemples utilisés ici sont tirés des plus anciens textes et du court lai des *Deus amanz* de Marie de France. En l'espèce les données numériques fournies par des dépouillements exhaustifs importent moins que la définition des cas en présence desquels on est mis successivement [5].

Ce qui est plus difficile c'est d'entrer, autant que faire se peut, dans un système où les emplois des prédéterminants n'étaient pas réglés par les contraintes auxquelles nous obéissons mais par une représentation particulière (toujours sujette à varier ensuite) qu'on se faisait des concepts. Ceux dont l'extension était restreinte à *un* référent se présentaient sans article (Dieu, Marie, noms de personne, nom collectif de peuples). Mais il suffisait que n'importe quel concept s'opposât à un autre dans certaines alliances pour que la valeur des deux devînt des plus restreintes. « Homme » impliquant « corps » et « âme », ces deux noms associés pour définir un individu n'avaient pas besoin d'être prédéterminés.

> *Bel auret corps, bellezour anima*
> *Voldrent la veintre li Deo Inimi.* (*Séquence de sainte Eulalie, v. 2.*)
> [= Comme elle avait beau (le) corps et plus belle (l')âme, les ennemis de Dieu voulurent la vaincre.]

On évitera par conséquent de dire, comme le fait L. Foulet, *Petite Syntaxe*, § 67, que les « noms abstraits » s'emploient en général sans article ; mieux vaut suivre sa propre correction et parler de mots « pris dans un sens général ».

---

4. Cf. Bibliographie, n° 89.
5. D'où le mérite de l'étude que P. Guiraud a conduite sur *la Chanson de Roland*. Si le texte n'était pas des mieux choisis, nous persistons néanmoins à tenir pour raisonnable la thèse qu'y défend l'auteur.

N'importe lequel de ces noms peut être prédéterminé en ancien français, à la condition que le concept, d'extension réduite, confère au substantif une valeur référentielle restreinte. « *Duretie* » (= endurcissement) et *encredulitet* sont déterminés par *cele* dans le fragment de Valenciennes dans la mesure où ces péchés prêtés aux Juifs leur faisaient encourir la compassion du Christ mais aussi la colère de Dieu (cf. *porquet il en cele duretie et en cele encredulitet permessient*).

Il suffit de laisser au concept l'extension la plus large pour que le substantif puisse fonctionner sans prédéterminant. La compréhension en étant réduite, le concept devient alors apte à symboliser un type. Les noms référant à une matière se comportent de ce point de vue comme ceux dont le concept a pour contenu une vertu, un sentiment, des entités telles que « temps », « heure », « jour », « nuit », etc. Dans les lapidaires les noms de pierres se présentent sans article dans les définitions qui précèdent la description des pouvoirs du béryl, de l'émeraude ou de l'améthyste.

Au degré le plus large de l'extension conceptuelle, les substantifs entrent, dépourvus de prédéterminants, dans des constructions analogues, au fond, à celle des composés.

Le syntagme *préposition + nom* constitue une unité de discours. Il équivaut à un complément adverbial. Seules quelques insertions sont tolérées (cf. *a grant mal -per bona fied* = de bonne foi (*Vie de saint Léger*, v. 24). Deux substantifs associés (ex. *A foc a flamme vai ardant* = à feu et à flamme, *ibid.*, v. 133) s'y fondent en une seule image. Le lai des *Deus amanz* présente bon nombre de ces syntagmes construits avec

« à », cf. *aturner a mal* (v. 33) *a grant anguisse* (v. 212), *a tere* (v. 242),
« de », cf. *de chief en chief* (v. 140),
« en », cf. *en aventure* (v. 170), *en paumeisuns* (v. 217) *en genuillons* (v. 218),
« par », cf. *par esgart* (v. 12), *par druërie* (v. 66), *par mescines* (v. 143),
« sans », cf. *sanz martire* (v. 98),

Verbe + nom. Ce syntagme n'a pas encore été étudié de près en ancien français. La frontière entre construction libre et locution verbale n'est pas toujours facile à discerner. *Nomer terme* (= fixer un délai) et *aveir (a) nom* (= s'appeler) sont-ils au même niveau ? L'extension large du concept des substantifs qui s'associent dans ce syntagme avec un nombre limité de verbes est un facteur qui favorise la composition. On admet d'autre part que le retour fréquent d'un même lieu commun sous la même forme (ex. *aprendre letres*, cf. *Vie de saint Léger*, v. 18, *Vie de saint Alexis*, v. 34) est l'indice que la locution avait déjà la valeur de « s'instruire ». Il est licite, semble-t-il, de considérer comme locution verbale « avoir peur » (*Vie de saint Léger*, v. 76) et dans le lai des *Deus Amanz aveir pris* (v. 59) *aveir doel ~ ire* (v. 97) *demander congié* (v. 130), *traire a chief* (= mener à bout ~ réussir, v. 164) *nomer terme* (v. 165), *demener dol* (v. 243), *aveir nun* (v. 252).

Par un processus analogue ces substantifs sont naturellement prédisposés à prendre une valeur adjectivale soit en fonction d'attribut associés à *être*, *devenir* (ex. *Buona pulcella fut Eulalia, Quant infans fud* in *Vie de saint Léger*,

v. 13). *De tut cest mund sumes [nus] jegedor* (*Vie de saint Alexis*, v. 364). [= (le pape et l'empereur disent) « nous sommes les juges de tout ce monde-ci »]) soit en fonction de complément adnominal comme dans *l'art de phisike* (= ars physica in *Deus Amanz*, v. 106).

C'est aussi sans prédéterminant qu'ils entrent dans les constructions négatives.

> *Elle colpes non auret.* (*Séquence de sainte Eulalie*, v. 20.)
> [= Elle n'avait pas de fautes ~ elle n'avait pas péché.]
> *Fiz ne fille fors li n'aveit.* (*Deus Amanz*, v. 23 et cf. v. 29, 183.)

En syntaxe libre, en dehors des cas où un substantif est employé sans prédéterminant en vertu de sa valeur typique (ex. *Pechet le m'a tolut* = c'est une calamité qui me l'a ravi in *Vie de saint Alexis*, v. 108), on notera encore que l'absence de prédétermination confère à un syntagme une valeur en quelque sorte symbolique. *Suvent li baisë oilz e buche*, au v. 235 des *Deus Amanz* évoque moins quelque chose de concret qu'un geste signifiant, traduction de la douleur de l'amante [6].

L'extension du concept se restreint dès qu'on accroît d'un trait sa compréhension. Ce rôle est dévolu à des adjectifs (« grand », « tel », « autre ») préposés au substantif.

> *Mult fu granz desconforz as pelerins.*
> (Villehardouin, *Chronique*, § 40, N. B. *desconforz* = découragement.)
> *Halas ! con grant domages lor avint !* (*Id., Ibid.*, § 46.)

Ils excluent, comme ici, ou admettent une autre prédétermination.

> *Por ciel tiel duol rova's clergier.* (*Vie de saint Léger*, v. 65.)
> [= En raison de ce chagrin ~ dépit si grand il demanda à être clerc.]

Mais *tel* dans bien des cas se suffit à lui-même.

> *Mais ço'st tel plait dunt ne volsist nïent.* (*Vie de saint Alexis*, v. 49.)
> [= Mais c'est une sorte d'accord dont il n'aurait voulu à aucun degré.]

La valeur référentielle du substantif se restreint autant que l'extension du concept diminue. Ce sont alors les nécessités du discours qui contraignent à marquer par un moyen approprié la notoriété du référent.

De ce point de vue les relations de caractère personnel ne posent aucun problème d'expression. Les adjectifs dits « possessifs » marquent leurs trois degrés.

> *Mis pere avreit e doel e ire.* (*Deus Amanz*, v. 97.)
> *Or vus dirai de la meschine.*
> *Puis que sun ami ert perdu.*
> *Unkes si dolente ne fu.* (*Ibid.*, v. 230.)
> « *Sire, dist il, morz est tes provenders.* » (*Vie de saint Alexis*, v. 339.)
> [= Sire, dit-il, mort est le mendiant dont tu assurais la subsistance.]

---

6. On peut interpréter de cette manière le v. 18 du lai des *Deux Amanz* où deux figures (hendiadyn et husteron proteron se mêlent : *Uncore i ad vile e maisuns*. Ces deux substantifs évoquent ensemble la cité de Pistres (= Pitres), antique, dont le nom a subsisté depuis sa fondation (v. 17) et à laquelle a succédé une cité moderne.

Uns pose la notoriété nulle d'un référent défini (cf. *Petite Syntaxe*, § 82). C'est, dans le discours, le prédéterminant des substantifs évoquant, pour la première fois, les éléments (A h ou I) d'une situation.

> *Si fut un sire de Rome la citét.* (*Vie de saint Alexis*, v. 13.)
> *Ki sa fille vodreit aveir*
> *Une chose seüst de veir.* (*Deus Amanz*, v. 42.)
> [= (Le roi fit savoir que) celui qui voudrait avoir sa fille sût une chose...]

N. B. Dans les quatorze exemples de « *un* » qu'on relève dans ce lai (v. 2, 5, 9, 11, 13(2), 21, 42, 57, 58, 103, 139, 144, 254) il en est évidemment quelques-uns (cf. v. 21) où « *un* » à la valeur de « un seul ».

Uns est souvent repris dans la suite du discours au moyen de *cil*.

> *Veritez est que en Neustrie*
> *Ad un haut munt merveilles grant :*
> *Lasus gisent li dui enfant.*
> *Pres de cel munt a une part*
> *Une cité fist faire uns reis.* (*Deux Amanz*, v. 7.)
> *... et un saint home en France qui ot nom Folques de Nuilli... Et cil Folques dont je vos di comença a parler de Dieu par France* (Villehardouin, *Chronique*, § 1).

Toutefois, une situation étant posée, quelques-uns des éléments qui la composent ont, du fait de la situation même, une notoriété suffisante pour que les substantifs qui réfèrent à eux en portent la marque. En ancien français classique *cil* et *cist*, démonstratifs dits « épiques », peuvent être cette marque (cf. p. 166) [7]. Mais celle-ci est de façon courante exprimée par *li* [8].

Dans la *Vie de saint Alexis*, où il n'a jamais été question d'un empereur avant le v. 35, le mot *emperethur*, employé pour la première fois, est prédéterminé par l'article : il ne peut s'agir que de l'empereur de Rome, ville où naît Alexis. Au v. 16 de la *Séquence d'Eulalie, les empedemenz* évoquent d'une manière précise les formes de martyre institutionnellement appliquées aux Chrétiens non renégats, *lo fou* (v. 19), le feu, est la première.

La parenté étymologique de *li* et de *cil* explique que dans bien des cas, en ancien français, l'article intervienne avec une valeur qui serait traduite par *ce-cet* en français moderne :

> *Des Pistreis la fist il numer*
> *E Pistres la fist apeler :*
> *Tuz jurs ad puis duré li nuns.* (*Deux Amanz*, v. 15.)
> [= Il tira son nom de celui des « Pistreis » et la fit appeler « Pistres ». Depuis ~ ensuite, ce nom a toujours duré.]
> *Ne poeit mes suffrir l'ennui.* (*Ibid.*, v. 86.)

---

7. Pour les autres valeurs d'emploi de *cist-cil* on renvoie à l'étude de M. H. Yvon. Bibliographie, nº 180 à laquelle il n'y a rien à ajouter.

8. Le passage de *cil* a *li* est aussi courant que celui de *li* à *cil* :
Ex. *Cil homines de cele civitate tant l'aveient ofendud que tost les volebat... e tote la civitate volebat comburir* (*Fragment de Valenciennes*, Verso).
[= Ces hommes de cette cité l'avaient tant offensé qu'il voulait sur le champ les... (lacune)... qu'il voulait incendier toute la cité.]

Le contexte appelle la traduction de *l'ennui* par « cette peine » (cf. encore v. 19, 21, 22, 31, 47, 57, 75, 77, 127, 128) alors que dans d'autres cas (cf. v. 147-149) il fonctionne comme une forme atténuée du possessif.

En fait, les incitations à marquer la notoriété par *li* ne sont pas en tous points comparables à celles qui motivent les emplois de *le* en français moderne.

> *Devers Seigne, en la praërie*
> *En la grant gent tute asemblee*
> *Li reis ad sa fille menée.*
> *N'ot drap vestu fors la chemise. Ibid. v. 180.*

Chemise est déterminé sans doute en tant que pièce obligée d'un vêtement (*dras*). « Elle n'avait pas revêtu de vêtement hormis la chemise. » Mais comme l'épreuve que vont tenter les deux amants a un peu de caractère d'une ordalie, *la chemise* serait aussi bien le signe symbolique de la tenue qui était parfois de mise dans ces cérémonies.

Pour le reste, *li* a valeur anaphorique dans la majorité de ses emplois [9]. On relèvera, en 58 et en 63 l'opposition marquée de *fiz a un cunte* (*un* = notoriété nulle) et de *la fillë al rei* (*le* = notoriété pleine).

Au v. 207, *Quant les deus parz fu muntez sus*, il faut entendre, pensons-nous, « quand il eut gravi les deux tiers de la montagne » (le jeune homme s'était une première fois arrêté à mi-hauteur) ; ces fractions exprimées par un numéral cardinal sont prédéterminées par l'article (cf. dans la langue classique *Des trois les deux sont morts*). Au début du récit, *li Breton*, v. 5 n'est pas pour surprendre : presque toute la matière dont traite Marie de France est, à son dire, issue de ces lais celtiques dont la vogue était alors grande. Au v. 77, dans *... mieuz en voelt les maus suffrir* », *les* est justifié par le fait que ces maux sont inhérents à la contrainte (*suffrance*) dont il a été question au v. 75.

DÉNOMINATIONS PRONOMINALES DES RÉFÉRENTS

1. Inventaire.

A. Les partenaires.

Le locuteur se dénomme au moyen de *gie-jo* ~ *je*. Son titre, sa fonction commandent, parfois, dans les actes publics l'emploi d'une forme de majesté *nos* qui entraîne l'accord du verbe au pluriel.

Il dénomme *tu* le destinataire de ses propos, à moins d'user d'une forme de politesse *vos* ~ *vous* qui entraîne elle aussi l'accord du verbe au pluriel.

---

9. Cf. v. 6, 10, 14, 15, 20, 32, 44, 48, 52, 61, 63, 68, 76, 77, 91, 92, 106, 123, 127, 128, 136, 138, 147, 148, 151, 153, 156, 159, 169, 171, 173, 177, 178, 180, 181, 182, 185, 191, 192, 198, 209, 212, 213, 215, 216, 224, 225, 227, 229, 230, 236, 237, 239, 242, 244, 247, 248, 249, 251, 252, 254.

Sire, sire, dit li taissons,
Se nos vers vos obaïsons
Por bien faire et por dreiture... (*Roman de Renart*, I, v. 1325.)
[= Sire, Sire, dit le blaireau, si nous vous obéissons en vertu des règles de la bonne éducation et de la soumission...]
Dame, fet il, que dites vus ? (Marie de France, *Fresne*, v. 461.)
[= Dame, fait-il, que dites-vous ?]

Dans un propos suivi il est courant qu'en s'adressant au destinataire le locuteur passe du *tu* au *vos* ou l'inverse.

Bruns, dist Renart, se je savoie
Que je trovasse en toi fïence...
De gentil miel fres et novel
Vos enpliroie encui le ventre. (*Roman de Renart*, I, v. 568.)
[= Brun, dit Renart, si je savais trouver en toi de la bonne foi... je vous emplirais aujourd'hui le ventre d'un miel nouveau, de bonne qualité.]

Les signes qui dénotent le locuteur et le récepteur ne portent pas de marque catégorielle de genre. Celle-ci n'intervient, éventuellement, que dans les appositions de *jo* ~ *je-tu* et, par accord, dans les noms (substantifs, adjectifs) qui se rapportent à eux comme attributs.

Ja mais n'ierc lede, kers filz. (*Vie de saint Alexis*, v. 135.)
[= Je ne serai plus jamais joyeuse, cher fils. N. B. *lede* féminin singulier de l'adjectif *liez* marque que le locuteur est ici la mère d'Alexis.]
... « *Vos estes saives hom.* (*Roland*, v. 248.)
[= Vous êtes un homme expérimenté.]

Ils comportent en revanche une marque de nombre.

Si *jo-je* s'inclut parmi d'autres locuteurs l'ensemble ainsi constitué est dénoté au moyen du signe *nos* ~ *nus* qui fonctionne à la fois comme sujet et comme complément.

Dient païen : « De ço avun nus asez ! » (*Roland*, v. 77.)
[= Les païens disent : « De ça, nous avons à suffisance ! »]
Oez, Seignurs, quel pechet nus encumbret. (*Ibid.*, v. 15.)
[= Ecoutez, seigneurs, quel fléau se met à notre traverse.]

Si *jo* ~ *je* s'exclut d'un ensemble constitué par *tu* et d'autres destinataires, il dénote cet ensemble au moyen de *vos* ~ *vus* qui fonctionne à la fois comme sujet et comme complément.

« *Seignurs, dist Guenes, vos en orrez noveles.* (*Ibid.*, v. 336.)
[= Seigneurs, dit Ganelon, vous en entendrez des nouvelles.]
Je vos durrai or e argent asez. (*Ibid.*, v. 75.)
[= Je vous donnerai de l'or et de l'argent en quantité.]

Au singulier, les formes « réfléchies » *me-mei*, *te-tei* se substituent à *jo* ~ *je tu* quand le référent est inséré dans le prédicat à titre de complément. Au pluriel, *nos-nous*, *vos-vous* ne se distinguent pas des formes sujet.

Selon les circonstances, *me-mei*, *nos* et *te-tei*, *vos*, sont compléments primaires (objet) ou compléments secondaires (attribution, intérêt).

E fils, dist ele, cum m'oüs enhadithe ! (*Vie de saint Alexis*, v. 433.)
[= Eh, fils, dit-elle, comme tu m'as eue en haine !]

Mar te portai, bels filz. (*Ibid.*, v. 437.)
[= C'est pour mon malheur que je te portai, beau fils. »]
Car m'eslisez un barun de ma marche ! (*Roland*, v. 275.)
[= Choisissez donc dans mon intérêt ~ pour moi, un baron de ma marche !]
Faites me droit de l'avoutire
Que Renart fist a m'espousee. (*Roman de Renart*, V, v. 30.)
[= Faites-moi droit de l'adultère que Renart commit avec mon épouse.]
Isangrin, prenez cel joïse
Que vostre fame vos devise. (*Ibid.*, v. 253.)
[= Isangrin, acceptez ce jugement que votre femme vous propose.]

B. *A h et A-h.*

Après l'avoir désigné par son nom propre ou par un nom commun, le locuteur dénomme ensuite « *il* » tout animé autre que le destinataire du discours. *Il* participe à l'espèce du nom portant, comme on l'a vu, des marques de genre (*il* ≠ *elle*), de nombre (*elle* ≠ *elles*) et de fonction (c. s. *il* ≠ cas régime *lui*, *lo* ; c. s. *elle* ≠ cas régime *li*, *la* p. ex.).

> **Remarque.** Quant au genre, dialectalement, une neutralisation de cette catégorie s'opère quelquefois au niveau du cas sujet. *Il*, suivant les contextes, équivaut soit à *il* soit à *elle* (cf. *Altfr. Wörterbuch*, t. IV, 1308).

Pour l'inventaire des cas régime il convient de poser théoriquement un Il_1 et un Il_2 qui ont pour référents des Animés et un Il_3 dont le référent appartient à la classe des Inanimés.

(1) Il_1 a les·mêmes propriétés que le locuteur. L'Animé auquel il se réfère peut apparaître comme complément autant que comme sujet ; et ce complément est alors réfléchi. *Se-sei* a, par rapport à Il_1 la même relation que *me-mei*, *te-tei* par rapport à *jo-je* et à *tu*. Cette forme, commune au singulier et au pluriel, joue le rôle de complément primaire et de complément secondaire.

> *E Bramimunde le pluret, la reïne,*
> *Trait ses chevels, si se cleimet caitive.* (*Roland*, 2595.)
> [= Et Bramimonde, la reine, le pleure, s'arrache les cheveux se déclare à grands cris malheureuse.]
> *Sur ces escuz mult granz colps s'entreduneent.* (*Ibid.*, v. 3582.)
> [= Ils s'entredonnent de grands coups sur ces écus.]
> *Quant il le pout partir de sei*
> *Si l'enveat servir le rei.* (Marie de France, *Guigemar*, v. 41.)
> [= Mot à mot. Quant il put le séparer de soi, il l'envoya servir le roi = quand il put l'éloigner de lui...]

(2) Il_2 dénomme un référent (A *h* ou A-*h*) qui entre à titre de complément dans un prédicat dont Il_1 est le sujet.

> *Se il d'amer la requeïst.* (Marie de France, *Guigemar*, v. 61.)
> [= S'il l'avait requise d'amour. N. B. Il_1 est sujet du prédicat (*requeïst d'amor*) où s'insère sous la forme *la* un Il_2 animé : *dame* ou *pucele*.]

Dans ce cas le pronom complément ne saurait être « réfléchi ».
Il ne peut pas l'être d'avantage si Il_1 entre à titre de complément dans un prédicat dont Il_2 est sujet.

Ne voelt que nuls des suens i vienge
Kil desturbast ne kil retienge. (*Id., Ibid.,* b. 143.)
[= Il veut que nul des siens n'y vienne, qui risque de le troubler ou de le retenir.
N. B. Il_2 (*nuls des siens*) est sujet des deux prédicats dans lesquels Il_1 figure à titre
de complément sous la forme *le. Kil* = qui le.]

Les formes qui symbolisent Il_2 aux cas régime constituent un ensemble
qui a les propriétés suivantes.

Du point de vue de la fonction, au singulier et au pluriel, le complément
primaire est distinct du complément secondaire.

Il le (~ *la* ~ *les*) *veit* = *Il li* (~ *lur*) *done.*

Du point de vue du genre, au singulier, *le*, complément primaire, est
distinct de *la*. Au niveau du complément secondaire, *lui* (masculin) se distinguait nettement de *li* (féminin) sous l'accent. En revanche, en position proclti-
que, la distinction de genre était neutralisée sous la forme *li. Il li dist* équivalant,
suivant les contextes, à « il dit à lui » et à « il dit à elle ». Mais sous l'accent
une confusion masqua très tôt la différence primitivement marquée par *lui*
et *li* et l'une ou l'autre forme fonctionnent indifféremment en ancien français classique avec la valeur du masculin et du féminin, le contexte seul aidant
à lever cette ambiguïté.

Li rois se vest et apareille tout maintenant, puis s'assiet en son lit, et puis fist sa sereur
asseoir dejouste li. (*La mort le Roi Artu,* § 52, l. 78.) [= Le roi se prépare et s'habille
sur le champ, puis il s'assit sur son lit et ensuite fit asseoir sa sœur à côté de lui.
N. B. *li,* masculin, représente le roi.]
Et entre ci et la enquerez de ma dame se ge jamés porrai avoir ma pes envers li.
(*Ibid.,* § 75, l. 46.)
[= Et durant ce temps tâchez de savoir de ma dame si je pourrai jamais faire la
paix avec elle. N. B. *Li,* féminin, représente la reine Guenièvre, cf. *ibid.,* l. 53.]

Au pluriel, *les, leur* ~ *lor* sont communs aux deux genres en position
proclitique. Sous l'accent *els* ~ *eus* se distingue théoriquement de *elles,* mais
la situation est parfois troublée du fait que *eus* peut représenter le développement d'une contraction de *elles,* fonctionnant comme cas sujet ou comme
cas objet.

L'une venoit tot belement
Contre l'autre, et quant eus estoient
Pres a pres, si s'entregetoient
Les bouches, qu'i vos fust avis
Qu'eus s'entrebessoient ou vis. (*Roman de la Rose,* v. 763.)
[= L'une venait tout bellement vers l'autre et quand elles étaient à se toucher,
elles avançaient les lèvres si bien que vous auriez cru qu'elles s'embrassaient au
visage.]
Il dient por eus losengier
Qu'il ont perdu boivre et mengier. (*Ibid.,* 2539.)
[= Ils disent, pour les tromper (les femmes) qu'ils ont perdu le goût de boire et de
manger.]

(3) Il_3 dénote un référent de la classe des Inanimés.
La question qui se pose dans cette colonne est de savoir s'il faut inclure
ou non un cas régime 1 au singulier. Il semble que normalement *lui-li* et *lour* ~
lor ne peuvent pas évoquer des référents de la classe des Inanimés en ancien
français. Pour que cela se passe, il faut que par métaphore on prête le carac-

tère de A *h* à un objet qui ne l'a pas naturellement. C'est en vertu d'une figure de rhétorique que dans le conte du *Chevalier au barisel*, le barillet « faé », doué du pouvoir de ne pas se remplir d'eau, est désigné par *lui* (v. 475).

> *Mar fust il carpentés ne fais*
> *Car por lui arai si grant fais*
> *Que ja mais voir n'arai sejour...*
> [= Au diable la façon dont il fut construit, car à cause de lui je supporterai un fardeau si lourd que je n'aurai jamais plus de repos.]

Remarque. Dans la classe des Inanimés, les cas régimes *le la* se substituent à des substantifs dont le genre est soit masculin (*li arbres*) soit féminin (*l'erbe*). Mais il y a lieu, dès l'ancien français archaïque, d'attribuer aussi à *le* la valeur d'un *neutre* (= cela) et dans ce cas le pronom joue le rôle d'un démonstratif moins marqué que *ço* = cela.

> *Et il respunt : « Cumpainz vos le fëistes. »* (*Roland*, v. 1723.)
> [= Et il répond « Compagnon vous l'avez bien fait ! ∼ c'est votre faute ! »]
> *N'en parlez mais, se jo nel vos cumant.* (*Ibid.*, v. 273.)
> [= N'en parlez plus à moins que je ne vous l'ordonne.]

C'est sur cette valeur que s'est formée la locution idiomatique *le faire* qui, en ancien français équivaut à « agir » « se comporter » et est déterminée par les adverbes *bien* ∼ *mal*. On observera que le pronom neutre de la troisième personne peut se présenter sous la forme du féminin *la*.

> *Niés Guielin, dist il, quel la ferons ?* (*La prise d'Orange*, v. 1030.)
> [= Neveu Guielin, dit-il, que ferons-nous ? Comment agirons-nous ?]

C. Prédicats unipersonnels.

On range sous ce titre :

(α) des verbes essentiellement unipersonnels. Ils évoquent des phénomènes atmosphériques ou une nécessité contraignante : *estuet* (= force est ... de),

(β) des verbes occasionnellement impersonnels. Ils évoquent en général une présence (*i aveir* ∼ *aveir*), une survenance (*avenir*), une convenance (*covenir*), un mouvement (ex. *passer*). Ces verbes ont par ailleurs une conjugaison, c'est-à-dire impliquent un sujet de la classe des Animés ou des Inanimés. En revanche, sous forme de la troisième personne, ce qu'ils évoquent est *rapporté à* quelqu'un ou à quelque chose dont le symbole est un nom ou un pronom toujours mis au cas régime. *Ot un rei* (et jamais *ot uns reis), *aler m'estuet* s'analysent théoriquement en : Existence (posée) relative à un roi ; Nécessité (posée) relative à moi (concernant le fait d'aller).

L'ancien français archaïque part d'un état de langue où les verbes entrant dans ces constructions se présentaient sans prédéterminant pronominal. Cet état laisse des traces dans la langue classique. L'article *Plovoir* dans l'*Altfranzösiches Wörterbuch* présente des exemples tels que :

> *Al secund an que il regnot*
> *Fud fort iver, pluveit, negot,*
> *E si gelot e feseit freit.* (Gaimar, *Estoire*, v. 1956.)
> [= Au cours de la seconde année de son règne, il y eut un fort hiver : il pleuvait, il neigeait, et il gelait et il faisait froid. N. B. L'emploi du cas régime *fort iver* est,

au regard de la langue classique, une incorrection. Elle s'explique par l'origine insulaire de l'auteur. Quand l'existence est posée au moyen du verbe *estre*, la construction est en général personnelle : *fut uns reis* (= il y eut un roi) s'oppose a *ot un rei.*]

> *Tonë et pluet, vente et esclairet.* (*Roman d'Eneas*, v. 191.)
> [= Il tonne et il pleut, il vente et il éclaire.]

Néanmoins, assez tôt, un *il₄* apparaît devant ces verbes en qualité de prédéterminant.

> *Li baron mistrent jour de cen qu'il voudrent faire*
> *Mes li freres le sorent, si qu'il ne demora gueire.* (Wace, *le Roman de Rou*, II, v. 113.)
> [= Les barons fixèrent une date pour réaliser leur dessein, mais les frères le surent sans tarder ~ *mot à mot* dans des conditions telles qu'il n'y eut guère de retard.
> N. B. *cen*, forme de *ce*.]

« Pleuvoir » s'accommode de *il* dans *Cliges* de Chrétien de Troyes (ex. *Il n'ot plëu*). On lit dans le *Chevalier au barisel*, (v. 456).

> *Mais, s'il dëust perdre le cief,*
> *N'en entrast il goute dedens.*
> [= Mais, dût-il en perdre la tête, il ne serait pas entré une goutte (d'eau) dedans.
> N. B. La construction laisse supposer que *goute* était senti comme complément d'objet.]

En somme, pour la langue classique, on ne peut pas formuler de règle sur la prévisibilité d'emploi ou de non-emploi de *il* devant ces verbes. La question n'a pas été encore étudiée de près d'ailleurs, en tenant compte des variantes fournies par les manuscrits. *ot*, par exemple, semble résistant chez Villehardouin (§ 1 *ot un saint home en France*, et cf. § 60, 70). *Passer* est employé sans *il* au § 11 *En tot cel an ne passa onques. II. mois que...* [Au cours de cette année il ne passa pas deux mois sans que...]. En revanche on lit au § 19 *car il convient mult penser a si grant chose* [= car il convient de réfléchir beaucoup à propos d'une affaire aussi importante.]. Et *estre*, par analogie, se présente à ce moment-là sous forme unipersonnelle prédéterminée par *il*. Cf. § 30, *il estoit adonques quaresme.* § 86 *il est yvers entrez* avec cette anomalie que le substantif conserve la forme du cas sujet.

L'origine de cette extension de *il* est peut-être à chercher dans la fausse analyse d'un tour tel que *ço nus estuet* (*Roland*, 3630). Au lieu de l'interpréter « nécessité est a nous relativement à cela » les sujets ont senti en *ço* un sujet, *ço* équivalant à un *il₃* appuyé, sur le modèle de **il nus estuet* les autres verbes entrant dans des constructions impersonnelles ont été pourvues d'un *il* postiche.

On notera enfin l'insertion de *il* dans le tour « quelle heure est il » attesté au v. 10 du *Jeu du Garçon et de l'Aveugle*.

D. *Dénominations secondaires des référents A h — A-h.*

Elles sont assurées par des pronoms qu'il est commode de classer d'après leur valeur sémantique.

I. Pronoms dits « démonstratifs »

Cist et *cil* sont des formes appuyées de *ist* et de *il*. Ils renvoient à des référents de la classe des Animés ou de la classe des Inanimés comme le montre l'exemple du lai des *Deus Amanz* cité plus bas. Leurs paradigmes sont ceux qui ont été donnés p. 95 à propos de l'emploi de ces formes en qualité de pré-déterminants. Mais leur distribution est assez différente de celle des adjectifs démonstratifs. En ancien français archaïque ces pronoms permettaient de marquer la notoriété des référents et leurs positions respectives par rapport au locuteur ou au narrateur : *cist* (= celui-ci) désignant le plus rapproché, *cil* (= celui-là) le plus éloigné. Cette valeur est encore sensible dans l'exemple suivant où *cest* renvoie à un avis (*conseil*) que vient d'énoncer l'interlocutrice.

> *Autre conseil vus estuet prendre,*
> *Kar cest ne voil jo pas entendre.* (Marie de France, *Deus Amanz*, v. 101.)
> [= Il vous faut prendre un autre avis, car celui-là je ne veux pas l'entendre ∼ le suivre.]

Mais dès les premiers textes on observe une nette prédominance numéri-que de *Cil* sur *Cist* dans ce rôle. La *Vie de saint Léger* ne contient pas un exem-ple de *Cist* comme pronom. La situation est la même dans la *Vie de saint Alexis*. On relève *Cist* pronom, dans la *Chanson de Roland*.

> *Icist nos ert forsfait* (v. 1393).
> [= Celui-ci était une proie désignée pour nous.]

Mais L. Foulet observe que le cas régime *cest* fonctionne exclusivement comme adjectif et que sur 145 formes de *cist* neuf seulement ont un emploi pronominal.

A *cist* et *cil* répond un pronom neutre propre à représenter d'une manière indéfinie un référent de la classe des Inanimés.

Ço [= cela, ça] et sa forme affaiblie *ce* [10] sont employés comme sujets et comme compléments.

> *Deus, que purrat ço estre ?* (*Roland*, v. 334.)
> [= Dieu ! Qu'est-ce que cela pourra être ?]
> *Guenes li cuens ço vus ad respondud.* (*Ibid.*, v. 233.)
> [= Le comte Guene vous a répondu cela. N. B. *Guenes*, cas sujet, *Guenelon*, cas régime.]

Ço-ce entre dans les locutions idiomatiques suivantes.

Ço dit (= à ce qu'il dit) employée en incise. Le glossaire de la *Chanson de Roland* en contient une riche collection d'exemples. *Ce sui je* ∼ *ce es tu* ∼ *ce est il* ∼ *ce somes nos*, etc. (mot à mot Je suis ∼ tu es ∼ il est ∼ nous sommes cela) dont la syntaxe révèle le caractère attributif de *ço*.

Ço est [= c'est] qui glose une formule latine *id est* [= c'est-à-dire ∼ à savoir] et qui sert à identifier quelqu'un ou quelque chose. Dans ce syntagme, le substantif ou le pronom qui renvoient au référent identifié est au cas régime :

> *La veit gesir le nobilie barun,*
> *Ço est l'arcevesque, que Deus mist en sun nun.* (*Roland*, 233.)
> [= Il voit couché là le noble baron, c'est-à-dire l'archevêque que Dieu avait envoyé en son nom.]

ço est établit une équivalence entre deux propos :

---

10. *Ce*, forme affaiblie de *ço* n'est évidemment pas à confondre en ancien français avec *ce*, réduction de *cest* adjectif démonstratif.

Se il [= le grain] *ne muert, ço est, se il ne se prent a l'umor de la terre.*
(Maurice de Sully, *Homélies*, 61, 9.)
[= S'il ne meurt, c'est-à-dire s'il ne s'humecte de l'humidité de la terre.]

ço est est parfois glosé lui-même par *ço senefiet* (= cela signifie ~ veut dire).

II. PRONOMS DITS « POSSESSIFS »

Ils sont formés au moyen des formes dites toniques du possessif. Associées à l'article *li* (ex. *le mien, la toe* = la tienne, *li suens* = le sien) ces formes explicitent la relation que tel référent entretient avec les partenaires du discours (*jo ~ je, tu*) ou avec un *Il*. Dans le syntagme ainsi formé (*li miens, la toe*, etc.) il faut voir le raccourci d'un prédicat attributif dans lequel *li-la* avait, comme il a été dit, valeur de pronom (= celui, ce qui est mien, tien, sien).

Les paradigmes des formes dites toniques du possessif s'établissent comme suit (cf. tableau)

Li apostoile tent sa main a la cartre.
Sainz Alexis la sue li alascet. (*Vie de saint Alexis*, v. 371.)
[= Le pape tend sa main vers la charte. Saint Alexis lui abandonne la sienne.]
Par num d'ocire i enveierai le men. (*Roland*, v. 73.)
[= Au risque qu'on le tue, j'y enverrai le mien = mon fils.]
Si cunquerrai Durendal od la meie. (*Ibid.*, v. 988.)
[= Et avec la mienne (= mon épée) je conquerrai Durendal.]
Par tut le camp faites querre les noz. (*Ibid.*, v. 2947.)
[= Faites chercher les nôtres par tout le champ de bataille.]
Sur tute gent est la tue hardie. (*Ibid.*, v. 1660.)
[= Plus que toute nation la tienne est hardie.]
Sunet sun gresle pur les soens ralier. (*Ibid.*, v. 1319.)
[= Il sonne de sa trompe pour rallier les siens.]
Ne n'ai tel gent qui la sue desrumpet. (*Ibid.*, v. 19.)
[= Et je n'ai pas de troupe capable d'enfoncer la sienne.]

Remarque. Ces formes « toniques » fonctionnent de plus comme attributs d'un sujet.

E d'icels biens qui toen doüssent estra. (*Vie de saint Alexis*, v. 418.)
[= Et de ces biens qui auraient dû être tiens.]
Si est la citet sue. (*Roland*, v. 917.)
[= La cité est sienne.]
Si est sue la terre. (*Ibid.*, v. 932.)
[= La terre est sienne.]

Ce sont elles qui, en principe (et d'ailleurs normalement dans la langue classique), interviennent comme adjectifs pour expliciter la valeur personnelle d'un substantif prédéterminé (Type *le mien ami ~ cel mien ami — la soue tere* = sa propre terre). Toutefois il est assez fréquent que dans ce tour apparaisse la forme *faible* du possessif.

... d'un son filz voil parler. (*Vie de saint Alexis*, v. 15.)
[= je veux vous parler d'un sien fils.]

III. PRONOMS DITS « INDÉFINIS »

Ces pronoms peuvent être dits « indéfinis » dans la mesure où ils n'évoquent pas, comme les précédents, l'identité du référent ou des référents. Ce sont

Unité du référent possesseur

		[Jo ~ je]	[Tu]	[II]
Sg.	cs	*meos-mien meie-mienne* [1]	*tuens-tiens toe ~ toue-teie-tienne*	*suens-sien soe ~ soue-seie-sienne*
	cr	*mien*	*tuen-tien*	*suen-sien*
Pl.	cs	*mien*	*tuen-tien*	*suen-sien*
	cr	*miens meies-miennes*	*tuens-tiens toes ~ toues-teies-tiennes*	*suens-siens soes ~ soues-seies-siennes*

Pluralité des référents possesseurs

		[Nos]	[Vos]	[II]
		Masc.-Fém.	Masc.-Fém.	Masc.-Fém.
Sg.	cs	*nostre(s)*	*vostre(s)*	*lor ~ lour*
	cr	*nostre*	*vostre*	
Pl.	cs	*nostre*	*vostre*	
	cr	*nostres ~ noz*	*vostres ~ voz*	

1. C'est sur la forme du cas régime singulier *mien* qu'ont été remodelées au cours de l'ancien français les formes *tien-tienne, sien-sienne* qui ont évincé peu à peu les formes primitives des possessifs de la deuxième et de la troisième personne : au masculin *tuen(s), suen(s)*, au féminin *toe, soe.*

essentiellement des quantificateurs. A ce titre, les uns traduisent d'une façon explicite la globalité (ex. *tot* = tout cela, tout ce [qui]), la totalité (ex. cas sujet *tuit* cas régime *toz* = tous) ou l'unité (ex. *li uns ... li altres*). D'autres (ex. pl. *li un ... li altre*, *(li) pluisor* = plusieurs, la plupart, *(li) aucun* = certains, *maint, poi* = peu, etc.) posent des ordres de grandeur approchée. *L'Altfranz. Wörterbuch* et le Dictionnaire de Godefroy en fournissent tous les exemples nécessaires.

IV. PRONOMS DITS « INTERROGATIFS »

Sous mode interrogatif les dénominations se distribuent différemment selon que le référent appartient à la classe des Animés ou à celle des Inanimés.

Dans la première, une différence orthographique devait permettre, en ancien français archaïque, de distinguer *qui ?* (sujet) de *cui ?* (régime, en fonction de complément primaire-objet ou de complément secondaire). Mais les deux formes se sont confondues assez tôt.

Dans la seconde, *Que ?* (en fonction d'attribut ou de complément primaire) est distincte de *Qui ?* (sujet). *Que* est doublé par une forme pleine. *Quei ~ quoi ~ coi ?* dans les compléments où le pronom est régi par une préposition. Toutefois, devant une voyelle, c'est la forme faible *que*, réduite à *qu' ~ c'* qui apparaît.

	Classe des Animés	Classe des Inanimés
sujet	qui ?	
attribut	qui ?	que ?
complément	cui ? ~ qui ?	que ? — quoi ~ coi ?

Le tableau peut être illustré par les exemples suivants :

Sujet (classe A et I)	*Ba ! Qui s'en tiendroit ?* (*Jeu de Robin et de Marion*, ap. *Chrest.*, nᵒ 153, p. 287.) [= Bah ! Qui s'en abstiendrait ?] *Qui t'a en tel ire embatu ?* (*Courtois d'Arras*, v. 449.) [= Qu'est-ce qui t'a jeté dans un tel trouble ?]
Attribut (classe A)	*Qui es tu ?*
Attribut (classe I)	*Qu'est ce ? — Que purra ço estre ?* (*Roland*, v. 334.) *Que vus en semblet d'Arrabiz e de Francs ?* (*Ibid.*, v. 3511.)
Complément (classe A)	*Seignurs barons, qui i enveierons ?* (*Ibid.*, v. 244.)
Complément (classe I)	« *Seignors que faites ? Co dist li apostolie,* « *Que valt cist crit, cist dols ne cesta noise ?* » (*Vie de saint Alexis*, v. 501.) [= Seigneurs, dit le pape, que faites-vous ? Que vaut ce cri, cette plainte et ce bruit ? N. B. Noter la substitution régulière de *ne* à *et* dans une phrase interrogative.] *Que avez en pensé ?* (*Charroi de Nîmes*, v. 820.) *De quei avez pesance ?* (*Roland*, v. 832.) [= De quoi vous tourmentez-vous ?] *Por c'ai ocis tante bele jovente ?* (*Charroi de Nîmes*, v. 273.) [= Pourquoi ai-je tué tant de beaux jeunes gens ? *Mot à mot* une belle jeunesse en si-grand nombre.]

2. Problèmes d'expression.

Ils concernent avant tout le fonctionnement des pronoms personnels. Un grand nombre d'études concernent ce sujet. La plupart sont postérieures au chapitre de la *Petite Syntaxe* (§ 148-222) relatif aux pronoms personnels ainsi qu'à l'appendice qui complète et nuance certains points de cet exposé [11]. L'abondance de cette littérature prouve que la syntaxe des pronoms personnels n'est pas claire. A notre avis, une partie des problèmes qu'elle pose demeure insoluble, c'est-à-dire rebelle à une formalisation grammaticale précise en raison de la valeur ambiguë des témoignages sur lesquels on se fonde. La langue des textes, en effet, reflète tantôt un état de grammaire archaïque, tantôt des innovations qui se sont précocément fait jour dans les énoncés informatifs. On doit rappeler, d'autre part, que la syntaxe des pronoms personnels ne s'est pas développée uniformément, dans le même temps, sur l'ensemble du territoire de la langue d'oïl. « Nous avons noté, écrit justement L. Foulet à ce propos, que les deux constructions « *et li demanderoie* » « *et demanderoie li* » ont coexisté à un certain moment dans des régions différentes. » Enfin, des confusions phonétiques (*lui* > *li*) qui se répercutaient dans la graphie n'arrangent pas les choses.

A. *Deux innovations dans la structure des paradigmes pronominaux.*

Deux innovations ont altéré assez profondément la structure des paradigmes telle qu'elle a été posée dans l'inventaire des dénominations pronominales. La première concerne la relation de *sei* avec *Il*$_1$. Sous sa forme enclitique, *se* ~ *s'* toujours placée avant un verbe, le réfléchi n'est menacé par rien. Tel n'est pas le cas pour *sei* régulièrement employé après une préposition comme complément secondaire.

> *Ses meillors humes en meinet, ensembl' od sei.* (*Roland*, v. 502.)
> [= Mot à mot. Il emmène avec soi l'élite de ses hommes.]

ou directement comme complément primaire d'un verbe :

> *Ki hume traïst sei ocit e altroi.* (*Ibid.*, v. 3959.)
> [= Qui trahit provoque sa propre perte et celle d'autrui. *Mot à mot* tue soi et autrui.]

Dès la *Chanson de Roland*, *lui*, dépendant de *Il*$_2$ se substitue à *sei* dans des phrases où, conformément au système ancien, la présence d'un réfléchi serait de règle.

> *E lui meisme en est mult esguaret.* (*Ibid.*, v. 1036.)
> [= (Olivier) en est, au-dedans de soi-même très troublé. N. B. *E*, graphie pour *En*, préposition.]
> *Desuz lui met s'espée e l'olifan.* (*Ibid.*, v. 2359.)
> [= (Roland) place sous lui son épée et son olifant.]
> *L'anme de lui as vifs diables dunet.* (*Ibid.*, v. 3641.)
> [= (Marsile) remet sa propre âme aux diables.]

11. Elles sont mentionnées dans la bibliographie, aux noms de G. Brandt, L. Foulet, T. Franzen, G. Moignet, Gl. Price.

Ce fait a été observé et bien étudié par G. Brant, en 1944 [12].
La portée de la seconde n'est pas moins considérable. En posant *mei,*
tei, lui comme les cas régimes de *jo* ~ *je, tu, il₂*, on ne présente qu'une vérité
partielle. Ces formes ont droit, en effet, de siéger à côté de *jo-je, tu* et *il*, puisque
dès le XIIᵉ siècle on les voit assumer la fonction de sujet dans des textes d'une
grande pureté de style (cf. *Petite Syntaxe,* § 206-207).

> *Moi et vos, sire, i somes oublié.* (*Charroi de Nîmes,* v. 38.)
> [= Moi et vous, sire, sommes oubliés dans ce partage.]
> *Alons an moi e vos ensanble.* (Chrétien de Troyes, *Perceval,* v. 3593.)
> [= Partons ensemble, moi et vous.]
> *Le Graal cha oltre aportames*
> *Quant moi et li la mer passames.*
> (Gerbert de Montreuil, continuation de *Perceval,* v. 3185.)
> [= Nous fîmes traverser le Graal quand moi et lui passâmes la mer.]

Cet emploi ne s'explique que si l'accession de *mei, tei, lui* au rang de cas
sujet était un fait acquis depuis longtemps dans la langue des énoncés informatifs. Et pour qu'elle fût possible, il fallait que *jo-je, tu* et *il* aient perdu dans
ces énoncés une partie des propriétés qu'ils avaient en ancien français archaïque, propriétés dont, par chance, les textes classiques tirent encore parti.

Remarque. Une innovation peut être aussi suscitée par le déséquilibre d'un paradigme. Ceux du pronom de la troisième personne
présentaient plus d'une anomalie. *Il₃* excluant un cas régime 1 quand
le référent était de la classe des Inanimés, la déclinaison de ce pronom
se modelait sur celle des substantifs : le genre y était marqué aux deux
cas du singulier (*il, le, elle, la*) et neutralisé au pluriel (*les*) masculin
et féminin). *Il₂* était construit, lui, sur trois cas. Au singulier et au
pluriel les cas sujets et les cas régime 2 présentaient la même structure. Mais au niveau du cas régime 1 le pluriel *lor* (comme *les*) était
commun au masculin et au féminin ; il est probable que cette circonstance favorisa la confusion de *lui* et de *li* au singulier. Cette
confusion était, au reste, prévisible puisque *me, te, se* en fonction
de complément secondaire confondaient eux aussi le masculin et le
féminin. Dans le paradigme de *jo* ~ *je, tu, il₁* fonction et genre
étaient neutralisés sous une forme commune, *me, te, se.* Dans celui
de *Il₂*, où d'abord *lui, li* se distinguaient de *le, la* au niveau de la
fonction et au niveau du genre, un accident masqua la seconde
distinction sans altérer la première.

Pour le reste, les problèmes de fonctionnement se posent dans des termes
différents suivant que les pronoms personnels sont au cas sujet ou au cas régime.

---

12. Cf. Bibliographie, nᵒ 41. La substitution est précoce. On en relève le premier exemple au
v. 28 de la *Séquence d'Eulalie* : *Tuit oram... Qued auuisset de nos Christus mercit. Post la mort e a
lui nos laist venir.* [= Prions tous que Christ ait pitié de nous et nous laisse venir à lui (= à soi)
après la mort.]
Elle est chose faite à l'époque classique.
Ex. *Einz monta tantost sor celui*
    Que il trova plus pres de lui. (Chrétien de Troyes, le *Chevalier à la Charrette,* v. 293.)
[= Mais il préféra monter sur le champ celui (des chevaux) qu'il trouva le plus près de lui =
de soi.]

B. *Le fonctionnement des pronoms personnels au cas sujet.*

Les formes *jo* ∼ *je, tu, il₁ il₂* sont l'objet d'un double traitement.

(1) Termes de phrase à titre plein, ils peuvent porter un accent.

> *Si salvarai eo cist meon fradre Karlo.* (*Serments de Strasbourg*, I.)
> [= Je porterai aide, moi, à ce mien frère Charles.]
> *Blasmé serons, filz, de ta mort,*
> *Ton père a droit, et je a tort.* (*Roman de Thèbes*, v. 71.)
> [= Nous serons blâmés, mon fils, à cause de ta mort ; ton père justement et moi à tort.]
> « *Voir, dit Guillelmes, or ne l'amez vos mie ?*
> — *Ge non, por voir, Damedex la maudie !* (*La prise d'Orange*, v. 631.)
> [Vraiment, dit Guillaume, ne l'aimez-vous pas ? — Moi non, à la vérité ; Dieu la maudisse.]
> *Jo e Telamon veirement.* (*Roman de Troie*, v. 2291, ap. *Altfr. Wörtesbuch.*)
> [= Moi et Télamon, vraiment.]
> *Adunc por voir tesmoigneroie*
> *Que vos vaudriiez miauz que il.*
> (Chrétien de Troyes, *Perceval*, v. 8444, manuscrit H, ap. *Altfr. Wörterbuch.*)
> [= Alors je témoignerais pour vrai que vous auriez plus de prix que lui.]

Remarque. C'est en vertu de ce rôle que *jo* ne s'élide pas devant une voyelle (ex. *jo aim* = moi, j'aime) et qu'il peut être séparé du verbe par l'adverbe *si* (ex. *je si ferai* = moi, j'agirai ainsi) ou par une relative :

> *Je qui ainsi parole à toi.* [= Moi qui discours ainsi avec toi ap. *Altfr. Wörterbuch*, t. IV, 1611.]

Dès le XIIᵉ siècle, on l'a dit, ces formes de cas sujet subirent la pression des cas régimes. Il semble que ce mouvement soit parti de la première personne (ex. *S'irons tornoiier moi e vos* = nous irons joûter moi et vous). *L'Altfr. Wörterbuch*, t. IV, 1315, ne cite qu'un exemple de *lui* pour *il* (*de ce vivroit lui et sa mère*) et tous ses exemples de *eus* à la place du cas sujet pluriel *il* datent du moyen français. On peut supposer avec L. Foulet que la rareté relative de ce tour dans les textes soignés est due au sentiment d'une légère incorrection.

Quant à l'origine de l'accession de *mei, tei, lui* au niveau du cas sujet il n'est pas déraisonnable de penser qu'elle est consécutive au fait que dans les énoncés informatifs *je, tu, il* étaient précocément devenus les marques obligées de la personne du thème (ex. *je dorm, tu dors* à la place de *dorm, dors*) et qu'à ce titre ils fonctionnaient comme proclitiques ou enclitiques atones. Dès lors, *jo* ∼ *je, tu, il* termes de phrase sous l'accent avaient valeur d'archaïsme et leur sort était d'autant plus menacé que, dans la déclinaison du nom le cas objet se substituait au cas sujet.

(2) En qualité de proclitiques ou d'enclitiques, *jo* ∼ *je, tu, il* sont un élément du prédicat. Ils en expriment le thème et marquent de façon redondante une personne explicitée par ailleurs au moyen des désinences. Dès l'ancien français archaïque leur mention est presque de règle dans les propositions subordonnées.

Cette mention a-t-elle été rendue nécessaire par l'affaiblissement des désinences verbales -*s*, -*t* ? Peut-être, mais nous avons rappelé plus haut qu'on ne constate pas qu'à la première et à la deuxième personne du pluriel (où -*ons*, -*ez* étaient toniques) *nos* et *vos* aient pris du retard par rapport aux autres pronoms.

> *Et or es temps et si est biens*
> *Quae nos cantumps de Sant Lethgier.* (*Vie de saint Léger*, v. 5.)
> [= Et maintenant il est temps et c'est chose convenable que nous célébrions saint Léger dans un poème.]

Si des raisons de style incitent à interpréter *eo* (= *jo*) comme une forme d'insistance dans la formule du premier *Serment de Strasbourg* (ex. *Si saluarai eo cist meon fradre Karlo*), la scansion (4 + 4) ne permet guère d'interpréter de la même manière le *il* du v. 34 de la *Vie de saint Léger*.

> *Perfectus fud in caritet*
> *Fid aut-il grand e veritiet.*

Les textes montrent que dans le traitement des pronoms sujets les auteurs jouent, si l'on peut dire, sur deux tableaux.

D'un côté ils prolongent artificiellement un état de grammaire archaïque où la personne était explicitée par le verbe et où le pronom sujet n'apparaissait en tant que nom, que pour insister fortement sur l'identité du sujet. Cela rend compte des phrases où le pronom sujet n'est pas exprimé, soit que normalement il dût être préposé au verbe :

> *Quand infans fud, donc a ciels temps*
> *Al rei lo duistrent soi parent.* (*Vie de saint Léger*, v. 13.)
> [Quand (il = saint Léger) fut à l'âge voulu, alors à ce moment-là ses parents le conduisirent au roi.]

soit que, normalement, il dût être postposé :

> *Quandius al suo consiel edrat,*
> *Incontra Deu ben si garda,*
> *Lei consentit et observat,*
> *En son regnet ben dominat.* (*Ibid.*, v. 69.)
> [= Aussi longtemps qu'il (le roi Chipéric) obéit aux conseils du saint, il se conduisit bien envers Dieu, il se conforma à la loi et la suivit, et il gouverna bien son royaume.]

Ce texte montre par ailleurs que le pronom sujet peut toujours intervenir quand il s'agit d'éviter une ambiguïté. Sa valeur est alors comparable à celle de *cil* :

> *Al rei lo duistrent soi parent*
> *Qui dunc regnevet a ciel di :*
> *Cio fut Lothiers, fils Baldequi,*
> *Il l'enamat, Deu lo covit,*
> *Rovat que letres apresist.* (*Ibid.*, v. 14.)
> [= Ses parents le conduisirent au roi qui régnait alors, c'était Clotaire, fils de Baldequi. *Celui-ci* eut de l'inclinaison pour l'enfant, désira qu'il servît Dieu (?), ordonna qu'il s'instruisît.]

et cf. *ibid.*, v. 21.

Si on symbolise par S*p* le pronom sujet exprimé et par S*p*^{0} le pronom sujet non exprimé, il semble raisonnable de poser que les phrases du type C V S*p*^{0} représentent un état de syntaxe archaïque.

D'autre part, les auteurs, sous la pression des énoncés informatifs, recourent au syntagme verbal plein *Pr + Verbe* où *Pr* fonctionne en tant que marque catégorielle de personne préposée. Dans les manuscrits anciens cette marque est souvent soudée graphiquement au verbe qui la suit. Néanmoins *Pr*, en vertu de sa valeur ancienne participe de la nature du nom. Si, pour une raison de syntaxe, il ne peut pas être préposé au verbe, on l'y postpose, d'où le type de phrase C V S*p* analogue en apparence au tour *si salvarai eo* du *Serment de Strasbourg* mais différent de lui en ce que le pronom est en position d'enclitique (cf. *Vie de saint Léger*, v. 33). L'exploitation de ces deux états de grammaire rendait de grands services aux poètes, la régularité d'un vers tenant à l'ajout ou au retranchement d'*une* syllabe.

Si les textes étaient rédigés dans la langue des énoncés informatifs. on n'y relèverait que des phrases du type *Pr + verbe* ou C, V, S*p*. Mais leur langue, conventionnelle, représente un compromis qui implique une référence à tout moment possible, au schéma prédicatif R *d*. Cela signifie que, les cas de contrainte métrique qui sont clairs mis à part, il est impossible de prévoir *a priori* le comportement d'un auteur ni le choix qu'il opérera entre les pouvoirs que lui offrent deux états de grammaire. A nos yeux ce fait limite étroitement la portée des conclusions que l'on peut tirer des dénombrements comparatifs conduits sur de longues séries de textes. Il interdit toute grammaire autre qu'une grammaire de constat : c'est-à-dire la définition pure et simple des latitudes entre lesquelles se meut l'écrivain.

Cela dit, ces dénombrements, conduits avec méthode, ne sont pas vains. Celui qu'on doit à M. Gl. Price révèle, d'auteur à auteur, des proportions, (variables) d'archaïsmes et de modernismes, des prédilections pour une construction (ex. chez Robert de Clari la fréquence de *Si + présent historique + Pr*) des détails intéressants et neufs sur la contrainte plus ou moins forte exercée par tel ou tel complément en faveur de telle ou telle construction. L'étude diligente de M. Gl. Price, qui porte sur un bon échantillonnage de textes, confirme ainsi sur bien des points les observations de Foulet et en dégage d'autres relatives à des tendances qu'il est utile de connaître.

Si ouvrant la phrase exerce une contrainte très forte en faveur de la non-expression du pronom personnel sujet. Le type *si + verbe + S*p apparaît dans moins de 10 % des cas et, dans bien des textes, dans 1 % à 3 % seulement des cas.

Si le complément est autre que *si*, l'expression du pronom sujet postposé s'accroît dans des proportions qui peuvent être considérables. Si le complément *ce* exerce une contrainte forte en faveur du type C V S*p*, en revanche il semble que les adverbes *onques, ja* (mais), *lors, puis, moult* en exercent une, de sens contraire, en faveur du type C, V, S*p*[o].

Ces dénombrements, si utiles, n'ont évidemment pas de valeur absolue. Ils portent sur des faits de discours, sur des tendances de style et sur des conditions générales d'emploi. Les divergences, voire les contradictions qu'ils révèlent ne prennent leur véritable intérêt que si on discerne derrière elles la résistance d'un état de grammaire archaïque et la dominance d'innovations propres à la langue des énoncés informatifs.

C. Le fonctionnement des pronoms personnels au cas régime.

Les questions soulevées à ce niveau concernent les positions respectives des pronoms compléments par rapport au syntagme verbal, plus l'ordre des pronoms compléments.

Cinq pronoms personnels se présentent sous deux formes (ex. *me, mei*). Cela détermine deux classes, celle des formes faibles et celle des formes pleines ou fortes selon la nomenclature de L. Foulet.

Les pronoms *le, la, lor ~ lur*, et les adverbes *en, i* fonctionnent dans la classe des formes faibles.

Les pronoms *nos, vos* fonctionnent dans les deux classes.

Formes faibles	Formes fortes
me (m')	*mei*
te (t')	*tei*
se (s')	*sei*
li (masc. ou fém.) *(l')*	*lui* (masc.) —*li* (fém.)
les	*aus ~ eus* —*elles*
le (l') -la (l')	
lur ~ lor	

← *nos* →
← *vos* →

Les désignations de « faible » et de « pleine » ou « forte » sont préférables à celles de « tonique » et « atone ».

Les formes pleines, dans tous leurs emplois, sont aptes à porter un accent. Les formes faibles, élidables, fonctionnent, dans la majorité de leurs emplois, comme proclitiques et c'est le prédicat verbal qui est accentué.

> *Cum t'ai perdút* ? (*Vie de saint Alexis*, v. 106.)
> [= Comment t'ai-je perdu ?]
> *il le veít.*

Mais s'il arrive qu'une forme faible suive le prédicat, l'accent se porte sur elle.

> *Guarde lá* (Garde-là ! ~ veille sur elle !)

Dans ce cas, l'enclise du pronom qui fait corps avec le verbe aboutit à créer un mot long, naturellement accentué sur la dernière syllabe. Parfois, ce mot s'allonge encore d'un élément adverbial sur lequel descend l'accent :

> *Vés me chí* (= me voici).

A ce point se rattache la question de l'élision. L. Foulet en traite dans la *Petite Syntaxe* (§ 208-216). Il observe justement que *li* (masculin ou féminin) semble ne s'élider que devant *en* :

> *Si prie le preudome qu'il l'en die la senefiance.*
> [Il prie le vieillard de lui en dire la signification.]

Nous hésitons cependant à suivre L. Foulet quand il pose que les formes pleines *mei, tei, sie* s'élident en *m', t', s'* devant *en* et *i*. Il cite (§ 212 et 214) *conseliez m'en ! -Menez m' i ! -Voit s'en donc orer en son mostier !* (= Qu'il s'en aille donc prier dans son église !). L'argument est que, dans ces phrases, s'il n'y avait pas *en* ou *i*, la forme pleine apparaîtrait (ex. *Conseliez mei !*

Menez mei !). Et il oppose en effet *Pesera moi se je l'oci* (= Ce sera une peine pour moi si je le tue) à *Et poise m'en ... que il la mort a ici quise* (= Et j'ai de la peine qu'il ait été chercher la mort ici). L'argument ne nous paraît pas tout à fait convaincant. L'intervention de *en, i*, formes normalement faibles, ne permet pas de mettre les deux phrases sur le même plan. La distribution de *me, mei — te, tei — se, sei* doit être complémentaire. *En* et *i*, toujours en deuxième position dans ces syntagmes contraignent à l'emploi d'une forme faible. D'autre part, on observe que *je* ne s'élide pas dans les positions où il est apte à porter l'accent (cf. § 209 *se je a li parlé eüsse* = si moi j'avais parlé à elle).

Plusieurs facteurs entrent en jeu. Ils déterminent la classe du pronom et la place de celui-ci.

(α) *La rection.* — Le pronom est régi par une préposition (Tableau I) et dans ce cas il est sans exception à la forme pleine ; ou bien le pronom est sous la dominance directe d'un prédicat verbal comme c'est le cas dans *il le veit, me volés vos tuer ?* (= Voulez-vous me tuer ?), ou encore dans les syntagmes du type *por aus deduire* (= pour se récréer) où la préposition régit l'infinitif qui a le pronom pour complément. Or ici se posent des problèmes qui ne sont résolus que par une analyse du prédicat.

(β) *La nature du prédicat.* On est conduit à traiter à part, en effet :

— Les prédicats constitués par un verbe simple à une forme personnelle (ex. *Il le veit, Guarde la !*) en tenant compte des formes dites « composées » (ex. *Avés le me vos tolu ne emblé ?* = Me l'avez-vous enlevé ou ravi ?)

— Les prédicats constitués par un verbe régent commandant un infinitif. Ici encore compte doit être tenu du fait que l'infinitif est construit directement (ex. *me volés vos tuer ?*) ou indirectement comme c'est le cas *comencier a dire, entendre à faire*, etc.

— Les syntagmes du type *por aus deduire* mentionnés plus haut ayant valeur de compléments circonstanciels.

(γ) *Les modalités de phrase.* — Ces distinctions opérées, la classe et la place des pronoms dépendent encore de la modalité de l'énonciation. On est conduit à poser trois types de phrases :

les phrases assertives	(Tableau II à V)
les phrases interrogatives	(Tableau VI)
les phrases injonctives	(Tableau VII).

(δ) *Le rythme accentuel.* — Si on symbolise le prédicat par V, les pronoms de la classe faible par *f* et ceux de la classe pleine par F, quatre combinaisons de places sont théoriquement possibles :

$$(1) \quad f\,V \qquad (2) \quad V\,f \qquad (3) \quad F\,V \qquad (4) \quad V\,F.$$

Elles se réalisent toutes, mais une forte contrainte restreint la première (1) : dans la langue des énoncés narratifs du moins, il semble que la phrase ne puisse pas débuter par un élément faible inaccentuable. Ce principe interdit donc, sauf une exception notable, d'employer un pronom de la classe *f* en tête d'un énoncé. La figure *f* V n'est réalisable que si *f* est précédé d'un élément fort.

En d'autres termes, dans une phrase assertive, *le veit il* (= il le voit ∼ c'est lui qu'il voit) est strictement proscrit.

Les éléments « forts » permettant de réaliser la figure *f* V sont : le syntagme nominal, les pronoms sujets et les adverbes (au nombre desquels l'adverbe de négation *ne* qui n'est pas à confondre avec la conjonction de coordination *ne* [= *ni*]). Ce pouvoir étant refusé aux conjonctions, aux pronoms relatifs, il en résulte qu'après ces éléments faibles la figure (3) F V s'impose. (Ex. *Si con·moi semble* = Ainsi qu'il me semble ; *Je voi tel chose dont moi poise* = je vois une certaine chose qui m'inspire de la peine.) Ce pouvoir sert de critère pour fixer une limite entre adverbes et conjonctions, mais on verra que la nature de *et* a varié au cours de l'ancien français.

Ce principe gouvernait-il la structure des énoncés informatifs ? Il est difficile de le savoir. Il semble toutefois que ce soit sous la pression de ceux-ci que la figure (1) *f* V a pu s'insérer au XIIIᵉ siècle dans les énoncés narratifs. Ici encore une enquête méthodique conduite sur les manuscrits fournirait peut-être les éléments d'une chronologie.

(ε) *Facteurs secondaires.* — (1) La réalisation d'une figure peut être rendue impossible par une contrainte particulière. L'adverbe *i*, reprenant un *iluec*, se range dans la classe des formes faibles. Il doit donc normalement être préposé au verbe *estre* dans un syntagme *i estre* (= y être ∼ y stationner). G. Moignet observe cependant [13] que la figure *f* V cède la place à V *f* quand *estre* est substantivé au moyen de l'article *le* [= le fait d'être]. D'où la structure, à première vue déconcertante, d'un vers du *Roman de Thèbes* :

> *Car mout m'est let et mout me grege*
> *Se guerpissons ainsi le siege,*
> *Et en l'estre y est mout grant doute*
> *Que la terre ne nos transgloute.* (V. 5197.)
> [= Car il me répugne beaucoup que nous abandonnions le siège, et cependant, dans le fait de rester là il y a très grand risque que la terre nous engloutisse.]

(2) Enfin, des facteurs d'ordre stylistique (nécessité d'opposer fortement deux référents, désir d'en mettre un en valeur) interviennent dans le choix d'une forme pleine à la place d'une forme forte ainsi que dans l'ordre des éléments *pronom-verbe*.

Le rappel de ces facteurs aidera peut-être à la lecture des tableaux qui suivent. Nous en avions autrefois soumis le schéma à M. Roques et celui-ci ainsi que L. Foulet avaient bien voulu s'y intéresser. Ils sont illustrés à l'aide des exemples fournis par L. Foulet, mais on en a adjoint d'autres tirés des deux études de G. Moignet sur *La Mort le Roi Artu* et sur le *Roman de Thèbes*. Chaque tableau est accompagné d'un commentaire. Référence y est faite aux passages de la *Petite Syntaxe* concernés. On s'y aide éventuellement d'exemples tirés d'autres textes. En ce qui concerne les valeurs du pronom réfléchi de la troisième personne *sei* (s') qui n'entrent pas ici en ligne de compte, on renvoie à la thèse de J. Stefanini [14].

---

13. Cf. Bibliographie, n° 129.
14. Cf. Bibliographie, n° 161.

Le groupe *Préposition + Pronom* joue le rôle de :

(1) Complément adnominal

Guaris de mei l'anme de tuz perilz pur les pecchez que en ma vie fis. (*Roland*, v. 2387.)

[= Protège mon âme (*mot à mot* l'âme de moi) de tous les péchés que je commis durant ma vie.]

(2) Complément secondaire d'un verbe

Dist as messages : « Seignurs, parlez à mei ! » (*Roland*, v. 2742.)

[= Il dit aux messagers : « Seigneurs, adressez vous à moi ! »]

Je n'ose parler a vus. (Joinville, ap. *Chrest.*, n° 168, p. 311.)

Et cele, qui d'Amors ardoit, s'en vient vers lor. (ap. *Petite Syntaxe*, § 185).

(3) Complément circonstanciel

Escrit la cartra tute de sei medisme. (*Vie de saint Alexis*, v. 284.)

[Il écrit la charte tout entière de lui-même (ou au sujet de lui-même).]

Jamais n'iert jurn de tei n'aie dolur. (*Roland*, v. 2901.)

[= Il ne s'écoulera pas de jour que je ne ressente de la peine à ton sujet.]

Edyppus oï la nouvele, Par soi meïsmes se conseille (*Roman de Thèbes*, v. 331.)

[= Oedipe entendit la devinette. Il réfléchit à part soi.]

E dedens soi est vuis de bien si com li rosels qui est crues dedens soi. (Maurice de Sully, *Homélies*, 49, 21).

[= Et au dedans de lui-même il est vide de bien comme le roseau, qui est creux à l'intérieur]

Si vint sor els uns grans sons del ciel. (*Id.*, *ibid.*, 22, 8).

[= Il vint sur eux un grand bruit du haut du ciel.]

COMMENTAIRE

(1) Renversement par inversion du tour l'*anme del cunte portent en pareïs* (*Roland*, v. 2396 = ils emportent l'âme du comte en Paradis).

(2) L'intérêt du dernier exemple, cité par L. Foulet, tient à ce qu'il montre que la forme faible *lor* tend à se substituer aux formes fortes *aus*, *eles*.

(3) Cette liste peut être accrue d'exemples dans lesquels figureraient toutes les prépositions.

Prédicat	(f V)	(V f)
	Je te tieng a ami.	*Ot le Guillelmes, s'est vers terre clinez.*
	[= Je te tiens pour un ami.]	[Guillaume l'entend, il s'est penché vers la terre.]
	Je li serai de bonne foi.	
Verbe simple	*Mout me merveil.*	*Membre li de ses amors.*
	[= Je m'étonne beaucoup.]	[Le souvenir de ses amours lui revient.]
	Ains se pourpensent d'autre chose	*Si dist : « Sire, ai le ge bien fait. »*
	[= Mais ils se préoccupent d'autre chose.]	[Il dit : « Sire, j'ai bien agi. »]
	Sovent le besse et li priot Seürement revienge à lui. [= Il l'embrasse à plusieurs reprises et il le priait de revenir vers lui.]	

Commentaire

Figures *f* V et V *f.* Cf. *Petite Syntaxe*, § 162, 163, 166, 167.

La préposition de *f* au prédicat est rendue possible par l'intervention d'un élément fort (pronom sujet, adverbes *moult, sovent, ains*) qui ouvre la phrase. En l'absence d'un tel élément, la phrase débute par le verbe (*ot, membre, ai*) que suit alors *f.* Autres exemples de la figure V *f* :

> *Dirai le don, si la retien. (Roman de Thèbes*, v. 316.)
> [Je vais donc le dire : retiens bien la question. N. B. *Si* dans la seconde proposition est un élément fort.]
> *Souz son escu garde a senestre,*
> *Aperçut les, n'y vousist estre. (Ibid.,* v. 1531.)
> [= A l'abri de son écu, il prend garde à gauche, il les aperçut, il n'aurait pas voulu être là.]

Figures F V et V F. Cf. *Petite Syntaxe* § 158, 161, 173, 174, 176.

Pour F. V. Cette figure est illustrée, à date ancienne, par la *Vie de saint Alexis*, v. 43. *N'at mais amfant, lui volt mult honurer.* [= Il n'a pas d'autre enfant ; il voulut la traiter avec beaucoup d'honneur.] Dans les derniers exemples F est justifié par le fait que *si con, se, dont* sont des éléments faibles.

(F V) (α) F est justifié par le fait que *si con, se, dont* sont des éléments faibles. (β) *e li an menai, et nos salverent.* L. Foulet traite de ces exemples (§ 173, 174) dans l'hypothèse que *et* a le pouvoir d'un adverbe. Dès lors on attendrait *e l'an menai.* Selon lui, la forme forte *li*, féminin, employée avec la valeur d'un complément primaire est due à la nécessité de

(F V)

... *Se deniers avoie*
Moi et vous en aaisseroie
[= Si j'avais de l'argent, je nous en soutiendrais moi et vous.]
Si l'ocis e li an menai.
[= Je le tuai et je l'emmenai, elle.]
Aus perdirent et nos salverent.
[= Ils se perdirent, eux, et nous sauvèrent, nous.]
Si com moi semble. [= Ainsi qu'il me semble.]
Se toi siet. [= Si cela te convient.]
Dont moi poise. [= ce dont j'ai regret ~ peine.]

(V F)

Et quant j'ai avant perdu lui
[= Et du moment que j'ai d'abord perdu lui.]
Ge te conuis mialz que tu moi.
[= Je te reconnus mieux que toi, moi.]
Et tant con j'avray lui j'avray vous.
[= Et tant que je l'aurai, lui, je vous aurai, vous.]
Je connois li tant et ses mours.
[= Je la connais si bien, elle et ses habitudes.]
Ce poise moi, ce poise lui. [= Cela me ~ lui pèse.]

distinguer nettement deux référents : un homme, représenté par *l'* dans le 1ᵉʳ hémistiche, une femme, dans le second. La forme *li* s'imposait, car devant *an, la* se serait élidé. Dans le second exemple, il s'agit d'opposer fortement les destins de deux groupes et *nos* doit être accentué pour faire pendant à *aus*. Mais si *et*, après tout, était simplement une conjonction ? L'emploi des formes fortes n'aurait rien d'exceptionnel.

(γ) Il s'agit dans *moi et vous en aaisseroie* d'une variante du tour illustré dans la colonne V F par *Je connois li tant et ses mours.* D'un même verbe dépendent deux pronoms coordonnés ou un pronom et un substantif coordonnés. Les pronoms de forme pleine, accentuables, ont le même comportement qu'un substantif. La phrase est conforme au schéma C V S à ceci près que le pronom sujet de *aaisseroie* n'est pas exprimé.

(V F) (α) Cette figure permet, dans les quatre premiers exemples, de marquer nettement le référent au moyen d'un pronom accentué (facteur stylistique). Le second exemple montre que *tu* conserve encore son statut ancien de dénomination forte (cf. § 158-161). Dans l'exemple tiré de la *Chronique* de Villehardouin, § 72, *que nos savons qu'ele est tolue lui et son pere a tort* [= car nous savons que (cette terre) est ravie injustement à lui et à son père], la postposition permet la mise en valeur des deux référents associés.

(β) L. Foulet signale avec raison (§ 167) l'ordre « inattendu » de *ce poise moi ~ toi ~ lui.* En effet, *ce*, forme affaiblie de *ço* conserve néanmoins le statut de ce pronom démonstratif. Il est un élément fort. Dès lors qu'il ouvre la phrase, la figure normale serait **ce me poise ~ ce li poise.*

Prédicat	(f V)		(V f)
	(α) Pronom préposé au groupe *Li ancïens li sot bien dire.*	(β) Pronom préposé à l'infinitif *Se il criout, feroit nos prendre.*	*Il veut reprendre la.*
	[= Le vieux sut bien le lui dire.]	[= S'il criait, il nous ferait prendre.]	[= Il veut la reprendre.]
verbe régent + Infinitif	*L'en me devroit plus blasmer que nul autre pecheor.* *Je volsisse que vos le feïssiez espier.*	*S'il ne te prent, fera le prendre.* *Cil qui desoz l'arbre s'estait vit le venir.*	*Je ne pensai faire tel perte* *Ne foïr m'en a tel poverte.*
	[= Je voudrais que vous le fissiez épier.]	[= Celui qui se tenait sous l'arbre le vit venir.] *Il vit une hache pendre.* *A un croc, s'est alé le prendre.* [= Il vit une hache pendre à un croc et il est allé la prendre.] *osa il bien entrer en champ et se y combatre.*	[= Je ne pensai pas faire une telle perte ni m'enfuir.]..
verbe régent +Préposition +Infinitif	*Si li commence a demander des coustumes del Chastel* [= Et il commence à lui poser des questions sur les coutumes du Chastel.] *A soufrir le me convient.*		*S'il falloit a outrer le entor midi.*

Commentaire

L'unité de l'ensemble des exemples tient à la nature du prédicat : verbe régent d'un infinitif construit directement (ex. *savoir dire*) ou indirectement (ex. *finer de proier*). Le pronom dépend de l'infinitif. D'où, pour f V et F V deux sous-figures suivant que le pronom est préposé au groupe ou inséré entre le verbe régent et l'infinitif.

(f V) (α) Cf. *Petite Syntaxe* § 199. G. Moignet. *Mélanges Frappier*, p. 832. Du fait de sa fréquence cette figure peut être considérée comme normale. La présence d'un élément fort en tête de la phrase autorise la préposition d'une forme faible au groupe.

(β) Les trois premiers exemples sont tirés de Béroul. L. Foulet (§ 192) a justement observé que l'écrivain, à part des raisons stylistiques qui lui font opter pour les figures V F et V f, se plie aux règles d'une syntaxe archaïque. Selon lui, Béroul « n'a pas voulu débuter [ici] par une forme faible à une reprise importante de la phrase ». Le cas du premier exemple est ambigu en raison de *nos*. Dans les deux autres où *le* est incontestablement une forme faible, le pronom enclitique fait donc

(F V)

(α) Pronom préposé au groupe
Et lui e trestoz ses amis
Porroit honir.
[= Et il pourrait honnir lui-même et tous ses amis.]

(β) Pronom préposé à l'infinitif
Je désir tant li embracier
Et li vëoir et li oïr.
[= Je désire tant la tenir dans mes bras, et la voir, et l'entendre.]

L'en dit tel chose...
Dont mieulx vaudroit soy astenir.
[= On dit telle chose dont il vaudrait mieux s'abstenir.]

(V F)

Et se mes oncles veut
  soufrir moi a sa cort.
[= Et si mon oncle veut me supporter à sa cour.]

Il ne fina hui de moi proier.
[= Il ne cessa pas aujourd'hui de me prier.]
Tote jor entendirent a eus logier.
[= toute la journée ils veillèrent à se loger.]

corps avec le verbe *vit-lé, fera-lé*. Toutefois, ce faisant, Béroul contrevient à une autre règle selon laquelle un pronom complément d'un infinitif doit être toujours à la forme *forte*. D'autre part, en dépit de ce qu'avance L. Foulet au début du § 196, *le* dépend bien de l'infinitif et non du verbe régent. L'assertion de L. Foulet est d'ailleurs très nuancée. Dès lors, au lieu de représenter l'application mécanique et malhabile d'une règle archaïque, ces exemples n'annonceraient-ils pas l'usage représenté dans les deux derniers exemples ? Là, L. Foulet (§ 196) admet bien que des pronoms de forme faible soient préposés à des infinitifs dont ils dépendent étroitement. Preuve de l'affaiblissement de la contrainte qui imposait l'emploi d'une forme forte dans cette position. Ces exemples sont donc à mettre en relation avec ceux de la figure *f* V du tableau III. Les textes, dit-on, en livrent peu avant le XIIIᵉ siècle (cf. G. Moignet, *Mélanges Straka*). Il est permis de penser que ces tours s'étaient fixés dans les énoncés informatifs bien auparavant. Dans cette hypothèse les exemples de Béroul auraient une signification différente de celle que leur attribue L. Foulet. Les écrivains auraient hésité à employer ces formes faibles parce que cette innovation avait à leurs yeux le caractère d'un vulgarisme.

(V f)   La figure doit être mise en relation avec V F (cf. *Petite Syntaxe* § 192). Constructions dans lesquelles le pronom est dégagé, en vue de mettre le référent en valeur. Dans *ne foïr m'en m'*, selon nous, est conditionné par *en* qui est, en fait, le pronom à considérer.

(F V)   (α) Le pronom complément est coordonné à un substantif, cas analogue à celui de *moi et vous en aaisseroie*.

(β) Cf. *Petite Syntaxe* § 193, 177 et G. Moignet, *Mélanges Frappier* p. 835 qui fait justement état d'une différence entre « *a* introducteur d'objet et *a* introducteur de rapports moins étroits » dans les cas où l'infinitif dépendant d'un verbe régent est construit au moyen d'une préposition.

Les exemples du haut représentent une variante stylistique de *f* V. *Je la desir tant embracier*. L'insistance que l'on porte sur le pronom incite à le dégager et à le placer avant l'infinitif dont il dépend, en employant alors la forme forte.

Au § 177, L. Foulet aligne un grand nombre d'exemples de la figure *Verbe régent* + *préposition* + *pronom* (F) + *infinitif*. Sa thèse est que l'emploi de la forme forte est conditionné par la préposition, bien que le pronom ne dépende pas grammaticalement d'elle mais de l'infinitif. Soit ! Mais le seul fait que le pronom fût préposé, à l'infinitif devait selon la contrainte ancienne, imposer aussi l'emploi d'une forme forte Ce paragraphe n'est-il pas à corriger légèrement ?

PRÉDICAT	(F V)	(V F)
Verbe régent de deux infinitifs dont le second commande un pronom complément.	*Préposé au 2ᵉ infinitif* *Se je ne l'en puis alegier* *Et en ta cort moi desraisnier* *Jugier me fai devant ton ost.* *Il ly cuida faire joie a l'en-* *trée de sa maison, et luy* *acoler.* [= Il avait dans l'idée de lui faire fête lorsqu'il pénètrerait dans sa maison, et de l'accoler.]	*Postposé au 2ᵉ infinitif* *Mes se vos del tout vos en* *voliez oster et crier merci* *e repentir vos de bon* *cuer...* (Maurice de Sully) [= Mais si vous vouliez vous tirer entièrement (du péché), crier pardon et vous repentir de bon cœur...]

COMMENTAIRE

(F V) Cf. *Petite Syntaxe* § 195. Dans ces phrases le premier élément est construit selon la figure *f* V. Lors du second on prépose le pronom a l'infinitif sous sa forme forte, soit pour marquer une opposition entre les deux référents, soit pour varier le tour.

V F Dans la phrase de Maurice de Sully la nature ambiguë de *vos* est peut-être à l'origine de la postposition du pronom. A notre sens celle-ci est plutôt due au désir de varier la construction et de mettre le pronom en valeur.

f V	V *f*
Si l'enmaine...	*Por fere li feste e joie.*
Pour le rescourre. (J. Renart, *Galeran*	[= Pour manifester à elle fête et joie.]
de Bretagne, v. 5995.)	*Por fere lor compaignie.*
[= Il l'emmène... pour le sauver.]	[= Pour leur faire compagnie.]
Alez vous ent de nostre terre	*Si monte le vaslez derriere... por tenir*
Car neanz est de la conquerre.	*li parmi les flancs.*
(*Roman de Thèbes,* v. 5169.)	[= Et le jeune homme monte derrière..
Or ont Grieu ceste ville assise ;	pour le tenir à mi-corps.]
Ainçois avras la barbe grise	*Les cors de leurs amis vont querre*
Que il s'en aillent sans la prendre.	*Pour ardoir les et metre en terre.*
(*Ibid.,* v. 3827.)	(*Roman de Thèbes,* v. 10162.)
Por les vëoir issent des triex	[= Ils vont chercher les corps de leurs
Plus de soissante mile Griex.	amis pour les brûler et les mettre
(*Ibid.,* v. 4207. N. B. *triex* = tentes.)	en terre.]
Pollinicés en fet grant plet,	*Et en l'estre y.*
N'a garnement que tant chier eit,	(*Roman de Thèbes,* v. 5199.)
Plus pour le presenter le roi	*Lors a si grant faim d'aler i.*
Que pour le retenir o soi. (*Ibid.,* v. 7467.)	[= Alors il a si grant désir d'y aller.]
	Et puis que vos avez talent de savoir
	en la vérité.
	[= Et puisque vous avez envie d'en
	savoir la vérité.]

Commentaire

(*f* V)   Cette figure signalée par L. Foulet § 186 a été diligemment étudiée
par M. G. Moignet (*Mélanges Straka*) d'après les témoignages du
manuscrit C du *Roman de Thèbes.* Les exemples attestent l'innovation
qui consiste à faire figurer une forme faible du pronom avant un
infinitif. Ils ne présentent aucune ambiguïté quand le pronom est *la*
ou *les.* La forme *le,* discutée par M. G. Moignet (p. 20-22) à propos
du dernier exemple, est ambiguë. Elle peut être en effet un pronom
représentant ici *garnement* (= objet d'art, une coupe en l'espèce),
Mais (et L. Foulet l'avait bien observé au § 191) *le* peut-être aussi un
article. Il ne paraît pas douteux que dans *Et estoyent tel atorné qu'il
estoit grant pitié dou vëir* = [Et ils étaient dans un tel état que les voir
ainsi inspirait une grande pitié.] *Le vëir* = le fait de voir cela est
l'origine d'une grande pitié. De même, dans ce passage d'un *Congié*
de Jean Bodel rappelé par M. G. Moignet (p. 21, note) *le prendre en
gré* s'explique bien par « le fait d'accepter de bon cœur (le mal qui me
tourmente) ».

> *Or m'i doinst Diex si endurer*
> *Le mal qui le mien cors mehaigne*
> *Que par le prendre en gré ataigne*
> *A Dieu m'ame representer.*

Ce qu'il faut retenir, c'est qu'en dépit du doute qu'inspire *le,* les emplois
de *la* et de *les* attestent la réalité de cette figure.

(V *f*)   et (F V) Cf. *Petite Syntaxe* § 177, 179, 181, 182 et M. G. Moignet,

ASSERTIVES (4)
à l'infinitif

F V

Or me convient...
Engien querre de moi garir.
[= Maintenant, il me faut trouver une recette pour me préserver.]
De toi tort faire n'ai ge cure.
[= Je ne me soucie pas de te nuire.]
Por ce qu'il y vëist à soi armer.
[= Pour qu'il y vît clair, au moment de s'armer.]
Il pensoit bien que aucuns de l'ostel le roi le sivroit por lui connoistre.
[= Il pensait bien que quelqu'un de l'hôtel du roi le suivrait pour l'identifier.]

V F

Je ne desir rienz tant come de vengier nos de cele gent.
[= Je ne désire rien tant que de nous venger de ces gens.]
Ja mes n'avrai talent de combatre moi à lui.
[= Jamais je n'aurai envie de me battre avec lui.]
Il n'a pooir de lever soi.
[= Il n'a pas la force de se relever.]

Mélanges Frappier, p. 832. Les deux figures sont liées. Chronologiquement il convient de partir de F V. Dans cette figure le pronom à la forme forte assume la fonction de complément primaire (objet) : *de moi garir* = en vue de me préserver, *a soi armer* = pour ∼ au moment de s'armer, *por lui connoistre* = mot à mot pour identifier lui ; ou bien de complément secondaire. Exemple *de toi tort faire* = quant à te faire du tort.
A comparer les deux premiers exemples de (V *f*) la présence de *lor* dans le second incite à tenir *li* pour une forme faible faisant corps avec le verbe : *por fere-li*. Selon L. Foulet (§ 181) la figure F V comporte un inconvénient : les formes fortes peuvent y assumer comme on l'a vu, deux fonctions. Donc *lui* (masculin), *li* (féminin) accentuées sont ambigus, représentant soit « à lui -à elle », soit la transformation de *le la* (compléments primaires) dans cette figure. Pour sauvegarder la marque de la *fonction* (étant donné que d'après les règles anciennes **por li fere feste* était proscrit), on aurait postposé la forme faible du pronom à l'infinitif. D'où par analogie, les exemples qui suivent les deux premiers. On a signalé plus haut la contrainte qui engendre le dernier exemple *en l'estre y.*
En vertu de la contrainte archaïque, *en* et *i*, formes faibles, ne peuvent précéder un infinitif. Dans ces syntagmes, ils lui sont donc postposés (cf. *Petite Syntaxe*, § 437).

(V F) Cf. *Petite Syntaxe*, § 183, 184 et M. G. Moignet *Mélanges Frappier* p. 832. La postposition du pronom à la forme forte répond à une intention stylistique : mise en valeur du référent.

PRÉDICAT	$(f\,V)$	$(V\,f)$
Verbe simple	*Le me creantez vos ?* [= Me l'assurez-vous ?)	*Conois la tu ?* [= La connais-tu ?] *Ha ! Diex, faudra me ja mes ceste dolor ?* [= Ah ! Dieu, cette douleur ne me quittera-t-elle pas ?]
Verbe régent + infinitif	*Tu veus tu loer ?* [= Veux-tu te louer ?] *Li volez vos plus mander ?* [= Voulez-vous lui en envoyer ∼ faire dire davantage ?]	*Cuides me tu por si pou esmaier ?* [= T'imagines-tu m'effrayer pour si peu ?]

COMMENTAIRE

Cf. *Petite Syntaxe*, § 162, 165.

$(f\,V)$ Le caractère anomal de ces phrases est frappant. Elles contreviennent à la règle selon laquelle une forme faible de pronom ne peut précéder le prédicat à moins que la phrase ne débute par un élément fort. Parmi les exemples cités par L. Foulet quelques-uns proviennent de textes colorés de picardismes. Mais ce n'est pas le cas de la *Quête du Graal*. Cette figure, qui s'est installée peu à peu dans les phrases interrogatives a, selon nous, pris naissance dans les énoncés informatifs qui ont cessé précocément de se plier à la règle susdite.

$(V\,f)$ Le prédicat qui ouvre la phrase légitime l'emploi de la forme faible. Le cas est identique à celui des phrases qui débutent par un pronom interrogatif ou par un adverbe interrogatif.

Que li vaut a vestir les nus, se il de l'amor Deu e de son proïsme se despueille ?
(Maurice de Sully, *Homélies*, 14, 71.)
[= Que lui vaut de vêtir ceux qui sont nus, s'il se dépouille de l'amour de Dieu et de son prochain ?]
Comment l'osa cis vieus penser ? (Le vair Palefroi, ap. *Petite Syntaxe*, § 336.)
Deus ! Ge ne di hui mes hores. Comment i recoverrai jo ui mais ?
(Maurice de Sully, *Homélies*, 18, 63.)

(F V)

Et moi que chaut ?
(Charroi de Nîmes, v. 609.)
Variante du manuscrit B *A moi qu'en chaut* ?
[= Et que m'importe à moi ?]

(V F)

Tenez-moi pour vostre annemy ?
[= Me tenez-vous pour votre ennemi ?]

Plairoit vos oïr un son d'Aucassin ?
[= Vous plairait-il d'entendre une chanson au sujet d'Aucassin ?]

(V *f*) et (V F) Dans les phrases qui débutent par le prédicat, l'ensemble des pronoms est postposé au verbe simple ou au verbe régent. Ceux de la troisième personne se présentent sous la forme faible. Mais entre *tenez moi a vostre annemy* ? (V F) et *faudra me ja mes ceste dolor* ? il a un contraste dans le traitement du pronom de la première personne. La contradiction n'est qu'apparente. L. Foulet pose (§ 162) que la forme est discriminée par le facteur d'accentuation.
Quand le pronom peut prendre appui comme proclitique sur un élément apte à porter l'accent, il est de la forme faible (ex. *cuides me tú ... faudra me já...*). Dans le cas contraire, le pronom faisant groupe avec le verbe et portant l'accent se présente a la forme forte (ex. *Tenez mói/ pour vostre annemy* ?).

(F V) Cf. *Petite Syntaxe* § 174-176. On peut penser que l'antéposition de la forme forte est due à une intention stylistique : désir de mettre en relief le référent. Le tour banal *que me chaut* ? étant écarté, *et*, dans ce texte, pouvant être traité comme une conjonction, la figure F V était seule possible. Mais on observera que le copiste du manuscrit *B* a préféré une construction différente.

PRÉDICAT

$(f\,V)$

Amfant nus done... ! (Vie de saint Alexis, v. 25.)
[= Donne nous un enfant.]

verbe simple
Pronom :
1re et 2e personne
(injonction positive)

Quar me herberges. (Vie de saint Alexis, v. 45.)
Pour moi vous voie Jesus Cris !
(*Le garçon et l'aveugle*, v. 6.)
[= Que Jésus-Christ vous voie à ma place !]
Si me donés de l'argent !
[= Donnez-moi de cet argent !]

Pronom :
3e personne

(injonction négative)

Va, si la giete !
(*La mort le Roi Artu*, ap. *Chrest.*, no 59, p. 123.
[= Va, jette-là !]
Car ne me chose !
[= ne me dispute pas !]
Si ne le blasmés point !
[= Ne le blâmes pas.]

COMMENTAIRE

Cf. *Petite Syntaxe* § 168, 169, 171, 189. Deux facteurs discriminent la forme et la place du pronom : le rythme accentuel et le degré de la personne (première, deuxième personne ou troisième). Un troisième facteur, la fonction du pronom, peut aussi intervenir.

$(f\,V)$ Tout élément adverbial ouvrant la phrase permet de préposer au prédicat la forme faible du pronom. Il en résulte que les injonctions *négatives* qui s'ouvrent par *ne* présentent toujours cette figure.
Et, suivant les cas, est traité comme une conjonction ou comme un adverbe. Le plus souvent, on lui confère le pouvoir de l'adverbe :

Venés a nos qui somes si serjant... si vos asoldrons; e vos apareilliés que vos soiés dingne que mes sires sains Pieres mete vos ames en paradis !
(Maurice de Sully, *Homélies*, 56, 47.)
[= Venez à nous qui sommes ses serviteurs... nous vous absoudrons ; et préparez-vous à mériter que Messire saint Pierre envoie vos âmes au Paradis.]

Toutefois, le même écrivain, dans sa paraphrase française du Notre Père (*ibid.*, III, 7), traite *et* comme *mais* et utilise donc la figure (V F) :

E pardone nos nos mesfais... mais delivre nos de mal !

Remarque. La phrase suivante (cf. Pet-Syntaxe § 172) présente deux injonctions coordonnées par *et*, la première de figure V F, la dernière de figure f V :

Teisiez vos e fuiez de ci
E me lessiez en pes ester.
[= Taisez-vous, fuiez d'ici, et laissez-moi demeurer en paix !]

Nous ne pouvons pas en citer d'analogues qui présentent deux figures V F. Cela laisse à penser que Maurice de Sully a été conditionné par le modèle des phrases latines du *Pater dimitte nobis debita nostra ... libera nos a malo.*

(V f)	(F V)	(V F)
		Secorez moi ! *Sié ti !* [= Assieds-toi N. B. *Ti* forme forte — picardisme.]
Prenez le !	*Servés le de buen*	*Croquesot, i lui qu'il s'en-*
Vés les chi !	*cuer !* (Mauri-	*voise !*
Faites lor domage !	ce de Sully,	[= Croquesot, dis-lui qu'il
Di li hardiement !	*Homelies*, 56,	s'en aille !]
	44.)	
Fetes le dont avant venir !		
[= Faites le donc approcher !]		*Laissiez moi faire !*
Va li cheïr al pié !		*Vien toi reposer !*
[= Va tomber à ses pieds !]		
A ! mere Dieu, veuillé me aidier !		
[Ah ! mère de Dieu, veuillez m'aider !]		

On rencontre au contraire deux figures V F quand la conjonction de coordination est *mais* (cf. § 172).

Tout substantif complément du prédicat joue le rôle d'un élément fort s'il ouvre la phrase.

E ! reis celeste, par tun cumandement,
Amfant nus done ki seit a tun talent ! (*Vie de saint Alexis*, v. 24.)
[= Donne-nous un enfant !]

(V f et V F) (α) Le prédicat, représenté par un verbe *simple*, ouvre la phrase. La forme du pronom postposé dépend du degré de la personne. Les pronoms de la première et de la deuxième personne se présentent sous la forme forte. Ils ont fonction de complément primaire : Exemple : *Por ço vos di, gardés vos de malvaise joie !* (Maurice de Sully, *Homélies*, 55, 52) ou de complément secondaire : Ex. *Di moi !* Les pronoms de la troisième personne *le, la les lor* font corps avec le verbe si la phrase s'arrête avec eux (ex. *Prenez-lé !*). Quand la syntagme s'allonge d'un élément, c'est ce dernier qui porte alors l'accent (ex. *Vés les chi !* *Dites le mói*). Le pronom *li*, ayant fonction de complément secondaire, ne se comporte pas à l'origine autrement que les autres. Mais dans la mesure où *lui*, dans la langue des énoncés informatifs, s'est peu à peu substitué à *li* (forme faible) et à *li* (forme forte du féminin), on le rencontre postposé au prédicat (§ 170). Ex. *Di lui que... !*

(β) Le prédicat est constitué d'un verbe régent et d'un infinitif. La distribution est la même que dans le cas précédent (cf. *Petite Syntaxe* § 189, 190).

Faites moi parler au portier de laiens ! Fetes le dont avant venir !
(Maurice de Sully, *Homélies*, 18, 75.)

Il en résulte que la phrase tirée *Du garçon et de l'Aveugle* (v. 21 *A ! mere Dieu, veuillé me aidier !*) est anomale. Cet emploi de la forme faible du pronom de la première ou de la deuxième personne est propre aux textes teintés de picardisme.

APPENDICE

1. Répartition des figures dans le *Charroi de Nîmes* et la *Prise d'Orange*.

Ces figures sont inégalement réparties à travers les textes. Après les études de L. Foulet et le classement qui vient d'être proposé, il serait utile d'examiner quelles sont celles qui sont effectivement représentées dans des œuvres poétiques ou prosaïques classées chronologiquement. Il peut se faire, en effet, que le style d'un texte favorise la prédominance de certaines. Les articles de M. G. Moignet vont dans ce sens. Voici, à titre d'exemple, les résultats d'une lecture de deux chansons de geste le *Charroi de Nîmes* et la *prise d'Orange* (sigles C. N. et P. O.).

Si on dépouille après cela un texte d'une longueur équivalente, soit les 315 vers de la Chronique ascendante du *Roman de Rou* et les 1600 premiers vers de la deuxième partie, la diversification des figures est beaucoup plus restreinte. (*f* V) est largement dominante. (V *f*) est représentée en II, 479 *manda lour qu'il s'en augent.* (V F) apparaît en II, v. 145 dans une phrase assertive :

> *Porpensa soi forment com homme corousciez*
> *Que ja nen iert par force dez deus freres vengiez.*
> [= Cet homme en colère réfléchit et conclut qu'il ne sera pas vengé des deux frères en usant de la force.]

et en II, v. 1274.

> *Quant il fu devant lui « soiz tu » dist il « di moi*
> *Se ta fame embla rienz puis qu'ele vint o toi.*

(F V) apparaît inclus entre les membres d'un prédicat complexe (verbe régent d'un infinitif) en I, v. 46-47.

> *Tout tens voudrent Franchoiz Normanz desheriter*
> *Et tout tens se penerent d'euls vaincre et d'els grever.*

et en II, v. 105.

> *Mort est qui moult soloit moi et vous damagier.*

Phrases assertives

(*f* V)	P. O.	589	*S'il te puet prendre, a martire es livré !*
		1875	*La ou Mahom fu devant reclamé,*
			l'ala li cuens Guillelmes espouser.
			[= A l'endroit où auparavant Mahomet était prié le comte Guillaume alla l'épouser. N. B. La préposition insolite de *l'*, à une articulation de la phrase, a sans doute sa justification dans le fait que la proposition subordonnée a été considérée comme un élément fort qui ouvrait la phrase. Il n'en est pas moins vrai que le vers est traité autrement dans le manuscrit B : *La franche dame ala la espouser.*]
	C. N.	144	*A mes dos mains le m'estut relever.*
		363	*La le veïmes occire et detranchier,*
			Ne l'i peümes secorre ne aidier.
		740	*Ainz que t'en partes le te cuit vendre chier.*
		909	*Et cil respont : « Ce vos agi si bien dire. »*
(V *f*)	P. O.	142	*Voit le Guillelmes, sel prist a regarder.*
		630	*Ot le Guillelmes, si commença a rire.*
		842	*Ot l'Arragon* [= Aragon l'entend.]
			(Passim)

202

	C. N.	43	*Ot le Guillelmes.*
			(Passim : v. 58, 102, 292, 335, 465, etc.)
		761	*Vet s'en Guillelmes* (+ v. 782).
(F V)	P. O.	363	« *Oncle, dist-il, tu te veus vergoignier*
			Et toi honnir et les membres trenchier.
	C. N.	1268	*Vos ne autrui ne velt il riens doner.*
(V F)	C. N.	321	*Serviront toi trois mile fervesti.*
		332	*Serviront toi dui mile chevalier.*
		565	*Damandai li :* « *Dame, fame, que quierz ?*

PHRASES INTERROGATIVES

(*f* V)	P. O.	216	*Te tindrent onques Sarrasin en prison ?*
		528	*Ou est sa feme ? La nos mosterez vos ?*
		576	*Ja vos ot il en sa prison rué ?*
		631	*Or ne l'amez vos mie ?* [interrogation négative]
		1055	*Comment le porons fere ?*
		1803	*Comment t'est, oncles ?*
(V *f*)	P. O.	716	*Dis me tu verité ?*
		1431	*Iras i, frere ?*
(V F)	P. O.	32	*Plest vos oïr chancun de bone geste ?*
	C. N.	3	*Bone chançon plest vos a escouter ?*
(F V)	C. N.	538	*Et vos que chaut de mauvés reprovier ?*

PHRASES INJONCTIVES

(*f* V)	P. O.	164	*Mes or me di, garde ne me celer,*
			Comment as non e de quel terre es nez.
		477	*Mahom te saut e le deu Tervagant !*
			N. B. *saut* = sauve + 669 + 672.
		572	*Or m'en di verité !*
		930	*Quar vos rendez !* [= Allons, rendez-vous !]
		1120	*Car me donez bon conseil, por mahom !*
		937	*Garnemenz me donez !* [= Donnez-moi un équipement !]
		1076	*Lai Gloriete...*
			Et si t'en va et sain et sauf, vivant !
	C. N.	47	*Et si vos fetes gentement conraer !*
		157	*Rois, quar te membre d'une fiere bataille... !*
		72	*Si le me pardonez !*
(V *f*)	P. O.	442	*Lai les ceanz entrer !*
		1245	*Mes les en ta prison !* [= Envoie-les dans ta prison...]
		1622	*Prenez les, Sarrazin !*
		1430	*Envoiez i Gillebert le Flamenc !*
	C. N.	395	*Recevez le, nobile chevalier !*
		409	*Lessiez le dont ester.*
(V F)	P. O.	421	*Lai nos !* [= Laisse nous !]
		617	*Monstrez moi la roïne !*
		1651	*Conseilliez moi, por Mohamet mon dé !*

COMPLÉMENTS CIRCONSTANCIELS

			A. (*Préposition + infinitif*).
(F V)	P. O.	1819	*De lor hostieus issent de maintenant,*
			Por eaus deffendre garni furent errant.
			B. (*Préposition + forme pleine du pronom*).

Les exemples en sont innombrables. Nous n'en avons retenu que quelques-uns construits au moyen des prépositions

Avec   *Avec els portent et cierges et lanternes* (P. O., v. 1181.)

Entor   *Entor lui ot. XV. M. Persanz* (P. O., v. 473.)

Envers   « *Sire, dist il, envers moi entendez.* » (P. O., v. 439.)

O [= en compagnie de]
O lui en mainne les païens d'Aumarie. (P. O., v. 1303.)
[N. B. Dans ce vers *lui* a la valeur du pronom réfléchi *sei.*]

Par desus *Par desus vos ne m'en quier ja vanter* (C. N., v. 285.)

Sanz   *Quant vos sanz moi des terres fetes don.* (C. N., v. 202.)

Seure   [= sur] *Seure li corent.* (C. N., v. 1386.)
[N. B. *Li* = lui.]

2. Ordre des pronoms compléments.

Dans une séquence qui comporte des pronoms personnels compléments de différents degrés, celui de la troisième personne précède régulièrement ceux de la première et de la deuxième personne (cf. *Petite Syntaxe*, § 203).

Il le te mande. (*La Prise d'Orange*, v. 582.)
Il le vos mande, ge sui qui le vos di,
Que tu t'en fuies el regne de Persis. (*Ibid.*, v. 707.)
[= Il vous le fait savoir. C'est moi qui vous le dis,
Que tu t'enfuies en Perse. N. B. *le*, en prolepse, annonce la proposition subordonnée.]
Comment t'est, oncles ? Nel me celer neant ! (*Ibid.*, 1803.)
[= Comment vas-tu, oncle ? Ne me le cache pas !]

Dans une séquence qui comporte les pronoms adverbiaux *en* et *i*, *en* précède régulièrement *i* (cf. *Petite Syntaxe*, § 437).

« *En cest palés n'estes pas sanz amis.*
— *Voir, dist Guillelmes, il en i a petit.* » (*Ibid.*, v. 1614.)
[= Dans ce palais vous n'êtes pas sans amis. — A vrai dire, répondit Guillaume, il y en a peu.]

Remarque. Dans une séquence qui comporte un pronom de la troisième personne *le, la* et un pronom de la troisième personne *li* assumant fonction de complément secondaire, il est fréquent que *le la*, compléments primaires, ne soient pas exprimés (cf. *Petite Syntaxe*, § 203). L. Foulet cite des cas où la séquence est complète mais note leur rareté. Nos propres lectures confirment la justesse de cette observation. Nous hésitons toutefois à interpréter comme une élégance de style l'effacement du pronom complément primaire. Il serait aussi vraisemblable d'y voir un traitement en usage dans les énoncés informatifs. Dans ce cas la séquence complète *le* (~ *la*) *li* ne serait pas le propre de textes rédigés dans « une langue plutôt populaire » ; elle résulterait de nécessités métriques.

LEXIQUE ET VOCABULAIRES

PRÉALABLES

Au cours de l'étude de l'ancien français l'apprentissage du lexique va de pair avec celui de la grammaire, c'est une évidence. Il convient cependant de la rappeler car pour la majorité des débutants l'acquisition du vocabulaire passe bien après celle de la morphologie et de la syntaxe. Est-il excessif de dire que s'ils la négligent c'est en partie faute qu'on leur en ait montré l'intérêt ? Aucune initiation à la lexicologie ni à la lexicographie n'est prévue dans les programmes. Lors des examens et des concours figurent bien des questions relatives aux valeurs d'emploi de tels ou tels mots ; les notes attachées aux réponses entrent pour une part si faible dans le total qu'elles découragent d'avance chez les candidats tout effort en vue de construire un exposé cohérent. Mieux exercés au commentaire suivi d'un texte, les étudiants comprendraient vite que celui-ci tourne immanquablement au verbiage à moins de s'appuyer sur une estimation juste de la *teneur du texte dans son entier*. Encore ce travail n'est-il profitable que si l'on évite de recourir d'entrée de jeu à l'aide d'une « traduction ». La version en français moderne d'une œuvre médiévale s'adresse à des lecteurs qui ignorent l'ancien français, non à ceux qui l'apprennent. Des contraintes inéluctables forcent l'adaptateur à modifier sensiblement son modèle. Il faut connaître déjà bien la langue de celui-ci pour discerner comment un bon adaptateur parvient à transposer au moyen d'habiles périphrases des valeurs de sens proprement intraduisibles en français moderne. Qui débute dans cette étude n'est pas en mesure de se prémunir contre les faux sens ou les à-peu-près des versions maladroites. Enfin, en qualifiant d'« entier » la teneur du texte, on rappelle qu'un énoncé n'est pas la somme d'une addition. Les mots ne s'insèrent pas dans des syntagmes vides prêts à les recevoir. Ni les uns ni les autres ne fonctionnent en vertu de valeurs préétablies constantes : celles-ci s'infléchissent au gré de leurs rencontres. La dissociation des éléments d'un énoncé résulte de nécessités pédagogiques élémentaires ; l'analyse ne doit pas conduire à privilégier les uns aux dépens des autres. Une telle pratique porte préjudice à qui entreprend l'étude de l'ancien français pour satisfaire par la lecture des curiosités d'ordre historique ou esthétique. Elle ne dessert pas moins les intérêts des grammairiens et des linguistes.

Ces choses-là sont sues à l'étranger. On les méconnaît trop chez nous. De temps à autre, il est vrai, des médiévistes tentent de redresser la situation [1] ; mais ces initiatives individuelles demeurent précaires, faute d'un acte officiel qui reconnaîtrait la validité de tels efforts. A l'heure actuelle, un accord des maîtres à qui incombe la tâche de former de futurs francistes pourrait vaincre l'apathie d'en haut. Il n'est pas irréalisable, étant donné que sur ce point les besoins des médiévistes coïncident avec ceux des modernistes.

Cela dit, force est de reconnaître que l'apprentissage des vocabulaires est moins aisé, exige plus d'initiatives et de recherches que celui de la grammaire. Des manuels d'orientation font défaut ; la matière, il est vrai, en est dispersée et difficilement regroupable. On aimerait disposer d'un fichier central, ouvert, régulièrement tenu à jour, faisant état des travaux de lexicologie médiévale postérieurs à la publication du premier volume de l'*Altfranzösisches Wörterbuch* (1925) : liste alphabétique des mots étudiés, classement des termes d'après des critères tirés de l'étymologie, de la dialectologie, des domaines d'emploi. Il n'en existe pas. A supposer que le centre de Nancy en élabore un en prévision de la tranche du *Trésor de la langue française* où seront révisées et complétées les données fournies par les dictionnaires, son achèvement n'est pas pour demain. Ce fichier comblerait les vœux des médiévistes. Toutefois, telle quelle, une masse aussi volumineuse de références rendrait peu de services aux débutants s'ils n'en détenaient la clé. Pour utiliser une bibliographie avec profit, il faut avoir appris à en dominer la matière. C'est ce point de vue qui nous a incité à clore le présent livre par quelques réflexions sur les concepts de « lexique », de « vocabulaire » et de « situation ».

Les pages qui suivent ne se présentent évidemment pas comme un traité de lexicologie médiévale. La lexicologie et la lexicographie procèdent des mêmes principes et opèrent d'après les mêmes méthodes, quel que soit l'état de langue — ancien ou moderne — que l'on considère. Les débutants peuvent s'informer aujourd'hui de ces disciplines en consultant les ouvrages qui les mettent à leur portée [2]. Il nous a paru plus utile de définir les degrés par lesquels on accède à une connaissance suffisante des problèmes que pose le lexique de l'ancien français ; de dégager les tâches d'un lecteur soucieux de ne rien laisser perdre d'un texte. Nous avons inclus dans cet exposé des exemples et quelques références à des travaux qui, à un titre ou à un autre, présentent une valeur exemplaire. La connaissance des bases de la lexicologie est certes indispensable aux débutants. Son profit est toutefois médiocre s'ils n'éprouvent *par eux-mêmes*, le plus tôt possible, la valeur des leçons qu'ils tirent des manuels. L'« éprouver », c'est-à-dire appliquer ces leçons dans un esprit critique à des cas concrets. Ce n'est pas en cogitant à vide au niveau des principes que l'on progresse en lexicologie. On s'initie à cette discipline en séminaire, sous contrôle continu d'abord, par l'analyse de textes, dans un local où voisinent dictionnaires

---

1. De ce point de vue, l'ouvrage de M. G. Raynaud de Lage mentionné à la bibliographie (n° 140) constitue un excellent exemple de ces commentaires suivis où l'élucidation des faits de lexique occupe la place qui lui revient. Cette méthode est encore systématiquement pratiquée en Allemagne. Cf. le commentaire du lai de *Bisclavret* de Marie de France par M. G. Rohlfs (Bibliographie, n° 151).

2. Pour la lexicologie, cf. Bibliographie, n°s 121, 146, 147 et 172, pour la lexicographie, cf. *Ibid.*, n°s 60, 138 et 148.

et à tout le moins une collection complète de *Romania*. C'est là que s'impose à chaque moment, le besoin de procéder à des exercices pratiques (confrontation de dictionnaires, critiques de glossaire, essais de définitions, composition d'index, détermination d'ensembles lexicaux) propres à faire saisir en quoi consiste l'établissement d'une étymologie ou une analyse de contenu. Seule l'accoutumance à de tels exercices met ceux qui s'y livrent en mesure de procéder eux-mêmes plus tard, à des recherches partielles mais fécondes. La matière ne manque pas quand on songe au nombre d'œuvres importantes qui attendent encore que l'on analyse leur vocabulaire.

Le but visé est l'intelligence d'un texte, en particulier celle des éléments variables qui, à égalité de contexte grammatical, concourent à particulariser la signification d'un énoncé [3].

Soit cet exemple très simple tiré des quatre premiers vers de la *Séquence* de sainte Eulalie

> *Buona pulcella fut Eulalia,*
> *Bel auret corps, bellezour anima,*
> *Voldrent la veintre li Deo inimi,*
> *Voldrent la faire diaule servir.*

Les prétérits *fut*, *voldrent* marquent, comme les tonalités en musique, le registre de cet énoncé. Il s'agit d'un *récit*. La valeur de *auret* [avʀɛt] est ambiguë. Certains interprètent cette forme comme l'équivalent d'un prétérit : elle aurait donc la même valeur que *fut*, *voldrent*. D'autres, préférant tenir compte de son étymologie, considèrent qu'elle marque une antériorité ; dans cette hypothèse on entend : « comme elle était parfaite ... les ennemis de Dieu voulurent la vaincre », ce qui implique : « leur victoire aurait été d'autant plus grande que la victime était un être d'élection ». Quoi qu'il en soit, ces valeurs déterminent une partie seulement de la signification de l'énoncé et elles relèvent de la grammaire. Morphologie, syntaxe représentent en l'espèce des facteurs invariants : tout récit historique, en ancien français, débute obligatoirement par des prétérits qui jouent le rôle d'une clef. Les unités lexicales sont les variables. Pour les interpréter comme il faut, on doit faire intervenir des critères tels que l'âge du texte, son genre, le sujet traité, les représentations que traduisent, selon l'époque, tels ou tels ensembles de vocabulaire. Le mot de *pulcella*, par exemple, en ancien français a plus d'une valeur d'emploi suivant qu'on joue sur un des trois traits : « âge tendre » (1), « intégrité physiologique » (2), « condition » (3). Le sujet impose ici de retenir en tout cas les deux premiers. La virginité de la future épouse était, dans la doctrine chrétienne, un élément essentiel de la sainteté du sacrement de mariage et c'est pourquoi les païens contraignaient à se prostituer les femmes qu'ils soupçonnaient d'être chrétiennes. Soit : « Jeune Vierge ». Pour dénoter soit la jeunesse, soit la condition, le terme d'emprunt *meschine*, introduit plus tard en français, ne pouvait alors servir ; quant à *vierge*, il ne dénotait que la mère de Jésus et de ce fait un tabou pesait sur lui : *Pulcella* s'imposait donc, comme dans la *Vie de saint Alexis*. *Buona* renvoie suivant les contextes soit à un certain niveau de

---

3. « Compréhension » n'équivalant pas, on va le voir, dans tous les cas, à « possibilité de traduction ».

condition (cf. trait n° 3), soit à la qualité d'une nature. On peut exclure ici la valeur de « généreux », « compatissant », comme celle que « bon » a acquise ensuite dans un *bonhomme*, une *bonne femme*. Rien n'empêche donc que l'adjectif ait pu signifier ici « de bonne naissance ». Mais le vers suivant, où *bel* qualifie l'être d'Eulalie—corps et âme—suggère qu'une corrélation est établie entre les deux adjectifs, ce qui incite à comprendre que la jeune fille possédait, à tous points de vue, une perfection qui l'exposait, justement, à la jalousie des païens. Une corrélation unit de même *veintre* (= vaincre), *li Deo inimi* et *servir*. Elle épargne à l'auteur de dire crûment ce que les paeïns attendaient de la jeune fille. *Servir* est un terme institutionnel. Il traduit l'observation permanente ou occasionnelle des devoirs d'état qu'un vassal ou un inférieur est tenu de rendre à un supérieur. Le roi Marsile *sert* Mahomet (cf. *Chanson de Roland*, v. 8, 3247 et 3594 où l'émir invite Charlemagne à le suivre en Orient et à le « servir » en qualité de vassal). Dans la *Vie de saint Léger*, l'évêque Didun à qui Clotaire a confié le jeune homme enseigne à celui-ci à « servir Dieu » (v. 24) de bonne foi. L'auteur de la *Vie de saint Alexis* marque une différence entre les *serganz* du père d'Alexis, qui ne sont que des esclaves et le clerc qui, à Edesse, « *serveit a l'alter* » dans l'église (v. 169) ; celui-ci est dénommé *servitor*. La périphrase *li Deo inimi* s'entend d'autant mieux qu'on sait que *aversier* (= l'adversaire) dénote en ancien français soit le diable soit les démons (cf. *Roland*, v. 1553, 2543). Dès lors le verbe *veintre* est naturellement appelé pour traduire la lutte dont Eulalie est l'enjeu.

Les choses sont loin d'être toujours aussi simples. Il arrive que le contexte ne permette pas d'identifier un *hapax*, c'est-à-dire un mot dont on ne possède qu'*une* attestation et dont, parfois, la mauvaise écriture d'un scribe masque la forme exacte. L'ignorance où l'on est de la nature exacte d'un référent (objet, action) empêche parfois de reconstituer la représentation que ce mot suscitait chez ceux qui le lisaient. Les descriptions sont rares, en effet, dans les textes archaïques et les représentations figurées aussi. M. G. Duby observe qu'« on ne connaît les outils du XIIᵉ siècle, comme ceux du IXᵉ, que par des mots c'est-à-dire qu'on ne sait rien d'eux » (*Guerriers et paysans*, VIIᵉ-XIIᵉ siècle, p. 211). Sans l'aide du provençal et du fameux pharmacien Bézuquet, de Tarascon, on resterait en peine devant le verbe *besuchier* (= sans doute « fureter ça et là ») qui figure, appliqué au nain, dans le *Tristan* de Beroul. Le meilleur du travail des bons commentateurs de textes consiste à utiliser l'étymologie, l'histoire, les ressources fournies par d'autres occurrences pour délimiter au plus juste la portée sinon le sens de termes dont un contexte trop étroit ne révèle pas du premier coup la valeur [4]. Mais en général les transpositions en français moderne d'une œuvre médiévale pêchent plutôt par anachronisme. Aux systèmes de corrélations qui réglaient l'emploi des termes chez l'auteur, les traducteurs substituent inconsciemment ceux de leur propre langue. Les contrastes, les reliefs des énoncés originaux se trouvent de ce fait affaiblis ou masqués. Le préjudice risque d'être grave quand les termes en cause ont une valeur institutionnelle. M. T. D. Hemming a formulé à ce propos, lucidement,

---

4. Cf. à titre d'exemple, les gloses de M. J. Dufournet sur quatre passages du *Jeu de la Feuillée* (Bibliographie, n° 64).

des règles qui mériteraient d'être reproduites en tête de tout traité de lexicologie médiévale [5].

La conséquence en est que les jugements qu'on a portés sur le lexique de l'ancien français sont contradictoires. Pauvre pour les uns, il semble trop riche à d'autres. Ces appréciations reflètent les sentiments, variables, que nos contemporains se font des propriétés d'un lexique à travers ceux que leur suggèrent les propriétés du leur. Richesse, pauvreté, n'ayant pas de valeur objective, ne signifient rien en l'espèce. Entre le IXe et la fin du XIIIe siècle, sujets parlants, écrivains, rédacteurs d'actes ont successivement disposé, en fait de mots, de tout ce qui leur était nécessaire pour exprimer, chacun selon sa manière, ce qu'ils avaient à dire. Là où nous trouvons leur vocabulaire pauvre, c'est que ces gens n'avaient pas encore formé des concepts qui, beaucoup plus tard, nous sont devenus familiers. On ne s'étonnera pas qu'un moraliste du XIIe siècle ne puisse marquer les différences que soulignent en français moderne les emplois respectifs de *vivre* et d'*exister* (ce dernier terme n'ayant pas encore été introduit dans le lexique) ni celles qui découlent des emplois modernes de *personne* et d'*individu* [6]. Là où nous le trouvons trop riche c'est que nous manque aujourd'hui le sens soit de certaines oppositions ou complémentarités de valeurs, soit d'alliances de caractère stylistique auxquelles les lecteurs étaient alors sensibles.

La lecture compréhensive d'un texte contemporain demande déjà un effort et de l'étude. La langue de Valéry ou de Saint-John Perse appelle des gloses, comme celles d'Aragon et de Giono. M. F. Lecoy (*Notes sur le vocabulaire dialectal ou régional dans les œuvres littéraires du Moyen Age*, cf. Bibliographie, n° 58) a formulé de précieuses remarques sur des traits de langue de Châteaubriand, de Balzac, de Stendhal, de Giraudoux qui déroutent un lecteur moderne ou, plus grave, qui lui échappent faute d'attention. Un texte plus ancien en requiert d'avantage. Au cours d'un siècle, des circonstances provoquent des modifications sensibles dans les rapports qu'entretiennent les unités constituantes d'un ensemble lexical. Si on n'en tient pas compte, certains faits demeurent inexplicables. Au début de la IVe partie des *Misérables*, V. Hugo revivifie d'une façon magistrale (comme s'il avait lu l'*Histoire de la langue française* de F. Brunot), l'ensemble lexical qui s'était formé, au moment de la Révolution, autour du concept de « citoyen ». *Nation, Patrie* y figurent, mais non *Pays*, et à juste titre, car sous la Restauration (époque où est situé le roman) ce terme n'était pas encore devenu commutable avec celui de *patrie* comme c'est le cas aujourd'hui dans le syntagme *la défense de la patrie/du pays* [7]. A plus forte raison les « évidences » devant lesquelles place la lecture d'un texte d'ancien français ne doivent jamais être acceptées sans critique. A tout moment de faux amis tendent des pièges à qui n'a pas l'œil en éveil.

5. Bibliographie, n° 94.

6. Ces deux termes dénotant en ancien et en moyen français l'un le « curé », le « saint sacrement » les « personnes divines », l'autre l'« atome » indivisible. Sur les dénominations de la « personne » cf. la notice de G. Gougenheim (Bibliographie, n° 87).

7. Ce qui ne veut pas dire que les termes soient devenus synonymes. Ils ont des collocations différentes. *Natal* convient à *pays*, non à *patrie*. C'est à des analyses de collocations et de corrélations analogues à celle-ci (appliquée à dessein à un exemple simple du français moderne) que les débutants doivent être conviés lorsqu'ils travaillent sur des œuvres d'ancien français.

Et lorsqu'on a percé l'apparente innocence d'un mot réputé « simple » (*mettre* signifiant souvent « envoyer », *tenir* signifiant « être en possession légitime de... », *riche* n'évoquant jamais ou presque la possession de numéraire, mais la puissance, le luxe, etc.), il arrive plus d'une fois qu'à propos d'une autre, un peu moins simple, on hésite à choisir entre deux sens possibles celui qui serait préférable [8].

Pour être efficace un acte de communication demande la complicité de l'émetteur (A) et du récepteur (B), leur participation à un même état de langue : en premier lieu au niveau des phonèmes ou unités de la deuxième articulation. Ce préalable est nécessaire mais non suffisant. L'efficacité de la communication implique que A et B s'entendent *aussi* sur les sens. Leur accord, au niveau de la première articulation exige donc qu'ils participent à un même système de « représentations ». Le mot n'est sans doute pas très bon. Mais quel que soit celui dont on use, les découpes selon lesquelles, à telle ou telle époque, les membres d'une communauté humaine structurent et hiérarchisent le Référent extra-linguistique peuvent seules garantir que A et B se comprennent mutuellement lorsqu'ils parlent. « Se comprennent » voulant dire qu'ils tombent d'accord non seulement sur la relation d'un signe avec son référent, mais sur la place que ce référent occupe dans le système représentatif et sur la valeur qu'on lui assigne. Pour être moins contraignant que le système de la langue, celui que composent ces structures est assez puissant pour limiter et orienter la valeur et les significations des signes qui l'expriment. Le mot de « sémantique » n'a qu'une occurrence dans la version Payot de *Cours de Linguistique générale*. Il semble que Saussure ait situé la signification au niveau de la parole ; c'est-à-dire là où les sujets qui exploitent le langage sont conditionnés par des facteurs dont l'étude relève de l'ethnologie et de la sociologie. Quoi qu'il en soit, l'hypothèse que les morphèmes dans leur ensemble symbolisent ce système et jettent des jours sur lui ne paraît pas récusable. Si les morphèmes sont solidaires des conventions arbitraires mais indispensables qui définissent *hic* et *nunc* une communauté humaine, la sémantique se trouve du même coup déchargée des considérations secondaires dont on l'a encombrée. Les mots n'ont pas chacun leur histoire, une histoire indépendante de celle du mot voisin. Leur valeur tient à celle des *ensembles* qu'ils constituent. Ensembles non fortuits mais pleinement significatifs dans la mesure où ils traduisent telle ou telle pièce d'un vaste système de représentations. La possibilité de suivre l'évolution d'une langue sur une longue durée aide efficacement à dégager ces rapports quand l'archéologie, l'histoire permettent par ailleurs de suivre l'évolution de la société qui s'exprime dans cette langue. Les unités de la première articulation constituant un outillage mental, la comparaison de plusieurs ensembles lexicaux distincts révèle l'adaptation progressive de cet outillage aux mouvements qui s'opèrent au sein du système des représentations. Sans

---

8. Que faut-il entendre quand Villehardouin écrit, § 56 *Et li Venisien lor firent mercié si plenteüros com il convint de totes les choses qu'il convient a chevaus et a cors d'omes* [var. *a cors d'omes et a cors de cheval* C.D.E.) ? La variante, portant *cheval* au singulier, semble attester que le rédacteur a pris *cors* au sens propre : tout ce qui est nécessaire à la subsistance d'un homme et à celle d'un cheval. Le texte de A, disjoignant les deux termes, on pourrait supposer que *cors* équivaut ici à « unité militaire ∼ ensemble d'hommes » (cf. corps de troupe). De fait, l'*Altfr. Wörterbuch* enregistre l'expression *cors de lois* pour désigner un code. Mais ce n'est qu'une conjecture.

les confidences d'un écrivain ou d'un lecteur nous ne savons pas du tout comment le public du XIIᵉ et du XIIIᵉ siècles *sentait* les mots qui fonctionnaient dans les énoncés narratifs, ni quelle valeur esthétique il prêtait aux signifiants. Il est imprudent de s'aventurer sur un terrain aussi fragile et de construire quoi que ce soit sur lui. En revanche dans nombre de cas, la convergence des témoignages fournis par l'histoire et la littérature permet d'entrevoir comment ce public comprenait et par conséquent utilisait des signes importants, comment il en pliait l'emploi au contexte socio-culturel qui les définissait.

LE LEXIQUE

1. L'inventaire.

Par « *lexique de l'ancien français* » on entend la somme des unités signifiantes qui ont fonctionné entre le IXᵉ siècle et la fin du XIIIᵉ siècle. Ce concept a une valeur strictement *quantitative*. On voit tout de suite ce qui en restreint la portée.

L'ensemble qu'il dénote est loin d'être connu dans son entier. On ne l'atteint qu'à travers des textes et ceux-ci ne livrent pas la totalité des mots effectivement employés [9]. Les actes personnels ou administratifs laissent échapper beaucoup de dénominations attachées à des *realia* (objets, instruments de travail, gestes professionnels, etc.). Comme l'observe à propos M. G. Duby (*loc. cit.* p. 211) « le travail, ses instruments, la manière de les employer s'établissent dans le domaine le plus quotidien de l'existence, celui dont on ne parle guère et à propos duquel on écrit moins encore ». Les œuvres littéraires ne sont pas moins sélectives. Si variées soient-elles par le genre, le ton, les écrivains ont à coup sûr proscrit des mots, des locutions, des termes d'appellation qu'ils estimaient trop familiers ou vulgaires. L'absence de témoignage sur les énoncés informatifs présente ici le même inconvénient qu'en grammaire.

D'autre part ce lexique se distribue en *états* successifs. Le vocabulaire de Joinville n'était plus celui d'un paysan gallo-roman du IXᵉ siècle ou celui de l'auteur de la *Vie de saint Alexis*. La délimitation de ces états n'a pas encore été tentée pour la raison qu'on a dite dans le chapitre I.

Cet ensemble n'est pas homogène. Les unités qu'il englobe ont des origines diverses et ne sont pas contemporaines. Les croisades, par exemple, ont été l'occasion d'emprunts. Le terme arabe francisé en *meschine* [10] ne fonctionnait pas en ancien français archaïque. Lorsque son emploi s'est répandu dans la littérature, le petit ensemble des termes aptes, jusque-là, à dénommer la femme, s'est accru d'un élément, mais du même coup leurs relations réciproques s'en sont trouvées modifiées. A l'inverse, d'après le témoignage des textes, cet ensemble s'est appauvri et de nouveau modifié par suite du déclin de

9. Au nombre des sources indigènes il convient de porter les gloses en ancien français de termes hébreux. Les textes glosés, les études auxquelles ces équivalences ont été soumises sont opportunément rappelés par M. R. Levy en tête de son ouvrage *Trésor de la langue des juifs français au Moyen Age* (cf. Bibliographie, nᵒˢ 110, 111, 112).

10. Sur ce mot, cf. les utiles observations de G. Gougenheim dans l'ouvrage mentionné à la bibliographie, nᵒ 87.

oissor (= l'épouse) < lat. *uxórem* puis de *moiller* < lat. *muliérem*. Durant cette époque la néologie s'exerçait librement, hors de la contrainte de puristes. La découverte d'une matière, l'invention d'un engin appelaient la création ou l'emprunt de termes propres. Dans le domaine intellectuel il fallait faire face à la nécessité de définir des concepts nouveaux. La dérivation, le recours au latin y pourvoyaient. Entre le ıxᵉ et le xıııᵉ siècle, des mots appartenant au fonds héréditaire du lexique gallo-romain ont pris des significations nouvelles *coint* (fém.-*cointe*) dénotait d'abord la qualité d'être « connu, familier ». Plus tard (xııᵉ siècle) certains contextes imposent de le transposer au moyen de l'adjectif « agréable ».

Enfin, considéré sous l'aspect d'un total, le lexique de l'ancien français est un ensemble confus, désorganisé. Il en va de même de ceux du français classique et moderne. Extraits des énoncés dans lesquels ils fonctionnent, les mots sont réduits à l'état de signes virtuellement signifiants. Hors des facteurs contextuels qui déterminent leur signification *hic* et *nunc*, hors de ceux qui sur un autre plan définissent leur valeur relationnelle, l'ensemble des unités lexicales constitue une masse amorphe. Les archéologues aboutiraient à un même résultat s'ils délitaient les briques ou les pierres des vestiges qu'ils mettent à jour et s'ils les amoncelaient en tas. La signification d'une brique ou d'une pierre tient à la place qu'elle occupe dans telle ou telle partie d'un édifice. Si on décompose les vestiges les éléments qui les constituaient perdent leur sens.

Sous ces réserves, un inventaire du lexique de l'ancien français s'est révélé nécessaire au xvıııᵉ siècle. La lexicographie, à cette époque, n'en était plus à ses débuts et l'*Encyclopédie* proposait le modèle d'un répertoire où la solidarité du lexique avec l'ordre des connaissances qu'on avait alors de l'univers était remarquablement éclairé [11]. Plus précisément le Glossaire du latin post-classique et médiéval établi par Du Cange (1610-1688) et publié en 1678 [12] était propre à susciter l'émulation des érudits qui découvraient sur des pièces originales la littérature médiévale qualifiée alors de « chevaleresque ».

De fait, en 1756, J. B. de La Curne de Sainte Palaye développa le projet d'un glossaire de l'ancien français. Le texte en fut analysé et commenté cette année-là dans l'*Année Littéraire*. La Curne réalisa son projet. Si le *Dictionnaire historique de l'ancien langage français* avait paru avant la fin du xvıııᵉ siècle il compterait au nombre des meilleurs travaux d'érudition qui ont précédé le développement du romanisme. Mais il ne fut publié qu'entre 1875 et 1882. Or à ce moment-là il y avait un décalage considérable entre les conditions dans lesquelles cet érudit avait composé son œuvre et l'état des recherches conduites par les médiévistes. Tel quel, ce dictionnaire, où les définitions sont appuyées sur des exemples, rend encore des services dans la mesure où il procède d'un esprit encyclopédique : les explications des termes qui relèvent du vocabulaire militaire sont en général précises.

F. Godefroy (1826-1897) a amplement profité au contraire de l'essor du

11. Cf. B. Quemada, *Les dictionnaires du français moderne*, 1539-1863 (I), Paris, Didier, 1968, 1 vol., 683 p.
12. L'œuvre de Du Cange (*Glossarium ad scriptores mediae et infimae Latinitatis*, 1678, 3 vol.), a été poursuivie. Depuis 1924, l'*Archivum Latinitatis Medii Aevi* (Bulletin Du Cange), sigle A. L. M. A. enregistre les résultats de ces recherches.

médiévisme. Le *Dictionnaire de l'ancienne langue française et de tous ses dialectes du IXe siècle au XVe siècle* (10 vol. dont trois de compléments) a commencé de paraître en 1872. Le titre révèle l'ambition de l'ouvrage. Celui-ci couvre en fait l'ancien français et une partie du moyen français. Il demeure à l'heure actuelle le premier instrument de référence à consulter à l'occasion d'une recherche sur le lexique. Non qu'il faille le suivre aveuglément. L'auteur est tributaire en partie des éditions qui avaient cours de son temps et par conséquent des bévues ou des défauts qu'elles contenaient. Il arrive que Godefroy, victime de mauvaises lectures, ait enregistré des fantômes [13], ou qu'il ait confondu sous la même entrée des mots qui auraient dû être traités séparément. Il ne se passe pas d'années qu'on n'amende son dictionnaire et il serait souhaitable que ces corrections fussent regroupées. Mais les critiques auxquelles s'expose Godefroy n'entament pas, pour l'essentiel, la valeur d'un répertoire qui repose sur d'immenses lectures personnelles, qui exploite des textes d'archives et qui enregistre par conséquent nombre de dénominations qui ne figurent qu'exceptionnellement dans les œuvres littéraires.

L'*Altfranzösisches Wörterbuch* de Tobler et Lommatzsch n'embrasse que l'ancien français. Il a été conçu comme l'inventaire de la langue littéraire. Cette double définition, chronologique et qualitative, le fait, d'autre part, que pour beaucoup de textes les dépouillements ont porté sur des éditions meilleures que celles dont se servait Godefroy confèrent à ce dictionnaire une autorité comparable à celle du précédent. Les limites que se sont assignées les auteurs ont des inconvénients mais elles comportent des avantages. Les articles sont plus longs, en particulier ceux qui analysent les termes du vocabulaire commun (comparer le traitement de *faire* dans les deux dictionnaires). Les citations sont plus nombreuses et parfois plus étendues ; elles permettent en général de mesurer assez bien l'extension des emplois d'un mot en vers, en prose, sa fréquence relative dans un genre, sa rareté dans d'autres. Les informations encyclopédiques ne sont pas absentes. Certains articles s'ouvrent par des renseignements sur l'attestation d'un mot dans les gloses, sur son étymon présumé, sur les discussions auxquelles sa forme et son sens ont donné lieu [14]. Le traitement des mots grammaticaux est raffiné. Pour les verbes, on dispose d'un large éventail des tiroirs. Les articles, les pronoms sont analysés et illustrés genre par genre, nombre par nombre, cas par cas.

A la différence des inventaires « ouverts », les dictionnaires clos, en particulier ceux qui réservent une part aux informations encyclopédiques, s'exposent à être dépassés assez vite. Le moindre risque est que la découverte d'un texte révèle l'existence d'un mot ou d'une forme qui avaient échappé jusque-là aux dépouilleurs. Ceux de l'*Altfr. Wörterbuch* utilisent bien des éditions cri-

---

13. Cf. J. Ribard, in *Romania*, 87, 1966, *une fausse entrée de Godefroy*, à titre d'exemple [*ch'ert* = c'était, lu *clert*, incite Godefroy a enregistrer un verbe **clarir* inexistant]. Le même accident arrive d'ailleurs aux auteurs de l'*Altfr. Wörterbuch*. Dans une note au texte du *Roman de la Rose*, t. II, p. 271, M. F. Lecoy observe qu'*aorser* (a) = devenir furieux et *aorser* (2) = brûler, s'attacher au fond du pot (= terme de cuisine) sont confondus dans une même entrée, alors que Godefroy les avait distingués.

14. Comme dans toutes les œuvres de ce genre, les premiers volumes sont moins riches que les suivants. En ce qui converne l'étymologie, par exemple au fur et à mesure que l'*Altfr. Wörterbuch* avançait, des renvois plus nombreux ont été faits au *Französisches Etymologisches Wörterbuch* de W. V. Wartburg qui progressait de son côté.

tiques, savantes, mais les auteurs de ces publications sont loin, on l'a dit, de faire état de toutes les variantes de la tradition manuscrite. Ces éditions, d'autre part, ne respectent pas toujours la teneur des manuscrits retenus pour bases. En bien des cas les éditeurs « améliorent », corrigent des leçons qu'ils réputent fautives. Soit l'édition de la *Vie de saint Alexis* par M. G. Storey. Elle s'achève par un relevé des leçons offertes par le manuscrit *L* qui n'ont pas été conservées. Or ce relevé n'est pas complet et plusieurs de ces formes méritent d'être sauvées [15]. W. Foerster a tiré un vocabulaire de Chrétien de Troyes extrait des romans de cet écrivain qu'il avait édités par ailleurs [16]. Celui qu'on tire des mêmes œuvres publiées par M. Roques d'après la copie de Guiot offre sur plusieurs points une physionomie différente. Or le dictionnaire de Tobler et Lommatzsch renvoie, pour Chrétien, aux éditions de Foerster, non — et pour cause — à celles de M. Roques. De même, pour le *Roman de Renart*, sa base est la bonne édition de Martin, mais il n'a pu utiliser celle de M. Roques qui part, relativement à la collection *β*, du manuscrit provenant de l'atelier de Guiot. Enfin, si soigneux que soient les rédacteurs d'un dictionnaire, ils peuvent commettre des inexactitudes dans le classement et l'interprétation des valeurs d'emploi d'un mot.

Aussi bien s'opère-t-il d'année en année une révision des données contenues dans le dictionnaire de Godefroy et dans celui de Tobler et Lommatzsch. Elle s'opère à trois niveaux.

1. Dans les comptes rendus que des recenseurs qualifiés donnent d'éditions de texte. Une critique visant la lecture ou le traitement d'un mot par l'éditeur aboutit par contre-coup à amender les informations que les dictionnaires fournissent sur ce terme. De même que les débutants doivent se familiariser avec l'usage des dictionnaires, comparer leurs articles, en éprouver la valeur, il importe qu'ils connaissent aussi les périodiques dont l'objet essentiel est le médiévisme et qu'ils s'accoutument à consulter ces instruments de travail [17]. Un exercice de séminaire, profitable, est de suivre, texte en main, les observations qu'il suscite de la part d'un recenseur attentif [18].

2. Dans des commentaires suivis de texte. C'est un genre malheureusement peu représenté. Un bon exemple vient d'en être fourni par M. T. W. Reid, *The « Tristan » of Beroul. A textual commentary*, Oxford, B. Blackwell, 1972, 1 vol., 162 p. [cf. le compte rendu de M. F. Lecoy in *Romania*, 93, 1972, p. 575].

3. Ce travail s'opère en troisième lieu dans des études, notices, articles lexicologiques. Faute d'une entente entre les médiévistes, la liste de ces travaux dispersés dans plusieurs périodiques n'est malheureusement pas tenue à jour

---

15. Cf. Bibliographie, n° 59.

16. Cf. Bibliographie, n° 68.

17. Nous avons dressé la liste des périodiques où il est traité de la langue française en général dans *Introduction à la linguistique française* (3e tirage), Genève, Libraire F. Droz, 1965. En ce qui concerne l'ancien français on retiendra particulièrement *Romania* la *Revue de Linguistique Romane* et les *Cahiers de Civilisation médiévale* (France) ; *Le Moyen Age*, la *Revue belge de philologie et d'histoire* (Belgique) ; *Studia neophilologica* (Suède) ; *Romance philology* (Amérique) ; *Medium Aevum, Speculum, The Modern Language Review* (Grande-Bretagne) ; *Zeitschrift für Romanische Philologie, Zeitschrift für französische Sprache und Literatur, Romanische Forschungen* (Allemagne).

18. Cf. Bibliographie, n° 48. Nous avons mentionné là, à titre d'exemples, quelques comptes rendus récents qui peuvent être pris comme thèmes d'exercice.

dans un fichier central ouvert. On dispose néanmoins d'un moyen de les repérer. *Romania*, les deux *Zeitschriften*, *Romanische Forschungen* entre autres, recensent le contenu des périodiques spécialisés ; d'excellentes recensions sont fournies aussi annuellement par *The Year's Work in Modern Language Studies* [19]. D'autre part — et les médiévistes français se trouvent là favorisés — *Romania* publie annuellement l'index des termes étudiés ou mentionnés dans ses fascicules. Ces index, intégrés, ont déjà fait la matière de *tables* [20]. L'intégration des index postérieurs à 1934 est en cours. C'est une chance lorsqu'un érudit recueille ses études en volume, comme M. A. Henry [21] ou que l'on publie la liste de ses travaux dans des mélanges composés à son intention. Il est commode d'avoir, regroupées, sous la main, les notices de lexicologie médiévale de G. Gougenheim [22]. On trouvera en appendice celles dont M. F. Lecoy a eu l'amabilité de dresser la liste à notre intention. A la bibliographie (n° 155), figurent celles, si utiles, de M. W. Rothwell.

2. Exploitation du lexique. Niveaux d'analyse.

1. La morphologie introduit un premier ordre dans l'ensemble confus du lexique. A côté des mots radicaux inanalysables (ou *monèmes*) fonctionnent des mots construits. Indépendamment de considérations sémantiques, la dérivation propre, qui s'opère au moyen d'affixes, la dérivation impropre qui procède par changements d'espèce, et la composition constituent des cadres propices à regrouper objectivement les mots construits. Le nombre élevé de ceux-ci en ancien français suggère que les sujets, à cette époque, avaient une conscience claire des moyens d'élargir une base radicale, même s'ils n'étaient pas en mesure de définir, comme on le fait aujourd'hui, la nature et la portée de ces transformations. On notera, à ce propos, que le syntagme analytique *le fait de + infinitif* si utile aux lexicographes parce qu'il explicite la proposition incluse dans un nom verbal (ex. *la vëue*) semble étranger à l'ancien français. Nous n'en avons personnellement pas rencontré d'exemple.

Il se dessine ainsi une classe de bases affixée qui se décompose elle-même en sous-classes suivant la position et la fonction de l'affixe. L'ordre alphabétique favorise le repérage des mots préfixés qui s'alignent sous *a-*, *en-*, *sous-*, *des-*, *ca-*, etc. Après l'achèvement de l'*Altfr. Wörterbuch* il sera tiré, on l'espère, une version de cet ouvrage permettant le regroupage des mots suffixés. Reliés à leurs bases, les dérivés s'associent entre eux en vertu des affixes qui leur sont communs.

La composition proprement dite s'opère d'après un modèle ancien qui se caractérise par l'ordre *déterminant + déterminé* (*maintenant, fervestu* = bardé de fer, *la gaste forest* = la forêt solitaire). L'ordre inverse s'observe toutefois dans des constructions libres dont certaines constituent des composés en formation : à *gaste forest* s'oppose, par exemple *chemin ferré*.

19. Ed. from *The modern Humanities Research Association*, London, Oxford university Press, 33 volumes en 1972.
20. Cf. Bibliographie, n° 153.
21. Cf. Bibliographie, n° 96.
22. Cf. Bibliographie, n° 87.

L'inventaire des procédés de construction, le regroupement des unités lexicales autour de chacun de ceux-ci débouchent sur la sémantique. A partir des cadres que Meyer-Lübke a clairement dressés dans le t. II de sa grammaire historique du français, il reste beaucoup de recherches à faire. Une étude sur la préfixation en français fait défaut. L'examen auquel M. W. Rothwell a procédé sur ce domaine tant en ancien provençal qu'en anglo-normand montre à quel point elle est nécessaire [23]. Du côté des suffixes, les travaux d'A. François sur la vitalité et les valeurs de -ance [24], de J. Vendryès sur l'extension et les valeurs de -iz ~ is [25] (ex. *pont-levis, taillis*, etc.) sont éclairantes mais elles font regretter qu'on n'en ait pas d'analogues sur le rendement de suffixes aussi productifs que -age, -ment, -ie, -ure, etc. On doit à mad. H. Lewicka des observations excellentes sur la composition en moyen français. Mais le rôle et les limites de ce procédé en ancien français sont encore insuffisamment connus. Ce qui fait défaut, surtout, ce sont des analyses portant sur les capacités variables des bases radicales a être construites. Dérivation, composition constituant des ressources permanentes, on n'a pas recours à elles mécaniquement. Elles sont exploitées dans des conditions qui demandent à être définies. Les besoins de la rime, auxquels -ance doit à coup sûr sa prolifération, sont une cause mineure en comparaison de celles qui relèvent de l'économie du discours (un dérivé épargnant de recourir à un syntagme) et de la sémantique. De ce point de vue on souhaiterait connaître mieux ce qui conditionne la stérilité de certaines bases comme la fécondité de certaines autres. On pourrait pour cela partir de la comparaison de champs morphologiques : ceux qui embrassent, d'abord, des antonymes, puis ceux de termes à grande fréquence. Ces tableaux regroupés, compenseraient l'inconvénient inévitable des dictionnaires qui, asservis à l'ordre alphabétique, dispersent les dérivés engendrés par une base. Ils prépareraient utilement l'étude comparative des champs sémantiques correspondants.

2. L'étymologie est un autre moyen d'instaurer un ordre dans l'ensemble amorphe du lexique. Cet ordre est chronologique et il a sa contre-partie dans une succession de faits historiques. Dès le IXe siècle, le lexique de l'ancien français est composé d'éléments hétérogènes. Le plus important est le stock des mots latins dont les Gaulois avaient appris l'usage dès la conquête et qui, d'ailleurs, s'enrichit, se renouvela jusqu'au déclin de l'Empire romain. Bien moindre, mais non négligeable, est celui des termes celtiques ou préceltiques dont les paysans gaulois n'avaient pas perdu l'emploi. Plus tard, au cours de la période de bilinguisme qui régna en Gaule entre le Ve siècle et le IXe, les Gallo-romans adjoignirent à leurs vocabulaires des mots d'origine francique au nord de la Loire, quelques-uns d'origine burgonde dans le domaine dit franco-provençal. Ils les latinisaient, c'est-à-dire qu'ils les adaptaient à la morphologie du gallo-roman (ex. des verbes franciques en -an ramenés à la conjugaison des verbes en -are > a. fr. -er : * wardôn > *guarder*, *wala-

---

23. Pour des travaux antérieurs cf. notre *Introduction à la linguistique française* (3e tirage), p. 66, notamment le renvoi à l'étude de Cl. Brunel sur le préfixe *ca-* en picard.
24. Cf. Bibliographie, n° 77.
25. Cf. Bibliographie, n° 168.

hlaupan > galoper ; verbes en *-jan* ramenés en général à celle des verbes en *-ire > a. fr. -ir* : **hatjan > hatire > haïr, *warjan > gar*ir *> guér*ir) ; si bien qu'à première apparence ces termes d'origine étrangère ne se distinguaient plus en ancien français de ceux qui provenaient du développement libre d'anciens mots latins. Après le ixe siècle, chaque fois que les Français entrèrent en contact soit aux frontières de leur territoire soit ailleurs avec des peuples parlant un idiome roman (italien, surtout au Moyen Age) ou non roman (scandinave, bas-allemand, arabe) ces rencontres occasionnèrent des emprunts [26]. Un mot emprunté conserve dans la langue qui l'accueille la signification qu'il avait dans la langue « donneuse ». Cela ressort du fait que ce terme possède plus ou moins longtemps dans son nouveau domaine des latitudes d'emploi limitées. En français moderne *match* est associé à des compétitions de football, de rugby, de boxe mais non à des jeux tels que la pétanque, le bridge, les dames ou les échecs. *Encombrer*, en ancien français, dérive d'une base celtique qui dénotait un obstacle au moyen duquel on obstruait le cours d'une rivière ou un passage. L'obstacle, à l'origine, était physique, ce qui justifie l'emploi du verbe dans tous les exemples où ce mot et ses dérivés (*encombre, encombrage, encombrement*) sont associés à des termes tels que *chemin, entrée, val*, etc. Mais, comme peu de temps après que *dérailler* eut été dérivé pour répondre à la situation « sortir des rails » on l'employa pour traduire un dérèglement du cerveau, de même assez tôt l'obstacle fut conçu comme possiblement non matériel. D'où l'insertion d'*encombrer* dans des contextes où quelqu'un est « bloqué » par une circonstance défavorable. Marsile, inquiet du progrès des armées de Charlemagne, dit à ses officiers.

> *Oez, seignurs, quel pechet nus encumbret !* (*Roland*, v. 5.)
> [= Ecoutez, seigneurs, quel fléau nous stoppe.]

cet obstacle [27] est que Marsile n'a pas d'*ost* à opposer à celle de l'Empereur. La formule devait être traditionnelle car on la retrouve au v. 3646. Déjà, plus tôt, Alexis, revenant à Rome, redoutait d'être reconnu par ses parents et « encombré » par eux (i. e. « bloqué », stoppé sur la voie de la sainteté) d'honneurs mondains (cf. v. 200).

Il court donc un temps durant lequel un mot emprunté, bien que non perçu à la longue comme étranger, le demeure néanmoins dans la mesure où il ne se confond pas dans ses emplois avec tel mot héréditaire de sens voisin. Si, au lieu de considérer des exemples isolés on envisage un grand nombre d'unités lexicales empruntées au cours d'un état de synchronie, on aperçoit

26. « Emprunt » implique « demande » « sollicitation intentionnelle ». Le mot répond bien, en ce sens, au cas où les clercs cherchent dans le latin classique ou postclassique tel mot apte à traduire un concept qui n'avait pas de signe propre en ancien français. Il s'applique moins bien au cas où, à la suite de contacts, certains membres d'une communauté s'accoutument à employer des mots étrangers sous la pression d'une mode ou parce que ces mots leur fournissent une solution économique. On ne peut être sûr que ces termes répondent à un besoin que s'ils se fixent dans le vocabulaire commun ou dans un vocabulaire marginal de la communauté. Et quand cela se produit c'est la valeur propre que ces termes avaient dans la langue « donneuse » qui crée en quelque sorte le besoin chez ceux qui les utilisent, parce que cette valeur engendre une représentation nouvelle.

27. Le concept est dénoté ici par le mot de « péché » conformément à la figure selon laquelle une contravenance à la loi divine constitue un poids, un fardeau, une calamité en somme pour l'homme dont elle ralentit les progrès dans la vie spirituelle.

qu'il se crée dans la langue « receveuse » une sorte de tension, très sensible dans certains ensembles lexicaux et qui se traduit par des contrastes dans l'expression.

La préoccupation de savoir quelle est l'origine des mots français remonte haut. C'est sur des ressemblances tirées du lexique que les humanistes ont d'abord tenté d'établir la parenté des idiomes romans et leur origine latine commune. L'étymologie ne devint scientifique qu'au xixᵉ siècle, une fois que les romanistes eurent dégagé et défini les constantes auxquelles se ramènent les altérations de phonèmes. *Mais l'étymologie ne se confond pas avec la phonétique historique.* Celle-ci, dans les meilleurs cas, garantit les relations qui unissent, par exemple, *eve* à lat. *aquam, ferté* à lat. *firmitátem, guerre* à germ. **werra*, etc. Cependant, l'intérêt des phonéticiens ne s'adresse qu'à des systèmes de phonèmes, à des constantes et à des variables articulatoires. S'ils s'appuient sur des mots, c'est parce que ceux-ci leur offrent des phonèmes *en situation*, c'est-à-dire dans des positions typiques ; mais ces mots ne sont, pour eux, que des matières d'expériences. L'étymologie a pour objet, au contraire, la recherche et la définition du sens ∼ de la valeur de l'étymon *x* du mot qui, dans un état de langue ultérieur, se présente sous une forme encore analogue à celle de *x* (ex. *patrem-pedre, capillum-chevel*) ou sensiblement différente (ex. *sigillum-seel, aquam-eve*). *L'étymologie opère sur des concepts par l'intermédiaires des signes.* Tel signe demeure permanent d'un état de langue ancien (pris arbitrairement comme point de départ) à un autre, ultérieur, très éloigné du premier. On observe que sa valeur dénotative ne varie presque pas au cours de cet espace de temps. L'ancien français *cinse* « chiffon de peu de valeur » désigne encore dans le français des Charentes la toile à laver grossière que les Parisiens appellent « serpillière ». Dans d'autres cas, à l'inverse, les collocations actuelles d'un signe héréditaire ne correspondent pas en tous points à celles que l'étymon admettait au point de départ que l'on se donne. Les traductions du concept « aimer » en français moderne différent de celles qu'on lui donnait en latin classique. Que la compréhension et l'extension d'« aimer » se soient modifiées, la preuve en est fournie par le fait que les emplois du verbe *aimer* en français sont loin d'être tous traduisibles en latin classique par le verbe *amare*.

Les circonstances historiques modifient parfois d'une manière profonde les représentations collectives qu'une communauté se faisait d'une institution. Cela peut provoquer le déclin du ou des signes qui les exprimaient. *Ludus* et les mots de sa famille ne survivent pas dans les langues romanes. Le fait n'est pas dû à un hasard. M. E. Benveniste a montré que leur déclin avait tenu aux valeurs religieuses que les païens attribuaient aux « jeux » [28]. Dans la langue des Chrétiens la « distraction » libre, vaine, mais déliée de ces valeurs fut dénotée par *jocare* qui n'avait pas la résonance de *ludere*. D'autres images, exploitant soit l'écart (a. fr. *deduit*) soit l'abandon d'une troupe, d'un rang (a. fr. *esbanoier*), soit la flâne, la baguenaude (a. fr., *muser, amuser*) etc., précisèrent des aspects particuliers de ce concept. La définition des valeurs (celle

---

28. Cf. *Le jeu comme structure* in *Deucalion*, nᵒ 2, 1947, p. 161-167. Le français *ludique* et les termes apparentés résultent d'emprunts tardifs au latin classique, cela va de soi.

de l'étymon, celle de son représentant ultérieur) ne consiste pas à appliquer une logique toujours plus ou moins arbitraire. Elle se déduit des emplois, en discours, des signes en cause. Dans le va-et-vient que l'étymologiste fait des signes aux concepts et des concepts aux signes, son chemin passe nécessairement par les textes quand lui est refusé le recours à l'enquête sur les énoncés informatifs qu'on échange au cours des communications orales. Une sémantique de l'ancien français fait encore défaut. Les traités de sémantique utilisent surtout des exemples tirés du français moderne. On trouve néanmoins de bons exemples, clairement présentés dans l'ouvrage d'E. Gamillscheg répertorié à la bibliographie sous le n° 82.

La chance de pouvoir remonter le temps et d'utiliser la comparaison accroît d'une manière sensible l'intelligence des valeurs successives des concepts et de leurs significations. Que l'on utilise le témoignage des langues indo-européennes (pour reconstituer la structure de certains ensembles lexicaux d'un idiome non attesté) [29] ou celui des langues romanes (pour comparer leurs structures à celles du latin) [30], les conditions du travail ne sont pas les mêmes, mais les procédés sont identiques. Et dans nombre de cas cette comparaison éclaire, au niveau des états de langue ultérieurs, des faits d'emploi qui seraient difficilement explicables sans elle. Dans le champ étendu des significations actuelles de *blanc* qui englobe en partie celles d'*albus* et de *candidus* en latin survit, pour *arme blanche, acier blanc, fer blanc* la valeur du francique **blank* « brillant, non terni ». L'emprunt lui-même de ce terme s'expliquant sans doute par la déstructuration précoce d'un ensemble lexical latin où *albus* et *candidus* s'opposaient comme « mat » s'oppose à « brillant » [31].

Étymologiquement, les unités lexicales de l'ancien français s'associent dans des strates chronologiquement et qualitativement différents. De ce point de vue la couche des mots latins n'est pas homogène[32]. Les mots *duel* (= chagrin) *disnier* (fr. mod. dîner), *moise, table confusion* sont bien tous « latins » sans être pour autant comparables. Il y a lieu de distinguer ceux qui prolongent des termes communs à tous les niveaux du latin depuis le latin classique jusqu'au roman commun : soit par exemple *mensa(m)* qui survit dans *moise* (dialectal, terme de charpenterie) et *tábula(m)* « planche », qui se substitua à *mensa(m)* dans une partie de la Romania. Ceux qui sont représentatifs d'un état postclassique du latin : soit a. fr. *duel* qui représente un *dolu(m)* dérivé de *dolére* au IIe siècle p. Chr. ; ou a. fr. *disnier* dont la base *disjejunáre* est attestée pour la première fois en latin médiéval. Quant à la forme, tous ces mots présentent un caractère commun : ils proviennent d'un développement « populaire » (façon de dire « spontané ») des bases. Très différents d'eux sont les termes que les clercs, les érudits, les savants ont, au cours du temps, empruntés au latin classique ou au latin médiéval et francisés en vue de traduire au fur et à mesure des besoins des concepts auxquels les mots héré-

29. Cf. Bibliographie, n° 38.
30. Cf. Bibliographie, n° 152. On consultera aussi les bons travaux de M. P. Aebischer publiés dans la *Revue de Linguistique Romane* et, du même auteur *Estudios de Toponímica y Lexicografía románica*, Barcelone, Escuela de filología, 1948, 1 vol., 156 p.
31. Cf. Bibliographie, n° 31.
32. Cf. Bibliographie, n° 81.

ditaires n'étaient pas en mesure de répondre : soit *aliénation* dans la langue du droit, *convention* dans la langue diplomatique, qui remplaça ce mot populaire *covence* et du même coup celui de *covenant* encore utilisé par Villehardouin pour dénoter des « accords » entre parties contractantes, *confusion* formé très tôt d'après le participe passé de *confúndere* : *confusus*.

La lecture de n'importe quel texte d'ancien français nécessite donc à tout moment la recherche d'une étymologie ou la vérification des connaissances qu'on croit avoir sur celle de tel ou tel mot. Les francistes disposent pour cela du monumental *Französisches Etymologisches Wörterbuch* dû à W. von Wartburg. Il en va de cet ouvrage comme des autres dictionnaires clos : on l'amendera sur certains points, on le complétera sur d'autres, notamment en ce qui concerne les lettres A et B. Tel quel, par sa sûreté en général et par l'amplitude de sa documentation, il surclasse tous les ouvrages similaires. Son maniement demande un apprentissage. Les entrées sont constituées par les étymons [33], or ceux-ci sont justement inconnus des usagers qui cherchent un étymologie. C'est donc au moyen d'un système de cross-reference qu'on peut les atteindre. Lorsqu'il s'agit d'un mot du français moderne, soit *fouet* par exemple on consultera d'*abord* un dictionnaire étymologique restreint [34], qui renvoie sans plus à lat. *fagus* « hêtre ». Sous cette entrée se développe dans le F.E.W., méthodiquement, toute l'histoire de la base *fagus* et de ses dérivés en français, ce terme englobant le français commun, les français régionaux et les dialectes. Au cours de ces tableaux intervient évidemment la forme sous laquelle l'étymon se présente en ancien français : de *impedicare* à *empêcher*, on passe par la phase *empëëchier*. Dans un cas tel que celui-ci le mal n'est pas grand puisque spontanément, on fait le raccord entre *empëëchier* et *empêcher*. Où la difficulté s'accroît, c'est lorsqu'un mot de l'ancien français n'est plus représenté en français moderne (ex. *covence*) ou qu'il se masque dans un dérivé (ex. a. fr. *coint* sans *accointance*, *s'accointer*). Il faut alors recourir : (α) à l'*Altfr. Wörterbuch* qui assez souvent renvoie au F. E. W., (β) soit à des index divers où sont enregistrés des mots d'ancien français : ceux des tables de *Romania*, du R.E.W., de l'*Etymologisches Wörterbuch der französischen Sprache* [sigle E.W.F.S.] d'E. Gamillscheg et de la *Phonétique historique du français* de P. Fouché rendent, de ce point de vue, de grands services, (γ) soit — mais avec de grandes précautions — à des dictionnaires étymologiques de l'ancien français ; ils n'offrent pas, en effet, quant aux formes elles-mêmes et quant à la documentation, les garanties désirables.

Remarque. Les débutants manquent d'un manuel à jour qui, sans entrer dans trop de détails, les initierait du moins aux étapes de la constitution du lexique français ; aux relations chronologiques entre ses strates ; aux problèmes que posent : (α) la délimitation de ceux-ci,

33. Le R. E. W. de W. Meyer-Lübke (cf. Bibliographie, n° 123) présente le même inconvénient, mais il est compensé par un index des mots appartenant aux langues romanes (dont les mots français entre autres) auxquels renvoie l'étymon qui sert d'entrée.
34. Soit le D. E. L. F. d'O. Bloch et de W. V. Wartburg (cf. Bibliographie, n° 39) soit l'E. W. Fr. S. d'E. Gamillscheg (cf. Bibliographie, n° 80) soit le *Nouveau dictionnaire étymologique et historique* par A. Dauzat, J. Dubois et H. Mitterand, Paris, Larousse, dans la dernière édition de 1964.

(β) les modes et les voies de transmission des unités lexicales ainsi que leur diffusion sur le territoire de la Gaule ; aux répertoires auxquels ils peuvent recourir. En fait, la majeure partie des renseignements utiles dont ils devraient disposer sont contenus — mais épars — dans le F.E.W. et dans les périodiques (en premier lieu la *Revue de Linguistique Romane*) qui suivent ces questions. Il faut faire une exception pour les mots d'origine germanique. En les regroupant dans les tomes XV, XVI, XVIII du F.E.W., W. von Wartburg a rendu un signalé service. Mais même dans sa version renouvelée, le t. I de *Romania Germanica*, par E. Gamillscheg, où sont examinés les mots franciques demeure critiquable sur plus d'un point. De ce point de vue l'étude récente de M. M. Pfister, *La répartition géographique des mots franciques en Gallo-roman* (*Rev. Ling. Rom.* 37, 1973, p. 126-149), fondée sur des exemples précis et de bonnes cartes, est instructive à lire.

3. Appendice.

Les notes de lexicologie française qu'on doit à M. F. Lecoy ont paru dans (1) *Romania* (abrév. R.) ; (2) *Les dialectes de France au Moyen Age*, p. 59-80, cf. Bibliographie n° 58 (abrév. D. F.) ; (3) *Etymologica*, Walther von Wartburg zum 70 Geburtstag, Tübingen, M. Niemeyer, 1958, p. 475-478 (abrév. Etym.) ; (4) *Mélanges de linguistique et de philologie romanes offerts à Mgr Pierre Gardette*, Strasbourg, Imprimerie régionale, 1966, p. 285-291 (abrév. P. G.) ; (5) *Mélanges de linguistique, de philologie et de littérature offerts à M. Albert Henry*, p. 115-128, cf. Bibliographie n° 96 (abrév. A. H.) ; (6) *Recueil de travaux offerts à M. Cl. Brunel...* Paris, 1955, Société de l'Ecole des Chartes, t. II, p. 114-122 (abrév. Cl. B.). Avec l'amicale autorisation de l'auteur nous avons extrait la liste alphabétique des mots d'ancien français étudiés dans ces notes. Les indications entre crochets [ ] mentionnent une donnée qui ne figure pas dans le titre.

a. fr.	*actefier* « planter, faire pousser, favoriser la croissance ». D. F.
a. fr.	*apostiz* < lat. appositicius. Etym.
fr. prov.	*asiter, aseter* « faire asseoir ». D. F.
a. fr.	*asseer* « donner soif » (domaine Ouest). D. F.
a. fr.	*bancet* « petite partie de la branche de la bride au-dessous de l'œil ». A. H.
jud. fr.	*bolzole* « sac de cuir où le berger porte sa nourriture ». Etym.
fr.	*bouquin* « vieux livre ». Cl. B.
a. fr.	*challier* « sentier, passage, allée de jardin ». P. G.
a. fr.	*chancir* « moisir ». A. H.
a. fr.	*chaucirer* [< lat. *calcitare*] « piétiner, patauger ». D. F.
a. fr. (1)	*cince*, it. *cencio* « chiffon, guenille ». R. 77, 1956, p. 331-337.
a. fr. (2)	*cince* [sur les représentants de l'— « chiffon » et sur le fr. régional *chinchée* « petite quantité » et l'it. *zinzino*, même sens]. R. 78, 1957, p. 234-242.
a. fr.	*cloison* « enceinte fortifiée » (Domaine fr. prov.). D. F.
a. fr.	*coisier* (soi —) « se taire » (Domaine fr. prov.). D. F.
a. fr.	*conduit* « provision de bouche » (provençalisme) rappelé d'après A. Hilka. D. F.
a. fr.	*courture* « couverture » (Domaine de l'Ouest). D. F.
a. fr.	*crouiere* « cp. grièche ». R. 77, 1956, p. 25-27.
a. fr.	*cuiture* « pus, matière purulente ». Etym.

Ellipse de *denier* [nomenclature de comptage]. R. 70, 1948-1949, p. 352 sqq.

a. fr.	*dessarcir* « découdre ». Cl. B.
a. fr.	*enrester* « mettre des oignons en chapelet ». P. G.
a. fr.	*esboer* « couvrir de boue ». Cl. B.
prov.	*escometre* « défier, provoquer » (rappelé d'après A. Henry). D. F.
fr. prov.	*escondre* « cacher ». D. F.
a. fr.	*escorceor* « adultère ». R. 74, 1953, p. 103-104.
a. fr.	*escroer* « mettre en pièce ». Etym.
a. fr.	*espurir (soi —)* « s'étendre, allonger les jambes (?) ». P. G.
a. fr.	*essabouir* « éblouir » (Domaine de l'Ouest). D. F.
a. fr.	*ferner* « blâmer, punir, réprimander » (étym. *ferulare* < ferula ?]. R. 70, 1948-1949.
a. fr.	*fesle* (?) « roseau qui sert à mesurer le vin dans un réceptacle ». Etym.
a. fr.	*fiere ou faille* « de toutes façons, en toutes circonstances ». R. 70, 1948-1949.
a. fr.	*forclose* (à la —). R. 68, 1944-1945, p. 157-158.
a. fr.	*forse* « forteresse » [cf. prov. *forsa* « château, maison forte »). D. F.
a. fr. (1)	*fros* « sorte de corbeau » [a. fr. *plus noir que fros*. Etymologie du fr. *freux* « sorte de corbeau »]. R. 70, 1948, p. 145-152.
(2)	Etymologie du fr. freux. Réponse à M. Gamillscheg. *Ibid.*, 71, 1950, p. 252-261.
a. fr.	*gable* « usure » *gavre, gavene* « un certain droit levé sur les terres écclésiastiques part. dans le Cambresis ». Etym.
a. fr.	*gaite ni* « paresseux, lâche ». A. H.
a. fr.	*gest* [« rut »], *gestoire* [« temps et lieu où le loup couvre la louve »], *degestir* [« épuiser par les plaisirs de l'amour »]. A. H.
fr. prov.	*glandus.* D. F.
a. fr.	*graal.* D. F.
a. fr.	*guinde* « galon pour tenir les cheveux, les tresses ». A. H.
a. fr.	*herbes courtilleresches.* Cl. B.
a. pic.	*maiiel* « porc ». Cl. B.
a. fr.	*mal* « irrite » [cf. prov. *mal* même sens]. D. F.
a. fr.	*manieres* (de —) [« variés, divers »]. Cl. B.
fr. prov.	*meisson* « dépense ». D. F.
a. fr.	*mentres que* « pendant que » (provençalisme). D. F.
a. fr.	*mestre* « montant d'une échelle ». P. G.
a. fr.	*mois, moissart* « sot, niais ». Etym.
jud. fr.	*moistre* « verser à boire » [rappel de *messeor* « échanson »]. R. 70, 1948-1949.
	Les mots d'origine burgonde dans le « Girart de Roussillon ». R. 75, 1954, p. 289-315.
a. fr.	*muse en pastez* [impér. de *muser*, composition sur le type *ecorchebœuf chanteraine*]. R. 70, 1948-1949.
a. fr.	*oindre ses nalieres* [*nalieres* : cordons de chaussures, lanières]. R. 70, 1948-1949.
fr. prov.	*omenei.* D. F.
fr.	*onglet* « terme de broderie ». Etym.
a. fr.	*oreiller* « être situé au bord de ». A. H.
fr.	*paille* « défaut de continuité dans la fusion des métaux ». A. H.
a. fr.	*parkes, en perches de* [«a plus forte raison»]. A. H.
jud. fr.	*pesle* « (mesure) non foulée, non tassée ». Etym.
a. fr.	*pile* « tronc d'un arbre sur pied » (Domaine de l'Ouest). D. F.
a. fr.	*Poitou et Poitevins.* R. 70, 1948-1949.
jud. fr.	*posle* « croupière ». Etym.
a. fr.	*Querez qui le face !* [= « N'y comptez pas trop ~ il n'y a pas de danger que... »]. R. 70, 1948-1949.
a. fr.	*Qui je soie* [formule d'imprécation]. R. 80, 1959, p. 502 — et cf. A. H.
jud. fr.	*raiol* « bois à extrémité pointue dont se servent les tisserands pour séparer les fils de la chaîne avant de passer la navette ». Etym.
a. fr.	*ralu* « branchu (?), dru (?) » (Domaine de l'Ouest). D. F.
a. fr.	*receer* « plaindre ». A. H.
a. fr.	*reechier* « transvaser, soutirer (du vin), tirer au clair ». R. 81, 1960, p. 380-386.
a. fr.	*resche* « plante aquatique, laîche (?) » (Domaine de l'Ouest). D. F.
a. fr.	*saïne* « soif ». A. H.

a. fr.	*salivier* « pièce du harnais de tête d'un cheval ». A. H.
a. fr.	*sanz vous* [« excepté vous » après une formule d'imprécation]. A. H.
fr. prov.	*saugier* « saule ». D. F.
a. fr.	*sezoires* « ciseaux de tailleur ». D. F.
a. fr.	*si tot* « bien que » D. F. et A. H.
a. fr.	*souzchaux* « bas à porter sous les chaussures ». R. 70, 1948-1949.
a. fr.	*soustrer* « étayer (?), reprendre en sous-œuvre (?) ». D. F.
a. fr.	*souz, soucié, soucir, souciz* [terme de cuisine, mode de préparation]. Cl. B.
a. fr.	*taindre* « importer » [cf. prov. *tanher*]. D. F.
jud. fr.	*trijès* « blé écrasé, grains pilés au mortier ». Etym.
lat.	*Tu autem* [formule annonçant la fin d'une récitation]. R. 70, 1948-1949.
a. fr.	*vaner (soi —)* « se vanter » [cf. prov. *vanar*]. D. F.

VOCABULAIRE. SITUATION

Par le mot de *vocabulaire* on dénote un ensemble restreint d'unités lexicales. A la différence du lexique, un vocabulaire est structuré et cohérent. Cette propriété résulte du fait qu'il répond à une situation définie. L'exemple le plus simple est fourni par les nomenclatures utilisées dans les sciences et les techniques. Chacune des unités qui les composent a, bien entendu, une valeur qui la distingue des autres. Dans la nomenclature des parties du corps en ancien français *chef ∼ teste* dénote autre chose que *col, haterel* (= nuque), *ueil* (= œil), *boudine* (= nombril), etc., et les valeurs symboliques, emblématiques, reconnues à tel ou tel organe diffèrent entre elles. Ce qui constitue néanmoins la cohérence de cette nomenclature, c'est que tous les termes en sont corréliés en vertu de leur référence commune au corps humain.

Une situation n'est pas « donnée » au départ. Elle est délimitée au sein de l'univers extralinguistique au terme d'une prise de conscience collective. Le lieu commun suivant lequel la langue et en particulier le lexique « reflètent la réalité » est absurde. Ils témoignent de l'*idée* que les membres d'une société se font, soit contraints, soit librement des structures du Référent extralinguistique. Une fois définie, chaque situation trouve une place parmi d'autres et il s'établit entre elles aussi des apparentements et des corrélations. Toute situation est structurée, et la hiérarchie qui s'établit entre les situations est également une structure. Les relations « homme-femme » envisagées sous l'aspect institutionnel (ex. *espous-espouse ∼ mari-femme*), sentimental et charnel (ex. *ami-amie*) constituent une situation. L'opposition « homme-femme » conçue sous l'aspect du binôme « bien↔mal » dont la littérature médiévale offre maints exemples [35] en constitue une autre, qui s'apparente à la première sans se confondre avec elle parce qu'elle relève d'une idéologie supérieure. Tout ce travail, incessant et lent dans ses progrès, aboutit à former des concepts. Il paraît tentant, en conséquence, de regrouper sous eux des ensembles de vocabulaires. C'est à quoi ont visé M. R. Hallig et W. von Wart-

---

35. Cf. la branche III, tardive, du *Roman de Renart* (t. 2 de l'édition procurée par Mario Roques). Après leur création Dieu munit Adam et Eve d'un bâton pour battre la mer. Chaque fois qu'Adam en donne un coup, il fait naître des animaux domesticables utiles. Eve, en frappant, ne suscite la naissance que d'animaux nuisibles. L'origine de cette légende nous est inconnue. Nous n'en n'avons pas trouvé mention dans le *Motiv-Index* de Stith Thomson.

burg dans leur effort en vue d'établir une « grille » conceptuelle ou *Begriffs-system* [36]. Mû par un souci analogue, M. Roques, dans son édition du *Roman de Renart*, a adjoint aux glossaires un « Index des mots relatifs à la civilisation et aux mœurs ». Il va de la « Vie matérielle » (alimentation, vêtements et parures, habitation, communications et transports) aux « Usages (élément du dialogue : exclamations, malédictions, gestes, attitudes et manières) et Dictons » en passant par les Institutions (droit, organisation, administration, mesures et monnaies, métiers, justice et police, religion) et les Sciences, Arts et Techniques (connaissance de l'homme et de l'animal, art militaire, littérature et langues, techniques). Ces grilles se prêtent très bien au regroupement des signes. La préférence doit être évidemment donnée à celles qui se dégagent de l'analyse d'un texte. Et d'un texte à un autre le contenu des cadres est variable Du *Roman de Renart* on extrait en majorité des ensembles dont les unités répondent à des *realia*. Des romans de Chrétien de Troyes et des poésies lyriques ressortirait une proposition plus grande d'ensembles répondant à des situations moins matérielles.

Le nombre, la qualité, la structure de ces représentations ne sont pas les mêmes d'une société à une autre et, pour une même société d'un âge à un autre. Une grille conceptuelle n'est donc éclairante que dans la mesure où elle schématise les cadres de pensée d'un état bien défini de société. On ne saurait en construire une qui s'appliquât à tous sans exception. Néanmoins ces modèles comportent des éléments communs. Partout, les Institutions civiles, politiques, religieuses constituent des situations. A chacune est dévolue un vocabulaire propre. Celui qui symbolise les « états du monde » en ancien français est connu, bien qu'il n'ait pas encore été l'objet d'une étude d'ensemble. Le statut de chaque « état » (chevalerie, cléricature, commerce, etc.) est défini par un ensemble de marques (a. fr. *tèches*) particulières. Le mot de « *largesse* » (= prodigalité) n'est jamais correlié à celui de *vilain* (= paysan). Dans cette structure du monde humain, les conditions apparaissent stylisées. Une image-type du « chevalier », du « clerc », du « vilain » se dégage, comme plus tard celles de l'« honnête homme », du « courtisan », du « bourgeois ». Un individu réalise le modèle de l'état auquel il appartient avec plus ou moins de bonheur. L'ancien français, avec *prudhomie, preudome*, dispose de signes qui traduisent l'adaptation parfaite d'un sujet au modèle. Ces mots sont donc aptes à marquer l'habileté d'un commerçant ou d'un artisan aussi bien que la valeur spirituelle d'un ermite âgé, expérimenté, ou les tèches d'un chevalier émérite, en particulier son courage.

Toute espèce de « travail » constitue une situation. Le concept « travailler » se traduit en ancien français au moyen de plusieurs signifiants (en particulier *labourer, ouvrer*) [37] et chaque activité professionnelle engendre un vocabulaire qui lui est propre. Il en va de même pour la « famille » [38] et la « vie familiale », son siège (dénomination des résidences) et les actes traditionnels qui en scandent le rythme journalier ou saisonnier.

36. Cf. Bibliographie, n° 92.
37. Cf. Bibliographie, n° 33. Consulter également, de Ruzena Ostra, *Champ conceptuel du travail en ancien français* in *Etudes Romanes de Brno*, V, 1971, p. 19-44.
38. Cf. par exemple une valeur d'emploi de *seignor*, Bibliographie, n° 141.

On est loin de pouvoir construire sur les vocabulaires de l'ancien français des travaux aussi documentés que ceux de MM. Flutre [39], Fossat [40], Guilbert [41] et Wexler [42] par exemple qui décrivent la formation et la structure d'ensemble lexicaux modernes. Toutefois, des actes relatifs à la draperie, M. E. De Poerck a dégagé la nomenclature française et la nomenclature flamande de cette technique. E. R. Goddard a défini utilement l'ensemble lexical qui se rapporte au costume féminin dans un ouvrage qui mérite d'être rappelé [43] ; il s'insère dans une série de travaux encyclopédiques classiques sur des *realia* (ameublement, armurerie, etc.) répertoriés dans les Histoires du Moyen Age. On dispose, pour le vocabulaire des « statuts » sociaux, tel qu'il fonctionne dans une chanson de geste (*Le couronnement de Louis*) d'une très bonne étude de MM. J. Batany et J. Rony [44]. Il suffit de renvoyer aux titres explicites des articles de M. W. Rothwell (sur les points cardinaux, les heures, la dénomination des vents, le sens du mot *bureau*, etc.) qui se recommandent par leur précision. Les recherches de M. P. Imbs sur la décomposition des « temps » de la journée, sur la traduction du concept de « vitesse » ne sont pas moins éclairantes [45], ainsi que la probe et utile étude de M. Lars Lindvall sur les adverbes *sempre, tost, viste, lues* répertoriée à la bibliographie sous le n° 113. Le vocabulaire coutumier en emploi dans la Champagne septentrionale au Moyen Age distribué dans une grille analogue à celle de MM. R. Hallig et W. von Wartburg [46], le lexique regroupé, extrait de documents et d'archives wallons par M. L. Remacle [47] proposent des modèles à qui explorera méthodiquement le vocabulaire des actes rédigés en français au cours du Moyen Age [48].

LES SITUATIONS (suite) : L'ÉCRIVAIN. LE TEXTE

1. L'écrivain.

Il arrive que le nom d'un écrivain soit attaché en tout et pour tout au titre d'*un* texte ; soit qu'il n'ait rédigé que cette œuvre, soit qu'elle subsiste seule d'une collection dont le reste s'est perdu. Ce que les lexicologues souhaitent connaître avant tout d'un auteur c'est sa formation, son milieu, son degré de

39. Cf. Bibliographie, n° 26.
40. Cf. Bibliographie, n° 69.
41. Cf. Bibliographie, n° 88.
42. Cf. Bibliographie, n° 175.
43. Cf. Bibliographie, n° 84.
44. Cf. Bibliographie, n° 35.
45. Cf. Bibliographie, n°s 100, 102.
46. Cf. Bibliographie, n° 130.
47. Cf. Bibliographie, n° 144 *bis*, on cite cet ouvrage en raison de la mise en œuvre de l'index. Les documents eux-mêmes, originaires de Stormont, Rahier et Francorchamps, datent des XVIe, XVIIe et XVIIIe siècles.
48. Soit, par exemple ceux qu'a recueillis et publiés Mme R. Mantou (cf. Bibliographie, n° 118). Ils sont bien édités, mais on observe dans cette étude comme dans d'autres analogues une disproportion flagrante entre le volume des commentaires grammaticaux et celui du glossaire. Ne figurent dans celui-ci que les termes dont un lecteur, même expérimenté, pourrait ne pas connaître la valeur. Leur relevé était indispensable. Mais vu le caractère des actes un index classé, sur le modèle de ceux de M. Roques aurait été le bienvenu.

culture, ses lectures. Il est rare que l'on réunisse sur les écrivains du Moyen Age autant de renseignements de cet ordre que sur ceux de l'époque moderne. Œuvres anonymes, non datées, noms d'écrivains malaisément identifiables, autant d'énigmes irritantes avec lesquelles les médiévistes sont contraints de compter. Si on pose cependant qu'un texte contient et révèle à l'analyse tout ce que celui qui l'a écrit voulait y faire passer de lui-même, la différence n'est pas grande au fond entre la première partie de *Roman de la Rose* (œuvre attribuée) et la chantefable d'*Aucassin et Nicolette* (œuvre anonyme). Les quelques données, des plus pauvres, qu'on a sur Guillaume de Lorris ne mettent pas l'interprétateur en position plus favorable que l'ignorance où il est de la date, patrie, condition, des poètes auxquels on doit les branches du *Roman de Renart* ; si l'un deux s'affirme, comme « Perrot », ce nom n'évoque rien.

Bien préférable, évidemment, est la chance de pouvoir suivre et comparer différentes œuvres attribuées sans conteste à un même écrivain, comme c'est le cas, entre autres, de Wace, de Marie de France, de Chrétien de Troyes. Qu'à travers la diversité des sujets traités le vocabulaire d'un auteur manifeste des constantes tant par le retour de certaines unités lexicales que par celui de certaines collocations ou corrélations demeure encore au fond une hypothèse. La stylistique opère sur un plus grand nombre de données ; on citera le cas de Hugo, mais est-ce au niveau du vocabulaire que la *Phèdre* de Racine se distingue de celle de Pradon ? L'hypothèse intéresse particulièrement les médiévistes à deux titres : en raison des incertitudes qui planent soit sur la localisation d'un auteur, soit sur l'attribution d'une œuvre à tel ou tel écrivain. Le dépistage de mots typiquement dialectaux permet de lever les premières là où la morphologie ne fournit pas d'indices sûrs [49]. La présence de ces dialectalismes dans un texte est d'autant plus heureuse qu'elle est inattendue, les écrivains médiévaux ne recourant pas volontiers à eux dans les genres réputés nobles. Beaucoup plus délicat est le problème des attributions. Faute d'indices externes probants, on aimerait tirer parti des critères fournis par la teneur du texte. La grammaire et le vocabulaire se prêtent également a être testés. Mais on doit savoir que le choix et l'interprétation des épreuves sont encore à l'heure actuelle très difficiles. Ainsi, la présence dans le texte x d'un ou plusieurs mots rares du vocabulaire commun qui figurent dans des textes sûrement attribués à l'auteur présumé de x ne constitue qu'*un* élément d'appréciation ; et, réduit à lui seul, sa valeur probante est faible. C'est sur un nombre beaucoup plus large de données que l'analyse doit opérer. Et quant au vocabulaire, des similitudes de collocations, des corrélations sont plus significatives que des parités d'indices de fréquence. L'ordinateur accroît considérablement le pouvoir de l'analyste. Toutefois, comme le prouvent les épreuves auxquelles a été soumis un corpus de tracts par l'E. R. A. 56 [50], plus que l'ordinateur lui-même compte la collaboration, au sein de l'équipe, de lexicologues aptes à définir les éléments comparables d'un texte à un autre, à choisir des paramètres, à inventer des

---

49. Cf. l'étude de M. F. Lecoy dans *Les dialectes de France au Moyen Age.*
50. Equipe de recherche associée au C. N. R. S. Siège : Ecole Normale supérieure de Saint-Cloud. La relation de l'expérience est en cours d'impression.

hypothèses, et d'ingénieurs souples, aptes, eux à construire des programmes permettant d'affiner ces analyses. L'analyse du corpus précité a demandé trois ans de mise au point. Or les constantes qu'elle révèle, indéniablement, se situent, en fait, *au-dessous* du niveau de l'emploi de mots-clés, c'est-à-dire dans une zone qui échappe, semble-t-il à la conscience claire des rédacteurs et à leur « liberté » de choix. Désormais, c'est d'après la méthode mise au point dans cet exercice que devrait être traité le problème des attributions de textes douteux.

Quoi qu'il en soit, indépendamment de la manière de traiter les textes, la simple lecture d'un index assez complet établi d'après une collection d'œuvres sûrement attribuées à un écrivain révèle quelques particularités intéressantes. En écartant les mots dont le retour est insignifiant parce qu'ils répondent à des situations banales qui se répétent, il en est dont le réemploi relève d'un facteur personnel. Cela est surtout vérifiable dans les œuvres narratives en octo-syllabes. Si on disposait d'un index des romans de Jean Renart analogue à celui que W. Foerster a tiré des romans de Chrétien de Troyes — même compte tenu des variations qui, dans le cas de cet écrivain, sont imputables à la diversité des sources — il serait facile de dégager les éléments qui, dans des ensembles comparables, différencient les deux écrivains.

2. Le texte.

Ce travail ne saurait intervenir, d'ailleurs, en saine méthode qu'après un traitement approprié des textes, chacun d'eux devant être considéré lui-même comme une « situation ». Celle-ci se définit :

1. Par la *qualité* des énoncés. Un texte en prose soulève à l'analyste d'autres problèmes qu'un texte en vers. La différence ne tient pas, comme on pourrait le croire d'abord, à un degré plus ou moins grand de liberté dans la rédaction. La nature du sujet traité introduit dans la prose, autant que les facteurs individuels, le retour de constantes qui constituent, en un sens, des servitudes. On observe des correspondances — naturelles — entre la chronique de Villehardouin et celle de Robert de Clari, encore que, au niveau de la richesse du vocabulaire, par exemple, une différence sensible sépare les deux textes, le second nous paraissant, après sondages, l'emporter sur le premier. Mais la poésie implique des servitudes d'un autre ordre, variables suivant le mètre. La composition d'un poème lyrique à forme fixe obéit à des lois qui ne sont pas celles qui s'appliquaient à une chanson de geste décasyllabique ou à une œuvre narrative en octosyllabes. La nature même du vocabulaire employé dans ces exercices (proportion des mots dérivés par rapport aux mots radicaux, sélection des suffixes) s'en ressent.

2. Par le *genre* de l'œuvre. Celui-ci peut se confondre, comme dans la poésie lyrique, avec la nature du sujet traité. Mais ailleurs, le genre, considéré comme forme d'expression (cf. *le lai*, par exemple) particulière transcende la variété des anecdotes, des intrigues narrées comme les conditions auxquelles appartiennent les héros et leurs comparses. D'après l'étude pertinente de

M. Hemming [51] on peut poser que dans chacune de ces formes s'opèrent des sélections lexicales.

3. Par le *sujet* traité. L'unité du texte tient, on l'a vu, à son « *sen* » et à sa « *conjointure* », celle-ci étant, comme il est naturel, déterminée en grande partie par le « *sen* » [52] ; une hypothèse veut alors que d'un bout à l'autre du texte les unités lexicales soient en corrélation [53]. Les procédés d'analyse dont il a été question plus haut (cf. p. 226) devraient alors déboucher sur ce qu'on appelle une analyse de contenu. A notre connaissance aucune œuvre médiévale n'a encore été soumise à ce traitement. Il conviendrait de l'expérimenter d'abord sur des textes courts (lais, fabliaux).

Les observations qui précèdent sont relatives à des programmes de recherches. Programmes à long terme. Dans l'immédiat, les débutants doivent se contenter des matériaux qu'on met à leur disposition. Il leur est toutefois possible de les affiner.

Les éditeurs de textes médiévaux se sont contentés longtemps de dresser des glossaires sélectifs. Ceux-ci ont pour but d'aider le lecteur moderne dans la lecture d'une œuvre dont la langue, morte, lui échappe en partie. La sélection consiste à retenir soit des mots réputés difficiles, soit des formes fléchies (nominales, verbales), soit des contractions (enclises) dont l'interprétation est malaisée. Sauf exceptions [54] ces glossaires sont insuffisants. La majorité d'entre eux, en effet, laissent tomber les « faux amis », c'est-à-dire des mots d'ancien français qui subsistent en français moderne mais dont le sens actuel ne correspond plus à celui qu'ils avaient au XIIe et au XIIIe siècle. Et comme les « traductions » conservent aussi ces mots sans les gloser, cette carence est pour les débutants une source de faux sens.

L. Foulet y avait sûrement réfléchi quand il établit pour J. Bédier un glossaire extensif de la *Chanson de Roland* d'après le manuscrit d'Oxford. Il ne sert pas moins les intérêts des grammairiens que ceux des lexicologues puisqu'il recueille à peu près toutes les formes fléchies qui figurent dans la chanson [55]. Celui d'*Aucassin et Nicolette*, dressé par M. Roques obéit au même principe. On doit à M. A. Henry l'indexation complète du *Jeu de saint Nicolas*. Ces exemples n'ont pas été perdus, comme le montrent les références

51. Cf. Bibliographie, n° 95.

52. La restriction « en partie » s'impose, car l'organisation, le plan de l'œuvre dépendaient aussi des conditions particulières de sa réception. Soit les « histoires » (épiques ou autres). Elles étaient récitées beaucoup plus que lues. On aimerait connaître les temps de récitation. Les *lais* de Marie de France se prêtent, là-dessus, à des conjectures. Leur longueur, très variable, semble correspondre à des unités de lecture.

53. Dans l'analyse des œuvres narratives, il y a lieu de distinguer la trame, le tissu du récit (dont la langue est celle du rapporteur) et les passages au style direct qui représentent la langue des personnages, celle-ci n'étant pas forcément la même que celle de l'auteur. Ce genre d'analyse figure au programme de l'E. R. A. 56.

54. Soit celui de Foerster déjà signalé soit, surtout, celui de L. Foulet tiré de la première continuation du *Perceval* de Chrétien de Troyes (cf. Bibliographie, n° 76).

55. La lemmatisation consiste à dénombrer sans plus les emplois d'un nom ou d'un verbe fléchis : soit *Faire* : x emplois, *baron* : x emplois. Ce procédé, incontestablement économique, est cependant à proscrire car il revient à masquer, à dénaturer la teneur du texte. Dans l'index de la *Vie de saint Alexis* par Storey, chacune des formes fléchies constitue une entrée. Cela disperse les formes du verbe « être » par exemple ou du verbe « aller » sous les initiales E., S., F., A., I., V., etc. Dans son index de la *Chanson de Roland*, L. Foulet a regroupé sous l'infinitif ou sous un cas les formes fléchies des verbes et des noms. La consultation de ces articles n'est pas commode.

faites par M. G. Lavis [56] à des travaux analogues qui devraient être publiés sous les réserves qu'on a formulées à propos de la variété des sources manuscrites et de la qualité des éditions imprimées. Cette mise en train d'un programme d'indexation est très heureuse à la condition toutefois d'être assortie d'une distribution des unités lexicales d'un texte dans des grilles conceptuelles. Il s'agit, on le devine, des *contextes*. Les index de M. Roques enregistrent des mots sans entourage. Celui dans lequel M. H. Keller a distribué le vocabulaire de Wace [57] comporte des phrases ou des syntagmes, de même que celui de Mme M. Th. Morlet (*loc. cit.*). De toute manière l'extraction pure et simple des unités lexicales est insuffisante. On doit pouvoir les trouver — où que ce soit — assortis des items qui les encadrent. Nous estimons que c'est la nature du texte dépouillé qui commande la place à donner aux contextes. Pour les actes qu'a dépouillés Mme M. Th. Morlet, il était bon de les insérer dans la grille, puisque l'ouvrage comporte *in fine* la liste récapitulative des mots étudiés. Dans le cas d'une œuvre littéraire comme le *Roman de Renart*, le procédé de Roques est recommandable, mais c'est à l'index alors que doivent figurer les contextes, d'après les modèles fournis par M. B. Quemada dont nous avons traité dans le second volume de *Vocabulaires français*.

Quoi qu'il en soit, on ne saurait trop recommander aux étudiants de s'exercer, soit sur des textes courts, soit sur des fragments suivis d'une œuvre longue à dresser des glossaires et des index classés. Ce travail, qui semble simple au premier abord, demande en fait beaucoup de réflexion et ne s'opère pas sans tâtonnements. Il n'est pas de meilleur moyen pour contraindre à une lecture compréhensive des textes.

ANALYSE DES ENSEMBLES [58]

1. Sémantique. Sens.

Par le biais des définitions, lecture et constitution de glossaires débouchent sur ce qu'on est convenu d'appeler la sémantique. Le mot de « définition » étant lui-même à définir puisque la définition lexicographique ne coïncide pas avec la définition linguistique et que cette dernière ne vise pas la même fin que la définition encyclopédique [59].

En ce qui concerne l'ancien français, on a vu qu'il est souvent difficile d'associer à un signe une description précise du référent auquel celui-ci répond. Parfois une image (sculptée, dessinée, peinte) vient à l'aide du commentateur ; les médiévistes souhaiteraient disposer d'un inventaire analytique des docu-

56. Cf. Bibliographie, n° 107. On se reportera à la seconde et à la troisième partie de la bibliographie de l'ouvrage.
57. Cf. Bibliographie, n° 105.
58. Précisons que par *ensemble* nous entendons ici soit l'ensemble des termes qui fonctionnent sous la dominance d'un concept, soit l'ensemble des termes en corrélation qui fonctionnent au sein d'un énoncé sous la dominance du sujet ou du propos qui confère une unité à celui-ci. D'un *ensemble lexical*, l'ouvrage de M. A. Stefenelli cité plus loin offre des exemples (cf. *soi pener ~ esforcier ~ esvertuer ~ aviver ~ estudier, enteser* traduisant le concept « prendre la peine de ~ faire effort pour »), ainsi que l'article de M. Hemming (Bibliographie, n° 94). Nous avons traité des *ensembles textuels* dans *Les vocabulaires français*, t. 2, chapitre III et Appendice V.
59. Cf. Bibliographie, n° 60, p. 84 sqq.

ments figurés qui donnent des aperçus sur la forme d'un objet, d'un geste professionnel, etc. La connaissance de la relation entre signe et référent (quand celui-ci, surtout, est descriptible) représente un sérieux avantage puisqu'elle permet de revivifier le signe à distance et même, quelquefois, de comprendre le pourquoi de ses significations symboliques. Toutefois la définition linguistique vise autre chose que cette relation. Elle résume, pour sa part, les traits qui caractérisent le comportement du signe en discours, en particulier ceux qui ressortent des collocations et des corrélations admises par lui avec des termes de son espèce ou d'une autre espèce. A défaut d'autres données celles-là jettent dans les meilleurs cas des jours sinon sur sa valeur dénotative, du moins sur son appartenance à une nomenclature donnée. Parmi les mots dialectaux étudiés par M. F. Lecoy, celui de *ralu* est en somme énigmatique puisqu'il n'est pas possible de savoir si, appliqué à un chêne, il évoque l'abondance de sa ramure ou ses nodosités ou autres caractères du tronc. On a le droit, néanmoins, de lui assigner une place dans un ensemble de qualificatifs ayant des essences pour support.

Cet exemple ne met pas en cause, d'ailleurs, l'expérience ou l'ignorance des individus pour qui ce terme, au XIIe ou au XIIIe siècle était « vivant » comme on dit. Tel pouvait l'entendre ou même l'employer sans se représenter d'une façon claire la particularité que *ralu* évoquait. Il en est de même au XXe siècle, pour bien des gens qui utilisent des termes issus de nomenclatures relatifs à une technique rare. La différence est qu'aujourd'hui une encyclopédie illustrée renseigne au besoin les curieux sur leurs référents ; tandis que nous font défaut, pour *ralu*, des explications qu'un paysan était à même de fournir à un citadin.

Si on considère la relation du signe à son référent, on admet qu'il existe des degrés dans la connaissance que les sujets ont d'elle. Enquêtés, tous les auditeurs de la *Séquence d'Eulalie* auraient été capables d'expliquer la valeur des mots « prêter l'oreille » (*eskoltet*, v. 5), « renier » (*raneiet*, v. 6), *pleier* (v. 9 = plier), etc. Quelques uns, peu au courant des cours et de la typification manichéenne des fonctionnaires royaux siégeant au conseil, ne comprenaient sans doute pas très bien la valeur allusive de *les mals conseillers* (v. 5). Une majorité aurait été sûrement bien en peine de dire avec précision ce que l'auteur du poème avait en tête lorsqu'il décrit Eulalie « renforçant, durcissant » (*Elle ent aduret*, v. 15) ou, suivant l'ancienne lecture, « réunissant » (*Elle ent adunet*) *lo suon element* [60].

Le degré minimal de l'intelligence qu'on a d'un signe consiste parfois en tout et pour tout dans le sentiment confus de son aptitude à figurer à tel ou tel endroit d'un énoncé. Ce qu'on appelle le *sens* d'un mot n'est autre chose que la convenance des emplois qu'on fait du terme, l'harmonie de sa valeur avec telle ou telle situation « typique » ou « atypique » suivant l'heureuse distinction de Bloomfield. A qui aurait prononcé *saisir*, au XIe siècle, pour dénoter le geste de la main appréhendant quelqu'un ou quelque chose, son interlocuteur pouvait soit acquiescer, soit objecter qu'il y avait erreur sur la convenance.

---

60. La lecture *aduret* semble préférable. *Elementum* est de toute manière un mot savant. On peut conjecturer que le clerc connaissait sa valeur de « principe » et qu'il l'appliquait au « cœur », à « l'âme » (on aurait dit plus tard, au *corage*) d'Eulalie.

Tout dépendant, en l'espèce, de la portée du geste : si celui-ci était fait en justice pour affirmer une possession légale, *saisir* convenait ; si tel n'était pas le cas *saisir* était exclu au bénéfice de *prendre* [61].

La convenance ne pose pas de problème dans le cas où un signe, motivé ou non, n'intervient que pour répondre à une situation bien définie dans des contextes spécifiques. L'évocation de jets de grosses pierres, avant l'assaut, au moyen d'une baliste de type particulier était à peu près la seule occasion qu'on eût, au XIIe siècle, d'employer *perriere* (signe motivé) ou *mangonel* (signe non motivé d'origine grecque). La relation des assauts eux-mêmes par des combattants de petit grade enseigne que dans la nomenclature des ordres militaires « *mouvés* ! » avait la valeur de « en avant ! ». De même, on groupe aisément les exemples qui attestent pour le verbe *assembler* la signification de « en venir au contact ~ au corps-à-corps » dans le vocabulaire militaire.

On parvient de la sorte à extraire des vocabulaires une série d'unités lexicales qui se prêtent éventuellement à deux définitions, l'une descriptive du référent, l'autre linguistique, tirée des collocations et des corrélations qui polarisent en quelque sorte la valeur et les significations du terme en emploi.

Pour les termes restants il est commode de les répartir au moins à deux niveaux :

1. Les termes « conceptuels » qui n'ont pas de référent sensible dans l'univers extralinguistique. Même quand on connaît leur étymologie, l'histoire de leur transmission, leurs domaines d'emploi, ils ne se prêtent pas à une définition analogue à celle de « *chat* : petit mammifère familier à poil doux, aux yeux oblongs et brillants, à oreilles triangulaires » (Petit Robert). *Affection, amitié, amour* se regroupent, pour les lexicographes, sous le signe « *sentiment* » lui-même indéfinissable. Le clivage d'après « + attirance sexuelle »/« — attirance sexuelle » dont certains dictionnaires se servent pour différencier *amitié* et *amour* fonctionne bien dans quelques cas, mais est loin d'être constant. Les contextes seuls et les situations auxquelles ils répondent permettent de dégager, tant bien que mal, les divers pouvoirs d'évocation qui leur étaient attribués par des sujets participant à un même état de synchronie ou à une même idéologie. Il ne serait pas possible de poser *a priori* que *empëechier*, corrélié à *enquerir* impliquait la significations d'« interroger » en ancien français ; on est contraint de l'admettre *parce que* cette corrélation est attestée par plusieurs textes à propos de situations typiques [62]. Il n'est pas possible de prévoir toutes les

---

61. Sur *saisir* (franc. *Satjan*) cf. E. Gamillscheg, *Romania Germanica*, t. I, p. 162-163 (II, § 74).

62. Une bonne documentation est fournie par l'*Altfr. Wörterbuch*. La valeur étymologique de ce terme « entraver par les pieds » est sensible dans les exemples tirés du *Roman de Rou* de Wace : un personnage trébuche pour s'être pris les pieds dans ses braies qu'il avait quittées et posées à côté de lui.

Ne sai por quei Maugier s'esmut,
Mais quant il les piez mover dut
En ses braies s'enpëcha,
Ne pout aler, ainz trebucha,
En mer chaï, le chief avant. (V. 4605.)

[Je ne sais ce qui porta Mauger à se mettre debout. Mais quand il fut au moment de bouger les pieds il s'empêtra dans les braies, ne put avancer, trébucha, tomba dans la mer la tête en avant.] Cf. *ibid.*, v. 10061. Nous renvoyons à l'édition de ce texte par M. A. J. Holden (Sté des Anciens Textes Français, 1970-1971) ce qui explique que ces références ne concordent pas avec celles de l'*Altfr. Wörterbuch*.

circonstances où pouvait intervenir la qualification de *bel, coint, droit* et encore moins de décrire la réaction à laquelle ces adjectifs répondaient. En ce qui concerne les termes qui composent l'ensemble lexical relatif aux sentiments, un départ est aisé entre ceux qui dénotent les manifestations extérieures typiques de telle ou telle réaction (*palor, vergoigne*) et ceux qui évoquent le sentiment lui-même ; mais de ceux-là aucune description ne peut rendre le contenu. On ne se trompe pas en glosant *leece* (fr. mod. liesse) par « joie qui se manifeste par des signes très visibles » comme le fait L. Foulet dans son glossaire de la première continuation de Perceval. Cela permet tout au plus d'admettre la convenance de ce terme dans les quatre passages de la *Vie de saint Alexis* où figure *ledece* [63] mais n'aide pas à bien saisir, comme on le souhaiterait, la différence précise entre *leece* et *joie* dont Foulet dit « le mot est très fréquent et n'a pas notablement changé de sens depuis le xiiie siècle » (*ibid.*).

2. A l'autre niveau se situeraient les termes de très haute fréquence d'emploi, en particulier les verbes qu'on pourrait appeler opératoires (*faire, mettre, prendre*, etc.) et leurs dérivés qui constituent des ensembles dont on n'a pas encore entrepris l'étude méthodique.

2. Eléments hétérogènes des ensembles. Synonymie.

Chaque ensemble lexical propose à l'analyste des questions particulières du fait de la spécificité de la situation à laquelle il répond. La constitution des ensembles en soulève toutefois au moins deux, de caractère général, qui méritent d'être traités à part.

A. *L'hétérogénéité des termes.*

L'hétérogénéité des termes est un facteur que l'on ne doit pas perdre de vue. Il conditionne en effet la hiérarchie des unités qui fonctionnent au sein d'un ensemble. Théoriquement deux cas se présentent.

(α) Etroit ou large un concept est analysé sous ses différents aspects ou dans ses composantes par un ensemble de mots dont les étymons sont du même degré. Un cas simple est fourni par la nomenclature des parties de la tête (du haut du crâne à la nuque). Les mots suivants utilisés en ancien français comme en français moderne, sont tous d'origine latine : *peau, cheveu, front, œil (sourcil, cil), oreille (ourlet), nez (narine), lèvre, dent, langue, gueule, menton, cou* (N. B. *lobe*, d'origine grecque n'était pas en usage en a. fr, pas plus que *mâchoire*). Au concept d'« attention efficace envers qqn » *aaisier* et *conforter* prêtent deux expressions d'origine latine. De même *crieme*

63. En particulier au v. 610 où l'auteur évoque la réunion des époux retrouvés dans le ciel, c'est-à-dire au milieu des chants et des concerts dont le Paradis était le siège, comme l'attestent les documents figurés. D'autre part, il serait utile d'étudier l'emploi de « liesse » dans les textes religieux où l'on parle du bonheur des âmes pures animées de l'amour de Dieu.

(= crainte, base latine *tremere*) et *paor* < lat. *pauorem, duel* < **dolum* et *dolor* < *dolorem*) traduisent les concepts de « peur » et de « souffrance ».

(β) D'autres ensembles, au contraire, coordonnent des unités lexicales qui n'ont pas le même degré étymologique. *Breuil* par exemple se dénotant comme celtique et *bois* comme d'origine germanique en face d'a. fr. *selve* qui représente le latin *síluam*. J. Marouzeau [64] a joliment analysé de ce point de vue la nomenclature des « voies terrestres de communication » où coexistent des termes hétérogènes (**camminum* > a. fr. chemin étant la forme latinisée d'une base celtique) et d'âges variés (*rue* < lat. *rugam* = ride ayant pris tard le sens de « voie bordée de maisons, alors que *uíam* (*víam*) *ruptam* > a. fr. *veie, route* datent de l'époque classique. Dans un autre domaine *garir*, d'origine germanique, fonctionne à côté de *saner*, d'origine latine, *Hanter* (habiter) se dénonce comme normand. Au sein de l'ensemble des termes relatifs au concept de « actes pouvant entraîner la mort », *blesser, navrer*, germaniques, coexistent à côté de *neier ~ noier* et *tuer*, latins. Pour tout concept il est donc possible de dresser le profil chronologique et étymologique de l'ensemble lexical qui fonctionne sous sa dépendance. Certains profils sont simples, tels ceux donnés ci-joints en exemple (cf. Tableau), d'autres sont beaucoup plus complexes.

Pour des raisons variables les disparités qu'engendre l'étymologie s'atténuent avec le temps. Pour reprendre un exemple de Vendryès, dans l'énoncé *elle remit les bijoux dans le coffret où sa mère rangeait ses joyaux* aucun sujet ne sent plus aujourd'hui que si *mère, mettre, joyaux* (a. fr. *joel*) sont purement latins, *coffret* fait figure de suspect (son étymon *cophinum* > *coffre* ayant été calqué sur un mot grec) ainsi que *ranger* (dérivé de *renc* < francique **hring*) et *bijoux* (dérivé d'un mot breton dénotant la « bague ». Toutefois, au xiie siècle et plus tard, le soin qu'on apportait à ne pas confondre *navrer* et *blesser*, ces deux mots et *tuer, neier, saisir* et *prendre, honte* et *vergoigne* signale à l'évidence la conscience que les sujets avaient de leurs statuts différents. En français moderne commun *bijoux* a supplanté *joyaux* parce qu'on avait perdu le sens du statut primitif de *bijou*. Pour comprendre les tensions que l'étymologie provoquait dans ces ensembles il suffit de se rappeler que *spleen*, par exemple, dénotant un « ennui mélancolique distingué », ne commute pas aujourd'hui librement avec *ennui*.

L'analyse, de ce point de vue, doit porter de préférence sur des termes dont l'histoire du français prouve qu'ils étaient ou qu'ils se sont fixés solidement dans la langue. Il n'y a, par exemple, pas grand chose à tirer du cas de *meschine*. Son déclin précoce avertit que ce mot a dû son succès à sa couleur exotique et que seuls les écrivains, après les croisés, l'ont assuré pendant un certain temps pour flatter le snobisme de leurs lecteurs. Les techniciens du siège et les hommes de troupe utilisaient *mangonel* emprunté au grec. Les chroniqueurs, des poètes ont tiré parti de ce terme ; mais entre lui, qui était opaque et *perrière*, qui était motivé, les hommes de troupe ont favorisé le succès du

---

64. Cf. Bibliographie, n° 120.

	« Tomber »		« Honte »		« Tête »	
NIVEAU DES CONCEPTS						
Celtique						
Latin classique	cadere		verecundia		*capum testam	
Latin postclassique						
Germanique francique	fr. *tûmon		fr. *haunipa			
Divers						
Origine inconnue						
NIVEAU DES ENSEMBLES (a. français)	*chëoir*	*tumber*	*vergoigne*	*honte*	*chief*	*teste*

second. Alors qu'au contraire, en ce qui regarde *saisir*, Villon, à la fin du XVᵉ siècle l'emploie encore selon son statut primitif [65], statut qui commande la valeur juridique de *faire une saisie, saisie-arrêt* en français moderne. Au sein du grand ensemble que constitue la nomenclature des pièces du corps humain, si l'insertion de *hanche* < germ. *hanca* au milieu d'une série de termes « latins » est devenue définitive, l'emploi de *haterel* < fr. *hat* et de *boudine* = nombril (quelle que soit son étymologie) était restreint à un domaine dialectal Nord-Nord-Est. Tandis qu'au contraire *mine* et *chiere* (cf. *faire triste chere ~ chere lie*) d'étymologie douteuse mais sûrement non latine coexistent solidement avec *vis, visage, figure, face* [66].

Dans les ensembles lexicaux homogènes, il est normal que chaque terme conserve en ancien français la valeur de son étymon surtout lorsque celui-ci dénote un référent précisément défini, *route, rue, sente* ne se confondent pas plus que ne le faisaient en latin post-classique *via rúpta, rúga* et *sémita*.

Il en va de même dans les ensembles hétérogènes ; *saner*, en ancien français, tirait de *sanáre* la valeur de « guérir au moyen de remèdes ». *Garir* < germ. *Warjan* signifiait plus largement « protéger, sauver ». Dans la *Vie de saint Alexis*, v. 370, le vœu : *E ço duinst Deus qu'or en puisum garir* [= et que Dieu accorde que, par cette lettre nous puissions être sauvés] fait allusion au salut de

65. Cf. Le Testament v. 305
Je congnois que povres et riches,
Sages et folz, prestres et laiz,
Nobles, villains, larges et chiches,
Petiz et grans, et beaulx et laiz,
Dames a rebrassez colletz,
De quelconque condicion,
Portans atours et bourrelez,
Mort saisit sans excepcion.
= La mort exerce son droit de propriété sur tous les états du monde.
66. Cf. la bonne étude de M. J. Renson. Bibliographie, nᵒ 145.

prehendere	gaudium laetitia		
	gaudia		
fr. *satjan		got. *gaheis	
		a. prov. gai	
prendre *saisir*	*joie* *leece*	*gaité*	

l'âme. Aussi bien, chez Marie de France, *garir* et *saner* n'apparaissent-ils pas dans les mêmes entourages. A la blessure venimeuse d'une flèche s'applique *saner* :

> *Une blanche bise feri*
> *E la saete resorti ;*
> *En la quisse m'a si nafré*
> *Jamés ne quid estre sané.* (*Guigemar*, v. 317.)
> [= Je frappais une biche blanche, mais la flèche rebondit ; elle m'a ouvert la cuisse si mal que je n'imagine pas en être jamais guéri (= soigné).]

Tous les emplois de *garir* (*Eliduc* v. 825, *Yonec*, v. 160), *Lanval* (v. 515, 600), *Guigemar* (v. 615) impliquent les idées de « protection » et de « salut ».

En revanche, que *garir* ait déjà pu commuter avec *saner* et que celui-ci fît figure d'archaïsme, les fragments du *Tristan* de Thomas le prouvent. Le long fragment Douce ne contient qu'*un* exemple de *saner* v. 1499 :

> *Coment e par qui l'a mandée*
> *Ou sa plaie n'ert ja sanée.*
> [= (Elle explique) comment et par qui il l'a fait appeler, sinon sa plaie ne sera jamais guérie.]

contre de nombreux autres où *guarir* fonctionne au contact de *plaie* (fragment Douce v. 1293), de *venim* (*ibid.*, v. 1060), de *mire* = médecin (*ibid.*, v. 1362), bien qu'il ait ailleurs (v. 824) la valeur de « sauver ».

Un partage de valeur aussi net s'opère entre *navrer* < a. nor. *nafarra* = percer, signifiant « atteindre avec un instrument coupant ou tranchant » et *blesser* < franc *blettjan* = meurtir, signifiant « atteindre avec un instrument contondant ; plus tard, entre *neier* < *nécare* « noyer » et *tuer* < lat. *postel* *tutáre* = étouffer.

L'exemple de *garir-saner* illustre d'une manière instructive un cas d'absorption. *Saner* étant transitif, l'état ne pouvait être traduit que par *sané* et le syntagme *estre sané*. *Garir* était aussi transitif mais de plus apte à exprimer

l'état d'après un modèle courant dans les verbes *en ir* (ex. *blanchir*, tr. →
blanchi → *blanchir* intr = devenir blanc).

Non moins intéressants sont les exemples qui témoignent d'un effort en
vue de préserver un ensemble, homogène ou hétérogène, en avivant la valeur
spécifique des termes qui le composent. De ce point de vue les incidences sur
le vocabulaire de la distinction fondamentale entre le « corps » et le « non-
corps » (soit tout élément constitutif de l'être qui ne soit pas tangible, visible)
sont instructives.

On présente comme le résultat d'une collision homophonique le fait que
sen « intelligence directrice », d'origine germanique, se soit confondu avec
sens < latin *sensus* ; *sen* a bien été pourvu en effet d'une marque casuelle posti-

TABLEAU II

	Vue	Odorat	Ouïe	Goût	Tact
Sensation passive	*Vëeir*	*Sentir*	*Oïr*	?	*Sentir*
Perception active	guarder (esgarder) (resgarder) choisir	a. fr. flairer fr. mod. respirer	escolter entendre	fr. mod. tâter (le vin)	toucher m. fr. palper

che -*s* et il est non moins exact que ce *sens* (1), au lieu de présenter une déclinaison : cas sujet *sens* cas régime *sen*, s'est modelé morphologiquement sur
sens (2) qui était indéclinable. On peut poser qu'il existe beaucoup de moyens
ingénieux propres à prévenir des collisions homophoniques dangereuses.
Celle-ci serait donc surprenante à plus d'un égard si elle n'avait été motivée
par la raison que voici. Les opérations des sens sont bien distinguées en ancien
français. Elles le sont d'une façon telle que pour quatre d'entre elles au moins
un verbe les dénote comme « passives » en quelque sorte (quelque chose
d'extérieur frappe le sens) tandis que d'autres verbes évoquent les sens « en
éveil », tendus, ouverts en vue de percevoir quelque chose.

Or il est bien connu que les verbes *veeir*, *oïr*, *sentir* de la série A, qui symbolisent les sens majeurs, dénotent aussi indifféremment la perception intellectuelle, l'intelligence de quelque chose. Ce pouvoir est si constant qu'il a fini
par neutraliser en partie, au profit de *veeir*, comme l'a montré M. G. Holmér,
la valeur distinctive de ces verbes [67]. Du moment donc que, à ce niveau

67. Cf. Bibliographie, n° 99. Cela se vérifie en français moderne encore. On dispose d'une bonne
étude de M. D. Gaatone sur les emplois de *voir* dans les phrases du type « *Le ministre s'est vu
reprocher, au cours d'une réunion électorale...* » ; c'est en vertu de cette valeur auxiliatrice en quelque
sorte que le reporter du match de boxe (Menetrey-Napoles) à Paris-Inter (23-6-1973) pouvait dire
d'un des combattants, sans être ridicule « *il voit son œil gauche se fermer de plus en plus* ».

perception sensible et perception intellectuelle étaient traduites par les mêmes morphèmes, il n'y avait aucun inconvénient à ce que *sen + s* (1) se confondit avec *sens* (2).

TABLEAU II

A. Niveau des sensations
vëir [1] $\neq$ *oïr* $\neq$ *sentir*

B. Niveau de l'intellection
vëir
oïr $\Big\}$ = comprendre que...
sentir

1. Avec la réserve observée par M. G. Holmer.

Dans le cas qui vient d'être examiné l'opposition « corps » $\leftrightarrow$ « non-corps » est en partie neutralisée dans le domaine de la perception intellectuelle, mais la distinction passif $\neq$ actif demeure pertinente dans celui de la perception sensible. L'opposition « corps » $\leftrightarrow$ « non-corps » n'est cependant pas abolie ailleurs. Le vocabulaire relatif aux « passions » et aux « sentiments » fournit maints témoignages d'un clivage entre leurs manifestations intérieures et leurs manifestations extérieures. Le comportement des morphèmes doit être décrit classe par classe. En tant que substantifs *duel* et *dolor* ne commutent pas librement. Les collocations particulières qu'admet le premier (*mener grant duel, faire duel*) et les contextes montrent que *duel* dénote une souffrance morale alors que *dolor* dénote une souffrance physique. En revanche il semble *que doleir ~ doloir* couvre les deux domaines. On le trouve associé à *plaie* dans le lai de *Guigemar*, v. 188

> *Il s'est sur le lit apuiez ;*
> *Repose sei, sa plaie doelt.*
> [... Il se repose, sa plaie le fait souffrir.]

Dans la *Vie de saint Alexis, dolerouse*, v. 459, signifie bien « douloureux » mais comme chaque fois que *dolur* apparaît dans ce texte c'est à l'occasion d'un spectacle d'une raison sensible de souffrir on peut admettre que la vue de son fils mort blesse la mère dans sa chair.

« Corps », « non-corps », l'opposition se marque, on le sait depuis longtemps, dans les emplois respectifs de *aaisier*, *aaise* d'une part, *conforter*, *confort* de l'autre. Le premier membre de ce couple convient à tout ce qui est agrément, délassement pour le corps [68]. *Conforter*, *confort* cernent le domaine

---

68. Thomas décrit la puissante cité de Londres (Frag. Douce, v. 1379 sqq.). Il qualifie celle-ci de *Vaillante* « qui a du prix » et de *bien aisiee* « commodément située ». Il est notable que ces deux adjectifs peuvent être appliqués à un être humain. Dans ce fragment il n'est pas un exemple où *aise* n'évoque le bien être physique ou une commodité matérielle ; pas un où *confort* et *conforter* ne se rapportent au « réconfort » et à un soulagement moral. On sait que cet équilibre sera rompu plus tard en anglo-normand, puisque *confort* est revenu de l'anglais au français (XIXe siècle) chargé des valeurs de *aise*. Dès le Xe siècle (*Vie de saint Léger*, v. 119) *conforter* figure dans un contexte où il dénote encouragement *et* exhortation.

des consolations, des encouragements. Les textes montrent à suffisance que l'homme peut jouir à la fois d'*aaise* — liberté du corps — et de *confort* — paix de l'âme. A *hait, haitié*, d'origine germanique est réservé le privilège de traduire un « bien être » total auquel corps et non-corps participent également. *Haitié* apparaît souvent en corrélation avec « se réveiller ». Bien que ce verbe n'ait pas été spécialement étudié (à notre connaissance du moins), on ne se tromperait pas, selon nous, en y voyant l'équivalent des locutions « se lever du bon côté » être « bon pied, bon œil ». *Deshaitier* traduit la rupture de cet équilibre.

On sait enfin que si le mot d'origine germanique *honte* traduit le sentiment (intérieur) ressenti à la suite d'un déshonneur — qu'on soit responsable de celui-ci ou qu'il vous soit infligé — il est dévolu à *vergoigne* d'évoquer le comportement extérieur de l'homme qui a honte (gêne, rougeur du front) ainsi que les châtiments corporels attachés à l'accomplissement d'une action déshonorante.

B. *Synonymie ?*

Le problème est posé par la fréquence avec laquelle deux unités lexicales peuvent ou bien commuter ou bien être coordonnées dans des conditions telles que le syntagme *a* et *b* représente une alternative « *a* ou bien *b* au choix » et non une addition *a + b*. La synonymie a donné lieu à de nombreuses études. Les plus efficaces sont celles qui implicitement ou explicitement opèrent sur des unités appartenant à un ensemble lexical.

On écartera les exemples du type *clore-fermer*. Celui-ci a été bien décrit par G. Gougenheim d'après une comparaison de deux chroniques (Villehardouin et Robert de Clari). Ces termes fonctionnent sous la dépendance du concept de « sûreté » en distribution complémentaire. Leurs emplois se différencient en vertu de l'image impliquée par *clore* (= ceindre, entourer) et *fermer* (= bloquer au moyen de barres) [69]. Il est sans doute possible de les traduire l'un et l'autre par « fortifier », mais ces verbes ne sont pas commutables

Le couple *porte-huis*, examiné par le même auteur dans les mêmes chroniques, paraît obéir aussi à des règles strictes. *Porte* s'appliquant aux vantaux d'une poterne qui, de la cité, ouvre sur l'extérieur, *huis* intervenant pour désigner (α) soit les portes d'édifices sis *intra muros*, (β) soit les vantaux des navires de transport justement dénommés *uissiers* en vertu de cette particularité de construction. On ne saurait d'ailleurs tirer une conclusion générale de l'usage propre à ces deux chroniqueurs d'autant que Robert de Clari utilise *porte* pour celle d'un palais qui semble ouvrir sur l'extérieur de la ville. Toutefois les sondages pratiqués par M. A. Stefenelli revèlent aussi une différence. Celle-ci tient moins alors à la relation → extérieur d'une ville/intérieur d'une ville qu'à la dimension des cadres (cf. all. *Tür-Tor*) ; *huis* trouvant dans *huisset, guichet* des diminutifs propres à dénoter *eine kleine Tür*.

Différent est le cas du couple *perriere-mangonel*. Il comporte un terme

---

69. D'où *refermer* : remettre en état des fortifications abandonnées. Ce même verbe, dans d'autres contextes, pourrait signifier « faire une fortification pour répondre à celle que les ennemis d'en face ont déjà faite » en vertu d'une valeur de *re-* signalée plus haut.

libre pouvant être employé chaque fois qu'il s'agit de dénoter cette arme de jet : c'est *perriere* ; *mangonel*, comme il appert de l'usage constant de Ville-hardouin et de la documentation fournie par l'*Altfr. Wörterbuch* ne jouit pas de cette capacité. Exceptionnels sont les exemples où il figure sans l'appui de *perriere* préposé. Nous ne saurions dire si ce couple est de la même qualité que *us et coutumes, en lieu et place* dont un des termes (*coutumes, place*) explique l'autre qui faisait figure d'archaïsme.

La notion de synonymie n'a pas de valeur absolue. Théoriquement, deux termes *a*, *b*, seraient synonymes s'ils pouvaient être indifféremment employés quel que fût leur entourage immédiat. Or jamais leur commutation n'est réalisable dans tous les cas. Il en existe un au moins où telle collocation exclut *a* au profit de *b* ou l'inverse. Dans la pratique *a* et *b* seront réputés synonymes lorsqu'ils s'approchent de l'état théorique défini ci-dessus. Cela entraine que dans le discours (α) ou bien on utilise l'un après l'autre deux synonymes approchés en vue d'éviter la répétition du même terme

> *Lors s'est uns chevaliers vantez*
> *Que par lui li iert presantez*
> *Li chiés Cligés, se il l'atant...*
>
> . . . .
> *Et cil le voit, qui s'anhati*
> *Qu'il an aporteroit la teste.* (Chrétien de Troyes, *Cligés*, v. 3455, ap. Stefenelli, p. 109.)

(β) ou bien qu'on les associe en les coordonnant.

> *D'ambes parz est li vaus enclos*
> *De granz forez et de granz bos.* (*Roman de Thèbes*, v. 2129, ap. Stefenelli, p. 37.)

La variété des termes et la réduplication ayant place, comme on le sait dans les procédés de rhétorique que les écrivains du Moyen Age connaissaient d'après des modèles latins [70], il n'est pas surprenant que le second intervienne avec une haute fréquence dans les œuvres littéraires. Aussi a-t-on lieu d'être satisfait qu'au moyen de tableaux très clairs, commentés avec discrétion et pertinence, M. A. Stefenelli ait analysé et défini la portée d'une très riche collection de ces figures [71].

De ce point de vue, son étude est, à notre avis, une des plus sérieuses qui aient paru au cours de ces dernières années sur les ensembles lexicaux. La bibliographie à jour, le nombre des ensembles traités font de ce livre un instrument de travail indispensable. Le titre, cependant, ne doit pas faire illusion car, en fait, — et A. Stefenelli le prouve — les écrivains ont utilisé à des fins diversificatrices les moindres traits capables d'assurer l'indépendance des termes au sein de l'ensemble qu'ils composaient. Rares sont ceux qui se plaisent à utiliser des équivalences banales.

On doit garder présent à l'esprit que l'analyse lexicologique opère sur des œuvres soignées, travaillées, quel que soit leur genre, quel que soit le génie ou le talent plus ou moins adroit des écrivains. Les conclusions que l'on tire ne valent donc qu'au niveau des énoncés narratifs. Pas mal d'ensembles

---

70. Cf. Bibliographie, n° 42.
71. Cf. Bibliographie, n° 162.

lexicaux devaient présenter d'autres configurations — plus ou moins étendues, plus ou moins riches — dans les énoncés informatifs. Les poètes conservent des archaïsmes (ex. *selve* < lat. *síluam* en face de *bois, forest* ; *oissor* à côté de *moiller, feme, espouse*, etc.). La qualité d'une analyse lexicologique dépend du soin qu'on apporte à la bien cadrer. Cette opération est rendue aisée grâce aux sélections que les genres, et en particulier celui des poèmes à forme fixe, imposent aux vocabulaires [72].

L'étude de M. A. Stefenelli porte sur *la langue des poètes*. La délimitation est bonne, assez large pour permettre à l'auteur d'examiner le statut d'ensembles très variés : environnement naturel ou urbain, parenté, sentiments, etc. [73]. Un genre tel que la poésie lyrique, du fait de son contenu, impose le choix d'ensembles plus limités. C'est ce qu'avait senti M. R. Dragonetti, bien que l'analyse lexicale n'occupe pas la première place dans son ouvrage sur *la technique poétique des trouvères dans la chanson courtoise. Contribution à l'étude de la rhétorique médiévale* [74]. Le modèle d'une analyse précise des deux pôles — *joie, dolor* — entre lesquels balance l'amour tel que le conçoivent troubadours et trouvères, chacun de ces termes se trouvant défini par les collocations et corrélations d'autres termes fonctionnant sous leur dépendance est fourni par la thèse de M. Georges Lavis [75] dont l'importance, dans ce domaine d'étude, n'est pas moindre que l'essai de M. A. Stefenelli. Les deux ouvrages diffèrent par l'étendue du corpus : quarante-cinq textes ou très longs ou très courts, mais d'une grande variété de tons dans le premier ; dans le second des pièces toutes centrées sur le même sujet, la même situation (relations amoureuses conçues sous l'aspect ou de la guerre ou d'une mésentente ambiguë ou de la paix qui satisfait le cœur). Ils diffèrent en second lieu par le traitement du corpus. Le texte des poésies lyriques a été soumis à un ordinateur. Les programmes, conçus pour dégager les collocations et les corrélations, ont permis à M. G. Lavis de hiérarchiser un volume d'environ 425 termes d'ancien français et presqu'autant d'ancien provençal. Les commentaires, d'une haute tenue, ont à notre avis une valeur exceptionnelle car ils s'appuient sur des relations qu'une lecture, même très attentive, des textes, n'aurait pas été capable de révéler. C'est ce que devraient comprendre ceux qui pour quelque raison que ce soit, dénigrent le traitement raffiné des textes. On a trop discuté sur le *sen* des romans, de la lyrique à partir d'une étude superficielle de la *teneur* des œuvres.

---

72. En dehors des observations de M. T. D. Hemming à propos des chansons de Geste, cf. l'étude de M. J. C. Rivière mentionnée à la bibliographie sous le n° 150.

73. L'auteur analyse neuf grands ensembles : Nature, L'homme et l'organisation du monde, Parties du corps, Guerre et Combat, L'esprit humain, La Volonté, L'Ethique, La Religion, Notions diverses, qui se subdivisent, chacune, en plusieurs sous-ensembles. Ex. « Parties du corps » recouvre les mots qui désignent la tête, la chevelure, le visage, la poitrine.

Nous reproduisons ici, à titre indicatif, les grandes articulations du sommaire en les traduisant en français : Nature (ex. Bois-Jardin...). L'homme et l'ordre.

Les parties du corps ; Actions, Faits.

La guerre et le combat. L'esprit humain (ex. la pensée, le souvenir). Les sentiments (ex. la joie, la tristesse, l'amour, etc.). La volonté. L'éthique. La morale (ex. la reconnaissance, la vengeance). La religion. La manière ; les relations temporelles et spatiales.

74. Bruges, 1960. [Publications de la Faculté des Lettres de l'Université royale de Gand.]

75. Cf. Bibliographie, n° 107.

Est-ce à dire qu'une lecture compréhensive de telle ou telle pièce de la littérature médiévale n'en puisse élucider une énigme ? Il serait absurde de le prétendre. De G. Paris à M. F. Lecoy maints commentateurs ont maîtrisé cet exercice avec une rare élégance. Mais entre la probe et utile étude de M. P. Le Gentil sur la distribution de *chief* et *teste* dans la *Chanson de Roland* [76], celle de M. A. Stefenelli sur les synonymes et l'analyse de M. G. Lavis il y a une distance et un progrès considérable du fait que le tact, la sensibilité, l'intelligence du chercheur sont désormais secondés par une « mémoire » infiniment plus puissante que la sienne et même que celle des dictionnaires. On peut dire sans impertinence que tous les travaux de lexicologie médiévale antérieurs à notre époque « appelaient » le secours de cette mémoire, dont les stylisticiens profitent autant que les linguistes. Nous pouvons illustrer cela au moyen d'un exemple. C'est un des plus fins connaisseurs de l'ancien français qui le fournit [77]. Il s'agissait pour lui de justifier l'authenticité de la leçon du manuscrit unique qui livre le *Tristan* de Beroul. On lit au v. 1644

> *Molt sont el bois del pain destroit,*
> *De char vivent, el ne mengüent,*
> *Que püent il, se color müent ?*
> *Lor dras rompent, rains les decirent ;*
> *Longuement par Morrois fuïrent.*
> *Chascun d'eus soffre paine elgal,*
> *Quar l'un por l'autre ne sent mal :*
> *Grant poor a Yseut la gente*
> *Tristan por lié ne se repente ;*
> *Et a Tristan repoise fort*
> *Que Yseut a por lui descort* [78].

Ewert avait maintenu le texte. Sensible à sa contradiction apparente Muret corrigea *ne sent* en *resent*. Les réviseurs de son édition (publiée dans les classiques français du Moyen Age) revinrent à la leçon du manuscrit, sans bien rendre compte toutefois du sens qu'elle présente. Deux considérations incitent M. E. Vinaver à penser que Muret — si attentif fût-il — a noué lui-même le lacet qui l'étranglait. Le texte n'y est pour rien. La valeur de *car* intéresse évidemment les syntacticiens, mais savoir si ce morphème a une valeur causale (« *parce que* ») ou non causale (« *si bien que* », « *en sorte que* » ; « *donc* », « *alors* ») touche aussi les sémanticiens. En posant que celui du v. 1649 *pourrait* avoir la seconde, l'apparente contradiction des v. 1649-1650 s'en trouverait-elle réduite ? Non, mais cette hypothèse lève un dernier obstacle une fois que l'on a observé que ni *soffre* ni *paine* n'évoquent des tourments, des souffrances *du cœur* mais qu'ils dénotent le fait « d'endurer un mal physique ». Dès lors, en voyant dans *por* (*l'un por l'autre*) un morphème marquant la « solidarité », on obtient le sens satisfaisant de : « parce qu'ils subissent tous deux les mêmes privations, ni l'un ni l'autre ne sent sa misère ». L'élégance de la

---

76. Cf. Bibliographie, n° 109.
77. Cf. Bibliographie, n° 169.
78. *el* (v. 1645) = autre chose ; *dras* (v. 1647) = vêtements ; *lié* (v. 1652) = pronom tonique féminin de la 3ᵉ personne. L'apophonie n'est pas respectée dans *soffre*, la déclinaison ne l'est pas plus dans *chascun*.

démonstration masque le concours fragile des chances qui ont permis à M. E. Vinaver de justifier la leçon du manuscrit. On doit reconnaître que, en ce qui concerne *car*, dont le statut était encore assez mal défini à l'époque de cette note, des fiches de lecture de M. T. B. W. Reid, obligeamment communiquées à l'auteur, ont comblé à propos l'insuffisance de la documentation des dictionnaires [79].

Il ne fallait pas moins de lectures — et d'un souvenir précis des textes archaïques — pour assigner à *soffrir paine* sa valeur concrète ; la lettre P n'étaient pas encore traitée à l'époque dans l'*Altfr. Wörterbuch* [80] et dans l'esprit de tout médiéviste chantent des vers où *grevance* s'allie à *souffrance* mais sur le plan moral. Après cela — encore fallait-il l'établir — on dira que les vers de Beroul n'ont rien qui doive surprendre, puisque cet écrivain archaïse justement volontiers. Qu'en conclure, sinon l'urgence d'établir, en plus des glossaires exhaustifs de textes, des dossiers lexicaux aptes à compléter les données trop souvent fragmentaires, partielles, des dictionnaires.

APPENDICE

COMMENTAIRE LEXICAL D'UN LAI DE MARIE DE FRANCE

Préambule.

Aucun exercice ne prépare mieux à s'adapter aux pouvoirs d'un ordinateur que le dépouillement lexical d'un texte opéré à la main. Les *Lais* de Marie de France se prêtent bien à ce genre de travail. La tradition manuscrite du recueil a été étudiée, critiquée avec soin. Le lai des *Deus Amanz* figure en entier dans un manuscrit (H) rédigé vers le milieu du XIIIe siècle en Angleterre, et partiellement dans un manuscrit continental (S) de la fin du même siècle. Si on regardait à la grammaire, le commentaire devrait partir d'une comparaison, ligne à ligne, des deux manuscrits. Mais ceux-ci ne présentent pas de divergences notables quant au lexique. On peut donc utiliser au choix une des nombreuses éditions des *Lais*. La dernière en date, due à M. J. Rychner [C. F. M. A.], est la plus commodément accessible aux étudiants français. C'est une édition critique, donc composite. Nous l'avons retenue néanmoins en raison de ses mérites : qualité des notes critiques, franchise avec laquelle l'éditeur expose les problèmes de reconstruction, valeur enfin du glossaire.

On doit reconnaître que ce lai n'est pas le mieux venu de la série. Marie a mis peu d'elle-même dans le récit de cette légende dont les héros n'ont guère plus de consistance que des ombres chinoises. Mais la pièce est courte et l'intérêt commande de s'attaquer d'abord à un texte de longueur raisonnable et dont le vocabulaire soit concentré.

79. Elles sont reproduites dans l'article, p. 93. On se reportera en particulier à la note 6 où la relation entre *car* et *que* est bien posée.

80. Dans le *Mistere de l'Epoux* (ap. Koschwitz, p. 55) v. 94 *penas* évoque les tourments de l'enfer. Dans la Passion du Christ (*ibid.* p. 13) v. 62 la prophétie fait état de massacres : *Los tos enfanz qui in te sunt, A males penas aucidrant* [= tes enfants, ils les mettront à mort dans de douloureux supplices]. Dans *Saint Léger*, v. 151 *Hor en aurez las poenas granz, Que il en fisdra, li tiranz* [= maintenant vous allez entendre les grands supplices auxquels il procéda ensuite, le tyran !] annonce en effet la crevaison des yeux, l'arrachement des lèvres et de la langue.
La lettre S, d'autre part, n'est pas encore entièrement traitée.

Pour simple qu'il paraisse au premier abord, celui-ci n'est pas sans opposer quelque résistance sur certains points à un lecteur novice. Dans son excellent glossaire J. Rychner fait, sauf erreur, soixante-dix-huit fois [81] mention de notre lai. C'est assez, évidemment, si on ne regarde qu'aux difficultés sémantiques, mais cela ne donne pas une idée précise du nombre d'unités lexicales qui concourent à la narration de cette brève histoire. D'autre part, en tenant compte du niveau des débutants, nous renforcerions, par exemple, au glossaire sélectif l'article *araisnier* (plutôt qu'*areisuner*) au moyen d'un renvoi au v. 64 ; l'article *faire* avec le *bien faire* « bien se comporter, bien agir » du v. 59 qui fournit également une occurence de *pris* « réputation » à joindre aux autres. L'article *remaneir* devait comporter un renvoi au v. 55 dont la construction classique mais délicate pour les débutants aurait pu être élucidée : *remest a doner* signifiant mot à mot que « la jeune fille demeura longtemps sans être accordée (à un prétendant) car, ajoute le v. 56, personne ne voulut plus la demander en mariage ». A l'article *requerre*, ajouter D. A. 25, *requerre*, dans le texte, jouant le rôle de variante de *querre*. Quel débutant comprendra le v. 212 si on ne lui rappelle que *eire* est une forme de *edrer* > *errer* : = faire son chemin, avancer ? [82]. Manquent enfin, pour mon goût, quatre entrées : *enui*, v. 86, *mustrer*, v. 83, *pleinte*, *ibid.* et *recunforter*, v. 115.

Les notes explicatives (p. 261-264) sont toutes éclairantes, soit quant à la grammaire, soit quant au vocabulaire (cf. *esforcier*, v. 143). Quant au texte, nous conserverions sans hésiter la leçon du manuscrit H au v. 176 : *qu'od sun ami voleit aler*. Si la conjecture de M. J. Rychner au v. 175 ; *amaigri* [83] est séduisante, celle de Warnke (substituer *aidier* à *aler*, donc substituer par voie de conséquence *a* à *od*) me paraît entachée d'un cartésianisme excessif. Il va de soi que la jeune fille se fait maigrir pour peser moins lourd entre les bras de son ami, donc pour l'aider. Mais Marie sait se faire entendre à demi-mot. Pourquoi le vers rejeté ne signifierait-il pas : « elle fait cela parce qu'elle voulait parvenir au but avec son ami » ? *Od*, dont la valeur constante est d'exprimer l'accompagnement, peut très bien intervenir ici pour épargner à l'écrivain la répétition fastidieuse de « entre ses bras ». Quoiqu'il en soit, puisque M. J. Rychner a suivi Warnke, nous avons enregistré *aider* à notre glossaire.

Le thème.

Un roi veuf chérit sa fille au point de ne souffrir qu'elle s'éloigne de lui. Pour décourager les prétendants à sa main, il édicte que seul obtiendra d'épouser sa fille l'homme qui, la portant à bout de bras, gravira d'une seule traite la pente ardue d'une colline qui domine le Val de Pitres. Aucun de ceux qui tentent l'épreuve ne réussit. Une jeune seigneur des environs, auquel le roi portait amitié, s'éprend de la jeune fille. Celle-ci répond à son amour mais, par pitié pour son père, refuse de se laisser enlever. Elle conseille à son ami d'aller à Salerne où une de ses parentes, experte en médecine, le préparera à gagner l'épreuve. Il y part et en revient, plein de forces, muni d'un élixir qui l'aidera à gravir le mont au cas où il faiblirait durant l'escalade. Tenu par son serment, le roi accepte, à regret, que le jeune homme tente l'épreuve. Celle-ci se déroule devant un grand concours de peuple et commence bien. Pour aider son ami, la jeune fille avait jeûné quelque temps en vue de peser moins lourd entre ses bras. Mais à mi-pente elle sent que son amant faiblit. A deux reprises, elle le conjure de recourir aux vertus de l'élixir qu'elle avait emporté. Par démesure il refuse. Aussi bien parvient-il au sommet du Mont. Mais épuisé, pour y mourir. Et de douleur la jeune fille rend l'âme près de lui. On ensevelit les deux enfants dans un cercueil de marbre au sommet de la colline. Celle-ci porte, depuis, le nom de « deux amants ».

81. Nous ne comptons que le nombre du sigle D. A.
82. Inconvénient des glossaires lemmatisés. L'article *errer* (auquel manque la référence au v. 212) ne spécifie pas les formes sous lesquelles ce verbe se présente. Mais l'éditeur, en cela, n'a fait que se conformer aux règles de la collection des C. F. M. A.
83. Verbe neutre troisième personne du singulier du tiroir *soi* = elle devint maigre.

Le genre. L'histoire.

Le genre du récit est caractérisé deux fois : dans le préambule, v. 5, dans l'explicit v. 254 : c'est un *lai*. Ce mot dénotait au sens propre une composition musicale en faveur chez les Bretons : chansons accompagnées de la harpe ou de la rote. Ces œuvres avaient pour thèmes des légendes folkloriques d'origine celtique ou non celtique. Les récits narratifs de Marie ne sont donc pas des lais à proprement parler et l'on ne sait même pas dans quelle mesure cet auteur s'est directement inspirée des thèmes que développaient les bardes bretons. Ce qui est sûr, c'est que l'emploi répété du terme atteste la vive curiosité d'un public lettré, non celtique, à l'égard de compositions étrangères. D'autres termes exotiques (hai-kai, pantum, nô) ont connu bien plus tard la fortune dont le mot *lai* a joui au xiiᵉ siècle. A cette époque, Marie ne pouvait pas utiliser le terme d'*estoire* (= histoire) pour désigner la matière de ses propres compositions. Il semble qu'elle réserve celui de *lai* aux chansons bretonnes dont elle s'inspire ou feint de s'inspirer et celui de *cunte* (= conte) a ce qu'elle en tire [84]. Quoi qu'il en soit, la trame du récit, les incidents sont communément qualifiés par elle d'*aventure* (v. 2, 251). La valeur étymologique du terme ne lui échappe pas puisque dans le préambule elle colloque le verbe *avenir* (présent de plus au v. 80 où il dénote un incident) à ce substantif :

> *Jadis avint en Normendie*
> *Une aventure mut oïe.*

le v. 2 nous renseigne de surcroît avec le verbe *oïr* sur le mode de transmission, orale, de ces histoires.

Le titre.

Chacun des lais de Marie porte un « titre » dont la convenance est justifiée dans le préambule ou dans la conclusion. Il est tiré en général du nom du héros, ce qui ne pouvait pas être le cas ici (cf. p. 245). *Num* est le terme qui dénote ce titre d'une façon constante. C'est *num* qui dénote aussi l'appellation « Deus Amanz » de la colline où moururent les héros de l'histoire (v. 252). Le procédé par lequel on attribue ainsi à une œuvre, à un site un nom distinctif est désigné lui-même par les verbes *apeler* (v. 8, 16) et *numer* (v. 15, 20) qui dans ce texte sont synonymes.

Le cadre.

Il y en a deux, l'un est évoqué en tout et pour tout par le nom de Salerne (v. 103, 137), ville de Campanie renommée pour les cours de médecine qu'on y donnait. C'est là que réside la tante de l'héroïne, experte dans l'*art de phisique* (v. 106). Le cadre de l'histoire est décrit de façon plus précise, historiquement et géographiquement. On est en *Normendie* (v. 1) nom moderne de la *Neustrie* (v. 7). L'alliance de ces deux noms à la rime se trouve chez Benoit, *Chronique des ducs de Normandie* v. 997 : *Dunc envaïrent Normendie Qui apelee ert Neustrie*. Le site est celui de Pistre (v. 16), en français moderne Pitres (Eure) à propos duquel Marie évoque le procédé bien connu consistant à dénommer une agglomération à partir de la base du nom sous lequel se désignait la peuplade (ici les *Pistreis*, v. 14) qui s'y fixait. Le caractère urbain de Pistre ressort de l'affirmation qu'au xiiᵉ siècle encore un ensemble de *maisuns* (v. 18), une *vile* (v. 18) perpétuaient l'ancienne cité. Le terme de *cité* figure d'ailleurs au v. 44 [85]. La *contrée* (v. 19, 48, 131, 227) est l'ensemble géographique, politique aussi,

---

84. Cf. toutefois le préambule de *Fresne*
Le lai del Freisne vus dirai
Sulunc le cunte que jeo sai
et les justes observations de M. J. Rychner, p. 249.
85. Sur les emplois de *vile*, *cité*, cf. A. Stefenelli, *loc. cit.*, p. 94.

qui dépend de la ville et du roi qui en est le maître. Du fait de sa situation on l'appelle le *Val de Pistre* (v. 20), ce Val étant baigné par le cours de la Seigne (= Seine), v. 180. Il est dominé par l'escarpement d'une haute colline, extérieure à la cité (v. 44), visible encore aujourd'hui, qui sera tout au long du récit désignée par le terme de *munt*. La première occurrence de ce terme est précédée par la collocation de l'adjectif *haut* (v. 19). Entre la colline et la Seine s'étend la *praerie* (v. 180) à partir de laquelle le héros tentera l'escalade. A côté du terme de *contree* figurent ceux de *païs* et de *tere* (= terre). C'est « dans ce pays » (*el païs*, v. 57) que réside le jeune homme ; c'est dans *sun païs* (v. 152) qu'il ramène de Salerne un filtre revigorant. *Contree* et *païs* sont enfin coordonnés au v. 227 (*tuz le païs e la contree*). Ces deux termes ne sont pas synonymes. Le premier désigne un territoire qui, géographiquement ou politiquement, constitue un ensemble. Du fait de son étymologie *païs* désigne une portion de territoire plus restreinte et peuplée. Bien qu'il résidât à la cour du roi (v. 61, 62), le jeune homme n'appartenait donc pas à la cité ; il faisait partie de la *genz foreine* = les gens de l'extérieur (v. 244). Quant au v. 227, il faut entendre que l'eau qui se déversait du mont, enrichie par le filtre (*beivre*) qui s'y était répandu, *amendait* (v. 226) c'est-à-dire fertilisait l'ensemble de la contrée et des pays qui y étaient inclus. *Tere* a trois occurrences. Celles de *sur tere* (v. 245), *Cheïr a tere* (v. 242) sont banales. Que faut-il entendre au v. 15 où il est dit que, retour de Salerne, le héros *ne surjurnat pas en sa tere* (= ne s'attarda pas...). Le terme n'est pas un synonyme de *païs*. Sa valeur ressort de tous les passages (cf. *Lanval* v. 17 p. ex.) où un roi distribue à ses grands vassaux *femes et teres* lors d'une grande solennité. Il s'agit évidemment de fiefs ; c'est le sens qui convient ici.

Les modes du récit.

Dans l'ensemble, Marie rapporte en écho l'aventure. Celle-ci est donc narrée dans le style indirect sur le ton de l'histoire. L'auteur prête cependant la parole à l'héroïne, du v. 93 au v. 126, et un dialogue est esquissé au v. 195-197, 199-206 et au v. 210.

Les personnages.

1. Aucun ne porte un nom propre. On en compte cinq d'individualisés (dont un mort — la *reine* — au moment où commence l'histoire). Les autres sont anonymes.

La dénomination des *individus* s'opère selon cinq modes de référence : (α) Référence au titre ou à la dignité : *li reis, la reïne, le cunte*, père du héros, v. 58. Il est dit au v. 14 que le roi était *sire* des Pistreis (= suzerain). (β) Référence aux liens de parenté. *Li reis* est repris par *li pere* au cours du récit. La jeune fille est désignée comme étant sa *fille*. Celle-ci à à Salerne une *parente*, v. 103 qui est *s'aunte* (= sa tante), v. 138. Le héros est *fiz a un cunte* (v. 58). (γ) Référence au sexe : cf. *fille* et *femme* (v. 104) qui glose *parente*. (δ) Référence à l'âge et à la condition. Il est dit, v. 161, que le prétendant *iert de jeofne eage* (= de jeune âge). Cela justifie l'emploi de *Vallez* (v. 76), terme qui désignait les jeunes nobles. Et le fait qu'il soit fils d'un comte explique qu'on le qualifie de *damisel* (v. 57, 153, 198) et de *danzeus* (v. 81). Son âge et sa qualité de fille de roi valaient à l'héroïne la dénomination parallèle de *damisele* (v. 92, 173, 237). Celle de *pucele* (v. 216) dénote plus précisément l'âge tendre de la jeune fille Celle-ci est trois fois désignée par le nom de *meschine* à la rime (v. 31, 209, 230). L'extrême jeunesse des deux amants ressort enfin du fait que Marie, parlant d'eux ensemble, les appelle *li dui enfant* (v. 10), les *deus enfanz* (v. 3) ou les *enfaunz* (v. 251). (ε) Référence aux relations amoureuses des protagonistes. Suivant la convention, ce sont les termes d'*ami*, d'*amie* qui interviennent dans le récit au style indirect (cf. v. 81, 32, 176, 216). Au cours des dialogues la jeune fille interpelle trois fois son amant par le terme d'*amis* (v. 93, 195, 210). Seule note moins conventionnelle, le qualificatif de *Bele* (v. 199) que le héros attribue à la jeune fille lorsqu'à mi-pente de la colline il la rassure sur la force de son cœur.

Les *êtres anonymes*, conçus en tant qu'unités nombrables, sont dénotés par *hummes* (v. 166), terme qui désigne l'entourage du roi, le personnel de sa cour, et par *amis*, qui évoque les privés [86], les intimes. Le même mot d'«hommes» évoquait au début les prétendants malheureux. Le pronom *li suen* (v. 34) renvoie aux parents du roi ou à ses conseillers. Le grand nombre indéterminé de ces figurants (prétendants, conseillers) est aussi rendu par *plusur* (v. 33, 49), par le syntagme *cil ki* (v. 167, 239) et par l'indéfini autre (v. 60 *tuz autres*). Le substantif *gent* au v. 181 (*en la grant gent*) évoque la foule qui s'était rassemblée pour assister au spectacle de l'épreuve. Il est repris au v. 203 avec un accord du verbe au pluriel. D'une façon plus précise, la *gent foreine* (v. 244) s'applique à la population de la contrée, celle qui ne réside pas à Pistre. Enfin l'indétermination de l'agent d'un procès est rendue soit par *on* (sous la forme *hum* aux v. 35, 74), soit par la troisième personne du pluriel, v. 249, 250 (à moins que ces verbes ne dépendent encore du sujet collectif *genz* (v. 244).

2. L'insertion des personnages dans le récit, leur naissance romanesque si on peut dire, est banalement traduite par le verbe *avoir*, à la troisième personne du singulier. Sous forme impersonnelle ce verbe pose l'existence d'un A *h* (cf. v. 57 *El païs ot un damisel*) ou d'un référent de la classe I (cf. v. 9 *Ad un haut munt merveilles grant*).

3. L'environnement des personnages n'est même pas suggéré, on ignore où (dans un *prael* ? à l'intérieur du palais ?) les jeunes gens se déclarent leur amour, où ils cèlent leurs entretiens. Une seule indication est fournie sur la présence du jeune homme à Pistre et son appartenance à l'entourage du roi. Elle est traduite par les verbes *converser* = vivre, demeurer avec (v. 61) et *surjurner* (v. 62), qui dans ce vers signifie «séjourner».

4. Selon leurs conditions, leur comportement, les personnages se caractérisent par des «tèches» (= qualités) spécifiques. La «puissance» est dénotée par l'adjectif *riche* qui intervient pour qualifier les prétendants malheureux (v. 25 *riches hommes*) et la parente de Salerne (v. 104 *riche femme*). La base *prod-* appliquée à des substantifs dont les référents sont de la classe A *h* symbolise la perfection que chaque individu atteint dans sa condition. Elle se réalise dans l'adjectif *pruz* qui qualifie le héros (v. 67, 82) et l'héroïne (v. 238), et dans le substantif composé *produme* (v. 162) qui évoque les prétendants malheureux ; «vaillance» (cf. v. 162 *vaillant*), c'est-à-dire le prix autant que le courage, «sagesse» (cf. v. 162) sont les apanages de ces *produmes* ; on devine que la «beauté» ne manque pas au héros. Stylistiquement, la collocation des adjectifs «vaillant», «preux», «courtois», «sage», «beau» est si commune qu'elle en devient banale ; on la retrouve qualifiant cette fois la jeune fille *Ki tant est pruz e sage e bele* (v. 238), *curteise* aussi (cf. v. 21-22) : bien élevée. La conduite de l'héroïne témoigne en effet d'une saine sagesse ; *sage* en revanche s'applique moins bien à son ami, puisque la suite montrera qu'il manque d'une qualité précieuse chez un homme : la *mesure* (cf. v. 189).

La motivation de l'aventure.

Elle est double puisqu'il s'agit d'un amour malheureux. L'inclination réciproque des deux jeunes gens est traduite dès le préambule par le préverbe *entre-* qui détermine le verbe *amer* (v. 3 *s'entreamerent*). Cette relation est banalement évoquée dans le cours du récit par le verbe *amer* (v. 66, 79) qui se présente dans une première occurrence sous la forme préfixée *aamer* (v. 63) propre à traduire le début de l'inclination. Les valeurs du terme *drüerie* en ancien français n'ont pas été l'objet d'une étude spéciale (à notre connaissance du moins). Il est sûr, toutefois que l'une d'entre elles est le «gage» que les promis échangeaient pour sceller leur entente ; il engageait la fidélité réciproque des amants. C'est le sens qu'on donnera à *drüerie* dans ses deux occurrences (v. 66, 69). Conformément à la tradition, la «demande en

---

86. L'équivalence *amis-privez* est attestée ici par les 135-136. Partant pour Salerne, le jeune homme emmène avec lui *de ses hummes les plus privez*.

mariage » formulée au père par les prétendants à la main de sa fille est traduite par les verbes *querre* (v. 39, 156), *requerre* (v. 25, 118) et *demander* (v. 87). C'est le verbe *doner* (v. 27, 89, 121, 157) qui évoque la réponse positive du père. Entre les jeunes gens, lors de l'aveu qu'ils se font de leurs sentiments, le don réciproque de l'amour est marqué par le verbe *otreier* = octroyer, accorder (v. 65, 69) dont la valeur est institutionnelle. Ce signe intervient en effet dans toutes les situations où une permission, un don sont officiellement accordés et reconnus. Cet amour est entravé ici par celui que le roi porte à sa fille. Rien, dans la teneur du texte, ne suggère qu'il soit incestueux. Egoïste, certes, mais explicable par la condition du père. Veuf, il appréhende douloureusement la solitude où le laisserait le mariage de sa fille. Marie utilise bien le verbe *cherir* à son propos (v. 24 *forment l'amot e chierisseit*) pour renforcer *amer*, mais il suffit de se reporter au v. 99 : *certes tant l'aim e si l'ai chier*, pour voir que l'écrivain prête la même figure de style à la jeune fille dont l'amour qu'elle porte à son père n'a rien de suspect.

L'épreuve.

Elle ne porte pas de nom spécifique. Elle consiste dans une escalade continue, sans pause (cf. v. 46, 206), rendue plus pénible par le fait du corps que le héros porte entre ses bras. La solennité de l'épreuve est soulignée toutefois par les termes *sortir, destiner* (cf. v. 43 *sortit esteit e destiné*) qui soulignent le caractère irrévocable de la décision du roi. Ils appartiennent à un ensemble lexical bien défini : celui du style oraculaire. Peut-être peut-on tirer parti aussi du détail que la jeune fille s'avance au pied de la colline, nue sous une simple chemise (v. 183). C'était la tenue des femmes soumises à une ordalie.

L'adjuvant.

Si on regarde aux personnages, il est facile de dessiner une frontière entre les sorciers, les magiciens et les « hommes de l'art ». Les premiers ont droit à des dénominations propres [87]. Les médecins portent le nom de *mires*. Celui-ci figure dans la malédiction que le cervidé blanc porte contre Guigemar qui l'a blessé. La flèche revient, frappe le chasseur et l'animal faé lui prédit qu'il ne guérira *ne par mire ne par poison (Guigemar*, v. 111). *Poison* signifie « potion médicinale », Marie n'attribue pas la qualité de *mire* à la tante de la jeune fille. Cette femme à qui de bons revenus (v. 104 *mut grant rente*) assurent une pleine indépendance consacre ses loisirs à étudier ; elle est devenue experte dans *l'art de phisique* (v. 106) : *art* signifiant technique et *phisique* englobant la médecine parmi d'autres sciences de la nature. Dans *mut est saives de mescines* (v. 107), *saives* dénote la connaissance expérimentale et *mescines* toutes sortes de remèdes. L'emploi de ces connaissances théoriques est rendu lui-même au v. 106 par le verbe *user* = pratiquer. La médecine par les plantes (cf. l'hendiadyn *herbes e racines* au v. 108) jouissait d'un grand crédit au Moyen Age. Cette femme qui connaît leurs pouvoirs confectionnera donc des *leituaires* = électuaires (v. 113), c'est-à-dire des onguents, et des *beivres* (v. 113) ou « boissons, potions médicinales ». Mais elle n'accroîtra pas les forces du jeune homme avant d'avoir étudié son *estre* (v. 142) c'est-à-dire sa complexion et son tempérament chaque sujet réagissant aux remèdes d'une façon spécifique). Aussi bien, *recunforter*, au v. 115 peut-il très bien évoquer un renforcement du pouvoir moral du patient autant qu'un accroissement de ses forces physiques. Au moment de son départ, elle confie au jeune homme, comme adjuvant, un *beivre* spécial dont la vertu est précisée. Celui qui le possède ne saurait être chargé (v. 144), mal à l'aise (cf. *travaillez*, v. 145), exténué (cf. *ateinz*, v. 146) que l'absorption du liquide ne *refrechist* (v. 147), c'est-à-dire ne rafraîchisse, ne regaillardisse tout son corps et ne lui rende toute sa *vertu* (v. 149), autrement dit sa force (au v. 95 *vertuus* signifie « vigoureux »).

87. Cf. R. L. Wagner « *Sorcier* » *et* « *Magicien* » *Contribution à l'histoire de la magie*, Paris, Librairie E. Droz, 1939, 1 vol., 292 p.

La Mort.

Elle est évoquée dès le préambule par le verbe *finer* (v. 4) ; à la fin du récit par la double occurrence du verbe *murir* (v. 221, 237).

* * *

Le cadre, les personnages, l'aventure des deux amants étant ainsi caractérisés, le récit met en jeu, évidemment, un vocabulaire qui pourrait être utilisé dans toute autre histoire on doit donc, à partir d'ici, déterminer des situations plus générales auxquelles répondent des ensembles lexicaux plus ou moins denses.

L'univers extérieur à l'homme.

La nature : cf. ce qui a été dit du cadre. Le règne minéral est évoqué par le terme de *marbre* (v. 246), matière du cercueil où on place les cadavres des deux enfants ; indirectement par le terme de *diniers* = deniers v. 133, dont la valeur était variable selon la matière et le poids. Le règne animal : deux références y sont faites par les termes *palefreiz*, v. 134 = cheval de route, de voyage (par opposition au *destrier*, cheval de combat) et *sumiers*, v. 134 = chevaux de charge.

L'homme.

1. *A. Existence.* Ce mot et le verbe correspondant ne fonctionnant pas en ancien français, c'est *vivre* (cf. v. 98) qui recouvre les valeurs dévolues en français moderne à « vivre » et à « exister ».

B. Age. Voir ce qu'a été dit plus haut de *enfant.* L'âge peut avoir une valeur symbolique. A chaque étape de la vie de l'homme correspondent conventionnellement des défauts et des qualités spécifiques. Au v. 161 *le jeofne eage* de l'enfant implique de la *folie* (v. 160) ou à tout le moins de la témérité excessive.

C. Corps. La nomenclature des pièces de l'anatomie du corps mentionnées dans le texte (*braz*, v. 45, 91, *buche*, v. 235, *cruer* ~ *quer* ~ *quors* ~ *quor*, v. 119, 215, 236, *mein*, v. 187, *oilz*, v. 235, *os*, v. 148, *vaines*, v. 148, *ventre*, v. 215) n'appelle de commentaire que pour *ventre* : cf. la note critique de M. J. Rychner, p. 364. En ce qui concerne l'état des connaissances scientifiques dans ce domaine, il est toujours bon de se reporter à l'utile ouvrage de Ch. V. Langlois, *La connaissance de la nature et du monde au Moyen Age*, Paris, Hachette, t. IIII de son encyclopédie, *La Vie en France au Moyen Age*, Paris, Hachette, 4 vol., 1924-1928.

Deux adjectifs interviennent pour traduire la « robustesse » du corps ou d'un organe : *vertuus*, v. 95, dérivé de *vertu* = pouvoir force, qui se lit aux v. 116, 149, 197, et *fort* colloqué à *quer* dans une unique occurrence, v. 199. A notre connaissance il n'existe pas d'étude sur la distribution de *force-vertu* et de leurs dérivés en ancien français. La fatigue est traduite par le verbe composé *alasser*, v. 194 : « commencer à faiblir ». On peut rattacher au concept « corps » les termes qui ont trait à des attitudes typiques (cf. *en genuillons*, v. 218 : à deux genoux) ou atypiques (cf. *gesir*, v. 10, *sei cuchier, sei estendre*, v. 233) ; au traitement ascétique auquel la jeune fille se soumet : la privation (*sei destreindre*, v. 174), le jeûne (*juner*, v. 174) qu'elle s'impose en vue d'alléger (*alegier*, v. 175) son poids, à des accidents tels que l'évanouissement (*estre en paumeisuns*, v. 217, *paumez* = évanoui, v. 242) ; enfin au vêtement représenté ici par *dras*, v. 133, collectif, *drap*, v. 183 = étoffe, et par *chemise, ibid.*

2. Les historiens de la philosophie médiévale ont habilement débrouillé et exposé les problèmes que soulevait, au Moyen Age, l'analyse des facultés de l'homme et de leurs pouvoirs. Ils se fondent sur des traités rédigés en latin. Nombre d'ouvrages composés en français font cependant écho à ces débats, en premier lieu le *Roman de la Rose* de Jean de Meun. Toutefois, à notre connaissance du moins, il n'existe pas d'étude d'ensemble sur la formation et l'étendue d'un vocabulaire philosophique *français* au Moyen Age. Tant que cette lacune ne sera pas comblée, la mise en ordre des termes qui concernent la psychologie, par exemple, les voies et les modes de la connaissance, du sentiment, de l'action, est évidemment provisoire. On n'attachera donc aucune valeur absolue au classement que nous proposons ici.

A L'équilibre de l'esprit. Aux tèches que Marie reconnaît au héros manque, ou l'a vu, la *mesure.* Cela entraîne le jeune homme à commettre une imprudence que le roi n'hésite pas à taxer de *folie*, v. 160. La corrélation de ce terme avec celui de *desmesure* est traditionnelle ; on la relève dans le *Roland*.

B. La perception. Elle s'opère par les sens ; on a mentionné le rôle important des verbes *oïr*, v. 2, 35, 127 etc., *sentir*, v. 194, 199, *vëeir*, v. 216, 240. A la vue se rattachent d'une part le verbe *lire*, v. 140 et le verbe *aperceveir*, v. 74 appliqué à ceux qui auraient pu épier ou simplement découvrir les rencontres des deux jeunes gens au début de leur liaison. La valeur d'*entendre*, v. 102 est ambiguë ; si on traite le verbe comme transitif il signifie « entendre » et « admettre » ; intransitif et régissant le cas régime *cest cunseil* sans préposition, il signifierait « prêter attention à ».

C. La « réflexion » est classiquement rendue par *sei purpenser*, v. 37, 76 ; le « souvenir » par l'impersonnel *membrer* qui a été l'objet d'une étude contrastive (*souvenir*) de la part de M. Baldinger et par le verbe *ublier*, v. 179 ; *saveir de veir* = savoir de vrai, v. 42, traduit la certitude (88) alors que la « supposition, l'imagination fausse » intervient au v. 217 avec *cuidier* quand la jeune fille veut se persuader que son ami n'est qu'évanoui. L'« opinion » est traduite par le syntagme *tenir por*, v. 119, 160. La matière d'une délibération ou d'une opinion l'est par *cunseil*, v. 101, 112, 128.

D. La « croyance » Participant du *penser* (réfléchir) et du *cuidier*, la « croyance » apparaît une fois ici dans une occurrence de *creire*, v. 211 qui répond à la prière (v. 209 *prie*) adressée par la jeune fille à son ami : *Amis, bevez vostre mescine !*

E. Les « sentiments » dominent un ensemble lexical plus étendu. Il se divise en plusieurs sous-ensembles. (α) Celui de la « joie » (cf. *joie*, v. 129, 156, 192), celui de la tristesse et de la souffrance (89) ; à la base **dol*, représentée par le substantif *dols*, v. 236, 243, *doel*, v. 97, l'adjectif *dolenz*, v. 36, 232 sont corréliés les verbes *peser*, v. 36 et *grever*, v. 75 ; le « supplice » c'est-à-dire le « comble du malheur » est rendu par *martire*, v. 98. (β) Les « émotions » sont évoquées par une occurrence de *ire* (corrélié à *doel* au v. 97) = trouble profond et par une occurrence au v. 100 du signe qui évoque la « colère » : *curucier*. A la fin du récit, *desturber*, v. 205, traduit classiquement le « trouble » de l'esprit. (γ) Le signe de l'« appréhension », de la « crainte », est le verbe *criembre* : une occurrence ici, *jo creim* au v. 188. (δ) Les sentiments que l'on porte à autrui sont représentés ici par l'« estime », *priser* (cf. *preisot*, v. 68) et la « compassion », *pleindre*, v. 222. J'estime qu'au v. 83, *pleinte* est à la limite de la valeur juridique : le jeune homme, amoureux, expose à sa belle les raisons motivées qu'il a de se plaindre du refus qu'elle offre à ses sollicitations. (ε) Chaque sentiment provoque des « Gestes » appropriés : l'amour, la douleur incitent la jeune fille à *prendre*, *estreindre* (v. 234) le cadavre de son ami (Gestes d'appropriation), à *baiser* (v. 235) sa bouche et ses yeux.

Restent deux mots difficiles : l'*enui* du v. 86 qui est très loin de sa valeur étymologique, très loin aussi de celle qu'il a prise en français moderne ; peut-être « impatience », « dégoût »

---

88. L'affirmation de la réalité d'un fait est exprimée, ici, par le syntagme *Veritez est ke ~*, v. 7, et par *cum jeo vus di*, v. 221.
89. La *suffrance* du v. 75 n'est évidemment pas à prendre au sens moderne. On peut l'entendre, comme M. J. Rychner, dans la valeur de « contrainte », on pourrait y voir le substantif verbal de *suffrir* et traduire = le fait de supporter cette « contrainte ».

du traitement qui lui est infligé seraient-ils des équivalents passables. Pour *destreiz*, v. 79, je ne comprends pas la traduction de « démuni » proposée par M. J. Rychner dans le glossaire ; je préférerais celle de « pressé », *mais* en accord avec le sens fréquent qu'à *presse* = torture. A ce propos, une anecdote. Un étudiant intelligent m'a proposé une fois pour ce vers une traduction subtile, mais qui à la reflexion représente un faux sens. Il interprétait *amer* comme un adjectif et comprenait, mot-à-mot : « il y eut pour lui amère détresse ». Même si *li* pouvait à la rigueur être substitué à « lui », *amer* aurait dû être fléchi. Le vers se construit, mot à mot : il fut très torturé (*mut fu... destreiz*) en raison (*pur*) du fait qu'il l'aimait (*li amer*).

F. La volonté. Le signe en est *voleir*, v. 56, 89, 100. A l'action se rattachent les termes de *cure*, v. 112, le soin qu'on prend de, et le verbe *aidier*, v. 175. On détermine un ensemble lexical des mots qui traduisent : (α) L'effort : *asaier* = essayer, tenter, v. 49, *s'entremetre* = entreprendre, v. 61, se mettre en *aventure*, v. 170. (β) La réussite : *espleitier*, v. 50 (cf. fr. mod. *exploit*), le syntagme *a chief traire* = mener à terme, achever, v. 164. (γ) L'échec : *faillir*, v. 78, et la locution adverbiale *ne ... pur rien* dans le vers *ne m'iporteriez pur rien*, v. 94.

3. Relations humaines. Des actions banales comme « retenir quelqu'un chez soi » (cf. *retenir*, v. 141), « munir quelqu'un de quelque chose » (cf. *chargier*, v. 144), la lui donner (cf. *durat*, v. 113) font partie des rapports usuels que les individus ont entre eux. Peut-être (?) faut-il comprendre, quand Marie dit que la tante *baillerat*, v. 114 des breuvages revigorants au héros, que cette femme les lui « administrera » ; mais c'est probablement subtiliser, et ce verbe ne signifie sans doute que « confier », variante de « donner ».

On se trouve au contraire devant un bon ensemble lexical avec les termes qui répondent aux modes d'entretien et aux entretiens eux-mêmes que nouent des individus. La notion de « porter connaissance de quelque chose » est communément rendue par *mander* (v. 40) dans une construction qui illustre la figure de l'*hysteron proteron* (*manda et dist*) ; celle de « permission de s'en aller » est traduite évidemment par *cungié* (v. 130). Le verbe *parler* (cf. v. 35) a, comme toujours le sens de « tenir des propos », comme ici ou celui de « s'entretenir » comme au v. 71. L'action même de s'exprimer est rendue par *dire*, passim. L'objet de la communication est dénoté par *nuvele*, v. 47, 127. La communication est orale, annoncée par *dire* ; elle peut-être écrite et dans le texte ce sont alternativement les termes de *letres* au pluriel, v. 110 (Latinisme) et de *brief*, v. 139 qui en évoquent l'instrument. Le verbe *respondre*, v. 198 n'appelle pas de remarque.

Dans cet ensemble, le verbe *mustrer* a un caractère quasi institutionnel. Là où il figure, v. 84, sa valeur est nette : le jeune homme, dévoré d'impatience, « expose » à la jeune fille, en les expliquant, les motifs de sa plainte. La locution *mustrer la parole* = expliquer une situation au cours d'une prise de parole est connue des chroniqueurs. Villehardouin en use à tout propos.

Les relations impliquent, suivant les circonstances, des précautions, évoquées ici par le verbe *celer*, v. 73 (les jeunes gens dissimulent leurs rencontres) ; elles font naître des sentiments qui incitent soit à la suspicion, cf. *turner a mal*, v. 33, soit au blâme, cf. v. 34 (*blamer*), soit au contraire à la reconnaissance (cf. *mercier* = remercier, v. 70, 129).

4. Droit. Institutions. Il n'est guère de conte où ne figure un roi ; l'évocation de la cour, v. 61, est donc obligée. Non moins banal le recours au mot *cuvenant*, v. 120 pour évoquer la matière d'un contrat ; et il en va de même pour les locutions *numer* ~ *metre terme*, v. 165, quand il s'agit d'une convocation à jour fixé. Dans l'édition critique du lai de *Lanval* M. J. Rychner a longuement et bien expliqué le sens de *esgart* = décision judiciaire (cf. *Lanval*, v. 505, 629). Il donne ici, au v. 12 *par grant cunseil e par esgart*, la valeur figurée de « en y vouant ses soins et son attention ». Pour notre compte nous préférons conserver à *esgart* son sens institutionnel, voir dans la phrase un hendiadyn et entendre « par une décision officielle motivée ». Le droit de « *retur* », comme l'explique M. J. Rychner au glossaire à propos de *Freisne*, v. 265, était celui que possédait un suzerain de descendre chez un vassal avec sa suite et d'être entretenu aux frais de l'hôte. Dans notre lai, v. 29, *n'aveir autre retur* n'a pas cette valeur institutionnelle mais un sens dérivé de « avoir recours » à quelqu'un ou à quelque chose.

* * *

Les collocations adjectivales.

Une bonne pratique, au cours des dépouillements, est d'établir un relevé des collocations adjectivales en prenant les adjectifs comme entrées. Les relations prédicatives explicites (ex. v. 83 *Ki tant est sage, pruz e beus*) présentent moins d'intérêt que les syntagmes du type *substantif + adjectif* et *adjectif + substantif*. Des deux, le premier n'est au fond qu'un syntagme prédicatif contracté. Ex. v. 9 *Ad un haut munt merveilles grant* = [qui est] étonnamment grand, cf. v. 21 (*une fille bele*), 58, 153, 244. Le second a un caractère notoirement locutionnel et l'adjectif avec le nom finissant parfois (cf. *meintefeiz*, v. 64) par prendre la valeur d'un mot composé. Nous avons relevé ces collocations par suite alphabétique. *Autre* (retur, v. 27, cunseil, v. 101) ; *Bon-Bone* (vertu, v. 116, herbe, 227) ; *Grant* (cunseil, v. 12, folie, v. 160, gent, v. 181, anguisse, v. 212, dol, v. 243) ; *Haut* (cri, v. 222, munt, v. 9) ; *Jeofne* (eage, v. 161) ; *Lung* (tens, v. 55) ; *Riche(s)* (hommes, v. 25, femme ,v. 104, dras, v. 133) ; *Tel* (beivre, v. 144) ; *Tute* (vertu, v. 149 = pleine vertu). Un second jeu de fiches donne la contre-partie du premier. Les substantifs constituent les entrées ; ils sont suivis, par ordre alphabétique, des adjectifs préposés qui les colloquent.

Les caractérisations non adjectivales.

On analyse de la même manière les caractérisations non adjectivales. Le stock en est très riche en ancien français. Les relevés n'en recueillant qu'une partie on adoptera un classement morphologique. Le but, en effet, est de fournir des données commodément utilisables a qui, entreprenant une étude d'ensemble de ces caractérisations, traitera de leurs valeurs sémantiques. Les caractérisations s'opèrent ici au moyen :

(α) d'*adverbes simples* entre lesquels on discerne ceux qui expriment un degré d'intensité : *bien*, v. 88, 93, *mut*, v. 2, 36, 79, 104, 222), *si* (v. 95), *tant*, v. 88 ; fréquence : *sovent*, v. 62 ; hâte : *tost*, v. 205 ; localisation dans le temps : *jadis*, v. 1, *or*, v. 230, *unkes*, v. 232 ; dans l'espace : *iloec*, v. 237, *jus*, v. 208, *lasus*, v. 10 [90], *luinz*, v. 40, *pres*, *ibid*. N. B. Il semble bien que *dunc*, v. 78 traduise une relation de conséquence ; dans le même vers *trop* pose la question délicate de savoir si ce morphème dont le sens étymologique est « beaucoup » « en grande quantité », s'est déjà chargé du sens moderne « excès » qu'il tire de sa collocation avec plus (*trop plus* = beaucoup plus). Au v. 87 *ne ... mes* vaut ne ... pas davantage,

(β) adverbes complémentaires explicitant la direction du mouvement impliqué par le verbe qu'ils déterminent ; ces syntagmes ont été étudiés par L. Foulet, *Romania*, t. 69, 1948, p. 1-79 : *avant aler*, v. 54, *ariere repairier*, v. 154 = revenir chez soi, *chëeir jus*, v. 208, *metre dedenz*, v. 247, *monter sus*, v. 208,

(γ) adverbes de manière formés au moyen du suffixe *ment*, on relève *anguisseusement*, v. 84, colloqué avec *requerir* ; *bonement*, v. 125 ,colloqué à *otrier* = accorder de bonne grâce ; *hastivement*, v. 132, colloqué à *s'aturner* = prendre ses dispositions, se préparer ; *humblement*, v. 70, colloqué à *mercier*, *lëaument*, v. 72, colloqué à *s'entreamerent* ; *lungement*, v. 201, colloqué à *arester*,

---

90. Les scribes écrivant fréquemment *lasus* en un mot, on peut admettre que ce syntagme (< *la sus*) était senti par eux comme un mot composé. En revanche *ca jus* reste en général décomposé.

(δ) des *prépositions et des locutions prépositionnelles* traduisant des relations spatiales *desur* (le munt), v. 44, 249, *devers* (Seigne), v. 180, *en* (*la grant gent*), *fors* (la cité), v. 44, *sur*, v. 60, l'exception : *fors* (la chemise), v. 183 [91] ; *en mi* ~ *sum* (le munt), v. 171, 191 où *en* a le sens de « sur », cette locution présentant la particularité d'être construite sur le modèle *li fiz le rei* ; *ensemble od*, v. 85, 141 qui marque dans ce texte, de même que *ambedui*, v. 4, l'étroite solidarité dans l'accompagnement ; *lez* = à côté de, v. 233,

(ϵ) des syntagmes, en construction absolue ou régis par une préposition, qui ont valeur de complément de manière : *grant alëure*, v. 190 = à grand train, *les deus parz*, v. 207, *nuit e jur*, v. 30, *tuz jurs*, v. 17 ; *a une feiz*, v. 80, *a une part*, v. 11, *de tutes parz*, v. 172, *a lur poeir*, v. 73, *a nul fuer*, v. 200 = à aucun prix.

N. B. Pauvre est le jeu des conjonctions et des locutions conjonctives. *Que*, v. 50, 56, 107 y a ses valeurs habituèlles, de même que *ne* = que ne ... pas en corrélation avec *tant*, v. 147. Il n'y a rien à dire de *puisque*=après que, une fois que, v. 32, 150, 231, de *tant ... que*=au point que, jusqu'à ce que, v. 51, 42, de *si tost cum* = aussitôt que, v. 150. La seule construction de nature à surprendre les novices est celle du v. 208 *pur un petit qu'il ne chiet jus* = « il s'en faut de peu qu'il ne tombe », encore qu'elle soit usuelle.

* * *

Le reste du vocabulaire comporte des mots, appelés par une circonstance du récit, extraits d'ensembles qui, par ailleurs, ne sont pas représentés dans le texte. Chaque dépouillement d'une pièce laisse ainsi un stock de termes inclassables. On doit se garder de les perdre car certains peuvent servir lors d'une étude d'ensemble sur le vocabulaire de l'auteur (ce n'est pas le cas ici) ou lorsqu'on envisage d'autres situations. Nous les avons donc insérés dans l'index qui termine ce volume ; il contiendra ainsi, à l'exclusion des morphèmes grammaticaux, le vocabulaire de ce lai.

91. Cf. G. Moignet, *Les signes de l'exception dans l'histoire du français*, Genève, Droz, 2e éd., 1973, un vol., 248 p. [Société des Publications romanes et françaises].

BIBLIOGRAPHIE

Cette bibliographie est sélective. Le choix des titres a été commandé par les vues exposées dans chacun des chapitres de l'ouvrage. Quant aux travaux, tous ceux que nous citons s'appuient d'ailleurs sur une bibliographie exhaustive du sujet qu'ils traitent ; on se reportera avec profit à ces indications. Quant aux œuvres, nous avons tenu à nous appuyer sur celles que nous connaissons le mieux : soit que nous les ayons dépouillées ou fait dépouiller d'un point de vue quelconque (grammatical, lexicologique), soit que nous en ayons étudié la tradition manuscrite.

I. TEXTES

A. Sigles.

B. F. R : *Bibliothèque française et romane*, publ. par le Centre de philologie et de littératures romanes de l'Université des Sciences Humaines de Strasbourg, Paris, éd. Klincksieck. — C. F. M. A : *Classiques français du Moyen Age*, Paris, Librairie H. Champion. — S. A. T. F : *Société des anciens textes français*, Paris, éd. A. et J. Picard. — T. L. F : *Textes littéraires français*, Genève, Librairie Droz, Paris, Librairie Minard.

B. Œuvres attribuées.

1. BENOIT, *La Chronique des Ducs de Normandie*, publ. par Carin Fahlin, Genève, Librairie E. Droz, Texte, t. I, 1951, t. II, 1954. Glossaire revu par M. O. Södergärd, t. III, 1967.
2. Chrétien de TROYES, *Le Chevalier de la Charete*, publ. par Mario Roques, Paris, Librairie H. Champion, 1968 [C. F. M. A.].
3. Guillaume de LORRIS et Jean de MEUN, *Le Roman de la Rose*, publ. par F. Lecoy, Paris, Librairie H. Champion, 1966, 3 vol. [C. F. M. A.].
4. Jean RENART, *Le Roman de la Rose ou de Guillaume de Dole*, éd. par Félix Lecoy, Paris, Librairie H. Champion, 1962, 1 vol., XXIX-231 p. [C. F. M. A.].
5. MARIE DE FRANCE, *Les Lais*, publ. par Jean Rychner, Paris, Librairie H. Champion, 1966 [C. F. M. A.].
6. MARIE DE FRANCE, *Le Lai de Lanval*, texte critique et édition diplomatique des quatre manuscrits français par Jean Rychner, Genève, Droz, Paris, Minard, 1958, 1 vol., 125 p. [T. L. F.].
7. *Maurice of Sully and the medieval Vernacular Homily* with the text of Maurice's French Homilies from a Sens Cathedral, Chapter Ms. by C. A. Robson, Oxford, Basil Blackwell, 1952, 1 vol., 218 p.
8. THOMAS, *Les Fragments du Tristan de Thomas*, éd. par Bartina H. Wind, Leiden, E. J. Brill, 1950, 1 vol., XI-235 p.
9. VILLEHARDOUIN, *La Conquête de Constantinople*, éd. et trad. par Edmond Faral, Paris, Société « Les Belles Lettres », 3ᵉ tirage, 1972, 2 vol. : I LXVII-229 p., II 370 p.
10. WACE, *Le Roman de Rou*, publ. par J. Holden, Paris, Ed. A. et J. Picard, 1970 et 1971, 2 vol. [S. A. T. F.].

C. Œuvres anonymes.

11. *Aucassin et Nicolette*, Chantefable du xiiie siècle, éd. par Mario Roques (2e éd.) Paris, Librairie H. Champion, 1936 [C. F. M. A.].
12. *La Chanson de Roland*, publ. d'après le manuscrit d'Oxford et trad. par Joseph Bédier, Paris, L'édition d'Art, H. Piazza, 1922 (10e éd.), 1 vol., XVII-320 p.
13. *La Chanson de Roland*, commentée par Joseph Bédier (suivie d'un glossaire établi par L. Foulet), Paris, *ibid.* 1927, 1 vol., IV-525 p.
13 *bis*. *Le Charroi de Nîmes*, chanson de geste du xiie siècle, éd. d'après la rédaction AB avec introduction, notes et glossaire par Duncan McMillan, Paris, éd. Klincksieck, 1972, 1 vol., 169 p. [Bibl. française et Romane série B].
14. *Eneas*, roman du xiie siècle, éd. par J. J. Salverda de Grave, 2 vol., Paris, Librairie H. Champion, 1964-1968 [C. F. M. A.].
15. Fragment de Valenciennes in G. De Poerck, *Le sermon bilingue sur Jonas du manuscrit Valenciennes 521 (475)* in *Romanica Gandensia*, 4, 1955, p. 31-66 [Texte critique, commentaire, une reproduction photographique].
16. *Le garçon et l'aveugle*, jeu du xiiie siècle, éd. par Mario Roques, Paris, Librairie ancienne Honoré Champion [C. F. M. A.].
17. *Glossarium Biblicum Codicis CCXLVIII*, [= Gloses dites de Reichenau] éd. Andreas Labhardt, Neuchatel, éd. du Griffon, Paris, Librairie C. Klincksieck, 1968, 1 vol., XXI-93 p.
18. *La mort le Roi Artu*, roman du xiiie siècle, éd. par Jean Frappier, Genève, Librairie Droz, Paris, Librairie Minard, 1964 [T. L. F.].
19. *La Passion du Christ*, ap. Foerster u. Koschwitz, *Altfr. Übungsbuch* [Anthologies].
20. *Le Roman de Renart*, première branche, publ. par Mario Roques, Paris, Librairie H. Champion, 1963 [C. F. M. A.].
21. *Le Roman de Thèbes*, publ. par Guy Raynaud de Lage, Paris, Librairie H. Champion, 1966, 2 vol. [C. F. M. A.].
22. Saint Léger, *Etude de la langue du manuscrit de Clermont-Ferrand, suivie d'une édition critique du texte* avec commentaire et glossaire, par Joseph Linskill, Paris, Librairie E. Droz, 1937, 1 vol., 192 p.
23. *Séquence de Sainte-Eulalie*, ap. Foerster u. Koschwitz, *Altfr. Übungsbuch* [Anthologie].
24. Les *Serments de Strasbourg*, ap. Foerster u. Koschwitz, *Altfr. Übungsbuch* [Anthologie]. Pour le commentaire de ce texte, consulter en particulier les études mentionnées à la Bibliographie II, Travaux, sous les n°s 154, 164, 165 et 55.
25. La *Vie de saint Alexis*, Texte du manuscrit de Hildesheim (L), publ. par Christopher Storey, Genève, Librairie Droz, Paris, Librairie Minard, 1968 [T. L. F.].

D. Anthologies.

26. W. Foerster und E. Koschwitz, *Altfranzösisches Übungsbuch* (Die ältesten Sprachdenkmäler mit einem Anhang)... fünfte vermehrte und verbesserte Auflage besorgt von W. Foerster, Leipzig, O. R. Reislang, 1915, 1 vol., VI-323 p. [Cet ouvrage reproduit, entre autres textes, celui d'un fragment des *gloses* dites de Reichenau et des gloses de Cassel, des *Serments de Strasbourg*, de la *Séquence d'Eulalie*, du *Fragment sur Jonas*, de la *Passion du Christ*, de *Saint Léger*, du *Sponsus* et des Versions de la *Vie de saint Alexis*. L'intérêt de cette anthologie tient à ce que ces anciens textes sont présentés dans une reproduction diplomatique.]
27. A. Henry, *Chrestomathie de la littérature en ancien français*, Berne, A. Francke, 1953, 2 vol. : I Textes, X-350 p., II Notes, glossaire, table des noms propres, 174 p.
28. E. Koschwitz, *Les plus anciens monuments de la langue française* publ. pour les Cours universitaires, Textes critiques et Glossaire, Leipzig, O. R. Reisland, 1902, 1 vol., VIII-92 p. [A l'exception des *gloses* et de la *Vie de saint Alexis*, on y trouve les mêmes textes que ceux de l'*Altfr. Übungsbuch* cités plus haut.]

II. TRAVAUX

29. J. Adigard des Gautries, *Les noms de personne scandinaves en Normandie de 911 à 1066*, Lund, C. Bloom, 1954, XXXV-480 p.
30. P. Aebischer, *Estudios de Toponimia y Lexicografia románica*, Barcelone, Escuela de filologia, 1948, 1 vol., 156 p.

31. J. ANDRÉ, *Etude sur les termes de couleur dans la langue latine*, Paris, Librairie C. Klincksieck, 1949, 1 vol., 427 p.

32. *Archivum Latinitatis Medii Aevi* (Bulletin du Cange), 1ʳᵉ année 1924.

33. K. BALDINGER, consulter :
   1. *Sémasiologie et onomasiologie* in *Revue de linguistique romane*, 28, 1964, p. 249-271.
   2. *Sémantique et structure conceptuelle* in *Cahiers de lexicologie*, VII, 1966, 1, p. 3-46.
   3. *V̌om Affektwort zum Normalwort, Das Bedeutungsfeld von a. gask. TREBALH « Plage, Arbeit »* in *Etymologica*, W. V. Wartburg zum 70. Geburtstag, Tübingen, M. Niemeyer, 1958, p. 59-93.

34. J. BATANY, *Ancien français, méthodes nouvelles* in *Langue française*, 10, mai 1971, p. 31-52.

35. J. BATANY et J. RONY, *Idéal social et vocabulaire des statuts. Le couronnement de Louis* in *Langue française*, nᵒ 9, 1971, p. 110-118.

36. Carlo BATTISTI, *Avviamento allo studio del latino volgare*, Bari, « Leonardo de Vinci », éditrice, 1949, IV-151 p.

37. E. BENVENISTE, *Les relations de temps dans le verbe français* in *Problèmes de linguistique générale* (p. 237-250), Paris, éd. Gallimard, 1966, 1 vol., 356 p.

38. — *Le vocabulaire des Institutions indo-européennes*, Paris, Les éditions de Minuit, 1969, 2 vol. (t. I, Economie, parenté, société ; t. II, Pouvoir, droit, religion).

39. O. BLOCH et W. v. WARTBURG, *Dictionnaire étymologique de la langue française*, 5ᵉ éd., Paris, 1968, P. U. F., 1 vol., XXXII-674 p.

40. E. BOURCIEZ, *Eléments de linguistique romane*, 5ᵉ éd. revue par l'auteur et par les soins de J. Bourciez, Paris, C. Klincksieck, 1967, XXX-783 p.

41. G. BRANDT, *La concurrence entre soi et lui, eux, elles, Etude de syntaxe historique française*, Thèse de l'Université de Lund, Gleerup, 1944, 1 vol., 346 p.

42. Edgar de BRUYNE, *Etudes d'esthétique médiévale*, Bruges, De Tempel, 1946, 3 vol.

43. André BURGER, *La tradition manuscrite du Lai de Lanval* in *Actes du Xᵉ congrès internatio- nal de linguistique et philologie romanes*, Strasbourg, 1965, Paris, C. Klincksieck, cf. t. II, p. 655-666.

44. *Cahiers de Civilisation médiévale*, Poitiers, 1ʳᵉ année 1958, Centre d'études supérieures de civilisation médiévale.

45. E. CAMPANILE, *Due studi sul latino volgare* in *L'Italia dialettale*, t. XXXIV, 1971, p. 1-64.

46. J. CHAURAND, *Note de lexicologie : pour l'histoire du mot « Chanole »*, in *Romania*, t. 86, 1965, p. 307-329.

47. — *Introduction à la dialectologie française*, Paris, Bordas, 1972, 1 vol., 286 p.

48. *Comptes rendus*, par F. LECOY, *Romania*, 72, 1951, p. 400 sqq. (Gautier de Coincy, *De sainte Léocade*, publ. par Vilamo Pentti, id. *D'une fame de Laon*, publ. par Veikko Väänänen) ; ibid., 74, 1953, p. 284 (*Vie d'Edouard le Confesseur*, publ. par O. Södergard) ; ibid., 75, 1954, p. 122 sqq (*Gerbert de Metz*, publ. par Pauline Taylor) ; ibid., p. 409 sqq. (G. de Coincy, *De la bone empereris qui garda loiaument son mariage*, publ. par E. V. Kraemer) ; ibid., 76, 1955, p. 534 sqq. (H. E. Keller, *Etude descriptive du vocabulaire de Wace*) ; 82, 1961, p. 269 (*Huon de Bordeaux*, publ. par P. Ruelle) ; ibid., p. 271 sqq. (E. V. Kraemer, *Huit miracles de G. de Coincy*) ; ibid., 84, 1963, p. 275 sqq. (*Le mystère d'Adam*, publ. par P. Aebischer) ; ibid., 89, 1968, p. 559 sqq. (Macé de la charité, *La Bible*, I Genèse-Exode, publ. par H. J. R. Smeets) ; J. MONFRIN, *Romania*, 92, 1971, p. 267 sqq. (*Trois contes français du XIIIᵉ siècle tirés du recueil des Vies des Pères*, publ. par Göran Bornäs) ; L. E. FLUTRE, *Revue de Linguistique Romane*, 36, 1972, p. 188-193 (Adenet le Roi, *Cleo- mades*, publ. par A. Henry).

49. M. CORNU, *Les formes surcomposées en français*, Berne, A. Francke, 1954, 1 vol. 268 p. [Cf. C. R. de R.-L. Wagner in *Bulletin de la Société de Linguistique de Paris*, 50, 1954, p. 97 à 100.]

50. C. R. A. L., *Le traitement automatique des Textes d'Ancien Français*, Nancy, 1969. Fasc. I : Principe et méthodes de travail, cahier nᵒ 9. Fasc. II : Constitution d'une Bibliothèque, cahier nᵒ 10.
   — Relevé des formes du manuscrit o, de la Conqueste de Constantinople [de Villehardouin], 1972, cahier nᵒ 19.
   — Index complet du manuscrit o, de la Conqueste de Constantinople, 1972, cahier nᵒ 20.
   — Index général des groupes nominaux dans le manuscrit o de la Conqueste de Constan- tinople, 1973, cahier nᵒ 22.

51. M. CURRIE, *La proposition substantive en tête de phrase dans la langue française*, Aperçu historique in *Studia neophilologica*, XLIII, 1971, p. 31-71.

52. A. DAUZAT, J. DUBOIS, H. MITTERAND, *Nouveau Dictionnaire étymologique et historique*, Paris, Larousse, 1964, 1 vol., L-805 p.

53. A. DEES, *Etude sur l'évolution des démonstratifs en ancien et moyen français*, Wolters-Noordhoff Publishing, Grohingen, 1961, 164 p. [Nous n'avons pu prendre connaissance de cet ouvrage. Mais un C. R. de M. B. Horiot dans la *Revue de Linguistique Romane*, t. 36, 1972, p. 442-444 en dégage avec précision le contenu qui paraît fort intéressant.]

54. G. de POERCK, *La draperie médiévale en Flandre et en Artois, Technique et terminologie* Bruges, De Tempel, 1951, 3 vol. [le glossaire français occupe le t. II].

55. — *Le manuscrit B. N. latin 9768 et les Serments de Strasbourg*, in Vox Romanica, XV, 1957, p. 188-214.

56. — *Le possessif en gallo-roman et dans le plus ancien français* in *Mélanges*, offerts à M. M. Delbouille, t. I, p. 135-161.

57. Guy de POERCK et Maria Van WALLENDAEL, *Méthodes d'approche de la syntaxe des plus anciens textes français* [TOT], Méthodes de la grammaire, Tradition et nouveauté, p. 141-154 [Les congrès et colloques de l'Université de Liège, vol. 56].

58. *Les Dialectes de France au Moyen Age et aujourd'hui*, Paris, éd. Klincksieck, 1972, 1 vol., IX-478 p. [Colloque organisé par le Centre de philologie et de littérature romanes de l'Université de Strasbourg en 1967, Actes publiés par M. G. Straka.]

59. Vlado DRAŠKOVIĆ, *A propos des éditions critiques du manuscrit L de la Vie de saint Alexis* in actes du Xe Congrès international de linguistique et philologie romanes, Strasbourg, 1962, Paris, C. Klincksieck, 1965, t. II, cf. p. 643-654.

60. J. et Cl. DUBOIS, *Introduction à la lexicographie : le dictionnaire*, Paris, Larousse, 1971, 1 vol., 217 p. [Coll. Langue et Langage].

61. M. DUBOIS, *Notes lexicologiques* in *Romania*, t. 82, 1961, p. 432. *Ancien français « Tabelote »*, *ibid.*, 85, 1964, p. 112-116.

62. Georges DUBY, *Guerriers et paysans*, VIIe-XIIe siècle, premier essor de l'économie européenne, Paris, N. R. F., éd. Gallimard, 1973, 1 vol., 308 p.

63. Du CANGE, *Glossarium ad scriptores mediae et infimae latinitatis*, 1re ed. 1678, dernière éd. 1883-1888. L'œuvre de Du Cange est poursuivie par *l'Archivum Latinitatis Medii Aevi* (cf. bibliographie n° 32].

64. J. DUFOURNET, *Sur quatre mots du « Jeu de la Feuillée »* [*aubenaille*, v. 479, *esprec*, v. 468, *pois baïens*, v. 424, *rabaches*, v. 551] in *Romania*, 94, 1973, p. 103-116.

65. *Etudes romanes dédiées à Mario Roques par ses amis, collègues et ses élèves de France*, Paris, éd. E. Droz, 1946, 1 vol., 236 p.

66. Paul FALK, *Particularisme des propositions impersonnelles en ancien français* in *A Journal of Germanic and Romance Philology*, XLI, 1969, p. 235-252.

67. E. FARAL, *A propos de l'édition des textes anciens. Le cas du manuscrit unique* in *Recueil de travaux offerts à M. Clovis Brunel*, Paris, Bibliothèque de l'Ecole des Chartes, 1955, t. I, p. 409-421.

68. W. FOERSTER, *Wörterbuch zu Kristian von Troyes' Sämtlichen Werker* (2e éd. revue par Hermann Breuer], Halle (Saale), Max Niemeyer, 1960, 1 vol., VIII-281 p.

69. J.-L. FOSSAT, *La formation du vocabulaire gascon de la boucherie et de la charcuterie, Etude de lexicologie historique et descriptive*, Toulouse, Imprimerie Ménard, 1972, 1 vol., 387 p. [Linguistique et Dialectologie. Langage et Société.]

70. P. FOUCHÉ, *Phonétique historique du français*, Paris, C. Klincksieck, 3 vol., 1 110 p.

71. — *Morphologie historique du français. Le verbe*, Paris, C. Klincksieck, nouv. éd. 1967, 1 vol., XVI-449 p.

72. L. FOULET, *L'accent tonique et l'ordre des mots. Formes faibles du pronom personnel après le verbe* in *Romania*, 50, 1924, p. 54-93.

73. — *L'extension de la forme oblique du pronom personnel en ancien français*, *Romania*, 61, 1935, p. 257-315 et 401-463, *ibid.*, 62, 1936, p. 27-91.

74. — *« Avaler et descendre »* in *Studies* to *J. D. M. Ford*, p. 25-52. [Nous n'avons pas pu prendre connaissance personnellement de cette étude.]

75. — *Sire, Messire* in *Romania*, t. 71, 1950, p. 180, t. 72, 1951, p. 1, 324 et 478.

76. — [The Continuations of the Old French Perceval of Chretien de Troyes, éd. by William Roach], vol. III, part. 2 *Glossary of the first Continuation* by Lucien Foulet, Philadelphia, The American Philosophical Society, 1955, 1 vol., 328 p.

77. A. FRANCOIS, *La désinence « ance » dans le vocabulaire français, une « pédale » de la langue et du style. Essai historique suivi d'un répertoire des mots finissant par -*ance *avec un appendice des mots finissant par -*ence *et -*escence, Genève, Droz, Lille, Giard, 1950, 1 vol., 95 p. [Société des Publications romanes et françaises XXX].

78. T. FRANZEŃ, *Etude sur la syntaxe des pronoms personnels sujets en ancien français*, Uppsala, Almquist, 1939, 1 vol., VIII-165 p.

79. J. FRAPPIER, *Sur deux passages du Tristan de Beroul* [v. 3928-54, Hanche-reins] in *Romania*, t. 83, 1962, p. 256.

80. E. GAMILLSCHEG, *Etymologisches Wörterbuch der französischen Sprache ...* Heidelberg, 1929, 1 vol., XXXVI-1 136 p. [La doctrine n'est pas toujours sûre, mais les index sont utilisables avec profit pour l'ancien français.]

81. — *Romania Germanica*, cf. Bd. I, zu den ältesten Berühungen zwischen Römern und Germanen, die Franken, 2e éd. complétée et revue (1970) du t. I de la première édition publiée entre 1934 et 1936. Berlin-Leipzig, De Gruyter.

82. — *Französische Bedeutungslehre*, Tübingen, M. Niemeyer, 1951, 1 vol., 232 p.

83. — *Historische französische Syntax*, Tübingen, M. Niemeyer, 1957, 1 vol., VIII-828 p.

256

84. E. R. Goddard, *Womens Costume in French Texts of the eleventh and twelfth Centuries*, Baltimore (Maryland), The John Hopkins Press-Paris, P. U. F. 1927, 1 vol., 265 p., 7 pl.

85. Charles-Théodore Gossen, *Französische Skriptastudien, Untersuchungen zu den Nordfranzösischen Urkundernsprachen des Mittelalters*, Wien, 1967, Hermann Böhlhaus, 1 vol., 368 p. [Österreichische Akademie der Wissenschaften, Philosophisch-Historische Klasse Sitzungsberichte, 253 Bd.]

86. — *Grammaire de l'ancien picard*, 2e éd., Paris, éd. Klincksieck, 1970, 1 vol. 222 p. [Bibl. française et Romane de Strasbourg série A-19].

87. Georges Gougenheim, *Etudes de grammaire et de vocabulaire français*, Paris, Ed. A. et J. Picard, 1970, 1 vol., XVI-432 p. [Les notices lexicales concernant l'ancien français figurent de la p. 281 à 356.]

88. L. Guilbert, *La formation du vocabulaire de l'aviation*, Paris, Larousse, 1965, 1 vol., 712 p..

89. Gustave Guillaume, *Le problème de l'article et sa solution dans la langue française*, Paris, Hachette, 1919, 1 vol., 310 p.

90. P. Guiraud, *L'expression du virtuel dans le Roland d'Oxford* in *Romania*, 83, 1962, p. 289-302

91. — *L'assiette du nom dans la Chanson de Roland*, II, Le démonstratif, *ibid*, 88, 1967, p. 59-83.

92. R. Hallig et W. v. Wartburg, *Système raisonné des concepts pour servir de base à la lexicographie. Essai d'un schéma de classement*, Akademie-Verlag, Berlin, 1963, 1 vol., 315 p. [Deutsche Akademie der Wissenschaft zu Berlin, Veröffentlichungen des Instituts für romanische Sprachwissenschaft, n° 19.]

93. A. E. Haudricourt, « *ploutrer* », « *plouter* », « *bloutrer* » in *Mélanges offerts à Mario Roques*, t. I, p. 95-97, Paris, Didier, 1950.

94. T. D. Hemming, *Lexicology and Old French* in *Modern Language Review*, 63, 1968, p. 818-823.

95. — *Restrictions lexicales dans la Chanson de Roland* in *Romania*, 89, 1968, p. 96-105.

96. A. Henry, *Etudes de lexicologie française et gallo-romane*, Paris, P. U. F., 1960, 1 vol., 283 p. [Travaux de la Faculté de Philosophie et Lettres de l'Université libre de Bruxelles, 18.] Les titres d'autres études postérieures à 1960 ont été recueillis dans la bibliographie des travaux de M. A. Henry qui ouvre les *Mélanges de linguistique, de philologie et de littérature* offerts à ce savant en 1970 [*Travaux de linguistique et de littérature*, publ. par le Centre de philologie et de littératures romanes de l'Université de Strasbourg, VIII, 1. On y adjoindra *Lexicologie géographique et ancienne langue d'oil* in *Romance Philology*, XXVI, 1972, p. 229-255].

97. — *Ancien français « Raiz »* (Jeu d'Adam, v. 860) in *Romania*, 92, 1971, p. 388.

98. J. Herman, *Le Latin vulgaire*, Paris, P. U. F., 1967, 1 vol., 125 p. [Que sais-je ?].

99. Gustav Holmér, *Voir « percevoir par l'ouïe »* in *Studia neophilologica*, XLII, 1970, p. 90-104.

100. P. Imbs, *La journée dans « La Queste del Saint Graal » et dans « La mort le roi Artu »* in *Mélanges de philologie et de littérature médiévales offerts à E. Hoepffner*, Paris, Les Belles-Lettres, 1949, p. 279-293.

101. — *Les propositions temporelles en ancien français. La détermination du moment. Contribution à l'étude du temps grammatical en français*, Strasbourg, 1956, 2 vol. [Publications de la Faculté des Lettres et Sciences humaines de l'Université de Strasbourg.]

102. — *Prolégomènes à une étude de l'expression de la vitesse en ancien français* in *Mélanges offerts à M. Georges Straka*, t. II, p. 151-166.

103. K. Jaberg, *Aspects géographiques du langage*, Paris, E. Droz, 1936, 1 vol., 119 p.

104. Pol Jonas, *Les systèmes comparatifs à deux termes en ancien français*, Editions de l'Université de Bruxelles, 1971, 1 vol., 512 p. [Travaux de la Faculté de Philosophie et Lettres, XLV].

105. H. E. Keller, *Etude descriptive sur le vocabulaire de Wace*, Berlin, Akademie Verlag, 1953, 1 vol., 436 p. [Deutsche Akademie der Wissenschaften zu Berlin. Inst. f. romanische Sprachwissenschaft, n° 7.]

106. H.-W. Klein, *La part romane dans les Gloses de Reichenau* in *Travaux de Linguistique et de Littératures françaises*, publ. par le Centre de philologie et de littératures romanes de l'Université de Strasbourg, VI, 1, 1967, p. 185-212.

107. Georges Lavis, *L'expression de l'affectivité dans la poésie lyrique française du Moyen Age* (XIIe-XIIIe siècles). Etude sémantique et stylistique du réseau lexical *joie-dolor*, 1972, Sté d'édition « Les Belles Lettres », Paris, 1 vol., 627 p. [Bibliothèque de la Faculté de Philosophie et Lettres de l'Université de Liège, Fascicule CC.]

108. Jean-Luc Leclanche, *Encore ancien français « meistre »*, « *verser à boire* » in *Romania*, t. 93, 1 972 p.

109. P. Le Gentil, « *Teste* » *et* « *chef* » *dans la Chanson de Roland* in *Romania*, 71, p. 49-65.

110. R. Levy, *Trésor de la langue des Juifs français au Moyen Age*, University of Texas Press, Austin, 1964, 1 vol., XIX-237 p.

111. — *Recherches lexicographiques sur d'anciens textes français d'origine juive*, Baltimore (Maryland), The John Hopkins Press, Paris, Les Belles-Lettres, 1932, 1 vol., 92 p.

112. — *Contribution à la lexicographie française selon d'anciens textes d'origine juive*, Syracuse, University Press, 1960, 1 vol., 658 p.

257

113. Lars LINDVALL, *Sempres, lues, tost, viste et leurs synonymes,* Etude lexicographique d'un groupe de mots dans le français des XIIᵉ-XVIᵉ siècles, Göteborg, Elanders Boktryckeri Aktiebolag, 1971, 1 vol., 230 p. [Romanica Gothoburgensia, XIII].

114. F. LOT, *La Fin du Monde antique et les débuts du Moyen Age,* Paris, Renaissance du Livre, 1927, 1 vol., XVIII-515 p.

115. — *Les invasions germaniques. La pénétration mutuelle du monde barbare et du monde romain,* Paris, Payot, 1935, 1 vol., 334 p.

116. Robert MARTIN, *Quelques réflexions sur le système relatif-interrogatif Qui/cui/Que/coi en ancien français* in *Travaux de linguistique et de littérature,* publ. par le Centre de philologie et de littératures romanes de Strasbourg, V, 1, 1967, p. 97-122.

117. — *Temps et Aspect. Essai sur l'emploi des temps narratifs en moyen français,* Paris, Ed. Klincksieck, 1971, 1 vol., 450 p. [Bibl. française et romäne, série A, Manuels et études linguistiques, 20.]

118. Reine MANTOU, *Actes originaux rédigés en français dans la partie flamingante du Comté de Flandre* (1250-1300). *Etude linguistique,* Liège, Imprimerie George Michiels, 1972, 1 vol., 545 p. [Mémoires de la Commission Royale de Toponymie et de Dialectologie.]

119. R. MARICHAL, *Naissance du roman* in *Entretiens sur la Renaissance du XIIᵉ siècle* sous la direction de Maurice de Gandillac et Edouard Jeauneau, Mouton, Paris, La Haye, 1968, cf. p. 449-492.

120. J. MAROUZEAU, *Aspects du français,* Paris, Masson, 1950, 1 vol., 215 p.

121. G. MATORÉ, *La méthode en lexicologie, Domaine français* éd. revue, Paris, Didier, 1972, 1 vol., 126 p.

122. W. MEYER-LÜBKE, *Einführung in das Studium der romanischen Sprachen,* Heidelberg, C. Winter, 3ᵉ éd., 1920, 1 vol., 224 p.

123. — *Romanisches Etymologisches Wörterbuch,* 3ᵉ éd. Heidelberg, C. Winter, 1935, 1 vol., XXXIII-1 204 p. [L'ouvrage couvre l'ensemble des idiomes romans.]

124. — *Historische Grammatik der französischen Sprache,* 2 vol., le tome II, *Wortbildungslehre,* a eu une seconde édition revue et augmentée par M. J. M. Piel, Heidelberg, C. Winter, 1966, 1 vol., XV-247 p.

125. G. MOIGNET, *Essai sur le mode subjonctif en latin postclassique et en ancien français,* Paris, P. U. F., 1959, t. I, 1-275 p., t. II, p. 276-756 [Publ. de la Faculté des Lettres et Sciences humaines d'Alger, XXXII].

126. — *La forme en -Re(t) dans le système verbal du plus ancien français* in *Revue des langues romanes,* 23, 1958-1959, p. 1-65.

127. — *Le pronom personnel français. Essai de psycho-systématique historique,* Paris, C. Klincksieck, 1965, 1 vol., 177 p. [Bibl. française et romane, série A, vol. 9].

128. — *Le pronom personnel avec l'infinitif dans la mort le Roi Artu* in *Mélanges offerts à M. Jean Frappier,* Genève, Droz, 1970, p. 831-844.

129. — *Le pronom personnel régime de l'infinitif dans le Roman de Thèbes* in *Mélanges offerts à M. Georges Straka,* Lyon-Strasbourg, 1970, t. II, p. 16-25.

130. Marie-Thérèse MORLET, *Le vocabulaire de la Champagne septentrionale au Moyen Age, Essai d'inventaire méthodique,* Paris, Librairie C. Klinksieck, 1969, 1 vol., 425 p. [Bibliothèque française et romane, série A, XVII].

131. L. MUSSET, *Les Invasions-I, Les vagues germaniques,* 2ᵉ éd., Paris, P. U. F., 1969, 1 vol., 331 p. [Nouvelle Clio-L'Histoire et ses problèmes].

132. — *Les Invasions-II, Le second assaut contre l'Europe chrétienne,* VIIᵉ-XIᵉ siècles, Paris, P. U. F., 1965, 1 vol., 299 p.

133. Kr. NYROP, *Grammaire historique de la langue française,* t. II, Morphologie, 2ᵉ éd., 1924, Paris, A. Picard, 1 vol., VIII-483 p.

134. S. POP, *La dialectologie, Aperçu historique et méthodes d'enquêtes linguistiques* I. *La dialectologie romane.* Louvain, 1950, [Univ. de Louvain Recueil de travaux d'histoire et de philologie, 3ᵉ série, fasc. 38].

135. M. K. POPE, *From Latin to modern French with especial consideration of Anglo-Norman, Phonology and Morphology,* Manchester University Press, 2ᵉ éd., 1952, 1 vol., XXXI-571 p.

136. G. PRICE, *Contribution à l'étude de la syntaxe des pronoms personnels sujets en ancien français, Romania,* 87, 1966, p. 476-504. [L'article contient les pièces essentielles de la bibliographie du sujet.]

137. — *Quel est le rôle de l'opposition cist/cil en ancien français ? ibid,* 89, 1968, p. 240-254.

138. Bernard QUEMADA, *Les dictionnaires du français moderne, 1539-1863,* Paris, Didier, 1968, I, 1 vol., 683 p.

139. H. RAMSDEN, *Weak pronun position in the early Romance Languages,* Manchester, 1963.

140. G. RAYNAUD DE LAGE, *Manuel pratique d'ancien français,* Paris, Picard, 1967, 1 vol., 294 p. [Connaissance des langues].

141. Cl. REGNIER, *Sur un emploi de « seigneur » qui manque à Godefroy* [= beau-père] in *Romania,* t. 81, 1960, p. 522 sqq.

142. — *Les rédactions en vers de la Prise d'Orange*, Paris, Librairie C. Klincksieck, 1966, 1 vol., 370 p. [cf. C. R. par D. McMillan in *Romania*, 94, 1973, p. 117-139].

143 — « *Le mellor de mes bues, Roget, le mellor de me carue* » (Aucassin et Nicolette, éd. M. Roques, XXIV, 51-52) in *Mélanges offerts à Jean Frappier*, Genève, Droz, 1970, p. 935-943.

144. L. REMACLE, *Le problème de l'ancien Wallon*, Liège, 1948, 1 vol., 230 p. [Bibliothèque de la Faculté de Philosophie et Lettres de l'Université de Liège, fasc. CIX].

144 *bis.* — *Documents lexicaux extraits des archives scabinales de Roanne* (La Gleize), 1492-1794, Paris, Sté d'édition « Les Belles-Lettres », 1967, 1 vol., 437 p. [Bibliothèque de la Faculté de Philosophie et Lettres de l'Université de Liège, fasc. CLXXVII].

145. J. RENSON, *Les dénominations du visage en français et dans les autres langues romanes*, Paris, Les Belles Lettres, 1962, 2 vol., 738 p. [Bibliothèque de la Faculté de Philosophie et Lettres de l'Université de Liège, n° 162].

146. A. REY, *Préliminaires à l'étude lexicologique d'un texte littéraire (essai de méthode en sémantique historique)* in *Revue de Linguistique romane*, 1968, n° 125-126, p. 175-198.

147. — *La lexicologie, Lectures*, Paris, Klincksieck, 1970, 1 vol., 324 p.

148. J. REY-DEBOVE, *Etude linguistique et sémiotique des dictionnaires français contemporains*, The Hague-Paris, Mouton, 1971, 1 vol., 329 p. [Coll. Approaches to Semiotics, 13].

149. J. RIBARD, « *Chaussée* » *et* « *Chemin ferré* » in *Romania*, t. 92, 1971, p. 262-266.

150. J.-C. RIVIÈRE, *Remarques sur le vocabulaire des pastourelles anonymes françaises du XIIᵉ et du XIIIᵉ siècle* in *Revue de Linguistique romane*, 1968, p. 384-399.

151. Gerhard ROHLFS, *Vom Vulgarlatein zum Altfranzösischen*, Tübingen, Max Niemeyer, 1963 (2ᵉ éd.), 1 vol., 253 p.

152. — *Romanische sprachgeographie*, Geschichte und Grundlagen, Aspekte und Probleme mit dem Versuch eines sprachatlas der romanischen sprachen, München, C. H. Beck'sche Verlagsbuchhandlung, 1971, 1 vol., X-334 p.

153. *Romania*, Tables des tomes XXXI à LX (1902-1934). Tome premier, Table des mots : 1ᵉʳ fascicule, A. H., Paris, 2, rue de Poissy, Vᵉ 1944, 2ᵉ fascicule, J.-Z., *ibid.*, 1947. Tome second, Index des collaborateurs, Tables des manuscrits, des ouvrages recensés et des périodiques dépouillés, *ibid.*, 1958.

154. M. ROQUES, *Les serments de Strasbourg* in *Medium Aevum*, V, 1936, p. 157-172.

* 155. W. ROTHWELL, 1. *Winds and Cardinal Points* in *French*, *Archivum Linguisticum*, 7, 1955, p. 29-56.
    2. *The Hours of the Day* in *Mediaeval French Studies*, 12, 1959, p. 240-251.
    3. *Mediaeval French* « *Bureau* », *Medium Aevum*, 29, 1960, p. 102-114.
    4. *Some Aspects of the Semantic Field of* « *Tabularium* » *in Mediaeval French and Provençal*, *Archivum Linguisticum*, 13, 1961, p. 129-144.
    5. *A Study of the Prefix De-/Des- in Anglo-Norman and some Considerations arising there form* in *Transactions of the Philological Society*, 1967, p. 24-41.
    6. *La géographie lexicale et le médiéviste*, *Romania*, 89, 1968, p. 194-209.
    7. *Préfixation et structure de la langue en ancien français* in *Romania*, 94, 1973, p. 241-250.

156. Jean RYCHNER, *L'articulation des phrases narratives dans La Mort Artu*, Neuchâtel-Genève, Droz, 1970, 1 vol., 259 p. [Université de Neuchâtel, Recueil des travaux publiés par la Faculté des Lettres, 32].

157. Ed. SCHWAN, D. BEHRENS, *Grammatik des Altfranzösischen*, 9ᵉ éd., Leipzig, O. R. Reisland, 1911, 1 vol., VIII-366 p.

158. Louise SHRÉLINA et DANGERUTIS CEBELIS, *La détermination du nom en ancien français* in *Romania*, t. 93, 1972, p. 289-302.

159. K. SNEYDERS DE VOGEL, *Syntaxe historique du français*, 2ᵉ éd., Groningue-La Haye, J. B. Wolters, 1927, 1 vol., VIII-441 p.

160. N. C. W. SPENCE, *Existait-il en ancien français une opposition* « *Actuel* »/« *Virtuel* » ? in Actes du XIᵉ Congrès international de linguistique et de philologie romanes (Madrid), *Revista de Filología Española*, 1968, t. 86 (3), p. 1383-1394.

161. J. STEFANINI, *La voix pronominale en ancien et en moyen français*, Gap., Imp. Louis Jean, 1962, 1 vol., 753 p.

162. Arnulf STEFENELLI, *Der Synonymenreichtum der altfranzösischen Dichtersprache*, Wien, 1967, Hermann Böhlhaus Nachf./Graz-Wien-Köln, 1 vol., 327 p. [Osterreiche Akademie der Wissenschaften, Philosophisch-Historische Klasse Sitzungsberichte 251 Bd 5 Abhandlung.]

163. Wolf DIETER STEMPEL, *Untersuchungen zur Satzverknüpfung im Altfranzösischen*, Braunschweig, G. Westermann, 1964, 496 p. [*Archivum f. das Studium der neueren Sprachen und Literaturen*, Beiheft 1.]

164. A. TABACHOVITZ, *Etude sur la langue de la version française des Serments de Strasbourg*, Uppsala, 1932, Almquist et Wiksells Boktryckeri, 1932, 1 vol., VI-116 p.

165. — *Quelques remarques complémentaires sur la langue des Serments de Strasbourg*, Härnösand, 1936, 1 fasc. 21 p.

166. A. TOBLER, *Vermischte Beiträge zur französischen Grammatik*, 2e éd., Leipzig, Hirzel, 3 vol., 1902-1908.
167. V. VÄÄNÄNEN, *Introduction au latin vulgaire*, nouvelle éd. refondue, Paris, C. Klincksieck, 1967, XVIII, 274 p. [Bibliothèque française et romane, série A, 6.]
168. J. VENDRYES, *Le suffixe -is en français* in *Etudes romanes*, dédiées à Mario Roques, p. 103-110.
169. E. VINAVER, *Pour le commentaire du v. 1650 du Tristan de Béroul* in *Studies in Medieval French presented to Alfred Ewert*, Oxford at the Clarendon Press, 1 vol., cf. p. 233,234.
170. R. L. WAGNER, *Les phrases hypothétiques commençant par « si » dans la langue française, des origines à la fin du XVIe siècle*, Paris, Librairie E. Droz, 1939, 1 vol., 552 p.
171. — *Contribution à la préhistoire du Romanisme* in Conférences de l'Institut de linguistique de Paris, C. Klincksieck, 1950-1951, p. 101-124.
172. — *Les vocabulaires français*, Paris, Didier, 2 vol., 1967-1970.
173. W. v. WARTBURG, *Les origines des peuples romans avec 5 cartes*, trad. de l'allemand par Cl. Cuénot de Maupassant, Paris, P. U. F., 1941, 1 vol., VII-212 p. La 2e éd. de l'ouvrage original en allemand, *Die Entstehung der romanischen Völker* date de 1951.
174. — *La fragmentation linguistique de la Romania*, trad. de l'allemand par J. Allieres et G. Straka, Paris, Klincksieck, 1967, 1 vol. 148 p.
175. P. J. WEXLER, *La formation du vocabulaire des chemins de fer en France* (1778-1842), Genève, Droz, Paris, Minard, 1955, 1 vol., 162 p. [Société des Publications Romanes et Françaises XLVIII].
176. B. WOLEDGE, *Notes on the Syntax of indeclinable Nouns in 12th-Century French* in *Studies presented to Lewis Charles Harmer*, London, George G. Harrap, 1970, cf. p. 38-52.
177. — *Un scribe champenois devant un texte normand* in *Mélanges offerts à M. Jean Frappier*, Genève, Droz, 1970, II, p. 1139-1154.
178. *The Year's Work in Modern Language Studies*, publ. par The Modern Humanities Research Association, 33 vol. en 1972.
179. H. YVON, *L'assiette du nom des origines au XIVe siècle*, Romania, t. 69, 1946, p. 289-316.
180. — *Etude de syntaxe historique. « Cil » et « cist » articles démonstratifs*, Romania, t. 72, 1951, p. 145-181, *ibid.*, 73, 1952, p. 433-461.

Nous tenons à ajouter trois ouvrages qui ont paru alors que l'impression du nôtre était achevée. Nous n'avons donc pu en faire état, mais ils doivent être signalés en raison de leurs mérites :

Ph. MÉNARD, *Syntaxe de l'ancien français*, nIIe éd. entièrement refondue, Bordeaux, SOBODI, 1973, 1 vol. 320 p.

G. MOIGNET, *Grammaire de l'ancien français*, Paris, Klincksieck, 1973, 1 vol. 445 p. [Initiation à la linguistique, série B. Problèmes et méthodes.]

Il en va de même des *Etudes de langue et de littérature du moyen âge* offertes à Félix Lecoy. Paris, Librairie Honoré Champion, 1973, 1 vol., XVIII-663 p. Quelques-unes d'entre elles concernant directement des points qui sont évoqués ou traités dans ce livre, nous jugeons utile de les signaler ici. A. Grammaire : Chr. MARCHELLO-NIZIA, *La composition du groupe nominal sujet en ancien français* (1150-1250, p. 385). G. MOIGNET, *Exemples tardifs de la forme en -re en français*, p. 427. R. I. WAGNER, *le lieu et la personne*, p. 599. — B. Identification de textes. Indices tirés du style : M. DELBOUILLE, *A propos des rimes familières à Chrétien de Troyes et à Gautier d'Arras*, p. 55. — C. Dictionnaires. Mots fantômes : K. BALDINGER, *Ancien français garger*. — *Les deux vies d'un mot fantôme* p. 1. — D. Notices lexicales : P. GARDETTE, *Latin chrétien radix, ancien français raiz*, p. 139. W. M. HACKETT, *ire, courroux et leurs dérivés en ancien français et en provençal*, p. 169. A. HENRY, *Notes lexicologiques d'ancien français*, p. 197. J.-L. LECLANCHE, Romi, rumi, roumi *dans les textes français du Moyen Age*, p. 293. G. RAYNAUD DE LAGE, *De quelques épithètes morales*, p. 499. Cl. RÉGNIER, *Notes de lexicographie et de dialectologie médiévales*, p. 507. O. SÖDERCÅRD, *La langue médicale française. Quelques nouvelles datations*. G. TILANDER, *Vieux français trops pechiez, tropes paroles. Construction et évolution analogues à celles de maint*.

INDEX DES MOTS

Français moderne

amuser, p. 218.
bijoux, p. 233.
blanc, p. 219.
bois, p. 233.
breuil, p. 233.
bureau, p. 225.
coffre, p. 233.
dérailler, p. 217.
ennui, p. 233.
exister, p. 209.
individu, p. 209.

ludique, p. 218, n. 28.
match, p. 217.
nation, p. 209.
patrie, p. 209.
pays, p. 209.
personne, p. 209.
prendre, p. 231.
ranger, p. 233.
saisie, saisie-arrêt, p. 234.
spleen, p. 233.
vivre, p. 209.

Ancien français

A. Noms propres

Bretun, s. m. pl., D. A. 5, 254.
Deus Amanz, s. m. pl. (nom de lieu), D. A. 6, 252.
Neustrie, s. f. sg., D. A. 7.
Normendie, s. f. sg., D. A. 8.
Pistre, nom de cité, D. A. 16.

Pistreis, s. m. pl. nom des habitants de Pistre, D. A. 14.
Salerne, nom de ville, D. A. 103, 137.
Seigne, nom de fleuve (= Seine), D. A. 180.
Val de Pistre, nom de contrée, D. A. 20.

---

1. L'index comprend : 1) Les mots d'ancien français et ceux de français moderne cités et étudiés dans le chapitre IV. Ces mots sont suivis d'un renvoi à la page où ils figurent. 2) Le vocabulaire du lai de Marie de France *Deus Amanz*, d'après l'édition procurée par M. J. Rychner. Nous n'y avons pas fait figurer les articles auxquels un renvoi figure dans le chapitre III. En ce qui concerne les pronoms relatifs, les cas d'enclise sont signalés à leur place alphabétique ; pour les autres formes, nous les avons regroupées arbitrairement sous l'initiale Q, mais en donnant la graphie qu'ils présentent dans le texte. N'ont été définis, à l'occasion, que les mots qui n'ont pas été expliqués dans l'appendice du chapitre IV. Ce vocabulaire, modeste, peut servir de base à ceux que tout apprenti médiéviste doit constituer au fur et à mesure de ses lectures. Son principal intérêt est d'illustrer quelques-unes des notions qui ont été développées au cours de cet ouvrage. On observera en particulier la diversité des graphies. Quant au volume du vocabulaire nécessaire à la narration de cette histoire il n'atteint pas trois cent cinquante unités lexicales pleines.

B. Autres formes

a, prép., D. A. 11, 33, 37, 55, 58, 73, 80, 81, 87, 118, 121, 128, 130, 160, 164, 176, 212.
a, v. [aveir], ind. pr. 3, D. A. 141.
aaisier, v. 232, 237.
aama, v. [aamer], prét. 3, D. A. 63.
ad, v. [aveir], ind. pr. 3, D. A. 9, 17, 18, 104, 105, 136, 142, 182, 226.
adurer, v., 230, n. 60.
afaire, s. m., D. A. 163.
ai, v. [aveir], ind. pr. 1, D. A. 99, 103.
aidier, v. inf., D. A. 176.
ait, v. [aveir], subj. pr. 3, D. A. 149.
al [= à le], D. A. 63, 123, 156, 177.
alassa, v. [alasser], prét. 3, D. A. 194.
alassez, v. [id.], ind. pr. 5, D. A. 196.
alast, v. [aler], subj. impft 3, D. A. 85.
alat, v. [id.], prét. 3, D. A. 156.
alegier, v. inf., D. A. 175.
aler, v. inf., D. A. 53, 109, 202.
aleüre, s. f. sg., D. A. 200.
amaigri, v. [amaigrir], prét. 3, D. A. 175.
amast, v. [amer], subj. impft 3, D. A. 66.
ambedui, pron. cs. pl., D. A. 4.
amendez, v. [amender], ptc. passé. cs. sg., D. A. 226.
amer, v. inf., D. A. 79.
ami, s. m. sg., 223.
ami, s. m. sg., D. A. 176, 216, 231.
amie, s. f. sg., 223.
amie, s. f. sg., D. A. 81, 132, 138.
amis, s. m. sg. [vocatif], D. A. 93, 195, 210.
amis, s. m. pl. cr., D. A. 166.
amot. v. [amer], impft ind. 3, D. A. 24, 88.
amur, s. f. sg., D. A. 4, 65.
-ance [suff.], 216.
anguisse, s. f. sg., D. A. 212.
anguissusement, adv., D. A. 84.
anz, s. m. pl., D. A. 105.
aorser, v., 213, n. 13.
apeler, v., inf., 16.
apelum, v. [apeleɪ], ind. pr. 4, D. A. 8.
aperceveir, v. inf., D. A. 74.
aprés, prép., D. A. 241.
areisuna, v. [araisnier], prét. 3, D. A. 64.
arester, v. inf., D. A. 206.
arestereie, v. [arester], cond. 1, D. A. 200.
ariere, adv., D. A. 154.
art, s. f. sg., D. A. 106.
arusez, v. [aruser], ptc. pass. cs. sg., D. A. 225.

asaié, v. [asaier], ptc. pass., D. A. 163.
asaierent, v. [id.], prét. 6, D. A. 49.
asemblee, v. [asembler], ptc. pass. f. sg., D. A. 181.
asembler, v. inf., 231.
asez, adv., D. A. 49, 62.
ateinz, v. [ateindre], ptc. pass. mas., D. A. 146.
atendeient, v. [atendre], impft ind. 6, D. A. 239.
aturna (s'—), v. [sei aturner], prét. 3, D. A. 173.
aturnerent, v. [aturner], prét. 6, D. A. 33.
aturnez, v. [sei aturner], ptc. pass. sg., D. A. 132.
aunte, s. f. sg., D. A. 138.
autre, adj. sg., D. A. 29, 101.
autrement, adv., D. A. 126.
autres, adj. pl., D. A. 60.
avant, adv., D. A. 53.
aveir, v. inf., D. A. 41, 59, 167.
aveit, v. [aveir], impft ind. 3, D. A. 23, 29, 184.
aventure, s. f. sg., D. A. 2, 111, 170, 251.
aversier, s. m. sg., 208.
avint, v. [avenir], prét. 3, D. A. 1, 80, 253.
aviver (sei —), v., 229.
avra, v. [aveir], fut. 3, D. A. 150.
avreit, v. [aveir], cond. 3, D. A. 3, 97.
avret, v. [aveir], pl. q. pft arch., 124.

baille, v. [bailler = remettre], ind. prés. 3, D. A. 183.
baillerat, v. [id.], fut. 3, D. A. 114.
baise, v. [baisier], ind. pr. 3, D. A. 235.
beivre, s. m. sg., D. A. cs. 224, cr. 144, 151, 179, 185, 193, 219, 229.
beivres, s. m. pl. cr., D. A. 114.
bel, adj. m. cr. sg., D. A. 58. Cf. 208.
bele, adj. f. sg., D. A. 199 (st. dir. vocatif), 238.
beü, v. [beivre = boire], ptc. pass. sg. cr., D. A. 150.
besuchier, v. 208.
beus, adj. cs. sg. [= beau], D. A. 82.
beüsse, v. [beivre], subj. impft 1, D. A. 201.
bevez, v. [id.], imp. 5, D. A. 210.
bien. adv., D. A. 19, 59, 93.
blamerent, v. [blamer], prét. 6, D. A. 34.
blanc, adj., 219.

blesser, v., 233, 235.
bois, s. m., 239, 240.
bone, adj. f. sg., D. A. 116, 228.
bonement, adv., D. A. 128.
boudine, s. pr. [= nombril], 223, 234.
braz, s. m. pl., D. A. 45, 91, 124, 184, 234.
brief, s. m. sg. [= lettre], D. A. 139.
buche, s. f. sg., D. A. 235.
buona, adj. f., 207.

car, conj., 241.
cel, démonstr. m. sg. cr., D. A. 11.
cele, démonstr. f. sg. cs., D. A. 55.
celerent, v. [celer], prét. 6, D. A. 73.
ceo. pron. démonstr. neutre, D. A. 67, 161.
cest, démonstr. m. sg. cr., D. A. 102, 117.
ceus, démonstr. m. pl. cr., D. A. 167.
chargié, v. [chargier], ptc. pass. sg., D. A. 144.
chargiez, v. [id.], ptc. pass. cs. sg., D. A. 146.
chef, s. m., 223.
cheï, v. [cheeir], prét. 3, D. A. 214.
chemin, s. m., 215 (chemin ferré), 233.
chemise, s. f. sg., D. A. 183.
chief. s. m. cr. sg., 239, 241.
chief, s. m. cr. sg., D. A. 140 (de — en —), 164 (a — traire).
chier, adj. m. sg., D. A. 99 (l'ai chier).
chiere, s. f., 234.
chierisseit, v. [chierir], impft ind. 3, D. A. 24.
chiet, v. [cheeir], prés. ind. 3, D. A. 208, 242.
chose, s. f. sg., D. A. 42.
ci, adv., D. A. 206.
cil, démonstr., m. sg. cs., D. A. 70, pl. cs. ibid. 239.
cinse, s. f., 218.
cité, s. f. sg., D. A. 13, 44.
clore, v. inf., 238.
ço, pr. neutre, 177.
coint, adj. m., 212, 220.
col, s. m., 223.
confort, s. m., 237.
conforter, v., 232, 237.
confusion, s. f., 219, 220.
conjointure, s. f., 12, 228.
consirrer (sei), v. inf. [se passer, se priver de], D. A. 28.
contrée, s. f. sg., D. A. 48, 131, 227.
conuist, v. [conoistre], prét. 3, D. A. 108.
conversot, v. [converser = demeurer], impft ind. 3, D. A. 61.
cors, s. m. sg., 210, n. 8.

cors, s. m. sg., D. A. 147.
coutumes, s. f. pl., 239.
covenant, s. m. sg., 220.
covence, s. f. sg., 220.
creim, v. [criembre], prés. ind. 1, D. A. 188.
creire, v. inf., D. A. 211.
cri. s. m. sg. cr., D. A. 222.
crieme, s. f. sg., 232.
cuche (se), v. [sei cuchier], prés. ind. 3, D. A. 233.
cuida, v. [cuidier], prét. 3, D. A. 217.
cum. conj., D. A. 150 (si tost cum).
cumença, v. [cumencier], prét. 3, D. A. 37.
cument, adv., D. A. 38.
cunfortez, ptc. pass. sg. cs., D. A. 31.
cungié, s. m. sg. cr., D. A. 130.
cunseil, s. m. sg. cr., D. A. 12, 101, 112, 128, 248.
cunte, s. m. sg. cr. [comte], D. A. 58.
cuntree, s. f. sg., D. A. 19, 48, 131, 227
cure, s. f. sg., D. A. 112 (prendre —).
curt, s. f. sg. [cour], D. A. 61.
curteis, adj. m., D. A. 67.
curteise, adj. f., D. A. 22.
curucier, v. inf., D. A. 100.
cuvenant, s. m. sg. [teneur d'un contrat], D. A. 120.

damisel, s. m. sg. cr., D. A. 57.
damisele, s. f. sg., D. A. 22, 92, 173, 237.
damisels, s. m. sg. cs., D. A. 178, 198.
damiseus, s. m. sg. cs., D. A. 153.
danzeus, s. m. sg. cs. [= damiseus], D. A. 81, 136.
de, prép., D. A. 3, 6, 11, 19, 20, 25, 30, 42, 59, 105, 106, 107, 133(2) 134(2), 135, 139, 140, 171, 172, 189, 191, 193, 215, 229, 230, 236, 246, 248, 251, 252.
deceivre, v. [= tromper, manquer à], D. A. 186.
dedenz, adv., D. A. 247.
deduit, s. m., 218.
delivrer (sei —), v. inf., D. A. 38.
demande, v. [demander], inf., D. A. 130.
demander, v. inf., D. A. 56.
demandot, v. impft ind. 3, D. A. 87.
demeine, v. [demener] pr. ind. 3, D. A. 243.
departirent (de —), v. [sei departir], prét. 3, 250.
des, article contracté [de les], D. A. 14, 15.
destiné, v. [destiner = fixer le destin de], ptc. pass. sg., D. A. 43.

destreinst (se), v. [sei destreindre = s'imposer des privations], prét. 3, D. A. 174.

destreiz, adj. m. sg. cs., D. A. 79.

destrier, s. m. sg., 248.

desturber, v. inf., D. A. 205.

desur. prép. [sur], D. A. 43, 249.

deus, adj. num. cr., D. A. 3, 247.

devers. prép., D. A. 180.

di, v. [dire], ind. pr. 1, D. A. 221.

diniers, s. m. pl. cr. [deniers, argent liquide], D. A. 133.

dirai, v. [dire], fut. 1, D. A. 230.

dirat, v. [id.], fut. 3, D. A. 120.

disnier, v. 219.

dist. v. [dire], prét. 3, D. A. 40, 83.

dit, v. [id.], ptc. passé, D. A. 252.

doel, s. m. sg. cr., D. A. 97.

dol, s. m. sg. cr., D. A. 243.

dolente, adj. f. sg., D. A. 232.

dolenz, adj. m. sg. cs., D. A. 36.

doleruse, adj. f., 237.

dolor, s. f. sg., 237.

dols, s. m. sg. cs., D. A. 236.

donast, v. [doner], subj. impft 3, D. A. 157.

doner, v. inf., D. A. 55, 89, 219.

drap, s. m. cr., D. A. 183.

dras, s. m. pl. cr., D. A. 133.

druërie, s. f. sg., D. A. 64, 69.

duel, s. m. sg. 219, 233, 237.

dui, adj. num. cs., D. A. 10.

dunat, v. [duner], prét. 3, D. A. 139.

dunc, adv., D. A. 78.

durat, v. [duner], fut. 3, D. A. 113.

duré, v. [durer], ptc. pass. cs., D. A. 18.

durrat, v. [duner], fut. 3, D. A. 121.

durrunt, v. [id.], fut. 6, D. A. 116.

eage, s. m. sg., D. A. 161.

eim, v. [amer], ind. pr. 1, D. A. 99.

eire, v. [errer = faire son chemin, avancer], ind. pr. 3, D. A. 212.

el, art. contr. [= en le], D. A. 57.

element, s. m. sg., 230.

empëechier, v. inf., 220, 231.

en, adv., D. A. 28, 70, 77, 119, 131, 149, 159, 164, 215.

en, prép., D. A. 7, 52, 61, 91, 117, 131, 151, 158, 170, 171, 181.

encombrage, s. m. sg., 217.

encombre, s. sg., 217.

encombrement, s. m. sg., 217.

encombrer, v. inf., 217.

enfant, s. m., D. A. 10 (cs. pl.), 119 (cr. sg.).

enfaunz, s. m. pl. cr., D. A. 247.

enfanz, s. m. pl. cr., D. A. 251.

enfuïrent, v. [enfoïr = enfouir], prét. 6, D. A. 249.

ensemble, adv., D. A. 71, 85 (ensemble od), 96 [id.), 141 (id.).

entendre, v. [= prêter l'oreille à, avoir égard à], inf. D. A. 102.

enteser, v. inf., 229.

entre, prép., D. A. 45, 91, 125, 234.

entreamerent (s' —) v. [sei entrainer], prét. 6, D. A. 3, 72.

entree, s. f. sg., 217.

entremis, v. [sei entremetre], ptc. passé sg., D. A. 60.

enui, s. m. sg., D. A. 86.

esbanoier, v. inf., 218.

escondist, v. [escondire = dissuader, éconduire], prét. 3, D. A. 158.

escriëreient, v. [escrier = exciter par des cris], cond. 6, D. A. 203.

esforcié, v. [esforcier], ptc. pass. sg., D. A. 143.

esforcier (sei —), v. inf., 229.

esforçouent (s' —), v. [sei esforcier], impft ind. 6, D. A. 51.

esgart, s. m. sg., D. A. 12.

espaundu, v. [espandre], ptc. pass. m. sg., D. A. 223.

espaundue, v. [id.], pt. c. pass. f. sg., D. A. 48.

espleitierent, v. [espleitier], prét. 6, D. A. 50.

espous, s. m. sg., 223.

espouse, s. f. sg., 223.

est. v. [estre], ind. pr. 3, D. A. 7, 20, 47, 60, 82, 107, 131, 132.

esté, v. [id.], ptc. pass. sg., D. A. 105 (ad esté), 226 (id.).

esteit, v. [id.], impft ind. 3, D. A. 30, 43.

estent (s'), v. [sei estendre], pr. ind. 3, D. A. 233.

estes, v. [estre], prés. ind. 3, D. A. 95.

ester, v. inf., D. A. 54 (laissier ester = abandonner).

esteut, v. [estuet], cf. estuet, D. A. 54.

estre, v. inf., D. A. 126.

estre, s. m. sg., D. A. 142.

estreint, v. [estreindre], ind. pr. 3, D. A. 234.

estuet, v. D. A. 101.

estuidier (sei —), v. inf., 229.

esturdireient, v. [esturdir], cond. 6, D. A. 204.

esvertuer (sei —), v., 229.
ëussent, v. [estre], subj. impft 6, D. A. 26.
eve, s. f., 218.

face, s. f. sg., 234.
faillir, v. inf., D. A. 78.
faire, v., 213.
faire, v. inf., D. A. 13, 59 (bien faire).
fait, v. [faire], prés. ind. 3, D. A. 93 (*fait ele*, incise).
fait (le — de + infinitif), 215.
feiz, s. f. sg., [= fois], D. A. 80.
femme, s. f., 223.
femme, s. f. sg., D. A. 104.
fermer, v., 238.
ferté, s. f., 218.
fervestu, adj., 215.
figure, s. f., 234.
fille, s. f. sg., D. A. 21, 23, 41, 63, 156, 169, 182.
finèrent, v. [finer], prét. 6, D. A. 4.
fïolete, s. f. sg., D. A. 185.
firent, v. [faire], prét. 6, D. A. 5, 244, 246, 254.
fist, v. [*id.*], prét. 3, D. A. 13, 15, 16.
fiz, s. m. sg. cr., D. A. 23, 58.
folie, s. f. sg., D. A. 160.
foreine, adj. f., D. A. 244 (la genz —).
forest, s. f., 239, 240.
forment, adv., D. A. 24.
fors, prép., D. A. 23, 44, 183.
fu, v. [estre], prét. 3, D. A. 25, 31, 36, 67, 79, 129, 154, 178, 207, 224, 225, 232.
fuer, s. m. sg., D. A. 200 (*a nul fuer* = à aucun prix).
furent, v. [estre], prét. 6, D. A. 177.
fust., v. [*id.*], subj. impft 3, D. A. 217.

Gaité, s. f., 235.
garder ~ guarder, v., 216.
garir, v., 217, 234, 235.
gaste, adj., 215.
gent, adj. m. cr., D. A. 58.
gent, s. f. sg., D. A. 181.
genuillons (en —), loc adv., D. A. 218.
genz, s. f. sg., D. A. 203, 244 ; cr. pl., D. A. 248.
geté, v. [geter], ptc. pass. sg., D. A. 223.
gisent, v. [gesir], pr. ind. 6, D. A. 10.
grant. adj., D. A. 9 (m.), 12 (m.), 104 (f.), 160 (f.), 181 (f.), 190 (f.), 212 (f.).
greva, v. [grever], prét. 3, D. A. 74, 213 (se —).

grevance, s. f., 242.
guerre, s. f., 218.
guichet, s. m., 238.

haïr, v., 217.
hait, v., 238.
haitié, ptc. pass., 238.
hanter [= habiter], 233.
haster, v. inf. [= mettre de la hâte à], D. A. 78.
hastivement, adv., D. A. 132.
haterel, s. m., 223, 234.
haut, adj. m. sg., D. A. 9, 222.
herbe, s. f. sg., D. A. 228.
herbes, s. f. pl. [= herbes médicinales], D. A. 108.
homme, s. m., 223.
hommes, s. m. pl., D. A. 25.
honte, s. f., 238.
huis, s. m., 238.
huisset, s. m., 238.
hum, pron. ind., D. A. 35, 74.
humblement, adv., D. A. 70.
humme, s. m. sg. cr., D. A. 121.
hummes, s. m. pl. cr., D. A. 135, 166.

i, adv., D. A. 18, 49, 50, 52, 62, 122, 172.
iert, v. [estre], ind. impft 3, D. A. 161.
il, pron., D. A. 126.
ilec, adv., D. A. 237.
ileoc. adv., D. A. 214.
iloec, adv., D. A. 54.
ire, s. f. sg., D. A. 97.
issi, adv., D. A. 221, 253.

ja, adv., D. A. 122.
jadis, adv., D. A. 1.
joefne, adj. sg., D. A. 161.
joel, s. m. cr. [joyau], 233.
joie, s. f., 232.
joie, s. f. sg., D. A. 192.
joius, adj. m. sg., D. A. 153.
juna, v. [jëuner], prét. 3, D. A. 174.
jur, s. m. sg. cr., D. A. 30, 177.
jurs, s. p. pl. cr.. D. A. 245.
jus, adv., D. A. 208 (*chiet jus*).

kar, conj., D. A. 28, 102, 189, 195.
kis = kiles, D. A. 239.

labourer, v., 224.
lai, s. m. sg., D. A. 5, 254.

laissa, v. [laissier], prét. 3, D. A. 168.
laissier, v. inf., D. A. 54 (*laissier ester*).
largesse, s. f., 224.
lasus, adv., D. A. 10.
le, pron. neutre [= cela], D. A. 160.
le faire, loc. « agir », 175.
lëaument, adv., D. A. 72.
lëesse, s. f., 232, n. 63.
leituaires, s. m. pl. [= électuaires =onguents], D. A. 113.
letres, s. f. pl. [= lettre, missive], D. A. 110.
leva, v. [lever = se relever], prét. 3, D. A. 214.
lez, prép., D. A. 233.
li, pron. 3 pers. m. cr., D. A. 30.
li, pron. 3 pers. f. cr. d., D. A. 23, 71, 79, 111, cr. ind., 109.
lié, pron. 3 pers. f., 241, n. 78.
liez, adj. m. cs., D. A. 129, 153.
lit, v. [lire], ptc. pass., D. A. 140.
luinz, adv., D. A. 40.
lung, adj. m. cr., D. A. 55.
lues, adv., 225
lungement, adv., D. A. 201.
lur, pron., D. A. 75.

main, s. f. sg., D. A. 197.
maintenant, 215.
maisons, s. f. pl., D. A. 18.
mal, s. m. sg., D. A. 33 (*aturner à —*).
manda, v. [mander], prét. 3, D. A. 40.
mande, v. [*id.*], ind. pr. 3, D. A. 166.
mangonel, s. m. sg., 231, 233, 238.
marbre, s. m. sg. cr., D. A. 246.
martire, s. m. sg. cr., D. A. 98.
maus, s. m. pl. cr., D. A. 77.
meintefeiz, adv., D. A. 64.
meïsme, adj. pl. cs., D. A. 34.
membra, v. [membrer], prét. 3, D. A. 193.
menee, v. [mener], ptc. pass. f. sg., D. A. 182.
menez, v. [*id.*], ptc. pass. m. pl. cr., D. A., 136.
mercie, v. [mercier], ind. pr. 3 sg., D. A. 70, 129.
merveilles, adv. [= à merveille], D. A. 9.
mes, adv. [= davantage], cf. *ne*, D. A. 86.
meschine, s. f. sg., 207.
meschine, s. f. sg., D. A. 31, 209, 230.
mescine, s. f. sg., D. A. 210.
mescines, s. f. pl., D. A. 107, 143.
mesure, s. f. sg., D. A. 189.
met (se —), v. [sei metre], ind. pr. 3, D. A. 170.

mettre, v., 210.
mettrat, v. [metre], fut. 3, D. A. 122.
mi, s. m. sg. [= moitié], D. A. 52, 191.
mie, adv. nég., cf. *ne*, D. A. 95, 159, 179.
mieuz, adv., D. A. 77.
mine, s. f. sg., 234.
mire, s. m., 235.
mis, adj. poss. m. sg. cs., D. A. 97.
mis, v. [metre], ptc. pass., D. A. 151, 165, 247.
moillier, s. f., 212.
moise, s. f., 219.
mouvoir, v. 231.
muns, s. m. sg. cs., D. A. 225.
munt, s. m. sg. cr., D. A. 11, 44, 91, 123, 158, 191, 213, 249.
munta, v. [munter], prét. 3, D. A. 191.
muntez, v. [*id.*], ptc. pass. sg., D. A. 207.
munz, s. m. sg. cs., D. A. 252.
murut, v. [morir], prét. 3, D. A. 221, 237.
muser, v., 218.
mustrat, v. [mustrer], prét. 3, D. A. 83.
mustrer, v. [*id.*], inf., D. A. 111.
mut, adv., D. A. 2, 22, 36 (2), 68, 75, 79, 104, 107, 129, 160, 174, 222.

navrer, v., 233.
ne, adv. nég. simple, D. A. 23, 27, 28, 29, 46, 50, 53, 56, 74, 94, 100 (*nel*), 123, 126, 145, 147, 149, 164, 183, 188, 193, 200, 208, 211, 214, 220, 232, 240. — Elément d'une négation composée : ne... mes., D. A. 86 ; ne... mie, D. A. 95, 98, 159, 179 ; ne... pas D. A. 89 (pas ne), 102, 186 ; ne... point, D. A. 189.
ne, conj. coord., D. A. 146 (2).
neier, v., 233, 235.
neïs, adv. [= même], D. A. 148.
nel, enclise (= ne le), D. A. 186.
nes, enclise (= ne les), D. A. 74.
noise, s. f. sg., D. A. 204.
nomee, v. [nomer], ptc. pass. f. sg., D. A. 20.
novele, s. f. sg., D. A. 127.
nuit, s. f. sg., D. A. 30.
nul, adj. m. sg. cr., D. A. 121, 164, 168.
nule, adj. f. sg., D. A. 50.
nuls, adj. m. sg. cs., D. A. 56.
nun, s. m. sg. cr., D. A. 6, 252.
nuns, s. m. sg. cs., D. A. 17.
numé, v. [numer], ptc. pass. sg. cr., D. A. 165.
numer, v. [*id.*], inf., D. A. 15.
nuvele, s. f. sg., D. A. 46.

od, prép., D. A. 85, 96, 110, 136, 141, 185, 190, 212 [od tut li], 220.
oï, v. [oïr], prét. 3, D. A. 35, 127.
oïe, v. [oïr], ptc. pass. f. sg., D. A. 2.
oilz, s. m. pl. cr., D. A. 235.
oïr, v. inf., D. A. 211.
oïr, v., 236.
oissor, s. f. sg., 212.
or, adv., D. A. 230.
orent, v. [aveir], prét. 6, D. A. 229.
os, s. m. pl., D. A. 148.
ot, v. [aveir], prét. 3, D. A. 21, 32, 51, 57, 140, 189, 183, 192, 231.
otria, v. [otrier], prét. 3, D. A. 69.
otriast, v. [id.], subj. impft 3, D. A. 65.
otriez, v. [id.], impér., D. A. 125.
ovrer, v., 224.

paine (sofrir —) loc., 241, 242, n. 80.
païs., s. m. sg. cs., D. A. 227 ; cr., D. A. 57, 117, 152.
palefreiz, s. m. pl. cr., D. A. 134.
palor, s. f., 232.
paor, s. f., 233.
par, prép., D. A. 4, 12, 31, 48, 66, 248.
parente, s. f. sg., D. A. 103.
parla, v. [parler], prét. 3, D. A. 35.
parler, v. [id.], inf., D. A. 138, 220.
parlerent, v. [id.], prét. 6, D. A. 71.
part, s. f. sg., D. A. 11, 139.
parz, s. f. pl., D. A. 172, 207.
parti, v. [partir = séparer], prét. 3, D. A. 215.
pas. s. m. pl., D. A. 202.
pas, adv. nég. cf. ne.
paumeisuns, s. f. pl., D. A. 217.
paumez v. [paumer = s'évanouir], ptc. pass. m. sg. cs., D. A. 242.
pechet, s. m., 217, n. 27.
peine, s. f. sg., D. A. 122.
pener (sei —), v., 229.
perdu, v. [perdre], ptc. pass. m. sg. cr., D. A. 231.
perdue, v. [id.], ptc. pass. f. sg., D. A. 32.
pere, s. m. sg. cs., D. A. 97 ; cr., D. A. 87, 118.
perriere, s. f., 231, 233, 238.
pesa, v. [peser], prét. 3, D. A. 36.
petit, adj. m. sg., D. A. 208 (pur un — que).
peüsse, v. [poeir], subj. impft 1, D. A. 202.
peüst, v. [id.], subj. impft 3, D. A. 123.
phisike, s. f. sg., D. A. 106.

place, s. f. sg., 239.
plaie, s. f. sg., 235.
pleint, v. [pleindre], ind. pr. 3, D. A. 222.
pleinte, s. f. sg., D. A. 83.
plus, adv., D. A. 105.
plusur, pr., D. A. 33, 49 (asez plusur).
poeient, v. [poeir], impft ind. 6, D. A. 53.
poeir, v. [id.], inf. subst., D. A. 73.
poeit, v. [id.], impft ind. 3, D. A. 28, 86, 167.
poi, adv., D. A. 188.
point, s. m. sg. cr., D. A. 189 (kar n'ot en lui point de mesure).
poison, s. f. sg., 247.
por, prép., 241.
porte, s. f. sg., 238.
porter, v. inf., D. A. 90, 110, 123, 171, 187.
portereit, v. [porter], cond. 3, D. A. 45, 158.
porterïez, v. [id.], cond. 5, D. A. 94.
portoent, v. [id.], impft ind. 6, D. A. 52.
pot, v. [poeïr], prét. 3, D. A. 243.
pout, v. [id.], prét. 3, D. A. 220.
prael, s. m. sg., 246.
praërie, s. f. sg., D. A. 180.
preisot, v. [preisier], impft. ind. 3, D. A. 68.
prendra, v. [prendre], fut. 3, D. A. 112.
prendreit, v. [id.], cond. 3, D. A. 157.
prent, v. [id.], ind. pr. 3, D. A. 234.
pres, adv., D. A. 11, 30, 40.
prie, v. [preier], ind. pr. 3, D. A. 209.
primiers, adj. m. sg. cs., D. A. 178.
pris, s. m. sg. [= réputation], D. A. 59.
prise, v. [prendre], ptc. pass. f. sg., D. A. 26, 184.
privez, adj. [= familier, intime], m. pl. cr., D. A. 135.
produme, s. m. pl. cs., D. A. 162.
prudhomie, s. f., 224.
pruz, adj. m. sg. cs., D. A. 67, 82 ; f. sg. cs., D. A. 238.
pucele, s. f. sg., D. A. 216.
puet, v. [poeïr], ind. pr. 3, D. A. 126.
puis, adv., D. A. 32 (puis que), 80, 214, 223, 231 (puis que), 250 (e puis).
puïst, v. [poeïr], subj. pr. 3, D. A. 74, 90.
pulcella, s. f. sg., 207.
pur. prép., D. A. 59, 67, 79, 94, 119, 169, 251.
purent, r. [poeïr], prét. 6, D. A. 164.
purpensa (se —), v. [sei purpenser = faire le tour d'une question, réfléchir], prét. 3, D. A. 76.
purpenser (sei —), v. inf., D. A. 37.
purrat, v. [poeïr], fut. 3, D. A. 38.
purreient, v. [id.], cond. 3, D. A. 205.

quant, conj. D. A. 35, 47, 117, 154, 177, 207, 240, 243.

querre, v. inf., D. A. 156, 246.

quesist, v. [querre], subj. impft 3, D. A. 39.

[qui], pr. rel., D. A. cs. sg. 14 (ki), 41 (ki), 82 (ki), 170 (ki), 238 (ki) ; cs. pl. 3 (ki), 26 (ki), 51 (ki), 164 (ki), 239 (kis) ; cr. sg. 8 (que), 192 (qu') ; cr. pl. 167 (k').

quor, s. m. sg. cr., D. A. 236.

quors, s. m. sg. cs., D. A. 215.

racine, s. f. sg., D. A. 229 (aveir racine).

racines, s. f. pl., D. A. 108, 228.

ralu, adj., 230.

reçuit, v. [receivre], prét. 3, D. A. 6.

recunforterunt, v. [reconforter], fut. 6, D. A. 115.

recuvrez, v. [recouvrer = récupérer], imp., D. A. 197.

refermer, v. 238, n. 69.

refreschist, v. [refreschir], subj. pr. 3, D. A. 147.

rei, s. m. sg. cr., D. A. 61, 63, 156.

reïne, s. f. sg., D. A. 32.

reis, s. m. sg. cs., D. A. 13, 21, 27, 29, 68, 159, 182, 239, 242.

reimaneir, v. inf., D. A. 168.

remeine, v. [remener], ind. pr. 3, D. A. 152.

remest, v. [remaneir ~ remaindre = demeurer, rester], prét. 3, D. A. 55.

rente, s. f. sg., D. A. 104.

repeiriez, v. [repeirier = revenir chez soi], ptc. pass. m. sg. cs., D. A. 154.

requerrez, v. [requerir], fut. 5, D. A. 118.

requise, v. [id.], ptc. pass. f. sg., D. A. 25.

requist, v. [id.], prét. 3, D. A. 84.

respondu, v. [respondre], ptc. pass. m. sg. cr., D. A. 198.

resposer, v. inf., D. A. 124.

resposereit, v. [resposer], cond. 3, D. A. 46.

respunt, v. [respundre], prés. ind. 3, D. A. 92.

retenu, v. [retenir], ptc. pass. m. sg. cr., D. A. 141.

retur, s. m. sg. cr., D. A. 29.

revendrez, v. [revenir], fut. 5, D. A. 117.

riche, adj., 209.

riche, adj. [= puissant], f. sg., D. A. 104 ; m. pl. cr., D. A. 25.

rien, s. f. sg., D. A. 50, 94.

route, s. f. sg., 233, 234.

rue, s. f. sg., 233, 234.

s' conj. sub. hypoth., D. A. 87.

sage, adj. m. pl. cs., D. A. 162 ; f. sg. cs., D. A. 238.

sages, adj. m. sg. cs., D. A. 82.

sai, v. [saveir], ind. prés. 1, D. A. 93, 196.

saisir, v., 230, 231, 234.

saive, adj. f. sg., D. A. 107.

saner, v., 234, 235.

sanz, prép., D. A. 99, 124.

sarcu, s. m. sg. cr., D. A. 246.

saveit, v. [saveir], impft ind. 3, D. A. 88.

savum, v. [id.], prés. ind. 4, D. A. 19.

seel, s. m. sg., 218.

sei, pron. 3e pers. réfléchi, D. A. 37, 136.

seit, v. [saveir], prés. ind. 3, D. A. 186.

selve, s. f. sg., 233, 240.

sempres, adv., 225.

sen, s. m. sg., 12, 236.

sens, s. m., 236.

sent, v. [sentir], ind. prés. 3, D. A. 199.

sente, s. f., 234.

senti, v. [sentir], prét. 3, D. A. 194.

sentir, v., 236.

serat, v. [estre], fut. 3, D. A. 145.

serganz, s. m. pl. cr., 208.

servir, v., 208.

servitor, s. m. sg., 208.

seü, v. [saveir], ptc. pass. m. sg. cr., D. A. 142.

seüe, v. [id.] ptc. pass. f. sg., D. A. 47.

seüst, v. [id.] subj. impft, D. A. 42.

si, adv., D. A. 45, 80, 95, 120, 125, 129, 146, 150, 191, 196, 201, 232, 241 (sis).

si, conj. sub. hypoth., D. A. 90, 96, 109 (la forme « classique » est se).

sire, s. m. sg. cs., D. A. 14.

sis, enclise (si les), D. A. 241.

soffrir, v., 241.

sortir, v. [sortir], ptc. pass. n., D. A. 43.

sovent, adv., D. A. 62, 71, 209.

suen, adj. poss. m. pl. cs., D. A. 34 (li suen).

suffrance, s. f. sg. [= contrainte], D. A. 75 et 242.

suffrir, v. [= supporter], D. A. 77, 86.

sum. s. m. sg. cr. [= sommet, le haut], D. A. 91, 158, 171.

sumiers, s. m. pl. cr. [= chevaux de charge], D. A. 134.

sunt, v. [estre], prés. ind. 6, D. A. 172.

sur. prép., D. A. 60, 213.

surjurnat, v. (surjurner), prét. 3, D. A. 155.

surjurner, v. inf., D. A. 137.

surjurnot, v. [id.], impft ind. 3, D. A. 62.

sus, adv., D. A. 207.
suvent, adv. [= à plusieurs reprises], D. A. 235.

table, s. f., 219.
tant, adj. m. pl. cs., D. A. 162 ; sg. cr., D. A. 250 (a tant).
tant, adv., D. A. 51, 88, 99, 106, 108, 145, 213, 238.
teches, s. f. pl., 224.
tel, adj. m. sg. cr., D. A. 144.
tendrat, v. [tenir], fut. 3, D. A. 119.
tenir, v. inf., 210.
tens, s. m. sg. [= temps], D. A. 55.
tenuz, v. [tenir], ptc. pass. m. pl. cr., D. A. 245.
tere, s. f. sg., D. A. 155 [= propriété, domaine], 242 (a tere), 245 (sur tere).
terme, s. m. sg. cr., D. A. 165.
teste, s. f. sg., 239, 241.
teus, adj. [tel], m. pl. cr., D. A. 51, 113, 114.
tint, v. [tenir], prét. 3, D. A. 159.
tost, adv., D. A. 150, 205 et 225.
traire, v. inf., D. A. 164 (a chief traire).
travaillez, v. [travailler], ptc. pass. m. sg. cs., D. A. 145.
treis, adj. num., D. A. 202, 245.
trente, adj. num., D. A. 105.
trop., adv., D. A. 78.
trovee, v. [trover], ptc. pass. f. sg., D. A. 228.
trovez, v. [id.], ptc. pass. m. pl. cr., D. A. 241.
tuche, v. [tucher], ind. pr. 3, D. A. 236.
tuer, v., 235.
tuit, adj. m. pl. cs., D. A. 177.
tut, adv., D. A. 115, 212 (od tut li eire).
tute, adj. f. sg., D. A. 149, 181.
tuz, adj. m. pl. cr., D. A. 17, 60, 167.

u, adv., D. A. 224.
ueil. s. m., 223.
uissiers, s. m. pl., 238.
uncore, adv. [= encore], D. A. 18.
unkes, adv. [= jamais], D. A. 232.
unt, v. [aveir], prés. ind. 6, D. A. 163, 228,
usé, v. [user = pratiquer], ptc. pass. m. sg. cr., D. A. 106.

vaillant, adj., 237.
vaillant, adj. m. pl. cs., D. A. 162.
vaille, v. [valeir], subj. pr. 3, D. A. 188.
vaines, s. f. pl. D. A. 148.

vait, v. [aler], ind. prés. 3, D. A. 137.
val. s. m., 245.
vallet, s. m. sg. cr., D. A. 169.
vallez, s. m. sg. cs., D. A. 76, 127.
veeir, v. inf., n. 236.
veie, s. f., 233.
veintre, v. inf., 208.
veir, adj. n., D. A. 42 (de veir = avec certitude).
veissel, s. m. sg. cr. [= petite fiole), D. A. 224.
veneient, v. [venir], impft ind. 6, D. A. 240.
venim, s. m., 235.
ventre, s. m. sg., 248, D. A. 215.
venu, v. [venir], ptc. pass. m. pl. cs., D. A. 172, 177.
vergoigne, s. f., 232, 238.
veritez, s. f. sg. cs., D. A. 7.
vertu, s. f. sg. cr. [= force, pouvoir], D. A. 116, 149, 197.
vertuus, adj. [= fort, vigoureux], m. sg. cs., D. A. 95.
vessel, s. m. sg. cr., D. A. 151 (Cf. veissel).
vestu, v. [vestir], ptc. pass. m. sg. cr., D. A. 183.
veü, v. [vëeir], ptc. pass. n., D. A. 240.
vierge, s. f., 207.
vilain, s. m., 224.
vile, s. f. sg. cr., D. A. 18.
vint, v. [venir], prét. 3, D. A. 81, 213.
vis, s. m., 234.
visage, s. m., 234.
viste, adv., 225.
vit, v. [veeir], prét. 3, D. A. 216.
vivreit, v. [vivre], cond. 3, D. A. 98.
vodreie, v. [voleir], cond. 1, D. A. 100.
vodreit, v. [id.], cond. 3, D. A. 41, 89.
voelt, v. [id.], ind. prés. 3, D. A. 77.
voil, v. [id.], ind. prés. 1, D. A. 102, 206.
vois, v. [aler], ind. prés. 1, D. A. 96.
voleit, v. [voleir], ind. impft 3, D. A. 176, 219.
volentiers, adv. D. A. 26.
volez, v. [voleir], ind. prés. 5, D. A. 109.
volt, v. [id.], prét. 3, D. A. 56. N. B. Au v. 211 volt pourrait être un prétérit. Mais encadré de deux présent de l'indicatif (prie, eire), il représente aussi bien une autre graphie de voelt.
vout, v. [voleir], prét. 3, D. A. 186.
vunt, v. [aler], ind. prés. 6, D. A. 241 (vunt après eus = les cherchent).

269

INDEX DES MATIÈRES

N. B. — Figurent ici des faits de phonétique, de morphologie ou de syntaxe dont le traitement ou bien n'est pas mentionné d'une façon explicite à la table des matières, ou bien est dispersé à travers le volume. Les numéros renvoient aux pages.

IMPRIMERIE HÉRISSEY — ÉVREUX. — Mars 1974.
Dépôt légal 1974 - 1er. — No 14504. — No de série Éditeur 6684.
IMPRIMÉ EN FRANCE (*Printed in France*). — 70 335-3-74.